Manual de gramática

Manual de gramática

GRAMMAR REFERENCE FOR STUDENTS OF SPANISH

Fourth Edition

Zulma Iguina
Eleanor Dozier

Cornell University

HEINLE
CENGAGE Learning™

Australia • Brazil • Japan • Korea • Mexico • Singapore • Spain • United Kingdom • United States

HEINLE
CENGAGE Learning

Manual de gramática Grammar Reference for Students of Spanish, Fourth Edition
Zulma Iguina, Eleanor Dozier

Editor in Chief: PJ Boardman

Senior Acquisitions Editor:
Helen Richardson Greenlea

Assistant Editor: Meg Grebenc

Editorial Assistant: Natasha Ranjan

Managing Technology Project Manager:
Wendy Constantine

Senior Marketing Manager: Lindsey
Richardson

Senior Marketing Communications
Manager: Stacey Purviance

Content Project Manager: Jennifer
Kostka

Senior Art Director: Cate Rickard Barr

Senior Print Buyer: Mary Beth
Hennebury

Production Service/Compositor:
Pre-Press PMG

Text Designer: Pre-Press PMG

Senior Permissions Account Manager,
Images: Sheri Blaney

Cover Designer: Lawrence R.
Didona/Didona Design

For product information and technology assistance, contact us at
Cengage Learning Customer & Sales Support, 1-800-354-9706
For permission to use material from this text or product,
submit all requests online at **www.cengage.com/permissions**
Further permissions questions can be emailed to
permissionrequest@cengage.com

Library of Congress Control Number: 2007926817

ISBN-13: 978-1-4130-3219-2

ISBN-10: 1-4130-3219-2

Heinle
25 Thomson Place
Boston, MA 02210
USA

Cengage Learning is a leading provider of customized learning solutions with office locations around the globe, including Singapore, the United Kingdom, Australia, Mexico, Brazil, and Japan. Locate your local office at **international.cengage.com/region**

Cengage Learning products are represented in Canada by Nelson Education, Ltd.

For your course and learning solutions, visit **academic.cengage.com**

Purchase any of our products at your local college store or at our preferred online store **www.ichapters.com**

Notice to the Reader

Publisher does not warrant or guarantee any of the products described herein or perform any independent analysis in connection with any of the product information contained herein. Publisher does not assume, and expressly disclaims, any obligation to obtain and include information other than that provided to it by the manufacturer. The reader is expressly warned to consider and adopt all safety precautions that might be indicated by the activities described herein and to avoid all potential hazards. By following the instructions contained herein, the reader willingly assumes all risks in connection with such instructions. The publisher makes no representations or warranties of any kind, including but not limited to, the warranties of fitness for particular purpose or merchantability, nor are any such representations implied with respect to the material set forth herein, and the publisher takes no responsibility with respect to such material. The publisher shall not be liable for any special, consequential, or exemplary damages resulting, in whole or part, from the readers' use of, or reliance upon, this material.

Printed in the United States of America
6 7 11

Contents

Chapter 2   Nouns and Noun Determiners   29

CHAPTER 3   PRONOUNS   59

 Personal Pronouns   60

B *Se*   77

CHAPTER 4 PREPOSITIONS, ADVERBS, CONJUNCTIONS, AND TRANSITIONS   111

B   **Adverbs**   134

C   Compound Tenses   200

H Infinitives and Present Participles   242

I Verbs Like *Gustar*   247

J Reflexive Verbs   252

CHAPTER 7 SER, ESTAR, HABER, HACER, AND TENER 267

CHAPTER 8   LEXICAL VARIATIONS   287

Preface

This *Manual* is designed for students at the intermediate level and above whose mission is to attain autonomy as lifelong language learners. Language textbooks contain mostly abbreviated segments on grammatical points and lexical difficulties, dispersed throughout the text in proximity to situations, themes, functions, or tasks where they may be of use. The positive significance of this primary focus on the intent and content of the message rather than on the accuracy of form *per se* is undeniable. However, when a student has to write a paper and needs to look up a form or a usage, the context-oriented textbook is inadequate.

Accordingly, we have constructed what we consider to be a useful tool for the Spanish language student who needs a clear and simple reference to grammar. Our intention has been to provide a means to understand the sometimes complex and subtle conceptual distinctions between English and Spanish, and, when there is no graspable concept involved, to clearly perceive particular differences between the two.

In the fourth edition of this text, we have tried to improve on the prior editions in as many ways as we could without altering what has proven to be for many a very satisfying format.

In brief, we have corrected *errata* from the third edition; we have attempted to improve some explanations that students have found unclear, such as that of the preterite and the imperfect, and of verbs like **gustar**; we have updated examples to provide more lexical variety in references to today's world (without limiting the potential of the text to withstand the passage of time); and we have added references to Heinle's *iRadio* grammar explanations for students who learn better by listening. We have also added oral practice exercises for each chapter.

Fourth Edition Technology

Online Activities (1-4130-3274-5): The exercises found at the end of the book are now available online in an interactive format. *iLrn™: Heinle Learning Center* provides students access to the self-scoring activities with immediate feedback. A searchable, page-by-page representation of the textbook is also provided as an eBook, along with 50 grammar tutorials that can be viewed online, printed, or downloaded to a mobile device.

Atajo (1-4130-0060-6): Writing exercises are correlated to Heinle's exclusive *Atajo Writing Assistant Software for Spanish*. *Atajo* provides learners with rapid access to language reference materials. Students can easily look up vocabulary and idiomatic phrases, check usage, refer to grammar notes, and see complete expanded verb phrases while composing with the basic word processor provided. *Atajo* also has a spell-checker, pronunciation of vocabulary words, and an accent toolbar.

Heinle iRadio (academic.cengage.com/spanish): *Heinle iRadio* is a program Heinle World Languages has introduced to deliver language-specific podcasts to its customers. Podcasts function much like a short radio show or program, and can be played on your computer or downloaded directly onto portable MP3 players.

Language acquisition demands that students practice listening, pronunciation, and speaking. With *Heinle iRadio* podcasts students are able to review mini lessons on grammar and pronunciation to study and supplement in-class lessons. Students are given freedom with these downloadable audio mini lessons to decide when and what they need to practice.

We would appreciate any feedback from users of this edition, students and instructors alike, to help us further improve it. Send us your comments at *zi10@cornell.edu* or *ed15@cornell.edu*.

Zulma Iguina and *Eleanor Dozier*

Acknowledgments

For this particular edition, we owe thanks to Helen Richardson Greenlea, Senior Acquisitions Editor for College Spanish at Heinle, for her clarity of vision, and to Meg Grebenc, Assistant Editor, for her support and tolerance. We are especially grateful for the help with content improvement from our colleagues Jeannine Routier-Pucci, Amalía Stratakos-Tió, and Silvia Amigo Silvestre, as well as from reviewers of this and previous editions.

Reviewers

Juan-Ramón de Arana, *Ursinus College*

Miriam Ayres, *New York University*

Patrick Duffey, *Austin College*

Jeanette Ellian, *Fredonia State University*

Taryn Ferch, *Thiel College*

Hector N. Garza, *Southern Utah University*

Chad M. Gasta, *Iowa State University*

Curtis D. Goss, *Southwest Baptist University*

Hannelore Hahn, *College of Saint Elizabeth*

James Hassell, *Elmira College*

Mary Ellen Kohn-Buday, *Mount Mary College*

Nelson López, *Bellarmine University*

Mark Malin, *Randolph-Macon College*

Manuel F. Medina, *University of Louisville*

Elaine M. Miller, *Christopher Newport University*

Lisa Nalbone, *University of Central Florida*

Olga L. Padilla-Falto, *Virginia Tech*

Gloria Palacios, *University of Texas at San Antonio*

Beatrice Pita, *University of California, San Diego*

Anne Prucha, *University of Central Florida*

Al Rodríguez, *University of Saint Thomas Houston*

Andrew Rothgery, *University of Oregon*

Myriam Sarrazola, *University of Houston*

Daniel J. Smith, *Clemson University*

Nohemy Solorzano-Thompson, *Whitman College*

Diana Spinar, *Dakota Wesleyan University*

Stuart Stewart, *Southeastern Louisiana University*

Robert M. Strong, *Wartburg College*

Jenna Torres, *St. Lawrence University*

Mark K. Warford, *Buffalo State College*

Jeanne Wojtkowiak, *Bowling Green State University*

Some Language Choices

For reasons of personal preference in some cases, and to avoid confusion in other instances, we have made the following choices.

1. We chose to use the accent on **sólo** as an adverb and on non-neutral demonstrative pronouns (**ése, éste, aquél,** etc.), even where there is no ambiguity.

2. We opted for the use of **lo** as direct object, human or not, and of **le** in the case of human direct objects with the impersonal **se.** We have tried to avoid situations where other dialects may be in conflict.

3. We use the verb tense and mood nomenclature closest to English, so it is more recognizable for students. Students wishing to become familiar with the standard terminology used in texts in the Spanish-speaking world should take note of the following differences.

English Terminology	*Manual* Terminology	Spanish Terminology
Imperfect	Imperfecto	Pretérito Imperfecto
Preterite	Pretérito	Pretérito Indefinido
Pluperfect	Pluscuamperfecto	Pretérito Pluscuamperfecto
Present Perfect	Presente Perfecto	Pretérito Perfecto
Conditional	Condicional	Potencial
Conditional Present	Condicional Presente	Potencial Simple
Conditional Perfect	Condicional Perfecto	Potencial Compuesto

References

Following is an intentionally skeletal bibliography of those published texts that we consider indispensable reference tools. To this list needs to be added the articles published continually in professional journals, which contribute to our evolving perspective of the field, as well as the unpublished dialogue with other human beings, professional and not, which informs our thinking on the subject of communication in different languages.

Alarcos Llorach, E. et al. *Lengua española*. Madrid: Santillana, 1981.

Bello, A. *Gramática*. Caracas: Ediciones del Ministerio de Educación, 1972.

Bull, W. *Spanish for Teachers*. Ronald, 1965.

Campos, H. *De la oración simple a la oración compuesta*. Georgetown University Press, 1993.

de Bruyne, J. *A Comprehensive Spanish Grammar*. Blackwell, 1995.

Gili Gaya, S. *Curso superior de sintaxis española*. Barcelona: Vox, 1964.

King, L.D. and Suñer, M. *Gramática española: Análisis y práctica*. McGraw-Hill, 1999.

Lázaro, F. *Curso de lengua española*. Madrid: Ediciones Anaya, 1983.

Real Academia Española. *Gramática de la lengua española*. Madrid: Espasa-Calpe, 1931.

Real Academia Española. *Esbozo de una nueva gramática española*. Madrid: Espasa-Calpe, 1991.

Seco, R. *Diccionario de dudas y dificultades de la lengua castellana*. Madrid: Espasa-Calpe, 1986.

Seco, R. *Manual de gramática española*. Aguilar, 1998.

Diccionario panhispánico de dudas. Aguilar, 2005.

To the Student

This is a grammar book that is designed as a reference tool, and not only as a study tool. We hope that it will serve you when you need to understand or review a certain grammar point, but more significantly, that you will learn to make effective use of it as a tool to help you attain a higher level of accuracy in your own oral and written expression, and to better comprehend what you read and hear.

As a Study Tool

When you approach the study of grammar, we recommend that you apply a few basic principles:

- **Timing** Study what your instructor assigns in grammar at a time of day when your mind is alert. If you leave it for last, you are not going to be as receptive as you might be at a better time of day.

- **Dosage** To maintain your attention at its highest level of receptivity, it is best to practice in frequent small doses, rather than spend a lot of time all at once. A steady daily routine will always serve you best.
- **Practice** As you study the rules, test your understanding frequently by practicing with the self-correcting exercises, either in the book or on *iLrn: Heinle Learning Center*. This will help the information to take better hold in your memory.
- **Application** The most effective language learners consciously seek to apply the understanding of forms to their own expression. If your communication is accurate, others are likely to understand you better, just as they are likely to be more receptive to what you have to communicate, because they will perceive in your effort towards accuracy a respect for their language and culture.
- **Perspective** As an intermediate- or advanced-level student of the language, you are now well on your way on a lifelong journey. Remember that learning a language is a process that will not end with one more year of study. It is natural for you not to know everything, and to continue to make mistakes, even in areas that you have covered a number of times. Do not allow frustration to become an obstacle. Be patient with your own needs, and keep trying. The more you seek to understand and practice, the richer your journey will be.

As a Reference Tool

In this book, we provide a variety of contexts you may use as reference when you are expressing yourself in Spanish, such as explanations, examples, tables, and contextualized exercises. Familiarize yourself with all of the features of the book so you can make the most effective use of it as a tool. Locate the table of contents, the index at the end, and the mini-index of verbs and the accompanying verb tables; mark the pages with useful tables for you (verb conjugations, reflexive verbs, false cognates), and the pages referring to areas where you yourself have noted weaknesses. Refer to these frequently as you write.

Note also that there are cross-references from explanations to exercises, and vice-versa. If you are doing an exercise and fail to understand the reasons for your mistakes, look for the header prior to the exercise: you will find beneath it a reference to the pages of the text containing the relevant rules and explanations.

We hope that you will find this book as useful a means of increasing your own accuracy of the Spanish language as others have before you, and that you will find ways to enjoy this process by making it one of your own design.

Manual de gramática

Chapter 1

Overview

▲ Sentence Components

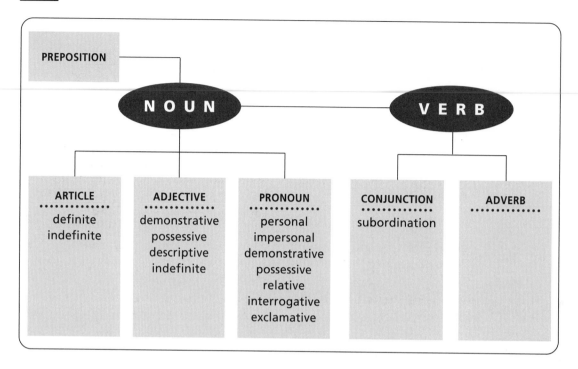

A sentence is a self-contained unit of communication that may be formed with combinations of the following eight types of words: nouns, verbs, prepositions, articles, adjectives, pronouns, conjunctions, and adverbs. Each of these types of words has its own particular function to perform in a sentence.

NOUN: may serve as the subject of a verb, its direct or indirect object, or the object of a preposition. In Spanish, equivalents of nouns (i.e., words or groupings of words that may have the same grammatical functions as a noun) are pronouns, infinitives, and nominalized words or groups of words.

VERB: the grammatical core of a sentence; expresses an action or state. Its form changes in agreement with subject, tense, mood, aspect, and voice.

ARTICLE: accompanies and modifies as to specificity a noun or its equivalent.

ADJECTIVE: accompanies and modifies a noun or its equivalent.

ADVERB: modifies a verb, an adjective, another adverb, or a sentence.

PRONOUN: is used to avoid repeating a noun whose reference is clear.

PREPOSITION: relates a noun or its equivalent to another noun, to the verb, or to the rest of the sentence.

CONJUNCTION: joins two parts of a sentence. Conjunctions of subordination introduce subordinate clauses.

The following table expands on what we have just covered and gives the Spanish terms.

WORD TYPE	TIPO DE PALABRA	SUBCATEGORÍAS Y EJEMPLOS	GRAMMATICAL FUNCTION	FUNCIÓN GRAMATICAL
Noun	Nombre o sustantivo	Propio (España...) Común (libro...)	Subject; direct/indirect object; prepositional object	Sujeto; objeto directo/indirecto; objeto de preposición
Pronoun	Pronombre	Personal (yo, me, mí...) Impersonal (se, uno...) Demostrativo (eso, esto...) Posesivo (el mío, el tuyo...) Interrogativo (¿qué?, ¿quién?...) Exclamativo (¡qué!, ¡quién!...) Indefinido (alguien, algo...)	Same as the noun	Igual que el nombre
		Relativo (el que, que, cuyo...)	Replaces the noun and introduces a relative clause. Subject or object of verb in the subordinate clause, or prepositional object	Reemplaza el nombre e introduce una cláusula relativa. Sujeto u objeto del verbo de la cláusula subordinada, u objeto de preposición
Article	Artículo	Definido (el, la; los, las) Indefinido (un, una; unos, unas)	Accompanies and modifies the noun or its equivalent	Acompaña y modifica el nombre o su equivalente

(continued)

WORD TYPE	TIPO DE PALABRA	SUBCATEGORÍAS Y EJEMPLOS	GRAMMATICAL FUNCTION	FUNCIÓN GRAMATICAL
Adjective	Adjetivo	Calificativo (verde, grande...) Demostrativo (ese, esta...) Posesivo (mi, tu, su...) Indefinido (algún, ningún...)	Accompanies and modifies the noun or its equivalent	Acompaña y modifica el nombre o su equivalente
Preposition	Preposición	(a, de, en, por, para, con, desde...)	Introduces the noun or its equivalent	Introduce el nombre o su equivalente
Verb	Verbo	Transitivo / Intransitivo 1a, 2a, 3a conjugación	Provides action or description; is the core of the sentence	Proporciona acción o descripción; es el núcleo de la oración
Adverb	Adverbio	(rápidamente, bien, mal, muy...)	Modifies a verb, an adjective, another adverb, or a sentence	Modifica un verbo, un adjetivo, otro adverbio o una oración
Conjunction	Conjunción	De coordinación (y, o, pero, sino...) De subordinación (que, aunque...)	Links two parts of speech or clauses Introduces a subordinate clause	Une dos palabras o grupos de palabras Introduce una cláusula subordinada

 HEINLE *Learning Center* *Ejercicios 1.1–1.2, página 316*

B Verb Structure

MODO	MOOD	TIEMPO ASPECTO	EJEMPLO	EXAMPLE
Infinitivo	Infinitive	Presente	estudiar	*to study*
		Perfecto	haber estudiado	*to have studied*
Participio	Participle	Presente	estudiando	*studying*
		Pasado	estudiado	*studied*
Indicativo	Indicative	Presente	estudio[1]	*I study*
		Presente perfecto	he estudiado	*I have studied*
		Futuro	estudiaré	*I will study*
		Futuro perfecto	habré estudiado	*I will have studied*
		Pretérito	estudié	*I studied*
		Imperfecto	estudiaba	*I studied, would study, was studying*
		Pluscuamperfecto	había estudiado	*I had studied*
Condicional[2]	Conditional	Presente	estudiaría	*I would study*
		Perfecto	habría estudiado	*I would have studied*
Subjuntivo	Subjunctive	Presente	estudie	
		Presente perfecto	haya estudiado	
		Imperfecto	estudiara	
		Pluscuamperfecto	hubiera estudiado	
Imperativo	Imperative	(sólo una forma)	¡Estudien!	*Study!*

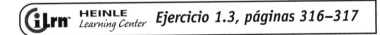 **HEINLE** *Learning Center* *Ejercicio 1.3, páginas 316–317*

---

1. The examples for the indicative, conditional, and subjunctive are given in the first-person singular (**yo**). The example for the imperative is given in the **ustedes** form.

2. Some grammarians consider the conditional to be a tense of the indicative mood, not a mood in itself. Because it is used for contexts that are modally different from those in which other moods are used, and because it has two tenses itself, we have chosen to consider it a mood. The only situation where it could be considered a tense of the indicative is when it is used as a future of the past.

C Sentence Structure

A sentence may be composed of one or many clauses. These clauses can be identified by the fact that they have a verb that is conjugated (not in the infinitive or participle form).

iLrn HEINLE *Learning Center*   *Ejercicio 1.4, página 317*

1. Independent Clauses

Independent clauses are not dependent upon one another, nor do they have other clauses depending on them. They may be found alone . . .

Querían ahorrar dinero en gasolina.   *They wanted to save money on gas.*

or they may be attached to one another by means of conjunctions of coordination.

Querían ahorrar dinero en gasolina   *They wanted to save money on gas*
y estaban considerando un coche   *and were considering an alternative*
de energía alternativa.   *energy car.*

2. Main or Principal Clauses

A main clause is a clause that could be independent according to its meaning but that has one or more clauses that are its dependents.

Soltaron a los presos para   *They released the prisoners*
que estuviera clara su intención   *so that their intention to comply*
de cumplir con los derechos humanos.   *with human rights was clear.*

3. Dependent or Subordinate Clauses

In Spanish, a subordinate or dependent clause is introduced by a subordinate conjunction or adverbial phrase (**que, porque, cuando, tan pronto como...**) or by a relative pronoun (**que, el que, lo que, cuyo...**). Dependent clauses **depend** on a main clause. The relationship of the dependent clause to the main clause varies according to the type of dependent clause: nominal, adverbial, or adjectival.

A **nominal** clause is one that behaves like a noun and can serve the function of subject, direct object of the verb of the main clause, or object of a preposition.

Quiero **pan**.   *I want bread.*

Quiero **que me ayudes**.   *I want you to help me.*

Both **pan** and **que me ayudes** function in these sentences as the direct object of the main verb **Quiero.**

An **adverbial** clause is one that behaves like an adverb and modifies the verb of the main clause by indicating manner (how?), purpose (what for?), reason (why?), time (when?), condition (under what condition?), etc.

Salió **rápidamente.** *She left quickly.*

Salió **tan pronto como pudo.** *She left as soon as she could.*

Both **rápidamente** and **tan pronto como pudo** modify the main verb **Salió** by indicating how the action took place.

An **adjectival** clause behaves like an adjective and modifies a noun. Adjectival clauses are also called relative clauses because they always begin with a relative pronoun, which replaces a noun in the main clause (its antecedent) and introduces the subordinate clause that modifies the antecedent.

Quiero leer una novela **divertida.** *I want to read a fun novel.*

Quiero leer una novela **que me haga reír.** *I want to read a novel that will make me laugh.*

Both **divertida** and **que me haga reír** modify the noun **novela.**

English/Spanish Terminology

ENGLISH	SPANISH
sentence	frase, oración
phrase	expresión
clause	cláusula
main clause	cláusula principal
subordinate or dependent clause	cláusula subordinada
independent clause	cláusula independiente
relative clause	cláusula relativa

TYPE OF CLAUSE	SUBCATEGORY	INTRODUCED BY	FUNCTION
Independent		(nothing)	(exists on its own)
Main clause		(nothing)	(could exist on its own)
Subordinate	Nominal	Conjunction of subordination	Subject or direct object of verb of main clause
	Adverbial	Conjunction of subordination or adverbial phrase	Modifies the verb of the main clause by describing manner, purpose, reason, time, condition, etc.
	Adjectival	Relative pronoun	Modifies the antecedent of the relative pronoun

The following chart gives examples of main and dependent or subordinate clauses.

MAIN CLAUSE		SUBORDINATE CLAUSE	
		Introduced by	
		CONJUNCTION [NOMINAL CLAUSE]	
Le dije a Elsa	*I told Elsa*	que me gustaba la universidad.	*(that)[3] I liked the university.*
		CONJUNCTION [ADVERBIAL CLAUSE]	
Nos fuimos	*We left*	porque hacía mucho frío.	*because it was very cold.*
		RELATIVE PRONOUN [ADJECTIVAL or RELATIVE CLAUSE]	
Fuimos a una fiesta	*We went to a party*	que dieron nuestros amigos.	*(that)[4] our friends gave.*

---

3. In English, the conjunction may be omitted. This is impossible in Spanish, where all conjunctions must be stated.

4. In English, the relative pronoun may be omitted within certain contexts. In Spanish, the relative pronoun is always stated.

In some complex sentences, one clause may be broken into two parts with another subordinate inserted in between.

El libro que leí ayer fue muy interesante.

The book I read yesterday was very interesting.

Main clause: **El libro (...) fue muy interesante.**
Subordinate clause: **que leí ayer** [relative clause]

In some complex sentences, a subordinate clause may serve as a main clause to yet another subordinate (subsubordinate) clause.

La clase de español que me recomendaste que tomara me ha interesado mucho.

The Spanish class (that) you recommended (to me) (that) I take has interested me a lot.

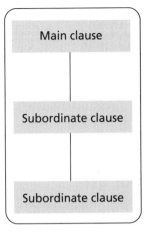

Main clause: **La clase de español (...) me ha interesado mucho.**

Subordinate clause #1: **que me recomendaste** [relative or adjectival clause]

Subordinate clause #2 (subordinate clause #1 serves as its main clause): **que tomara** [nominal clause]

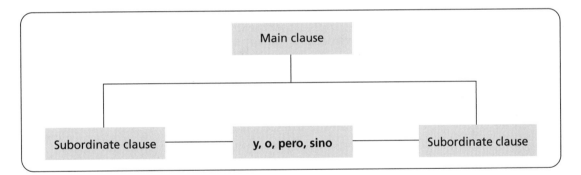

One main clause may have two subordinates of equal value connected with a conjunction of coordination **(y, o, pero, sino).**

Me dijo que lo haría y que[5] me lo daría.

She told me (that) she would make it and (that she would) give it to me.

---

5. This conjunction may be omitted because it is a repetition of the previous one: **Me dijo que lo haría y me lo daría.**

Main clause: **Me dijo**
Subordinate clause #1: **que lo haría** [nominal]
Subordinate clause #2: **que me lo daría** [nominal]
Conjunction of coordination: **y**

Yo sabía que Juan lo había hecho o que había ayudado a sus amigos a hacerlo.	*I knew that Juan had done it, or that he had helped his friends do it.*

Main clause: **Yo sabía**
Subordinate clause #1: **que Juan lo había hecho** [nominal]
Subordinate clause #2: **que había ayudado a sus amigos a hacerlo** [nominal]
Conjunction of coordination: **o**

Me dijo que vendría, pero que llegaría tarde.	*He told me that he would come, but that he would arrive late.*

Main clause: **Me dijo**
Subordinate clause #1: **que vendría** [nominal]
Subordinate clause #2: **que llegaría tarde** [nominal]
Conjunction of coordination: **pero**

No le dije que viniera, sino que me llamara.	*I did not tell her to come, but rather to call me.*

Main clause: **No le dije**
Subordinate clause #1: **que viniera** [nominal]
Subordinate clause #2: **que me llamara** [nominal]
Conjunction of coordination: **sino**

One sentence may have two main clauses connected by conjunctions of coordination, each main clause having its own subordinate clause(s).

| Lamento que no puedas venir, pero estoy contento de que tus amigos te hayan invitado a cenar. | *I am sorry you cannot come, but I am glad (that) your friends invited you to dinner.* |

Main clause #1: **Lamento**
Subordinate clause #1: **que no puedas venir** [nominal]
Main clause #2: **estoy contento de**
Subordinate clause #2: **que tus amigos te hayan invitado a cenar** [nominal]
Conjunction of coordination: **pero**

| Me dijo que necesitábamos boletos y luego llamó para que nos reservaran dos. | *She told me that we needed tickets, and then she called so that they would reserve two for us.* |

Main clause #1: **Me dijo**
Subordinate clause #1: **que necesitábamos boletos** [nominal]
Main clause #2: **luego llamó**
Subordinate clause #2: **para que nos reservaran dos** [adverbial]
Conjunction of coordination: **y**

The complexity of a sentence is practically limitless. The following diagram is an example of a sentence with one main clause and four subordinates, three of which are subordinated to the first subordinate clause.

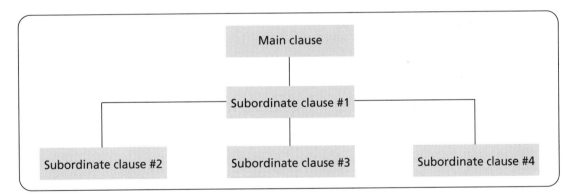

| Mis amigos me habían dicho que cuando regresaran de las vacaciones me llamarían para que pudiéramos salir juntos a pesar de que tuviéramos poco tiempo. | *My friends had told me that when they returned from vacation they would call me so that we could go out together, in spite of the fact that we might have little time.* |

Main clause: **Mis amigos me habían dicho**
Subordinate Clause #1: **que me llamarían** [nominal]
Subordinate Clause #2: **cuando regresaran de las vacaciones** [adverbial]
Subordinate Clause #3: **para que pudiéramos salir juntos** [adverbial]
Subordinate Clause #4: **a pesar de que tuviéramos poco tiempo** [adverbial]

iLrn HEINLE *Learning Center* *Ejercicios 1.5–1.10, páginas 317–319*

D Subject–Verb Agreement

A verb agrees in number and in person with the subject.

Yo tengo hambre.	*I am hungry.*
Ellos no contesta**ron**.	*They did not answer.*

The subject is always implicit in the ending of the verb in Spanish, whether the subject is stated in the sentence or not. For more on the need for the subject pronoun, see Chapter 3, section 2, pages 63–66.

Llegamos.	*We arrived.*

A verb will usually agree in number with a plural subject.

Los españoles son estoicos.	*Spaniards are stoical.*

When a plural subject includes the speaker, the verb will take the first-person plural ending.

Los españoles nos consider**amos** europeos.	*We Spaniards consider ourselves European.*

When the verb **ser** is used with a first- or second-person subject in the main clause, followed by a relative clause, the verb of the relative clause will be conjugated in the third person, based on its agreement with the relative pronoun as the subject.

Fui yo la que lleg**ó** primero.	*It was I who arrived first.*
Eres tú el que mien**te**.	*You are the one who lies.*

Collective nouns are singular in principle: **gente, infinidad, muchedumbre, multitud, número, pueblo, vecindario,** etc.

La gente comprenderá.	*People will understand.*
La pareja salió por atrás.	*The couple went out the back.*
Un grupo de estudiantes se manifestó en contra del cambio.	*A group of students protested against the change.*

The combination of a collective with a plural noun will permit a choice of singular or plural verb.

La mitad de las familias no tiene**(n)** comida.	*Half of the families have no food.*
La mayor parte de los exiliados viví**a(n)** en campos de refugiados.	*Most of the exiled people lived in refugee camps.*
Un gran número de ciervos se acerc**aba(n)** a la casa.	*A large number of deer came close to the house.*

The same choice occurs when the collective subject is separated from the verb.

La gente, espantada por la explosión, se amonton**ó (-naron)** en las escaleras.	*The people, frightened by the explosion, piled up on the stairs.*

When the first person or the second person is included in the collective, the verb will indicate this agreement.

Todos lleg**amos** al mismo tiempo.	*We all arrived at the same time.*
Los cuatro salt**asteis** a la vez.	*All four of you jumped at once.*
Algunos sab**íamos** la respuesta.	*Some of us knew the answer.*

When a subgroup is being distinguished from the plural whole, a singular verb is required to avoid confusion.

Aquel grupo, entre todos los manifestantes, ten**ía** los mayores carteles.	*That group, among all the protesters, had the largest signs.*

Impersonal verbs are always singular, regardless of their subject.

Hay tres niños en la calle.	*There are three children in the street.*
Había veinte sillas en la clase.	*There were twenty chairs in the class.*
Hace dos años que vivimos aquí.	*We have lived here for two years.*

Verbs relating to the time and weather are normally impersonal (**llover, nevar, lloviznar, granizar, relampaguear, tronar, amanecer, anochecer**).

Nieva mucho en febrero.	*It snows a lot in February.*
Llovería cuarenta días.	*It would rain for forty days.*
Amaneció nublado.	*It was cloudy at daybreak.*

When one of these verbs is used figuratively, with a noun as its figurative subject, it will agree with the subject.

Parecía que **llovían** desgracias sin cesar.	*It seemed to be raining misfortunes incessantly.*
Amanezco feliz en verano.	*I get up feeling happy in summertime.*

In contexts that present attributes, with verbs like **ser, estar** and **parecer,** the verb sometimes agrees with its attribute instead of with its subject. In the first sentence below, **es** is singular because the subject **lo que dices** is neutral. In the second sentence there is a plural attribute, **mentiras,** which takes over the agreement of the verb.

Lo que dices **es** cierto.	*What you say is true.*
Lo que dices **son** mentiras.	*What you say are lies.*

When there are multiple subjects, the verb is plural.

El amor y la locura siempre **van** juntos.	*Love and madness always go together.*

If the group is considered a unit, the verb is singular.

La compra y venta de drogas **estaba** prohibida.	*Buying and selling of drugs was forbidden.*
El constante **ir y venir** de la gente me **molestaba.**	*The constant coming and going of people bothered me.*

In combinations of first-, second-, and/or third-person subjects, the first person takes precedence over the second, and the second person takes precedence over the third. Thus, if the first person is one of the subjects, the verb is conjugated in the first-person plural.

Tú y yo **somos** amigos.	*You and I are friends.*
Ustedes y yo **somos** amigos.	*You and I are friends.*
Vosotros y yo **somos** amigos.	*You and I are friends.*
Ellos y yo **somos** amigos.	*They and I are friends.*

If the second person is combined with second- or third-person subjects, the verb is conjugated in second-person plural in the **ustedes** or **vosotros** form, depending on the dialect in use, and the degree of formality. The variations in the sentences below reflect differences in dialect between Spain and Latin America. In both regions, **usted** is formal and **tú** is informal, but for the plural, Latin America uses **ustedes** for both formal and informal, whereas in Spain **vosotros** is informal, and **ustedes** is formal. All three sentences below translate as "Both you and he are responsible."

Informal:

Ambos tú y él **son** responsables. (Latin America)

Ambos tú y él **sois** responsables. (Spain)

Formal:

Ambos usted y él **son** responsables. (Latin America and Spain)

With *either/or* combinations (in Spanish **o/o**), or *neither/nor* (**ni/ni**), the singular or the plural can be used.

O Luis o Eva lo hará(**n**) por mí.	*Either Luis or Eva will do it for me.*
Ni Luis ni Eva lo hará(**n**) por mí.	*Neither Luis nor Eva will do it for me.*

With combinations of first- and second-person, the verb is usually in the plural, and the first person takes precedence over second, and second over third.

O tú o yo lo ha**remos**.	*Either you or I will do it.*
Ni tú ni yo lo ha**remos**.	*Neither you nor I will do it.*
O tú o él lo har**án**. (OR har**éis**)	*Either you or he will do it.*
Ni tú ni él lo har**án**. (OR har**éis**)	*Neither you nor he will do it.*

When the verb precedes the subject, it often agrees only with the first subject, and a pause is, between the two subjects, as if the second were an afterthought.

No estaba caliente la carne, ni la salsa.	*The meat was not hot, nor (was) the sauce.*

Infinitives and clauses that function as the subject are singular.

Me gusta **soñar**.	*I like to dream.*
Convie**ne que digas la verdad**.	*It is best that you tell the truth.*

Even when there are multiple infinitives and clauses, the main verb is usually invariable.

Me gusta **bailar y cantar.**	*I like to dance and sing.*
Es mejor **que vengas a casa y te acuestes.**	*It is best that you come home and go to bed.*

With titles such as **usted, señoría, excelencia, eminencia, alteza,** and **majestad,** agreement varies according to the gender of the person to whom they apply.

Usted es muy generos**o**.	*You are very generous.* (masculine)
Usted es muy generos**a**.	*You are very generous.* (feminine)
Ustedes son honrad**os**.	*You are honest.* (masculine)
Ustedes son honrad**as**.	*You are honest.* (feminine)
¿Su Alteza está cansad**o**?	*Is your Highness tired?* (masculine)
¿Su Alteza está cansad**a**?	*Is your Highness tired?* (feminine)

In the case of terms of endearment used as epithets (such as **alma, amor, cariño, corazón, vida,** etc.), the verb and other modifiers agree in gender and in person with the individual addressed, not with the term of endearment. Only modifiers of the epithet itself will agree with it in gender.

¿Est**ás** cansad**o** esta mañana, vida mía?	*Are you tired this morning, my love?*

In the preceding sentence, notice that the term of endearment **vida** is feminine, as is the possessive that accompanies it, **mía.** However, the person being addressed is second-person singular (est**ás**) and masculine (**cansado**).

Similarly, in the following sentence, note that **amor** is masculine; however, the person being addressed is a woman, as can be seen in the agreement of **guapa.** The verb is second-person singular, marking the subject.

¡Qué guap**a** est**ás** hoy, mi amor!	*You look so beautiful today, my love!*

After a percentage, the verb may be singular or plural.

78% de los hombres **tiene(n)** barba.	*78% of the men have a beard.*
El veinte por ciento de los habitantes no trabaja**(n)**.	*Twenty percent of the inhabitants do not work.*

Ninguno uses a singular verb, except if it is qualified by a plural noun, in which case the verb may be singular or plural.

No me gusta ninguno.   *I don't like any of them.*

Ninguno de nosotros lo sabe   *None of us knows.*
(or sab**emos**).

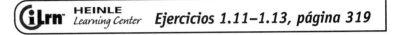

(iLrn™ HEINLE *Learning Center* ***Ejercicios 1.11–1.13, página 319***

E Accents

1. Syllabification

The division of a word into syllables aids in the application of rules on accents.

a. Consonants *(Consonantes)*

Single intervocalic consonants: one consonant between two vowels joins the following vowel to form a syllable. (Remember that in Spanish **ch, ll,** and **rr** represent one consonant.)

ta/**z**a	me/**s**a	mi/**s**a	ma/**c**e/ta
ca/la/**b**a/**z**a	ta/**ll**a	me/**ch**a	ba/**rr**o
fe/**rr**o/**c**a/**rr**i/le/ro			

(iLrn™ HEINLE *Learning Center* ***Ejercicio 1.14, página 320***

Two intervocalic consonants: these are separated (except **ch, ll,** and **rr**).

lám/**p**a/ra	pan/ta/lla	an/**g**us/tia	com/**p**u/ta/do/ra
per/**s**o/na	en/**c**a/rar	di**c**/cio/na/rio	

Do not separate the consonants **b, c, f, g,** and **p,** followed by **l** or **r,** or the combinations **dr** and **tr.**

ta/**bl**a	fe/**br**e/ro	te/**cl**a	re/**cr**e/o
a/**fl**o/jar	a/**fr**en/ta	re/**gl**a	a/**gr**io
re/**pl**e/to	de/**pr**i/mir	po/**dr**i/do	re/**tr**a/to

(iLrn™ HEINLE *Learning Center* ***Ejercicio 1.15, página 320***

Three or more intervocalic consonants: with three or more consonants between vowels, only the last consonant joins the next vowel (unless it is **l** or **r**).

cons/ta   ins/pi/ra   ins/tan/te   in/glés

com/prar

iLrn HEINLE *Learning Center* *Ejercicio 1.16, página 320*

b. Vowels (Vocales)

STRONG VOWELS	WEAK VOWELS	VOWEL COMBINATIONS
a	i	**Hiato:** two vowels forming two syllables
e	u	**Diptongo:** two vowels forming one syllable
o		**Triptongo:** three vowels forming one syllable

Hiatus (*Hiato*): two vowels of equal strength represent two syllables. Each strong vowel represents one syllable; when combined with another strong vowel, they are separated.

ca/e/mos   le/en   em/ple/o   em/ple/a/do

If a weak vowel before or after a strong vowel is stressed, there is a separation; a stressed weak vowel in combination with a strong vowel will always have an accent mark.

ca/í/da   re/í/mos   ma/ú/lla   gra/dú/en

tí/os   sa/lí/an   rí/en   grú/a

re/ú/no

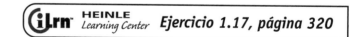

iLrn HEINLE *Learning Center* *Ejercicio 1.17, página 320*

Diphthong *(Diptongo)*: a combination in one syllable of two weak vowels or one strong and one weak represents a diphthong and is not separated.

I/ta/**lia**	**bai**/le	**vie**/nen	**rei**/no
re/me/**dio**	**vio**/lín	**cuan**/do	**au**/la
rue/da	**deu**/da	**rui**/do	**ciu**/dad
cuo/ta	es/ta/**dou**/ni/den/se		

Stressed strong vowel: the same is true even when there is an accent on the strong vowel of the diphthong.

diá/fa/no	tam/bién	na/ció	guár/da/lo
fué/ra/mos	quó/rum[6]	bai/láis	die/ci/séis
ói/ga/me	cáu/sa/me	Éu/fra/tes	

iLrn HEINLE *Learning Center* **Ejercicio 1.18, página 321**

Triphthong *(Triptongo)*: a triphthong is one syllable formed by three vowels.

a/ve/ri/**guái**s   lim/**piéi**s

More than one syllable occurs if there is more than one strong vowel or a stressed weak vowel in the combination.

se/**áis**   ca/**í**/an   re/**í**/a/mos

iLrn HEINLE *Learning Center* **Ejercicio 1.19, página 321**

The **h** in Spanish is not pronounced; if it occurs between two vowels, these two vowels will interact as if they were next to each other.

No accent required:

a/ho/rrar	re/**ha**/cer	re/**ho**/gar	**ahi**/ja/do
re**hi**/lar	re**hun**/dir		

Accent required:

pro/**hí**/bo   **bú**/ho

iLrn HEINLE *Learning Center* **Ejercicio 1.20, página 321; Ejercicio de repaso 1.21, página 321**

---

6. Words imported from other languages follow the same accentuation rules as other Spanish words.

2. Stress

Every word with more than one syllable in Spanish has one syllable with more stress than the others. Depending on the type of word it is, or where the stress falls, the word may or may not require a written accent.

a. Categorization of Words by Stress

In Spanish, words with more than one syllable are categorized as follows.

TYPE	SYLLABLE WHERE STRESS FALLS	EXAMPLE
Aguda	Last (última)	ca / mi / **né**
Llana	Next-to-last (penúltima)	**lá** / piz
Esdrújula	Third-to-last (antepenúltima)	**quí** / mi / ca
Sobresdrújula	Fourth-to-last (anteantepenúltima)	**cóm** / pre / me / lo

b. Rules for Written Accents

Agudas: this type of word needs a written accent only when the word ends in a vowel or **n** or **s**.

Accent required:

      a**mó**   vi**ví**   vi**vís**   fran**cés**

      cai**mán**

No accent required:

      a**mar**   vi**vir**   espa**ñol**   ciu**dad**

      Je**rez**

Llanas: this type of word needs a written accent only when the word ends in a consonant other than **n** or **s**.

Accent required:

carácter	imbécil	lápiz	túnel
versátil			

No accent required:

hablo	acento	necesita	consonante
franceses	margen	lunes	examen
estudiaron	bailas		

Esdrújulas and **sobresdrújulas:** these types of words always require an accent mark.

Esdrújulas:

carátula	estúpido	luciérnaga

Sobresdrújulas:

vendámoselo	démoselas	pongámonoslas

 **iLrn** HEINLE *Learning Center* **Ejercicios 1.22–1.25, páginas 321–322**

c. Special Cases

(1) Adverbs Ending in *-mente*

Adverbs formed from an adjective + **mente** require an accent only when the original adjective had one.

rápido	is the adjective form of the adverb	rápidamente
fácil	is the adjective form of the adverb	fácilmente
lento	is the adjective form of the adverb	lentamente

iLrn HEINLE *Learning Center* **Ejercicio 1.26, página 322**

(2) Monosyllables

Monosyllables (words consisting of only one syllable) must be left without a written accent mark. There is only one part of the word that can be stressed, thus no accent is needed.

a   al   ti   la   le   lo   di   da   me   fui   fue   dio   Dios

Some monosyllables are homonyms (words with the same spelling or pronunciation but with different meanings). One of the two will have an accent mark to distinguish it from the other.

el	*the*	mas	*but*	se	*[pron.]*	te	*you, yourself*
él	*he*	más	*more*	sé	*I know*	té	*tea*
de	*of, from*	mi	*my*	tu	*your*	si	*if*
dé[7]	*give*	mí	*me*	tú	*you*	sí	*yes, itself, oneself*

Me preguntó **el** nombre **de mi** profesora.

She asked me the name of my professor.

—¿A ti[8] **te** lo dijo?
—**Sí,** a **mí** me lo dijo.

"Did she tell you?"
"Yes, she told me."

¿**Tú** también necesitas que **te dé** la llave?

Do you also need me to give you the key?

No **sé si él** quiere **más té.**

I don't know if he wants more tea.

El problema en **sí** no es tan grave.

The problem in itself isn't so serious.

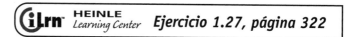 HEINLE *Learning Center* **Ejercicio 1.27, página 322**

---

7. When the verb **dar** is conjugated in the imperative and has a pronoun attached, it loses the accent: **dele.** It is no longer a homonym of the preposition in this situation. Of course, it regains the accent when a second pronoun is added, because it is necessary to maintain the stress on the verb and the new word is an **esdrújula: démelo.**

8. Beware of the temptation to place an accent over **ti** just because **mí** has one; **ti** is not a homonym, as is **mí.**

(3) Non-Monosyllabic Homonyms

Although they are not monosyllables, the following words are also homonyms. One of the two will have an accent mark to distinguish it from the other.

(a) **Aun**[9] vs. **Aún**
(b) **Solo** vs. **Sólo**
(c) Demonstrative Pronouns
(d) Exclamative and Interrogative Adjectives, Pronouns, or Adverbs

(a) Aun vs. Aún

The word **aún** requires an accent when it means "still" **(todavía)**; however, when it means "even," it has no accent mark **(aun)**.

Aun de día hace frío.	*Even during the day it is cold.*
Aún no hemos llegado.	*We still have not arrived.*

(b) Solo vs. Sólo

The word **solo** may be an adjective ("alone") or an adverb ("only"). An accent is used on the adverb to distinguish it from the adjective. This accent is optional, except in cases of possible confusion between the two uses.

Vivo **solo**.	*I live alone.*
Mi hermana **sólo** come fruta.	*My sister only eats fruit.*

Here, the accent on **sólo** is optional, because it cannot be confused with "alone," which would have to be **sola**.

Mi tío viaja **solo** en tren.	*My uncle travels alone by train.*
Mi tío viaja **sólo** en tren.	*My uncle travels only by train.*

Here, the accent on **sólo** is required to avoid confusion with "alone."

---

9. Although **aun** is a monosyllable, it is not part of this category because when it takes an accent **(aún)** it is not a monosyllable.

(c) Demonstrative Pronouns

The words **ese, esa, esos, esas; este, esta, estos, estas; aquel, aquella, aquellos, aquellas** may be adjectives or pronouns. An accent is used on the pronoun to distinguish it from the adjective. This accent is optional, except in cases of possible confusion between the two uses.

Mira **ese** perro. [adj.]	*Look at that dog.*
Éste es mío. [pron.]	*This one is mine.*

The accent on **éste** in this last example are optional.

En **este** país todos tienen animales domésticos: **éstos** perros, **aquéllos** gatos.	*In this country, everybody has pets: some have dogs, others cats.* (literally: *these, dogs* and *those, cats*)

The accents on **éstos** and **aquéllos** in this last example are required to indicate their use as pronouns referring back to people **[todos]**; without the accent, they would be adjectives accompanying dogs and cats.

The neutral form of the pronouns **eso, esto,** and **aquello** have no adjective equivalent and thus do not require an accent.

Mira **eso.** [neutral pron.]	*Look at that.*

(d) Exclamative and Interrogative Adjectives, Pronouns, or Adverbs

Exclamative and interrogative adjectives, pronouns, or adverbs take an accent. In exclamations and interrogations, there is not always an interrogative or exclamative pronoun or adverb. You might, for example, ask: **¿Me dijiste la verdad?** or exclaim: **¡Bien dicho!** None of these words has an accent. You might also exclaim: **¡Que te vaya bien!** Here the **que** is a conjunction, not a pronoun or adjective, and has no accent.

Some examples of exclamative pronouns and adverbs follow.

¡Qué día!	*What a day!*
¡Cómo trabajas!	*How you work!*
¡Cuánto comes!	*How much you eat! (i.e., You eat a lot!)*

Some examples of interrogative adjectives, pronouns, and adverbs are in the following chart.

INTERROGATIVE[10] (ACCENT MARK)		NONINTERROGATIVE (NO ACCENT MARK)
Direct Discourse[11]	**Indirect Discourse**	
¿Qué? = *What?*		Que = *That, which, who*
¿Qué quieres? ***What** do you want?*	No sabía **qué** hacer. *I did not know **what** to do.*	Quiero **que** estudies. *I want you to study.* (literally: *I want **that** you study.*) [conjunction] El libro **que** quiero es azul. *The book **that** I want is blue.* [relative pronoun]
¿Por qué? = *Why?*		Porque = *Because*
¿Por qué llamaste? ***Why** did you call?*	No sé **por qué** llamó. *I do not know **why** he called.*	Llamé **porque** quise. *I called **because** I wanted to.*
¿Cómo? = *How?*		Como = *Like*
¿Cómo llegó? ***How** did she get here?*	No sé **cómo** llegó. *I do not know **how** she got here.*	Trabaja **como** yo. *He works **like** me.*
¿Cuánto? = *How much/many?*		Cuanto = *As much/many as*
¿Cuántos libros tienes? ***How many** books do you have?*	No sé **cuántos** tengo. *I do not know **how many** I have.*	Te di **cuantos** pude. *I gave you **as many as** I could.*
¿Dónde? = *Where?*		Donde = *Where, in which*
¿Dónde está? ***Where** is it?*	Me dijo **dónde** estaba. *He told me **where** it was.*	Es la casa **donde** me crié. *It is the house **in which** I grew up.*
¿Cuándo? = *When?*		Cuando = *When*
¿Cuándo llega? ***When** does it arrive?*	Me dijo **cuándo** venía. *She told me **when** she was coming.*	Lo vi **cuando** entró. *I saw him **when** he came in.*
¿Quién? = *Who(m)?*		Quien = *Who(m), he who*
¿Quién es? ***Who** is it?*	Me dijo **quién** era. *He told me **who** it was.*	Ése es el hombre con **quien** llegó. *That is the man with **whom** she arrived.*

10. **Interrogative vs. noninterrogative.** This distinguishes words that are used in questions, whether stated directly or indirectly, from words that are not interrogative at all, such as conjunctions, relative pronouns, and adverbial phrases.

11. **Direct vs. indirect discourse.** This distinguishes questions that are asked directly (e.g., What is your name?) from reported questions (e.g., He asked me what my name was.).

Que

Please note that the "noninterrogative" column for **Que** contains conjunctions and relative pronouns that frequently have no translation into English, whereas the columns to the left, "interrogative," contain interrogative words that will always be stated in English. Notice the translation of the following sentences.

Quiero **que** estudies.	*I want you to study.*
El libro **que** quiero es azul.	*The book (that) I want is blue.*

Por qué vs. porque • Cómo vs. como • Cuánto vs. cuanto

It is not difficult to remember when these words require an accent mark because of the difference in meaning of the two.

por qué = *why*	cómo = *how*	cuánto = *how much/many*
porque = *because*	como = *as, like*	cuanto = *as much/many*

Dónde vs. donde

Whereas in most cases you can see that the translations of the accented and unaccented words are different, in the case of **dónde** and **donde** there is not always a difference. It would help perhaps to think of the unaccented word as a relative pronoun that requires an antecedent, or a noun prior to it and to which it refers.

Es la **casa donde** me crié.	*It is the **house in which** I grew up.*
	OR: *It is the **house** I grew up in.*

The interrogative **dónde,** whether in direct or in indirect discourse, never has an antecedent.

—¿**Dónde** está?	*"**Where** is she?"*
—No sé **dónde** está.	*"I do not know **where** she is."*

Cuándo vs. cuando

With these two words, the distinction is perhaps even harder to make; for there to be an accent mark, there must be an explicit or implicit question involved. The non-interrogative "when" might be replaced by "at the time" without much change in meaning, whereas the interrogative could be replaced by "at what time." Compare the following sentences.

No sé **cuándo** se fue.   *I do not know **when** (at what time) she left.*

Lloramos **cuando** se fue.   *We cried **when** (at the time) she left.*

Frequently in indirect discourse in English, there is a greater stress on the word when it is interrogative in nature than when it is not; compare the following, reading them out loud.

Te vi **cuando** entraste.   *I saw you **when** you came in.*

No sé **cuándo** entraste.   *I don't know **when** you came in.*

Quién vs. quien

Quién with an accent mark is used whenever there is a question, explicit or implicit. **Quien** without an accent mark is not interrogative. It is a relative pronoun, usually preceded by a noun (which is its antecedent). It may also be used with no antecedent at the beginning of a sentence. In such cases, it means "He who . . . " or "Whoever . . ."

¿**Quién** eres?   *Who are you?*

No sé **quién** eres.   *I don't know **who** you are.*

El hombre con **quien** habla es un espía.   *The man with **whom** she is talking is a spy.*

Quien busca encuentra.   *He who seeks shall find.*

iLrn HEINLE *Learning Center*   *Ejercicios 1.28–1.35, páginas 323–324; Ejercicios de repaso 1.36–1.37, páginas 324–325*

Learn more about **Accents** with Heinle iRadio at www.thomsonedu.com/spanish

Chapter 2

Nouns and Noun Determiners

 A   Nouns and Their Equivalents

 B   Noun Determiners

A Nouns and Their Equivalents

1. Introduction

a. Definition

Nouns: words that can take on the grammatical function of the subject of a verb.

Ese **soldado** sabe mucho de armas.   *That soldier knows a lot about weapons.*

b. Noun Equivalents

Other words that can have the basic function of the subject of a verb are pronouns, infinitives, and any nominalized word (word converted into a noun).

Pronouns: words that replace nouns and have the same gender and number as the noun to which they refer.

Ellas me lo dijeron.	*They told me.*
¿**Cuál** es el mío?	*Which one is mine?*
El mío habla mejor que el tuyo.	*Mine speaks better than yours.*
El que vino ayer fue Juan.	*The one who came yesterday was Juan.*
Esa casa es **mía.**	*That house is mine.*

Infinitives: (see Chapter 6.H, pages 242–247, on the use of the infinitives and the present participles)

Caminar es bueno para la salud.	*To walk (Walking) is good for one's health.*
Me gusta **bailar.**	*I like to dance. (Dancing is pleasing to me.)*

Nominalized words and phrases:

El azul del Mediterráneo siempre me sorprende.	*The blue of the Mediterranean always surprises me.*

Note that often in the case of nominalized adjectives in Spanish the person or object being referred to is included in the meaning of the adjective. In English this reference is stated, often in the form of man, woman, people, or when the reference is more specific, such as the pronoun "one."

Esa refugiada tiene ojos increíbles.	*That refugee <u>woman</u> has incredible eyes.*
Ese moreno es mi hermano.	*That dark-complexioned <u>man</u> is my brother.*
Los indígenas resisten la pérdida de su territorio.	*The indigenous <u>people</u> resist the loss of their territory.*
Este jabón no sirve. Tengo que encontrar **el bueno.**	*This soap is no good. I have to find the good <u>one</u>.*

Any adjective can be nominalized. Remember this when you want to write something equivalent to the preceding contexts, where "one" or "people," or other equivalents, are involved in English.

El primero en terminar gana.	*The first <u>one</u> to finish wins.*
El último en irse cierra las ventanas.	*The last <u>one</u> to leave closes the windows.*
Deberíamos respetar a **los mayores.**	*We should respect **older <u>people</u>**.*
Es una batalla en que no hay ni **buenos ni malos.**	*It's a battle where there are no **good <u>guys</u>** or **bad <u>guys</u>**.*

The placement of the neuter **lo** in front of a nominalized adjective is also frequently used in Spanish, and alters the meaning of the adjective to make it a generalization or a characteristic.

Lo interesante es el silencio.	***What is interesting*** *is the silence.*
Lo mejor sería una tregua.	***The best*** *thing would be a truce.*
Lo bueno y lo malo se confunden.	***Good*** *and **evil** become confused.*
Eso es **lo absurdo** de la situación.	*That is **the absurdity** of the situation.*
Lo violento en las noticias me deprime.	***The violence*** *in the news depresses me. (OR: It always depresses me **how violent** the news is.)*
Me encanta **lo dulce** combinado con **lo agrio.**	*I love the combination of **sweet** (foods, things, flavors...) and **sour** (foods, things, flavors...).*

Notice the different uses of the nominalized adjective **extranjero.**

El extranjero llegó ayer.	*The foreigner arrived yesterday.*
Viajarán **al extranjero.**	*They will travel abroad.*
Evita **lo extranjero.**	*He avoids what is foreign.*

Nominalized phrases are also frequent in Spanish.

La del velo es mi prima.	*The woman with the veil is my cousin.*
El de azul es mi hermano.	*The one in blue is my brother.*
Los de al lado siempre hacen ruido.	*The people next door always make noise.*
Me caen bien **los que respetan a los demás.**	*I like people who respect others.*

iLrn HEINLE *Learning Center* **Ejercicios 2.1–2.2 página 326**

c. Noun Companions

Articles and adjectives are words that accompany and modify nouns. They agree with the noun they modify.

la casa blanca, **las** casas rojas	*the white house, the red houses*
el árbol, **los** árboles	*the tree, the trees*
una mesa, **un** libro	*a table, a book*
esa casa, **esas** casas	*that house, those houses*
este libro, **estos** libros	*this book, these books*
nuestra casa, **vuestras** ideas	*our house, your ideas*
mis libros, **tus** cuadernos	*my books, your notebooks*
una niña **bonita**	*a pretty girl*

Prepositions are words that show a relationship between a noun or its equivalent to another noun, to the verb, or to the rest of the sentence.

Te llamo **en** mi celular.	*I'll call you on my cell phone.*
La devastación del huracán fue una sorpresa **para** todos.	*The destruction of the hurricane was a surprise for everyone.*
Después **de** rescatar al perro, lo llevaron adentro **a** secarlo.	*After rescuing the dog, they took him inside to dry him off.*

2. Nouns: Gender and Number

a. Gender *(Género)*

All Spanish nouns are either masculine or feminine.

Most nouns ending in **-o, -l,** and **-r** are *masculine*.

el libro *book*	el barril *barrel*	el actor *actor*

EXCEPTIONS:

la foto *photo*	la capital *capital*	la moral *morale*
la mano *hand*	la cárcel *jail*	la piel *skin*
la moto *motorcycle*	la catedral *cathedral*	la sal *salt*
la radio *radio*	la miel *honey*	la señal *sign, signal*

Most nouns ending in **-a, -d, -ción, -sión, -umbre,** and **-z** are *feminine*.

la trama *plot*	la libertad *liberty*
la costumbre *custom, habit*	la luz *light*
la condición *condition*	la decisión *decision*

EXCEPTIONS:

el día *day*	el arroz *rice*
el tranvía *streetcar*	el lápiz *pencil*
el ataúd *coffin*	el maíz *corn*
el césped *lawn*	el matiz *shade of color*
el huésped *guest*	el pez *fish*

el clima *climate*	el poema *poem*
el crucigrama *crossword puzzle*	el poeta *poet*
el drama *drama*	el problema *problem*
el fantasma *ghost*	el programa *program*
el idioma *language*	el síntoma *symptom*
el mapa *map*	el sistema *system*
el panorama *panorama*	el telegrama *telegram*
el planeta *planet*	el tema *theme, topic*

Languages, days of the week, mountains, rivers, and oceans are ***masculine.***

el español	el lunes	los Pirineos
Spanish	*Monday*	*Pyrenees*

Letters of the alphabet are ***feminine.***

la a *a*	la hache *h*	la ere *r*

Infinitives are ***masculine*** when nominalized.

el amanecer *dawn*	el poder *power*

Many Spanish nouns referring to humans and animals occur in pairs, sometimes similar in form, sometimes not, but gender is always distinguished.

el hombre *man*	⟷	la mujer *woman*
el actor *actor*	⟷	la actriz *actress*
el rey *king*	⟷	la reina *queen*
el toro *bull*	⟷	la vaca *cow*

Some Spanish nouns referring to humans are identical in form—only the modifier shows the gender.

el/la estudiante *student*	el/la demócrata *democrat*
el/la joven *young man/woman*	el/la ciclista *cyclist*
el/la modelo *model*	el/la comunista *communist*
el/la turista *tourist*	el/la pianista *pianist*
el/la atleta *athlete*	el/la guía *guide*

Some nouns can change meaning with a change in gender.

el policía *policeman*	←——→	BUT: la policía *policewoman/the police*
el guía *guide (e.g., tour guide)*	←——→	BUT: la guía *guide (woman)/guidebook*
el papa *pope*	←——→	BUT: la papa *potato*
el cura *priest*	←——→	BUT: la cura *cure*

Some nouns exist only in one gender, but serve for both sexes. The following examples can refer to women as well as to men.

Mi tía es **un ángel.**	*My aunt is an angel.*
Esa niña es **un amor.**	*That little girl is a sweetheart.*

These examples can refer to men as well as to women.

Mi padre es **una persona** encantadora.	*My father is a charming person.*
Ese hombre fue **una víctima** de la sociedad.	*That man was a victim of society.*

iLrn HEINLE *Learning Center* **Ejercicios 2.3–2.5, páginas 326–327**

b. Number (*Número*)

Nouns ending in a vowel add **-s** to form the plural.

casa *house*	——→	casas *houses*

Nouns ending in a consonant, in **-y,** and some ending in a stressed vowel add **-es** to form the plural.

amor *love*	——→	amores *loves*
ley *law*	——→	leyes *laws*
rubí *ruby*	——→	rubíes *rubies*
francés *Frenchman*	——→	franceses[1] *Frenchmen*
examen *exam*	——→	exámenes[1] *exams*

---

1. Notice the accent on **francés** and **exámenes.** A plural can acquire or lose a written accent so that the stress can remain on the same syllable as in the singular.

Nouns ending in -z have plurals ending in -ces.

lápiz	⟶	lápices

Nouns ending in an unstressed vowel with final -s do not change for the plural.

el lunes	⟶	los lunes
el tocadiscos	⟶	los tocadiscos
la crisis	⟶	las crisis

3. Personal *A*

In Spanish, direct object nouns referring to human beings are preceded by the personal **a.** The reason for the addition of the personal **a** is a combination of factors regarding the subject that might otherwise cause confusion: first, the subject of a verb might not be present, since subject pronouns in Spanish are most frequently omitted because the verb ending is considered to contain adequate reference whenever there is no ambiguity in the context; second, there is flexibility of word order in Spanish, and the subject may precede or follow a verb. Compare the following examples.

Comprendió.	*He understood.*
Mi hermano comprendió. (OR: Comprendió mi hermano.)	*My brother understood.*

If you want to form a sentence with [he + understands + my brother], in Spanish you could not simply say [**él** + **comprende** + **mi hermano**], since either **él** or **mi hermano** could be subject of the verb **comprende,** and such an ambiguous construction would be grammatically incorrect. To form the sentence correctly in Spanish, add the personal **a** (and omit the subject pronoun if the context is otherwise unambiguous).

Comprendió **a** mi hermano.	*He understood my brother.*

The use of the personal **a** with human direct objects extends to all contexts, no matter what the subject of the verb may be. The personal **a** is used with persons, as its name indicates, and not with things.

Vi el libro en tu casa.	*I saw the book in your house.*
Vi **a** Carmen en la clase.	*I saw Carmen in class.*
Conocemos ese barrio.	*We are familiar with that neighborhood.*
Conocemos **al** tío de Juan.	*We know Juan's uncle.*

If the persons referred to are not specific, and are thus dehumanized to the point of being perceived for all practical purposes as objects, omit the personal **a.**

Buscan secretarios bilingües.	*They are looking for bilingual secretaries.*
Busco **a** mi secretaria.	*I am looking for my secretary.*

Conversely, if the nonhuman direct object could act as subject of the verb, it is considered equivalent to human, and is preceded by the personal **a.** This is the case for animals and personified concepts.

El cazador mató **al** león.	*The hunter killed the lion.*
El científico vio **a** la Muerte.	*The scientist saw Death.*

In both sentences, the direct object could act as subject: the lion could kill the hunter, and Death could see the scientist.

When the verb **tener** is used with human direct objects, do not use the personal **a** in contexts that are objective, where the simple fact of possession is being stated:

Tengo cuatro tíos.	*I have four uncles.*

However, if **tener** is used in a context that is subjective, where the subject is affected by the context in some personal manner, or where some additional meaning of keeping or holding is implied rather than merely having, the personal **a** is used. In these contexts the direct object is more specifically identified than in the contexts where no personal **a** is used. The direct object may be a proper noun or may be preceded by a possessive adjective.

Tenemos **a** nuestro abuelo en una residencia de ancianos.	*We have our grandfather in a retirement home.*

(In other words, our grandfather is living in a retirement home, and we are responsible for this, or are feeling helpless or sorry about it.)

Tengo **a** mi suegra de visita.	*I have my mother-in-law visiting.*

(In other words, my mother-in-law is visiting, and this affects my daily routine in some manner.)

Esa mujer tenía **a** mi bebé en sus brazos.	*That woman had my baby in her arms.*

(In other words, my baby was in her arms, she was holding him there.)

— No tengo **a** nadie que me acompañe al baile. ¿Y tú tienes **a** alguien?	*"I don't have anyone to go with me to the dance. Do you have someone?"*
— Sí, yo tengo **a** Rita.	*"Yes, I have Rita."*

(In this context, the first speaker is pointing to a significant absence, implying a certain degree of self-pity, perhaps. It may be that the second speaker is feeling a special sense of security or pride at having Rita to go with.)

Because the pronouns **alguien, nadie,** and **quien** refer to persons, they are preceded by the personal **a** when they function as direct objects.

Oí **a** alguien llorando.	*I heard someone crying.*
No conozco **a** nadie aquí.	*I do not know anyone here.*
¿**A** quién viste?	*Whom did you see?*

Direct object pronouns (**lo, la, los,** and **las**) are never accompanied by the personal **a** although they may refer to persons. The pronoun form used would be the stressed form.

Lo vi **a él** ayer.	*I saw him yesterday.*
La llamé **a ella** anoche.	*I called her last night.*
A ellos no los entiendo nunca.	*I never understand them.*
A ellas las regañé ayer.	*I scolded them yesterday.*

(Notice that these are examples of repetitive object pronouns, used for emphasis or clarification. If there is no doubt as to reference, the only required pronoun in the four sentences above is the unstressed **lo, la, los,** or **las.**)

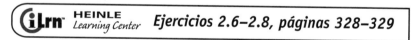

iLrn HEINLE *Learning Center* **Ejercicios 2.6–2.8, páginas 328–329**

B Noun Determiners

Noun determiners are the words that accompany and modify nouns.

1. Articles

a. Definite Articles

DEFINITE ARTICLES		
	SINGULAR	PLURAL
Masculine	el	los
Feminine	la	las

Agreement: Definite articles agree with the noun they accompany.

el hombre *(the) man*

los libros *(the) books*

la mujer *(the) woman*

las clases *(the) classes*

Definite articles are also used in the case of nominalization of words or expressions, such as adjectives, infinitives, and expressions with **de** used for characteristics, and pronouns.

Me gusta **el azul.**

El alto es mi padre.

La rubia ganó.

Los ricos no entienden.

Todo se olvida con **el correr del tiempo.**

La del sombrero es mi hermana.

Ya llegaron **los míos.**

*I like **blue.***

***The tall one** is my father.*

***The blond woman** won.*

***Rich people** do not understand.*

*Everything is forgotten with **the passing of time.***

***The one with a hat** is my sister.*

***Mine** already arrived.*

When a feminine singular noun starts with a stressed **a** or **ha**, to avoid the hiatus, **la** is changed to **el.**

el **agua** *water*	el **aula** *classroom*
el **alma** *soul*	el **ave** *bird*
el **ama** de casa *housewife*	el **hacha** *axe*
el **águila** *eagle*	el **hambre** *hunger*

This does not alter the gender of the noun. All other modifiers remain feminine.

el **agua fría**	*the cold water*
el **alma tranquila**	*the tranquil soul*

For the plural, use **las: las aguas, las almas, las amas de casa,** etc.

Feminine nouns beginning with an unstressed **a** or **ha** use **la.**

la **abeja** *bee*	la **harina** *flour*

iLrn™ HEINLE *Learning Center* **Ejercicio 2.9, página 329**

Definite articles have two functions in Spanish—they may refer to a ***specific*** item or a group of ***specific*** items.

La conferencia le gustó **al** público.   *The audience liked the speech.*

They may refer to a ***generalized*** concept (English uses no article here).

Las conferencias de ese tipo son muy buenas para **la** gente, porque aumentan **los** conocimientos humanos.

Speeches of that type are very good for people, because they increase human knowledge.

(1) Subjects

As a rule, sentences in Spanish do not begin with unaccompanied subject nouns, as they might in English.

La gente es así. OR: Así es **la gente.**   ***People*** *are like that.*

El amor es eterno.   ***Love*** *is eternal.*

In the preceding examples, the noun being used as subject also happens to be a generalized concept (all people, all love), and therefore it is natural in Spanish to add the definite article. However, in cases where generalization does not apply (not all people, but some people), you may choose to alter the word order in Spanish, and place the subject after the verb.

Venía **gente** a verlo.	*People came to see him.*
Llegaron **noticias** de Juan esta mañana.	*News from John arrived this morning.*

NOTE: It would be an error (an anglicism) to say ~~Gente venía...~~ , ~~Noticias llegaron....~~

In some contexts you can work around this type of difficulty of translation by altering the context and adding "there were," thus converting the subject into an object of a new clause.

Había gente que venía a verlo.	*There were people who came to see him.*

With "people" in particular, when it is not a generalized concept, you can omit the subject entirely, and let a plural of the verb serve as impersonal subject "they."

Venían a verlo.	*They came to see him.*

(2) Titles

Use the definite article when speaking *about,* not *to,* someone you address with a title (**señor, señora, señorita, profesor, profesora, doctor, doctora**).

La señora Gómez le explicó a **la** profesora Ruiz por qué su hijo había faltado.	*Mrs. Gómez explained to Professor Ruiz why her son had missed class.*

EXCEPTIONS: **don, doña, san, santo, santa**

Don Jesús Gamboa es un ranchero muy conocido de esta región.	*Don Jesús Gamboa is a very well-known rancher in this region.*

When addressing someone directly, no article is used.

—Profesora Ruiz, perdone la ausencia de mi hijo: estuvo enfermo.	*"Professor Ruiz, forgive my son's absence: he was ill."*
—No se preocupe, Señora Gómez, le ayudaré a repasar.	*"Do not worry, Mrs. Gómez, I will help him review."*

(3) Languages

The definite article is used before the names of languages, except when the name of the language follows **en** or the verb **hablar.**

Escribe **el** español con facilidad.	*She writes Spanish easily.*
Hablo español.	*I speak Spanish.*
Me lo dijo **en** español.	*She told me that in Spanish.*

Omit the article after **de** when two nouns are used, one to modify the other.

mi profesora **de** español	*my Spanish professor*
el libro **de** ruso	*the Russian book*

With **aprender, entender, comprender, enseñar, leer,** and other verbs relating to activities with language, the article is optional.

Aprendí (el) español a los seis años.	*I learned Spanish when I was six.*
Mi madre **enseña** (el) inglés.	*My mother teaches English.*

The article is necessary if an adverb is used between the verb and the name of the language.

Aprendí **fácilmente** el español cuando tenía seis años.	*I learned Spanish easily when I was six.*

(4) Possessives vs. Articles

With parts of the body, articles of clothing, and anything that pertains to the person in situations where there could be no ambiguity, the possessive is not necessary; a definite article is most frequently used.

El estudiante levantó **la** mano.	*The student raised his hand.*

In sentences where the part of the body, article of clothing, etc., is the direct object of the verb, and the indirect object indicates the possessor, an article is used instead of a possessive.

El dentista me sacó **el** diente.	*The dentist extracted my tooth.*
Nos compró **el** coche.	*He bought our car.*

With reflexive verbs, the definite article is used with parts of the body and articles of clothing.

Me lavé **las** manos.	*I washed my hands.*
Se quitaron **el** abrigo.	*They took off their coats.*

In most cases, the definite article accompanies a prepositional object.

Lo llevaron **a la cárcel.**	*They took him to jail.*
Salimos **de la mesquita** a esa hora.	*We left the mosque at that time.*
Estaban **en el salón.**	*They were in the room.*

When **casa, clase,** or **misa** are objects of **a, de,** or **en,** omit the article.

Voy **a clase** a las ocho.	*I go to class at eight.*
Saldremos **de misa** a las once.	*We will leave church at eleven.*
No está **en casa** ahora.	*She is not at home now.*

With days of the week, always use the article, even after **hasta** and **para.**

El lunes tenemos una prueba.	*On Monday we have a test.*
¡Hasta el martes!	*See you on Tuesday!*
Esta tarea es **para el viernes.**	*This assignment is for Friday.*

The definite article is not used after **ser,** except when the sentence translates into English with *on.*

Hoy **es** miércoles.	*Today is Wednesday.*
La prueba **es el** lunes.	*The test is on Monday.*

iLrn HEINLE *Learning Center* **Ejercicios 2.10–2.11, página 329–330**

b. Indefinite Articles

INDEFINITE ARTICLES		
	SINGULAR	**PLURAL**
Masculine	un	unos
Feminine	una	unas

Agreement: Indefinite articles agree with the noun they accompany. The same exception applies for feminine indefinite articles as for definite articles. **Una** is changed to **un** when a feminine noun starts with a stressed **a** or **ha.**

¡Tengo **un** hambre!	*I am so hungry! (I have such a hunger!)*

The indefinite article is used much more in English than in Spanish, where, in most cases, it has more the meaning of the number "one." In the plural, **unos** and **unas** mean "some."

Omit the indefinite article after **ser** when an unmodified noun referring to profession, religion, nationality, or marital status is used.

Es estudiante.	*She is a student.*	Es mexicana.	*She is (a) Mexican.*
Soy católico.	*I am (a) Catholic.*	Eres soltero.	*You are a bachelor.*

If the noun is modified, use the article.

Es **una** estudiante muy aplicada.	*She is a very hardworking student.*
Es **un** dentista joven.	*He is a young dentist.*
Es **una** mexicana famosa.	*She is a famous Mexican.*

Omit the indefinite article before or after **cierto, cien, mil, otro, medio, semejante, tal,** and **¡qué...!** .

Había **cierta** duda en su voz.	*There was a certain (some) doubt in her voice.*
Hay **cien** invitados.	*There are a hundred guests.*
Necesito **mil** dólares.	*I need a thousand dollars.*
¿Puede darme **otro** ejemplo?	*Can you give me another example?*
Pesa cinco kilos y **medio.**	*It weighs five and a half kilos.*
¿Puedes creer **semejante** mentira?	*Can you believe such a lie?*
Nunca dije **tal** cosa.	*I never said such a thing.*
¡Qué problema!	*What a problem!*

Omit the indefinite article in negative sentences after **haber** used impersonally and **tener.**

No hay respuesta.	*There is no answer.*
No tiene coche.	*He has no car.*

If you use the singular article, it has the meaning of the number "one."

No tiene **un** coche—tiene dos.	*He does not have one car—he has two.*
No tengo ni **un** centavo.	*I do not have a single cent.*

Omit the indefinite article after **sin.**

> Salió **sin** abrigo.   *She went out without a coat.*

Omit the indefinite article after **con** when the object is being referred to as a specific type of object.

> Escriban **con** pluma, por favor.   *Please write with a pen.*

If the object is specific or the number "one" is present, use the article.

> Pudo hacerlo con **una** mano.   *He was able to do it with one hand.*

iLrn™ HEINLE *Learning Center* **Ejercicios 2.12–2.13, página 330**

2. Adjectives

a. Demonstrative Adjectives[2]

DEMONSTRATIVE ADJECTIVES		
	SINGULAR	PLURAL
Masculine	este	estos
Feminine	esta	estas
Masculine	ese	esos
Feminine	esa	esas
Masculine	aquel	aquellos
Feminine	aquella	aquellas

este = *this*, **ese** = *that* (near you),
aquel = *that* (over there, far from you)

Agreement: Demonstrative adjectives agree in gender and in number with the noun they accompany. These adjectives precede the noun. Remember that in their adjective form they have no accent, whereas in their pronoun form they may, in cases of ambiguity. (See the section in the Preface on demonstrative pronouns, for more on the use of the accent.) If it is difficult for you to remember which is which, it

---

2.   See Chapter 3.C.1, pages 88–89, on demonstrative pronouns (**éste, ése, esto, eso,** etc.).

might help to remember that the adjective is always accompanied by a noun, but the pronoun is never accompanied by a noun. (The pronoun subsumes the noun, replacing it.)

Este libro es mío, y **ése** [pron.] es tuyo.   *This book is mine, and that one is yours.*
(The accent on **ése** is optional here.)

Dame **esa** libreta, por favor.   *Give me that notebook, please.*

¿Recuerdas **aquellos** días?   *Do you remember those days?*

---

iLrn **HEINLE** *Learning Center* ***Ejercicios 2.14–2.15, página 331***

b. Possessive Adjectives[3]

"SHORT" POSSESSIVE ADJECTIVES		
	SINGULAR	**PLURAL**
1st-person singular	mi	mis
2nd-person singular	tu	tus
3rd-person singular	su	sus
1st-person plural	nuestro, nuestra	nuestros, nuestras
2nd-person plural	vuestro, vuestra	vuestros, vuestras
3rd-person plural	su	sus

Agreement: Possessive adjectives agree in gender and in number with the thing possessed, ***not*** with the possessor.

No tengo **mis** libros hoy.   *I do not have my books today.*

Me gustan **vuestras** ideas.   *I like your ideas.*

Sus manos siempre están limpias.   *His hands are always clean.*

Ellos me regalaron **su** coche.   *They gave me their car.*

---

3.   See Chapter 3.C.2, pages 90–91, on possessive pronouns (**el mío, el tuyo,** etc.).

"LONG" POSSESSIVE ADJECTIVES

	SINGULAR	PLURAL
1st-person singular	mío, mía	míos, mías
2nd-person singular	tuyo, tuya	tuyos, tuyas
3rd-person singular	suyo, suya	suyos, suyas
1st-person plural	nuestro, nuestra	nuestros, nuestras
2nd-person plural	vuestro, vuestra	vuestros, vuestras
3rd-person plural	suyo, suya	suyos, suyas

Long possessive adjectives are used when the possessive follows the noun, where the English would use "of...".

> Es una amiga **mía.**   *She is a friend of mine.*

They are also used after the verb **ser.**

> Este libro es **mío.**   *This book is mine.*
>
> Esta caja es **mía.**   *This box is mine.*

Suyo in certain contexts may cause ambiguity, since it can refer to "his," "hers," "yours," or "theirs." In such a case, it is best to use **de él, de ella, de usted, de ellos, de ellas,** or **de ustedes** instead.

> Aquí están sus cosas: creo que esta bufanda es **de él**; este abrigo es **de ella**; este sombrero es **de usted.** ¿No es así?   *Here are your things: I think this scarf is his; this coat is hers; this hat is yours. Am I right?*

iLrn HEINLE *Learning Center* **Ejercicios 2.16–2.17, página 331**

c. Forms of Descriptive Adjectives

Descriptive adjectives are those that modify nouns, such as **rojo, viejo,** etc.

Agreement: Descriptive adjectives agree in number and in gender with the noun they modify.

(1) Common Adjective Endings

Adjectives ending in **-o** change to **-a** for the feminine.

> un lugar remot**o**   *a distant place*
>
> una probabilidad remot**a**   *a remote chance*

Adjectives ending in a consonant, **-e**, or **-ista** do not generally change for gender.

un hombre **joven,** una mujer **joven**	*a young man, a young woman*
un final **triste,** una mirada **triste**	*a sad ending, a sad look*
un vestido **azul,** una túnica **azul**	*a blue dress, a blue tunic*
un joven **terrorista,** una célula **terrorista**	*a young terrorist, a terrorist cell*

EXCEPTIONS: Adjectives ending in a consonant referring to nationality, religion, or origin, *do* change for gender.

andaluz, andaluza, andaluces, andaluz**as**	*Andalusian*
español, español**a,** españoles, español**as**	*Spanish*
alemán, aleman**a,** alemanes, aleman**as**	*German*
francés, frances**a,** franceses, francesas	*French*
inglés, ingles**a,** ingleses, inglesas	*English*
libanés, libanes**a,** libaneses, libanesas	*Lebanese*
musulmán, musulman**a,** musulmanes, musulman**as**	*Muslim*

Note that the following adjectives do **not** change for gender, only for number:

belga, belgas	*Belgian*
iraní, iraníes	*Iranian*
iraquí, iraquíes	*Iraqi*
israelí, israelíes	*Israeli*
marroquí, marroquíes	*Moroccan*
pakistaní, pakistaníes	*Pakistani*

(2) Adjectives with Short and Long Forms

Bueno and **malo** drop the final **-o** before a singular masculine noun.

un **buen** libro/un libro **bueno**	*a good book*
el **mal** tiempo/el niño **malo**	*the bad weather/the bad child*

Grande becomes **gran** before a singular noun of either gender.

un **gran** evento	*a great event*
una **gran** amiga	*a great friend*

Santo becomes **San** before any masculine name, unless it begins with **To-** or **Do-**.

San Juan de la Cruz	**Santo** Tomás
San Nicolás	**Santo** Domingo

Adjectives ending in a consonant add **-es** for the plural, and accents may be added or deleted to maintain the stress on the same syllable as the singular.

joven, jóven**es**	*young*

iLrn HEINLE *Learning Center*   *Ejercicio 2.18, página 332*

d. Position of Descriptive Adjectives

There are a few adjectives, principally quantitative in nature, that always precede the noun; to this group belong all ordinal numbers such as **primer, segundo, tercer,** etc., as well as **algún; varios; ambos; mucho, poco; tanto; otro.**

Era mi **primer viaje** a México.	*It was my first trip to Mexico.*
Algún día volveré.	*Some day I'll go back.*
Tengo **varios amigos** aquí.	*I have several friends here.*
Sueño en **ambas lenguas**.	*I dream in both languages.*
Muchas gracias.	*Thank you very much. (Many thanks.)*
Tiene **poca paciencia**.	*He has little patience.*
No necesito **tanto dinero**.	*I don't need so much money.*
Quiero **otro café**.	*I want another coffee.*

Nonquantitative descriptive adjectives in Spanish usually *follow* the noun they modify; as a rule, they serve the purpose of restricting which person, thing, or place is being referred to.

Viene a hablarnos un profesor **famoso**.	*A famous professor is coming to talk to us.*
Me gusta la casa **verde**.	*I like the green house.*

In the preceding sentences, a contrast is being established between the mentioned nouns and others that do not have the same quality indicated in the adjective: A famous professor is coming, not an unknown one; I like the green house, not the white one or the others.

Descriptive adjectives will **precede** the noun if this noun indicates someone or something that is already identified, known, or otherwise restricted. When adjectives precede the noun, their function is explicative, not restrictive. They add to the already identified thing or person, describe it, color it, decorate it, or define it, with innate or inherent characteristics or traits. Often, the adjective itself is already associated with the noun.

This is the case, for example, with proper nouns, but also with nouns describing things or relations of which we only have one (a nose, a navel; a mother, a father, a husband, a wife, etc.).

> el **extravagante** Dalí
> *the extravagant Dalí* [Salvador Dalí was extravagant by nature]
>
> el **elegante** Museo del Prado
> *the elegant Prado Museum* [elegance is an inherent quality of the museum]
>
> la **conocida** profesora Sainz
> *the famous Professor Sainz* [her fame precedes her]
>
> la **simbólica** torta de manzanas
> *the symbolic apple pie* [apple pie is symbolic in the United States]
>
> tu **pequeño** ombligo
> *your small navel* [smallness is an inherent quality of your navel]
>
> su **gigantesca** nariz[4]
> *his gigantic nose* [gigantic is a characteristic of his nose]
>
> mi **hermosa** madre
> *my beautiful mother* [my mother is innately beautiful]

---

4. If you want to describe something already identified as big or large, avoid using **gran**, which, when placed before the noun, means "great"; other possibilities: **gigantesco, enorme, voluminoso,** etc.

A common noun that refers to a specific person, place, or thing would also fit in the category described above.

> nuestra **adorada** maestra
> *our adored teacher* [we know her name]

> el **utilísimo** manual
> *the very useful manual* [we know it by title]

> los **impresionantes** avances de la tecnología moderna
> *the impressive advances of modern technology* [**de la tecnología moderna**
> clearly specifies the progress to which we are referring]

If an identified or proper noun is followed by an adjective, the implication is that there are two or more such things or people.

> el Museo del Prado **moderno**
> *the modern Museo del Prado* [either the museum was renovated, or there are two
> parts to the museum, one modern, one not]

> el vaso **lleno**
> *the full glass* [not the others, which are not full]

When an adjective is used to describe an inherent quality of something, it may have poetic or oratorial overtones, especially when it is universally redundant.

> La **blanca** nieve cubría los montes
> *The white snow covered the hills* [snow is inherently white; this construction is
> poetic]

Adjectives of nationality *always follow* the noun.

> Esa novela es de un autor **argentino.**
> *That novel is by an Argentine author.*

Fifteen common descriptive adjectives change meaning depending on their location. Examples of these fifteen adjectives can be found in the chart on the following page.

ADJECTIVE	BEFORE THE NOUN	AFTER THE NOUN
ALTO	**el alto** funcionario *the high official*	el funcionario **alto** *the tall official*
ANTIGUO	**el antiguo** contrato *the old [former, not current] contract*	la mesa **antigua** *the old [not new] table*
BUENO	un **buen** estudiante *a good student [studious]*	un hombre **bueno** *a good man [moral]*
CIERTO	**cierto** tono *certain tone [indeterminate]*	una declaración **cierta** *a true statement*
DIFERENTE	**diferentes** lugares *various or several places*	lugares **diferentes** *different or distinct places*
GRANDE	un **gran** hombre *a great man*	un hombre **grande** *a big man*
MEDIO	**medio** litro *half a litre*	la clase **media** *the middle class* temperatura **media** *average temperature*
NUEVO	el **nuevo** contrato *the new [latest] contract*	un coche **nuevo** *a [brand-] new car*
POBRE	el **pobre** hombre *the poor [unfortunate] man*	un hombre **pobre** *a poor [not rich] man*
PURO	**pura** suerte *sheer luck, just luck*	agua **pura** *pure [uncontaminated] water*
RARO	**la rara** habilidad *the rare ability*	una voz **rara** *a strange voice*
SIMPLE	un **simple** adiós *just a simple good-bye [nothing more]*	un hombre **simple** *a simpleton*
TRISTE	una **triste** manzana *just one humble, insignificant apple*	una empleada **triste** *a sad employee*
ÚNICO	mi **único** problema *my only problem*	un problema **único** *a unique problem*
VIEJO	un **viejo** amigo *an old [longtime] friend*	un amigo **viejo** *an old [aged] friend*

When these special adjectives are used with nouns referring to specific, already identified people, things, or places, they lose some of their variety of meaning.

mi **viejo** padre
my old father [obviously not former or longtime]

las **pobres** obreras de esa fábrica
the poor workers of that factory [they may be pitiful or penniless, or both]

Some adjectives are fixed in certain expressions by sheer usage.

idea **fija** *set idea*	la **pura** verdad *the basic truth*
sentido **común** *common sense*	**libre** albedrío *free will*
Semana **Santa** *Holy Week*	**alta** fidelidad *high fidelity*

Bueno and **malo** are two special adjectives that follow the general rules, but because of the possible ambiguities of "goodness" and "badness," there are probably more subtleties regarding placement than with other adjectives. In many cases, these adjectives exist in ready-made expressions.

buena suerte *good luck*	**mala** suerte *bad luck*
un **buen** día *one day, unexpectedly*	**mal** dormir *sleeplessness*
de **buena** familia *from a good family*	**malos** pensamientos *evil thoughts*
¡**Buenos** días! *Good morning!*	

Some nouns have been formed incorporating the adjective.

la hierbabuena *spearmint*	el malhumor *ill temper*
la buenaventura *good fortune*	el malparto *miscarriage*

Ultimately, the dictionary is the best place to check special usage of common adjectives.

(iLrn HEINLE *Learning Center* **Ejercicios 2.19–2.21, páginas 332–333**

Learn more about **Adjectives** with Heinle iRadio at www.thomsonedu.com/spanish

e. Comparisons

(1) Comparisons of Inequality

(a) With Adverbs, Adjectives, and Nouns

"a"	más/menos	adverb adjective noun	que	"b"

Marta comprende **más** fácilmente **que** yo.	*Marta understands more easily than I do.*
Esa novela es **más** larga **que** ésta. (The accent on **ésta** is optional.)	*That novel is longer than this one.*
José tiene **menos** dinero **que** yo.	*José has less money than I do.*

(b) With a Numerical Expression, Use **De** Instead of **Que**

Leí que había **más de treinta** rehenes en un solo cuarto.	*I read there were more than thirty hostages in a single room.*
Nos quedan **menos de veinte** minutos.	*We have less than twenty minutes left.*
Te di **más de la mitad**.	*I gave you more than half.*
Conocí a **menos de diez** personas nuevas.	*I met fewer than ten new people.*
No invitó a **más de treinta** personas.	*He did not invite more than thirty people.*

Special use of **más que**

In negative sentences, **más que** is the equivalent of "only" in English, or some other exclusive type expression, and is not comparative in meaning.

No tengo **más que** tres pesos.	*I have only three dollars.*
No invitó **más que** a tres personas.	*She invited only three people.*
Nunca come **más que** fruta.	*He eats only fruit.* [He never eats anything but fruit, anything other than fruit.]
Nunca viaja **más que** a España.	*She only travels to Spain.* [She never travels to any other place than Spain, nowhere but to Spain.]

Irregular comparatives

mejor(es) *better, best*	**mayor(es)** *older, oldest*
peor(es) *worse, worst*	**menor(es)** *younger, youngest*

(**Más bueno** and **más malo** are used only occasionally, when the emphasis is on character traits of people, especially in idiomatic expressions. **Más viejo** and **más joven** are often interchangeable with **mayor** and **menor**.)

Mi clase es **mejor que** la tuya.	*My class is better than yours.*
Yo canto **peor que** tú.	*I sing worse than you do.*
Yo soy **mayor que** tú. Yo soy **más viejo que** tú.	*I am older than you.*
Tú eres **menor que** yo. Tú eres **más joven que** yo.	*You are younger than I.*

(c)   With a Verb or Clause as Second Part of Comparison

With a noun as the focus of the comparison, and a verb or clause as the second part of the comparison, use the variable phrase **del que, de la que, de los que,** or **de las que,** in agreement with the gender and number of the noun.

más/menos	noun	del que de la que de los que de las que	clause

Alquilamos más películas **de las que** pudimos ver.	*We rented more movies than we could watch.*
Yo le di muchos menos regalos **de los que** me dio él a mí.	*I gave him a lot fewer gifts than he gave me.*
Me serví más comida **de la que** me puedo comer.	*I served myself more food than I can eat.*

The noun may also be referred to from a prior context, as in the following sentence, in which wedding photos (**las fotos de la boda**) are being talked about, and thus, the feminine plural is used for the variable phrase **de las que:**

| [...] Sacaron más **de las que** habíamos pedido. | *[...] They took more than we had ordered.* |

When there is less specificity intended in the comparison, the neuter invariable phrase **de lo que** is used instead of the variable form:

| Aquí hay más libros **de lo que** creía. | *There are more books here than I thought.* |

When the focus of the comparison is not a noun but a verb, an adjective, or an adverb, use the invariable neuter phrase **de lo que.**

más/menos	verb adjective adverb	de lo que	clause

Nevó más **de lo que** nos hubiera gustado.

It snowed more than we would have liked.

La guerra fue más **larga de lo que** esperaban.

The war was longer than they expected.

El taxi llegó más **rápidamente de lo que** anticipábamos.

The taxi arrived more quickly than we expected.

(2) Comparisons of Equality

(a) Tanto(-a, -os, -as)...como

With a noun, use the variable **tanto(-a, -os, -as)...como,** in agreement with the noun.

Tengo **tantos problemas como** tú.　　*I have as many problems as you do.*

(b) Tanto como

Alone as an adverb, use the invariable **tanto como.**

Ella no come **tanto como** yo.　　*She does not eat as much as I do.*

(c) Tan...como

With an adverb or an adjective, use **tan...como.**

Ese coche está **tan brillante como** el nuestro.

That car is as shiny as ours.

Ellos hablan **tan bien como** tú.　　*They speak as well as you do.*

f. Superlatives

The superlative in Spanish is formed with an *article* + **más/menos** + *adjective* + **de** (if a group is being indicated).

Iris es **la más lista de** la clase.	*Iris is the smartest of the class.*
Esas flores son **las más rojas de** todas.	*Those flowers are the reddest of all.*
Mi tío es **el menos presumido de** todos.	*My uncle is the least conceited of all.*
Julio es **el más alto.**	*Julio is the tallest.*
Esa noche fue **la más oscura.**	*That night was the darkest.*

El más grande and **el más pequeño** become **el mayor** and **el menor** when referring to age.

Jorge es **el mayor** y Juan es **el menor.**	*Jorge is the oldest and Juan is the youngest.*

iLrn HEINLE *Learning Center*   *Ejercicios 2.22–2.23, página 333;*
Ejercicios de repaso 2.24–2.25, páginas 334–336

Chapter 3

Pronouns

A Personal Pronouns

The usage of pronouns is linked to the type of verb with which they are used. The following distinctions between verb types are presented to help you determine the pronouns you will need in Spanish.

1. Definitions

a. Intransitive Verbs

Intransitive verbs have only a subject.[1] They have no direct object.

Llegué. *I arrived.*	Salieron. *They went out.*

When these verbs have complements, they are complements of place, of destination, of origin, of time, etc., but **never** object complements.

Llegué a casa temprano.	*I got home early.*
Van a misa a las ocho.	*They go to mass at eight.*
Volvimos del museo a las cuatro.	*We returned from the museum at four.*
Llegaron por la avenida.	*They arrived by (way of) the avenue.*

b. Transitive Verbs

Transitive verbs can have a subject and a direct and/or indirect object.

(1) With Subject and Direct Object

Oí las noticias. [subj.: **yo**; d.o.: **las noticias**]	*I heard the news.*
Vimos la película. [subj.: **nosotros**; d.o.: **la película**]	*We saw the movie.*
Vi a[2] tu hermana. [subj.: **yo**; d.o.: **tu hermana**]	*I saw your sister.*

---

1. The subject pronoun in Spanish is used mostly for emphasis or clarification.
2. The personal **a** is used with a human or personified direct object.

(2) With Subject, Direct Object, and Indirect Object

Le regalamos los dulces a[3] su abuelita.
[subj.: **nosotros**; d.o.: **los dulces**;
i.o.: **su abuelita**]

We gave the sweets to her grandmother.

¿Le enviaste el mensaje a tu consejera?
[subj.: **tú**; d.o.: **el mensaje**;
i.o.: **tu consejera**]

Did you send the message to your advisor?

Les dio la niña[4] a los padres adoptivos.
[subj.: **ella**; d.o.: **la niña**;
i.o: **los padres**]

She gave the child to the adoptive parents.

(3) With Subject and Indirect Object Only

The verb **gustar** is used generally as a model of this type of verb. (See Chapter 6.I, pages 247–252, on verbs like **gustar**.) For many of these verbs, the translation to English is tricky because the subject in English is the indirect object in Spanish, and the object in English is the subject in Spanish.

Me gusta este cuadro.
[Spanish—subj.: **este cuadro**;
i.o.: **a mí**]

I like this painting.
[English—subj.: **I**;
d.o.: **this painting**]

Le caes bien a mi hermano.
[Spanish—subj.: **tú**;
i.o.: **a mi hermano**]

My brother likes you.
[English—subj.: **My brother**;
d.o.: **you**]

Nos encanta Sevilla.
[Spanish—subj.: **Sevilla**;
i.o.: **a nosotros**]

We love Seville.
[English—subj.: **We**;
d.o.: **Seville**]

It is important to notice that there are often significant differences between the English and Spanish languages with regard to verbs and their transitive or intransitive nature; these are principally lexical distinctions that directly affect the choice of pronouns. It takes a lot of practice and experience with a language to dominate these distinctions, and the dictionary is not always one's best friend. Some students find it helpful to keep a list of intransitive and transitive verbs that they use, verbs with multiple uses, and differences between English and

---

3. The preposition **a** is used to introduce an indirect object.

4. In case of possible ambiguity, the personal **a**, usually required before the human direct object, **la niña**, is eliminated. Here, there is an indirect object, **los padres**, introduced by the preposition **a**. If the personal **a** were used before **la niña**, it wouldn't be clear who is being given to whom.

Spanish verb usage. This list should be based on your experience with the language, and, more specifically, include areas where you have had difficulty with your writing—where an instructor has corrected you, for example—or details you have noted while studying. Your list might be subdivided into the following five categories:

1. Intransitive: **ir, venir, llegar...**

2. Transitive with direct object (indirect object possible): **aprender, comer, beber, estudiar, ver, querer...** . [NOTE: Most of these verbs can be used intransitively as well, without an object.] In these sentences, no object is stated: *what* I ate or *what* we learn is not at issue.

Ya comí hoy.	*I already ate today.*
Todos aprendemos.	*We all learn.*

3. Transitive with indirect object (direct object possible): **dar, regalar, enviar; decir, comunicar, gritar, escribir...** . (Most verbs of communication belong here, as do verbs related to giving or sending.)

4. Transitive with indirect object (direct object *impossible*): **gustar, caer bien...**

5. Problem verbs:

   • **RETURN:** In English, the verb "to return" can be transitive or intransitive, but Spanish uses two different verbs.

Volví ayer.	*I **returned** yesterday.*
Devolví el libro.	*I **returned** the book.*

   • **LOOK AT:** In Spanish this is expressed by **mirar.** The function of the English preposition "at" is embedded in the verb "**mirar**," and "**el libro**" is the direct object in Spanish.

Miro el libro.	*I **look at** the book.*

   • **LOOK FOR:** In Spanish this translates into **buscar.** Here too, the function of the English preposition "for" is embedded in the verb "buscar," and "el libro" is the direct object in Spanish.

Busco el libro.	*I **look for** the book.*

iLrn HEINLE *Learning Center* **Ejercicio 3.1, página 337**

2. Subject Pronouns

	SUBJECT PRONOUNS	
PERSON	**SINGULAR**	**PLURAL**
1st	yo	nosotros
2nd	tú*	vosotros
3rd	él/ella/usted*	ellos/ellas/ustedes*

***Usted** is used to address someone else and is therefore a second, rather than a third, person (the first person is the speaker, the second person is the one addressed, and the third person is the one talked about or referred to). However, the forms of object pronouns and of verbs that correspond to **usted** are all in the third person, and for that reason, in this table and in all of the related tables on object pronouns that follow, forms relating to **usted** are placed under the third person.

Usage of *usted, tú, vosotros* and *vos*

Ustedes is the plural of **tú** or **usted** in Latin America, but in Spain, **vosotros** is the plural of **tú**, and **ustedes** is only the plural of **usted.**

Usted and **ustedes** are often seen in the abbreviated forms **Ud.** and **Uds.**

Usted is used to varying degrees in different dialects. As a general rule, you will notice that it is more common in Latin America than it is in Spain. It is used to mark difference of some sort, either of age or of status. For example, an adolescent would address an adult of equal or higher status with **usted**; the parents in a household would possibly address the servants with **tú,** but a servant would use **usted** to address them. In some families, **usted** is used between parents and children; in others, **tú** is more common. However, at times you might hear a scolding parent switch to **usted** as the form of address for a son or daughter in order to establish some distance and achieve a more effective scolding.

As for deciding whether to use **usted** or **tú** for a given situation, the local use should help determine your choice, but while you wait, the following rule of thumb might come in handy: in a workplace or in a government office, it is safest to use **usted** as a general rule; in social contexts, it is generally safe to use **tú** with anyone your age or younger; and it is safest to use **usted** with anyone else.

If you have spent any time in Central or South America, or among people from this part of the world, you are probably well aware of the **voseo. Voseo** refers to the use of the pronoun **vos** as an alternative second person singular, used instead of, or along with, **tú/ti.** Its acceptance varies from region to region, as does its usage.

(continued)

In Argentina, Paraguay, and Uruguay, the **voseo** is accepted in most registers, but it can be restricted to informal registers in some instances. In Uruguay, although **vos** is more common, **tú** may also be heard concurrently. In both cases, the verb is conjugated in **vos** form (**Vos tenés/Tú tenés**, rather than **Vos tenés/Tú tienes**).

In other regions, **vos** is used mostly among individuals who consider themselves as social equals, and who have an informal relationship.

Some examples of the use of **vos** follow:

Vos as subject:

Vos no sabés nada del asunto.	*You know nothing about the matter.*

Vos as prepositional object:

Siempre lo hago todo <u>por</u> **vos**.	*I always do everything for you.*
Si ella sale <u>con</u> **vos**, se va a divertir.	*If she goes out with you, she'll have fun.*

Note that **vos** does not have an alternate form for **te, tu,** and **tuyo**, which can be found in combination with it:

Vos <u>te</u> dormiste en clase.	*You fell asleep in class.*
Abrí **vos** <u>tu</u> libro.	*Open your book.*
No amo a nadie como <u>te</u> amo a **vos**.	*I don't love anyone the way I love you.*

Verb conjugation

Although there are instances of **voseo** usage in different tenses, the present indicative and the imperative are by far the most accepted. The **vos** form resembles the **vosotros** form, with minor changes:

Present indicative—note the loss of the *i* of the **vosotros** ending diphthong:
Vosotros: habláis / coméis / sois
Vos: hablás / comés / sos
(N.B. Where there is no diphthong in the **vosotros** form, as in –ir verbs [e.g., **partís**], the same form is used for both **vos** and **vosotros**.)

Imperative—note the loss of the *d* ending of the **vosotros** verb form:
Vosotros: hablad / comed / partid / decid / oíd
Vos: hablá / comé / partí / decí / oí
(N.B. In the imperative, for the **voseo,** the verb **andar** (**andá, andate**) is used instead of the verb **ir**.)

Subject pronoun usage

The subject pronoun in Spanish is most often absent. Normally, the reference to the subject is contained in the verb ending, and the context is often clear enough for there to be no need to use a subject pronoun. This is true even for the third person, as long as the context is not ambiguous.

Juan se levantó y caminó a la ventana. Miró afuera y suspiró: "Otro día de nieve".	*Juan got up and walked to the window. He looked outside and sighed, "Another day of snow."*

Notice in the preceding series of sentences that **caminó, miró,** and **suspiró** do not require the use of **él**; it is understood that the verbs that follow the first one (with Juan as the subject) will also have Juan as the subject, unless it is otherwise indicated. However, such absolute clarity is not really required in Spanish. You will frequently run across narratives that begin without any subject specificity and clarify it only later in the context of the story.

Se levantó y caminó a la ventana. Miró afuera y suspiró: "Otro día de nieve". Entonces oyó la voz de su compañero de cuarto que le gritaba: "¡Juan!".

In order to translate this text, you must read it completely before you know the actual subject of the first verb. You can't tell if the subject is "she" or "he" until you read the name "Juan."

There are essentially four reasons to use the subject pronoun: focus, contrast, change of subject, and with **usted.**

Focus: The subject pronoun is not used when the subject is not the focus. Compare the two following brief dialogues.

—¿Cuántos hermanos tienes?	*"How many brothers do you have?"*
—Tengo tres hermanos.	*"I have three brothers."*
—¿Quién hizo esto?	*"Who did this?"*
—Lo hice **yo.**	*"I did it."*

In the first dialogue above, the question relates to the object of the verb, the brothers, and not to the subject of the verb. Given that **tienes** and **tengo** indicate without a doubt who the subject is, there is no reason to add **tú** or **yo.** However, in the second dialogue, the question relates to the subject of the verb. For that reason, the subject must be stated in the response, either as a noun or as a pronoun.

Contrast: The subject pronoun is used to mark a contrast between two different subjects.

Yo resumo el informe, y **tú** lo lees.	*I will summarize the report, and you will read it.*

Change of subject: In paragraphs where you change from one subject to another, you must use the new subject either in pronoun or in noun form.

Caminaron juntos hasta el borde del lago. **Él** la abrazó, y le dijo que la quería. **Ella** se quedó callada.	*They walked together to the edge of the lake. He put his arms around her and told her he loved her. She remained quiet.*

In the above series of sentences the subject changes from "they" to "he" to "she."

Notice, however, that you would not need to add the subject if there were no change of subject.

Héctor caminó con ella hasta el borde del lago. La abrazó y le dijo que la quería. Esperó una respuesta, pero no oyó nada.	*Hector walked with her to the edge of the lake. He put his arms around her and told her that he loved her. He waited for an answer, but heard nothing.*

With *usted*: Use of **usted** as a subject pronoun conveys an idea of formality or courtesy.

¿Desea **usted** algo más?	*Would you like something else?*
Usted conoce a mi prima, ¿verdad?	*You know my cousin, don't you?*

The third person subject pronouns **él, ella, ellos,** and **ellas**[5] refer only to persons, never to things. There is no subject pronoun for "it" (or its plural "they") in Spanish.

Esa mesa es de madera.	*That table is made of wood.*
Es de madera.	*It is made of wood.*
Me gusta[6] esa película.	*I like that movie.*
Me gusta mucho.	*I like it a lot.*
Se venden[7] muchas PC ahora.	*Many PCs are sold now.*
Se venden rápido.	*They are sold quickly.*

> **iLrn** HEINLE *Learning Center* **Ejercicios 3.2–3.4, página 337**

---

5. These pronouns cannot be used as subjects when they refer to things; however, they can be used as prepositional objects referring to things: **¿Y esos tomates? ¿Qué vas a preparar con ellos?** *And those tomatoes? What are you going to prepare with them?*

6. For **gustar** and similar verbs, the subject in English is the indirect object in Spanish, and the object in English is the subject in Spanish.

7. With the impersonal **se** construction with inanimate objects, the inanimate object functions as the subject of the verb. This translates frequently as the passive voice in English.

3. Direct Object Pronouns

a. Formation and Usage

DIRECT OBJECT PRONOUNS		
PERSON	**SINGULAR**	**PLURAL**
1st	me	nos
2nd	te	os
3rd	lo/la*	los/las*

NOTE: Object pronouns that correspond to **usted** are listed under 3rd person because their verb form is the same.

Direct object pronouns receive the direct action of the verb.

Me ven.	*They see **me**.*
Te conocen.	*They know **you**.*
Nos escuchan.	*They listen to **us**.*
Os entiendo.	*I understand **you**.*
Lo vi ayer.	*I saw **him/you** (usted) yesterday.*
Las conozco bien.	*I know **them/you** (ustedes) well.*

In most of Spain, but not in most of Latin America, **le(s)** is used instead of **lo(s)** for males.

No **lo** conozco. (Latin America)	*I do not know him.*
No **le** conozco. (Spain)	*I do not know him.*

The use of **le** for the human direct object is called **leísmo;** those who speak this way are called **leístas.** Learners of Spanish should adopt this use of **le** only when they adopt the rest of the dialectal traits of the region, which include the use of **vosotros.**

Os is used only in Spain, for the plural of **te.**

	LATIN AMERICA *(I saw you.)*	SPAIN *(I saw you.)*
Singular	Te vi.	Te vi
Plural	Los vi (a ustedes).	Os vi.

The direct object pronoun replacing an inanimate object will reflect the gender and number of the noun it replaces.

Miro la televisión. ¿Tú **la** miras?   *I watch television. Do you watch it?*

b. Stressed and Unstressed Object Pronouns (Direct and Indirect Object)

It is important to note the difference between the unstressed pronoun forms **me, te, lo, la, le, se, nos, os, los, las, les,** and the stressed forms **a mí, a ti, a él, a ella, a usted, a sí, a nosotros, a vosotros, a ellos, a ellas, a ustedes.** The first set of unstressed pronouns is used in most standard reference conditions; the second set is added to the first if there is a special focus, if additional stress is required, or if clarification is needed in the case of the third person. Consider the following contexts.

Focus: To answer questions specifically about the object.

—¿A quién llamó?   *"Whom did he call?"*
—**A mí.** (OR: **Me** llamó **a mí.**)   *"Me."*

Stress: English adds stress by pronouncing pronouns (or other words) more emphatically, whereas Spanish cannot. In Spanish, we add words to indicate stress. In the example below, capitalized words are pronounced emphatically. Notice the need in Spanish for additional words. In this case, the additional words (which are boldfaced in the following examples) are the stressed forms of the pronouns.

No te escribió **a ti,** me escribió **a mí,**   *He didn't write YOU, he wrote ME, so*
así que me quiere **a mí** y no **a ti.**   *he loves ME and not YOU.*

Clarification: When the third-person pronoun is used, and ambiguity of reference exists, the stressed form is added to clarify.

—¿Viste a Ricardo y a Luisa?   *"Did you see Ricardo and Luisa?"*

—Sí, los vi. Pero la vi **a ella** primero,   *"Yes, I saw them. But I saw HER*
y no lo vi **a él** hasta después.   *first, and did not see HIM until later.*
No estaban juntos. Quería pre-   *They were not together. I wanted to ask*
guntarles por qué, pero no me   *them why, but didn't dare."*
atreví.

A frequent mistake made by English-speaking learners of Spanish is to use the stressed form instead of the unstressed form of the pronouns in full sentences: [~~Vi a ella. Quería preguntar a ellos.~~] The stressed form can only exist alone when there is no verb present, and in such cases, the unstressed form cannot be used: it cannot stand alone.

c. *Lo:* The Neuter (Invariable) Pronoun

The neuter **lo** refers to an idea or situation that is not specific enough to be either masculine or feminine.

—Nos queda poco tiempo.	*"We have little time left."*
—Sí, ya **lo** sé.	*"Yes, I know it."*

Lo is used as a complement to replace adjectives, pronouns, or nouns with **ser, estar,** and **parecer**; notice that in English the equivalent of **lo** in most cases is merely represented by emphasis on the verb when it is spoken.

—Creo que ella es muy lista.	*"I think she is very clever."*
—Yo no creo que **lo** sea.	*"I do not think she is."*
—Esa mujer es la tía de Juan.	*"That woman is Juan's aunt."*
—Sé que no **lo** es porque conozco a su tía.	*"I know she is not because I know his aunt."*
—¿Estas llaves son tuyas?	*"Are these keys yours?"*
—No, no **lo** son.	*"No, they are not."*
—¿Estás frustrada?	*"Are you frustrated?"*
—Sí, **lo** estoy.	*"Yes, I am."*
—Parece que estás nervioso.	*"You look nervous."*
—Quizá **lo** parezca, pero no **lo** estoy.	*"Maybe I look that way, but I am not."*

iLrn HEINLE *Learning Center*   **Ejercicios 3.5–3.8, página 338**

4. Indirect Object Pronouns

INDIRECT OBJECT PRONOUNS		
PERSON	**SINGULAR**	**PLURAL**
1st	me	nos
2nd	te	os
3rd	le*	les*

* When combined with **lo(s)** or **la(s)**, **le(s)** becomes **se**. Note also that object pronouns tcorresponding to **z**are listed under 3rd person because their verb form is
the same.

Le dio la manzana a la maestra. $\longrightarrow$ Se la dio.

He gave the apple to the teacher.   *He gave it to her.*

Les regaló el coche. $\longrightarrow$ Se lo regaló.

She gave them the car.   *She gave it to them.*

The indirect object is used to indicate the person(s) receiving the direct object or to
indicate the person or thing that is affected in some way by the action of the verb.

Me regaló sus guantes.	*He gave me his gloves.*
¿Te dijo su secreto?	*Did she tell you her secret?*
Les mandó el recado.	*She sent them the message.*

There are many possible translations into English of indirect objects in Spanish,
with a variety of prepositions used in the English version.

Le hiciste la merienda.	*You made the snack **for** her.*
Les quitó la llave.	*He took the key **away from** them.*
Nos pidió ese favor.	*He asked that favor **of** us.*

Verbs commonly used with indirect objects may be verbs like *gustar*:

Le gustaron los regalos.	*She liked the gifts.* (literal translation: *The gifts were pleasing **to her**.*)
¿Te cayó bien mi tía?	*Did you like my aunt?* (literal translation: *Was my aunt pleasing **to you**?*)

Nos faltan diez pesos.

We are missing ten pesos.
(literal translation: *Ten pesos are lacking **for us.***)

*(See Chapter 6.I, pages 247–252, for full explanation of verbs like **gustar**.)*

 Learn more about **Gustar** with Heinle iRadio at
www.thomsonedu.com/spanish

Below are some verbs that can change meaning if used with a direct object or an indirect object:

No **le** creo.
I do not believe him (or her).
[i.e., he is lying.]

No **lo** creo.
I do not believe it. (what he is saying)
[He may be telling what he believes to be the truth, but I think the truth is different: i.e., he is not lying.]

¿**Le** pagaste?
Did you pay him (or her)?

¿**La** pagaste?
Did you pay it? (e.g., la cuenta)

Le gané.
I beat him (or her) [at a game].

Lo gané.
I won it.

Le pegué duro.
I hit him (or her) hard.

Lo pegamos.
We glued it.

Le di en la cara.
I hit him (or her) in the face.

Me **lo** dio.
He gave it to me.

Le robaron.
They robbed him (or her).

Lo robaron.
They stole it.

Le extraña que hagas eso.
It surprises him (her) that you do that.

Lo extraña mucho.
She misses him a lot.

iLrn HEINLE *Learning Center* *Ejercicios 3.9–3.12, páginas 339–340*

5. Required Repetitive Object Pronouns

The following object pronouns must be used, however redundant they may sound.

a. Direct Object Pronouns

Direct object pronouns must be used when the object noun precedes rather than follows the verb.

La salida la encontrará a su derecha.	*You will find the exit to the right.*
A todos los convidados los critica.	*She criticizes all of her guests.*
A ella no **la** conozco.	*I don't know her.*

Direct object pronouns must also be used whenever the pronoun **todo (toda, todos, todas)** is used as a direct object.

Lo vendieron **todo.**	*They sold it all.*
La cantaron **toda.** (e.g., la canción)	*They sang it all.*
Nos invitaron a **todos.**	*They invited all of us.*

b. Indirect Object Pronouns

These are almost always used even though their referent appears in the clause.

Le dije **a Maira** que venías.	*I told Maira you were coming.*
Le cedió el poder **a su hermano.**	*He transferred the power to his brother.*
Les caes bien **a mis hijos.**	*My children like you.*
Le caes bien **a él.**	*He likes you.*
Le caes bien.	*He likes you.*
Les hace falta **a sus padres.**	*Her parents miss her.*
Les hace falta **a ellos.**	*They miss her.*
Les hace falta.	*They miss her.*

> **iLrn** HEINLE *Learning Center* **Ejercicio 3.13, página 340**

6. Order of Object Pronouns When Combined

ORDER OF OBJECT PRONOUNS WHEN COMBINED			
#1	#2	#3	#4
se	2nd-person	1st-person	3rd-person
se	te os	me nos	lo(s) la(s) le(s)

Examples:

Se te cayeron los libros.	*You dropped your books.*
Se os dirá cuando llegue el momento.	*You will be told when it is time.*
Se me dijo la verdad.	*I was told the truth.*
Se nos acabaron las ideas.	*We ran out of ideas.*
Se lo expliqué.	*I explained it to him/her.*
Se los regalé.	*I gave them to him/her.*
Se la mandaron.	*They sent it to them.*
Se le olvidó.	*He/She forgot it.*
Te lo dije.	*I told you (so/it).*
Te la regalé.	*I gave it to you.*
Me lo dijeron.	*They told me (so/it).*
Me la enseñaron.	*They showed it to me.*
Nos lo contaste.	*You told us (so/it).*
Nos la enseñaron.	*They showed it to us.*

 iLrn™ HEINLE *Learning Center* ***Ejercicio 3.14, página 341***

7. Position of Object Pronouns

Direct and indirect object pronouns must be placed before or after their related verb, depending upon the form of the verb itself. There is no choice as to the position after the verb with the affirmative command. There is no choice as to the position before the verb with every other form except the infinitive and the present participle; with these last two, pronouns may be placed before or after the verb phrase, as long as all pronouns relating to the same verb are placed in the same position.

VERB FORM	POSITION OF PRONOUN(S)	EXAMPLES
conjugated verb	before	**La** vi ayer. *I saw her yesterday.*
compound tense	before auxiliary *(haber)*	Nunca **la** he visto. *I have never seen her.*
infinitive	before auxiliary or after infinitive[8]	**Me la** quiero comprar. Quiero comprár**mela**. *I want to buy it (for myself).*
present participle	before auxiliary or after present participle[8]	**Lo** estaba mirando. Estaba mirándo**lo**. *I was looking at it.*
affirmative command	after[8]	Míra**la**. Cómprate**los**. *Look at it. Buy them (for yourself).*
negative command	before	No **la** mires. No **te los** compres. *Do not look at it. Do not buy them.*

In sentences combining more than one verb, the object pronoun must be placed near the verb that governs it:

Viajaremos para conseguir**lo**.	*We will travel to get it.*
Salieron persiguiéndo**la**.	*They left pursuing her.*
Vaya a comprar**lo**.	*Go and buy it.*
Sigue estudiándo**lo**.	*Continue studying it.*
Sígue**me** tomando apuntes.	*Follow me, taking notes.*

---

8. When pronouns are attached to the end of an infinitive, a present participle, or a command, an accent may be needed to maintain the original stress within the verb: **vender—venderlos—vendérselos; vendiendo—vendiéndolos; vende—véndelos.**

La oyeron decír**telo.** *They heard her tell it to you.*

Nos dejó gritándo**nos.** *She left us yelling at each other.*

 HEINLE *Learning Center* *Ejercicio 3.15, página 341*

8. Prepositional Object Pronouns

PREPOSITIONAL OBJECT PRONOUNS		
PERSON	SINGULAR	PLURAL
1st	mí	nosotros
2nd	ti	vosotros
3rd	él/ella	ellos/ellas
formal	usted	ustedes
reflexive	sí	sí

Prepositional object pronouns are used after prepositions.

Lo hizo **por mí.**	*She did it because of me.*
Puedes contar **con nosotros.**	*You can count on us.*
Se fue **sin ella.**	*He left without her.*
Lo guardó **para sí.**	*He kept it for himself.*
Lo guardó **para él.**	*She kept it for him.*
Estaba sentado **frente a vosotros.**	*He was sitting in front of you.*
Corrió **tras ella.**	*He ran after her.*
Estaba **cerca de ti.**	*He was near you.*
No encuentro mi diccionario; ayer trabajé **con él.**	*I cannot find my dictionary; yesterday I worked with it.*
La gorra de Roberto es parte **de él**; nunca sale **sin ella.**	*Roberto's cap is a part of him; he never leaves without it.*

The following prepositions take the subject pronoun form for **yo** and **tú.**

entre:

> Estaba sentado **entre tú** y **yo.**
>
> *He was sitting between you and me.*

según:

> **Según tú,** esto es incorrecto.
>
> *According to you, this is incorrect.*

Como, excepto, and **menos** take **yo** and **tú,** unless they are followed by another preposition. Use the pronoun that goes with the last preposition.

como:

> Mis amigos piensan **como yo.**
>
> *My friends think like me.*
>
> **A** mí no me duele **como a ti.**
>
> *It does not hurt me the way it hurts you.*

excepto:

> Todos lo vieron **excepto yo.**
>
> *They all saw it except me.*
>
> Les dieron **a** todos **excepto a mí.**
>
> *They gave to everyone but me.*
>
> Se lleva bien **con** todos
> **excepto conmigo.**
>
> *He gets along with everyone but me.*

menos:

> Todos **menos tú** comieron postre.
>
> *They all ate dessert except you.*
>
> Hubo carta **para** todos
> **menos para ti.**
>
> *There was a letter for everyone but you.*

The preposition **con** with **mí, ti,** and **sí** becomes **conmigo, contigo,** and **consigo.**

> Ven **conmigo.**
>
> *Come with me.*
>
> Pensé que estaba **contigo.**
>
> *I thought he was with you.*
>
> Se lo llevó **consigo.**
>
> *He took it along (with himself).*

Consigo is used when the subject of the verb is the same as the object of **con,** as in the previous example. In situations where the subject is different from the object of **con,** use the standard third-person prepositional pronoun.

> Fuimos al cine con Juan.
> Fuimos al cine **con él.**
>
> *We went to the movies with Juan.*
> *We went with him.*
>
> Quiero bailar con María.
> Quiero bailar **con ella.**
>
> *I want to dance with Maria.*
> *I want to dance with her.*

Me gusta hablar con mis vecinos.	*I like to talk with my neighbors.*
Me gusta hablar **con ellos.**	*I like to talk with them.*
Nunca he ido al cine con mis hermanitas.	*I have never gone to the movies with my little sisters.*
Nunca he ido al cine **con ellas.**	*I have never gone to the movies with them.*

---

iLrn HEINLE *Learning Center*

Ejercicio 3.16, página 341;
Ejercicio de repaso 3.17, página 342

B *Se*

1. Introduction

The pronoun **se** in Spanish can have different usages, depending upon the context in which it is used:

- The indirect object pronouns **le** and **les,** when followed by a direct object pronoun such as **lo** or **la,** are transformed become **se.** (See Chapter 3.A.4, pages 70–71.)

- **Se** is also the third-person singular and plural form of the reflexive pronoun.

- In its function as a reflexive pronoun, **se** can be used in constructions with a thing as a subject and a person as an indirect object to describe an accidental occurrence. In **Se me olvidó la tarea,** the subject of the verb is **tarea** and the person is the indirect object. In this type of sentence the thing is doing the action to itself (thus the reflexive), and the person appears as an innocent bystander or victim, indirectly affected by the event.

- The impersonal usage of **se** is where the action is being done with no subject mentioned—clearly someone is doing it, but this fact is irrelevant to the context. When you read **Se habla español** on the door of a store, it indicates that Spanish is spoken in that store in case of need. It is irrelevant to state who speaks the language.

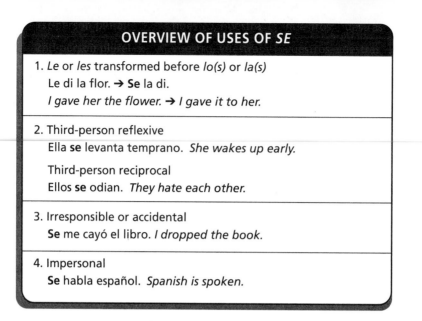

OVERVIEW OF USES OF *SE*

1. *Le* or *les* transformed before *lo(s)* or *la(s)*
   Le di la flor. → **Se** la di.
   I gave her the flower. → *I gave it to her.*

2. Third-person reflexive
   Ella **se** levanta temprano. *She wakes up early.*

   Third-person reciprocal
   Ellos **se** odian. *They hate each other.*

3. Irresponsible or accidental
   Se me cayó el libro. *I dropped the book.*

4. Impersonal
   Se habla español. *Spanish is spoken.*

2. Reflexive Pronouns

a. Reflexives

REFLEXIVE PRONOUNS

PERSON	SINGULAR	PLURAL
1st	me	nos
2nd	te	os
3rd	se	se

A reflexive construction occurs when the subject and the object of a verb are the same person. In some cases, the object of the verb is direct.

> **Me** lavo.   *I wash myself.*

In other cases, the object of the verb is indirect.

> **Se** escribían todos los días.   *They wrote (to) each other every day.*

Certain verbs that refer to daily personal habits are most frequently used in the reflexive construction (see Chapter 6.J, pages 252–260, on reflexive verbs).

bañarse *to bathe (oneself)*	lavarse *to wash (oneself)*
despertarse *to wake (oneself) up*	levantarse *to get (oneself) up*

These verbs can be used nonreflexively, in a standard transitive construction, with the object different from the subject.

La madre bañó a su bebé. ──────▶ **Lo** bañó.
The mother bathed her baby. *She bathed him.*

Ella se bañó a las seis. ──────▶ **Se** bañó.
She bathed (herself) at six. *She bathed (took a bath).*

Possessives change to definite articles with parts of the body or articles of clothing.

Me lavé **las** manos. *I washed my hands.*

Me puse **el** abrigo. *I put on my coat.*

To stress or emphasize the reflexive pronouns, the following reflexive prepositional or stressed object pronouns are used.

REFLEXIVE PREPOSITIONAL OBJECT PRONOUNS		
PERSON	**SINGULAR**	**PLURAL**
1st	mí	nosotros
2nd	ti	vosotros
3rd	sí	sí

These pronouns are used to mark a stressed pronoun after prepositions, and sometimes in constructions where the verb itself is not reflexive, but the action is.

Es muy codicioso. Se lo guarda todo **para sí (mismo)** y no deja nada para los demás. *He is very greedy. He keeps everything for himself and leaves nothing for the rest.*

Lo hago **por mí.** *I do it for myself.*

Lo compró **para sí.** *She bought it for herself.*

Trajo el paraguas **consigo.** *She brought the umbrella (with her).*

b. Reciprocals

The plural pronouns can be used for reciprocal actions as well.

Ellos **se** conocen bien.   *They know each other well.*

In case of ambiguity, the following may be added.

RECIPROCAL = each other		
	SINGULAR	PLURAL
Masculine	el uno al otro	unos a otros
Feminine	la una a la otra	unas a otras

REFLEXIVE = myself, yourself, etc.		
PERSON	SINGULAR	PLURAL
1st	a mí mismo(a)	a nosotros(as) mismos(as)
2nd	a ti mismo(a)	a vosotros(as) mismos(as)
3rd	a sí mismo(a)	a sí mismos(as)

Nos conocemos **el uno al otro**.   *We know each other.* (reciprocal)

Nos conocemos **a nosotros mismos**.   *We know ourselves.* (reflexive: each one of us knows him- or herself.)

iLrn HEINLE *Learning Center*   *Ejercicios 3.18–3.20, páginas 342–343*

3. *Se me* Construction: Accidental or Irresponsible *Se*

In Spanish there is a structure that is very commonly used when dealing with accidental, chance, or unplanned situations. This is often the case with such actions as forgetting, dropping, burning, breaking, etc. In these situations, the thing involved in the accident becomes the subject of the verb, and the verb is used in a reflexive format. The person, or victim of the accident, becomes the indirect object of the verb. Therefore, it might appear misleading to name this **se** differently from any other reflexive **se**—the only reason it is invariable is because things are always third-person singular or plural, never first- or second-person singular or plural, forms that are reserved for humans.

Examples:

Se rompieron mis lentes. [subj.: **mis lentes;** d.o.: none]	*My glasses broke.*
Se rompió tu regla. [subj.: **tu regla;** d.o.: none]	*Your ruler broke.*
Se me rompieron los lentes.[9] [subj.: **los lentes;** i.o.: **a mí**)	*I (accidentally) broke*[10] *my glasses.* [subj.: *I;* d.o.: *my glasses*]
Se me rompió tu regla. [subj.: **tu regla;** i.o.: **a mí**]	*I (accidentally) broke your ruler.*

In English, as in Spanish, there are a number of verbs that can be used in such a way that the thing to which the accident occurred is the subject of the verb: things break, fall, tear, close, open, go out (like a light), wrinkle, get dirty, get wet, go bad, etc. The difference in structure in Spanish is that you can include the person to whom this accidental occurrence happened. Notice that the possessive changes to a definite article when referring to a part of the body or an article of clothing or personal possession.

Se me rompieron los lentes.	*My glasses broke.*
Se te rompieron los lentes.	*Your* (tú) *glasses broke.*
Se le rompieron los lentes.	*His/Her/Your* (Ud.) *glasses broke.*
Se nos rompieron los lentes.	*Our glasses broke.*
Se os rompieron los lentes.	*Your* (Vosotros) *glasses broke.*
Se les rompieron los lentes.	*Their/Your* (Uds.) *glasses broke.*

Notice that **rompieron** is third-person plural because the subject of the verb is plural: **los lentes.** If the subject were singular, the verb would be singular too.

Se me rompió la uña.	*My fingernail broke.*

---

9. The nouns in these sentences that function as the subject or indirect object may be placed before or after the verb.
   Se me rompieron los lentes. = Los lentes se me rompieron.

10. If the action of breaking was done on purpose, the verb and pronouns behave "normally" in Spanish, with the person being the subject of the verb.
   Ese chico me puso tan furioso que le rompí los lentes. (subj.: **yo;** d.o.: **lentes**)
   That kid made me so angry that I broke his glasses.

If you wish to state the person to whom the accident happened, remember that the grammatical function of the person is the indirect object, introduced with the preposition **a.**

Se le olvidó la cita **al presidente.**	*The president forgot the quote.*
A Quico se le perdieron los boletos.	*Quico lost the tickets.*
Se le rompió el paraguas **a Carmelita.**	*Carmelita's umbrella broke.*

If it is not necessary to state the subject of this type of sentence because it has already been mentioned before in the context, remember the basic rule that in Spanish there is no subject pronoun equivalent to "it" in English (or "they" as the plural of "it").

—¿Qué pasó con tu lente?	*"What happened to your lens?"*
—Se me rompió.	*"It broke."*

The following verbs can be used with this construction.

quemársele a uno *to burn*

> On purpose: **Quemaron los libros.** *They burned the books.*
> Accidental (no victim): **Los libros se quemaron.** *The books burned (up).*
> Accidental (with victim): **Se nos quemaron los libros.** *We accidentally burned up our books.*

caérsele a uno *to drop; to fall*
(**Dejar caer** is used for the purposeful action, and means, literally, *to let fall*.)

> On purpose: **Dejó caer el vaso.** *He dropped the glass.*
> Accidental (no victim): **El vaso se cayó.** *The glass fell.*
> Accidental (with victim): **Se le cayó el vaso.** *He dropped the glass.*

olvidársele a uno *to forget*

> On purpose: **Olvidemos nuestros problemas.** *Let's forget our problems.*
> Accidental (no victim): impossible in Spanish.
> Accidental (with victim): **Se nos olvidó el libro.** *We forgot the book.*

In Spanish, a variety of unfortunate accidental occurrences can be described with this construction.

Se me cerró la puerta en la mano.	*The door closed on my hand.*
Se nos apagó el fuego.	*The fire went out (on us).*
Se nos fue la luz.	*The electricity went out (on us).*

Los temblores no se me van.	*My shivering will not go away.*
Se te arrugó la falda.	*Your skirt got wrinkled.*
Se les ensuciaron los pantalones.	*Their pants got dirty.*
Se me cierran los ojos.	*My eyes are closing.*
El frío no se te va a quitar si no te pones los calcetines.	*The cold you feel is not going to go away if you do not put on your socks. (You will not warm up . . .)*
Siempre se te ocurren las ideas más raras.	*You always come up with the strangest ideas. (They come to your mind unexpectedly.)*
Se nos pasó la hora; ya son las nueve.	*We are running late; it is already nine. (The hour went by us . . . We forgot the time . . .)*
Se me quedaron las muletas en casa.	*I left my crutches at home. (They stayed at home.)*
Se me quitó el apetito.	*I lost my appetite.*
Se me pararon los pelos.	*I got goose bumps.*
Se le dobló la foto.	*She accidentally folded the picture. (Her picture got folded.)*

Notice that this construction cannot be used with every accident or involuntary action, even if the word "accidentally" or another indication of accident is added.

Me robaron el coche.	*They stole my car.*
Leímos el libro equivocado.	*We read the wrong book.*
Me caí.	*I fell down.*
Lo vi sin querer.	*I saw it by accident (unintentionally).*
Chocamos.	*We crashed (had a car accident).*

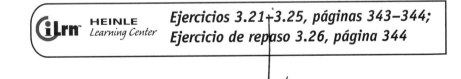

iLrn HEINLE *Learning Center* *Ejercicios 3.21–3.25, páginas 343–344; Ejercicio de repaso 3.26, página 344*

4. Impersonal *Se*

a. Introduction

The impersonal **se** is used for actions with no specific subject. These sentences correspond to the English passive voice or the impersonal "they," "you," "people," or "one."

En el senado **se rechazó** una medida que hubiera elevado el salario mínimo.	*At the senate they voted down a measure that would have raised the minimum wage.*
No entiendo por qué **se dicen** tantas mentiras.	*I do not understand why people tell so many lies.*
Eso implica que **se abandonó** la prohibición de llevar equipaje de mano en todos los vuelos.	*That implies that they lifted the ban on hand baggage on all flights.*
Hay indicios de que **se avanza** en el desarrollo de fuentes alternas de energía.	*There is evidence that they are making progress in the development of alternative sources of energy.*

There are other ways of expressing impersonal sentences in Spanish.

En España usan el "vosotros" como plural de "tú".	*In Spain **they** use "vosotros" as the plural of "tú."*
En época de sequía **la gente** come lo que haya.	*In times of drought, **people** eat whatever there is.*
Uno nunca sabe lo que el futuro puede traer.	*One never knows what the future might bring.*

A NOTE ON THE PASSIVE VOICE (see Chapter 7.B.4, pages 278–280 for more information):

The passive voice is used much more in English than in Spanish, where it is found mostly in literary contexts. The passive voice in Spanish is used with increasing frequency in journalistic prose, but this is considered the result of literal translation from English. For those who are not yet experts in the language, it is best to avoid the passive voice in Spanish; instead, use the active voice if the action of the verb has a subject or agent, and an impersonal structure if there is no subject. The stronger the degree of impersonality, the more Spanish tends to use the impersonal **se**.

(1) Agent Present (Subject of the action stated)

Agent present   ⟶   Spanish: active
She was awakened by the dog. ⟶ El perro la despertó.

In the context above, where the agent (dog) is stated, the active voice is preferred in Spanish. Although it is not grammatically incorrect, there is no reason to use a passive construction here in Spanish because there is an agent, or subject, for the action of the verb (the dog). However, it is grammatically incorrect to use the impersonal **se** to render this sentence into Spanish, given the presence of an agent (or subject of the action).

(2) No Agent: Not Impersonal (Subject of the action absent but implied)

No agent: not impersonal   ⟶   Spanish active: nonspecific subject
She was found.   ⟶   La encontraron. Alguien la
                                encontró.

In the preceding context the subject is omitted, either because it is not the focus of the sentence, or because it is unknown. If you tried to visualize the person who is doing the finding, you would imagine a specific individual or individuals, rather than a generalized "people." The most common translation into Spanish would be the active voice with a nonspecific subject such as "they" or "somebody."

No Agent: Impersonal (Subject of the action absent and irrelevant)

No agent: impersonal   ⟶   Spanish: impersonal **se**
Spanish is spoken.   ⟶   **Se** habla español.

The impersonal **se** is ideal for a context such as the one above, where there is no agent. If you thought about the implied subject of the verb, you would see that it is impersonal, since it can be replaced with "people," rather than a specific individual. This example has a greater degree of impersonality than the implied subject of the previous sentence.

Subject of the action	Spanish preference	English preference
Stated	ACTIVE	ACTIVE or PASSIVE
Absent but implied	ACTIVE	ACTIVE or PASSIVE
Absent and irrelevant	Impersonal **se**	PASSIVE

b. Impersonal *Se* with Inanimate Objects

When referring to inanimate objects, the inanimate object functions grammatically as the subject of the verb (i.e., the verb agrees in number with the inanimate object[s]).

Se habla kurdo en Iraq.	*Kurdish is spoken in Iraq.*
Se hablan muchas lenguas en Suiza.	*Many languages are spoken in Switzerland.*

If the subject of the verb has been stated previously in the context, and you wish to replace it with a pronoun, remember that there is no subject pronoun for inanimate objects (it/they).

Sí, **se** habla.	*Yes, it is spoken.*
Se hablan.	*They are spoken.*
¿Cómo **se** dice eso?	*How does one say that?*
¿Cómo **se** dice?	*How does one say it?*
¿Cómo **se** prepara ese platillo?	*How does one prepare that dish?*
Se prepara con huevos y leche.	*One prepares it with eggs and milk.*

c. Impersonal *Se* with Persons

When an impersonal **se** structure refers to a human being and not an inanimate object, the grammatical function of the human being is that of the ***direct object*** of the verb. For this reason, the verb remains singular. In addition, the personal **a** is needed to mark the human as the direct object.

Se castiga **a** los criminales.	*Criminals are punished.*

If the verb agreed with the human, and no personal **a** were used, you would have a reflexive construction rather than an impersonal one (**Se castigan los criminales** = *Criminals punish themselves*).

The impersonal **se** can be used in conjunction with all persons and with all verb tenses, according to contextual needs. Some examples follow—note that **se** is always invariable and that the verb is always in the third-person singular.

Se **te** notificará por correo electrónico.	*You will be notified by e-mail.*
No se **nos** había visto allí antes.	*We had not been seen there before.*
Ojalá se **os** hubiera premiado.	*I wish you had been rewarded.*

To refer to human beings in the third person in impersonal **se** contexts (in most dialects), **le** is used rather than the standard direct object form **lo, la.**

¿Y a los niños? ¿Se **les** avisó de los peligros?	*What about the children? Were they warned of the dangers?*

The object pronoun is used in this structure similarly to others, in that it is omitted when the actual object is present in the sentence, and is needed only either when the object is absent, or when it precedes the verb (see "Required Repetitive Object Pronouns" page 72). Both of the sentences below translate as "The parents will be invited tomorrow"; note that **les** is added in the second sentence because of the changed word order (the direct object precedes the verb).

Se invitará a los padres mañana.

A los padres se **les** invitará mañana.

In rare cases where the persons are being perceived as a category, and not as specific individuals, they are treated in this construction as if they were things.

Se buscan empleados.	*Help needed. Now hiring.* (literally: *Employees are being sought.*)

Notice that no article is used with **empleados,** since they are nonspecific.

d. Impersonal *Se* with Both Human and Inanimate Objects

In sentences with impersonal **se** and both human and inanimate objects, the person is the ***indirect object*** of the verb, and the inanimate object continues to function as the grammatical subject of the verb.

No se me dio un ejemplar.	*I was not given a copy.*
No se nos anunciaron los cambios.	*The changes were not announced to us.*
Se les envió una solicitud a las universidades.	*The universities were sent an application.* (OR: *An application was sent to the universities.*)

Notice that in the third example **les** is a repetitive indirect object pronoun referring to **las universidades.**

e. Impersonal Reflexive Construction—*Uno*

It is not possible to use both the reflexive and the impersonal **se** together. Use **se** as a reflexive pronoun and **uno** as an impersonal pronoun. Notice the variations of position in the following sentences.

Uno se levanta temprano en el ejército.	*One gets up early in the army.*
Se levanta **uno** temprano en el ejército.	
Uno se broncea rápido con ese sol.	*With that sun, one tans quickly.*
Con ese sol **se** broncea **uno** rápido.	

iLrn HEINLE *Learning Center* **Ejercicios 3.27–3.32, páginas 346–350**

C Demonstrative and Possessive Pronouns

1. Demonstrative Pronouns

In their form these are identical to demonstrative adjectives (see page 45), except that, to distinguish them, an accent is added on the stressed syllable. (See page 24 for the use of the accent.)

DEMONSTRATIVE PRONOUNS		
	SINGULAR	**PLURAL**
Masculine	éste	éstos
Feminine	ésta	éstas
Masculine	ése	ésos
Feminine	ésa	ésas
Masculine	aquél	aquéllos
Feminine	aquélla	aquéllas

éste = this one; **ése** = that one (near you);
aquél = that one (over there, far from you)

Examples:

Esta mesa es más grande que **ésa.**   *This table is larger than that one.*

—¿Qué asiento prefieres?   *"Which seat do you prefer?"*
—Me gusta más **éste.**   *"I like this one better."*

—¿Desea Ud. este pastel?   *"Do you want this cake?"*
—No, deme **aquél,** el de chocolate.   *"No, give me that one, the chocolate one."*

When there is no noun as referent for the pronoun, the neutral pronoun is used. Since there is no equivalent adjective form, there is no need for the accent.

NEUTRAL DEMONSTRATIVE PRONOUNS	
esto	*this*
eso	*that*
aquello	*that*

Examples:

Esto es riquísimo.   *This is delicious.*

¿Qué es **eso?**   *What is that?*

Aquello fue aburrido.   *That was boring.*

2. Possessive Pronouns

Possessive pronouns are formed with the "long" form of the adjective (see page 47), with an added definite article that agrees with the possessed item, not with the possessor.

POSSESSIVE PRONOUNS	
mine	el mío, la mía, los míos, las mías
yours *(tú)*	el tuyo, la tuya, los tuyos, las tuyas
ours	el nuestro, la nuestra, los nuestros, las nuestras
yours *(vosotros)*	el vuestro, la vuestra, los vuestros, las vuestras
yours *(Ud./Uds.)* his hers its theirs	el suyo, la suya, los suyos, las suyas

Examples:

Mi mochila pesa más que **la tuya.**   *My knapsack weighs more than yours.*

—¿Cuál es mi café?   *"Which is my coffee?"*
—Éste es **el suyo.**   *"This one is yours."*

—Mis abuelos están en Florida.   *"My grandparents are in Florida."*
—¿Y **los vuestros?**   *"And yours?"*
—**Los nuestros** están en California.   *"Ours are in California."*

With **ser** the article is omitted.

Esa llave es **mía.**   *That key is mine.*

The article is used when there is a choice between items.

—¿Cuáles son tus llaves?   *"Which keys are yours?"*
—Éstas son **las mías** y ésas son **las tuyas.**   *"These are mine and those are yours."*

Whenever there may be ambiguity regarding the reference of **suyo,** you can clarify the context by specifying with **de él, de ella, de usted, de ellos, de ellas, de ustedes.**

—¿Cuál es mi café?

—Éste es el **de usted,** este otro es
el **de él,** ése es el **de ella,** y aquél
es el **de ustedes.**

"Which is my coffee?"
*"This one is yours, this other one is
his, that one is hers, and that one
over there is yours."* (plural in Latin
America, formal plural in Spain)

When the possessed item is not specific, but general (my things, my part, etc.), the neutral form **lo** is used instead of the article.

Quiero **lo mío** y nada más.

I want what is mine, and nothing else.

iLrn HEINLE *Learning Center* **Ejercicio 3.33, página 350**

D Interrogatives

¿Qué?	*What?* (before a noun—*Which?*)
¿Cuál?	*Which?* (before **ser**—*What?*)
¿Cuánto(a)(s)?	*How much? How many?*
¿Quién?	*Who?*
¿Dónde?	*Where?*
¿Cómo?	*How?*
¿Por qué?	*Why?*
¿Cuándo?	*When?*

1. ¿Qué?

This interrogative can be used either before a verb or before a noun.

¿Qué quieres?	*What do you want?*
¿Qué es esto?	*What is this?*
¿Qué película prefieres ver?	*Which movie do you prefer to see?*

2. ¿Cuál?

This interrogative can also be used before a verb, and before **de** and a noun phrase, but not before a noun.

¿Cuál prefieres?	*Which one do you prefer?*
¿Cuál de estos libros es tuyo?	*Which one of these books is yours?*
¿Cuáles son los tuyos?	*Which ones are yours?*

3. ¿Qué? vs. ¿Cuál? with *Ser*

¿Qué? + **ser** asks for a definition, or the meaning of words.

¿Cuál? + **ser** asks for a pinpointing or specification.

Here are a few sets of dialogues for you to compare.

—¿**Qué es** "la bamba"?	*"What is 'La Bamba'?"*
—Es un baile folklórico mexicano.	*"It is a Mexican folkloric dance."*
—¿**Cuál es** "La Bamba"?	*"Which one is 'La Bamba'?"*
—Es la que están tocando ahora.	*"It's the one they are playing now."*

In these two dialogues, the context is completely different. The person asking the first question might have heard the words "la bamba" for the first time and is asking the other person to explain what they mean. In the second dialogue, the person asking the question knows what "La Bamba" is and is asking the other person to let him or her know when it is played.

—¿**Cuál es** tu apellido?	*"What is your last name?"*
—Gómez.	*"Gómez."*
—¿**Cuál es** tu apellido?	*"Which one is your last name?"*
—Es éste.	*"It's this one."*

Such a question with **¿Qué?** would be one inquiring about the meaning of the two words **tu** and **apellido,** or about the origin of the name.

—¿**Qué es** "tu apellido"?	*"What is 'tu apellido'?"*
—Es mi nombre de familia.	*"It's my family name."*
—¿**Qué es** tu apellido?	*"What is your last name?"*
—Es turco.	*"It's Turkish."*

If you want to ask about the difference between two things, you would ask the following.

¿Cuál es la diferencia?	*What is the difference?*

A child wanting to know what the word "difference" means would use **¿Qué?** for this question.

¿Qué es "diferencia"?	*What is "difference"?*

¿Cuál es? is used when you have a set of items in front of you and you want someone to select a specific one.

—**¿Cuál es** el tuyo?	*"Which one is yours?"*
—Éste.	*"This one."*

Following are some more examples of the use of *¿Cuál es?*. Think about the implications these same questions would have if they were asked with **¿Qué es?**.

¿Cuál fue el problema?	*What was the problem?*
¿Cuál era la fecha?	*What was the date?*
¿Cuál es tu número de teléfono?	*What is your phone number?*

When a noun follows the interrogative instead of the verb, **qué** is preferred.

¿Qué <u>color</u> te gusta más?	*What color do you prefer?*
¿Cuál <u>es</u> tu color favorito?	*Which is your favorite color?*

Who has a singular and a plural form in Spanish: **¿Quién? ¿Quiénes?**.

¿Quién te dijo eso?	*Who told you that?*
¿Quiénes fueron a la fiesta?	*Who (all) went to the party?*

Whose is translated with the preposition **de** preceding **¿quién(es)?**.

¿De quién es esto?	*Whose is this?*

In Spanish, the preposition must always precede the interrogative.

¿De dónde sale esa idea?	*Where does that idea come from?*
¿Para qué sirve esto?	*What is this for?*
¿Con cuál lo escribiste?	*Which one did you write it with?*

4. "How?"

The translation into Spanish of questions starting with "How?" will vary depending upon whether a verb or an adjective or adverb follows the interrogative.

a. "How" + Verb = ¿*Cómo?*

¿**Cómo** estás?	*How are you?*
¿**Cómo** lo hiciste?	*How did you do it?*
¿**Cómo** llegaron?	*How did they get here?*

Be aware of the following questions.

¿**Cómo** te llamas?	*What is your name?*
¿**Cómo** es?	*What is he/she/it like?*

b. "How" + Adjective or Adverb

Never use ¿**cómo?** to translate "how?" followed by an adjective or adverb.

HOW + ADJECTIVE OR ADVERB QUESTION	NOUN EQUIVALENT	SPANISH QUESTION	LITERAL MEANING
How tall is he?	height = **estatura**	¿Qué **estatura** tiene?	*What height does he have?*
		¿*Cuánto* **mide de estatura**?	*What does he measure in height?*
How important is it?	importance = **importancia**	¿Qué **importancia** tiene?	*What importance does it have?*
		¿Cuál es su **importancia**?	*What is its importance?*
How far is it?	distance = **distancia**	¿**A qué distancia** queda?	*At what distance is it?*
How big is it?	size = **tamaño**	¿De qué **tamaño es**?	*What size is it?*
How old is she?	age = **edad**	¿Qué **edad** tiene?	*What age does she have?*
How fast do you run?	speed = **velocidad**	¿A qué **velocidad** corres?	*At what speed do you run?*
How often do you see him?	frequency = **frecuencia**	¿Con qué **frecuencia** **lo** ves?	*With what frequency do you see him?*

In Mexico, "How tall is he?" is translated as **¿Qué tan alto es?**, and in the Caribbean as **¿Cuán alto es?**, but neither of these forms is used in many other Spanish-speaking countries. This type of question must be reformulated using a noun instead of the adjective or adverb by saying, for example, "What is his height?". If you learn the last type of reformulated question, you'll be best equipped for communicating this question in any Spanish-speaking country.

These questions may also be asked as follows.

¿Es muy alto? ¿Cómo es de alto?	¿Es de nuestra edad?
¿Es muy importante?	¿Corres muy rápido?
¿Queda muy lejos?	¿Lo ves a menudo/frecuentemente?
¿Es muy grande? ¿Cómo es de grande?	

"How much/many?" = **¿Cuánto(a)(s)...?**

¿Cuánto dinero tienes?	*How much money do you have?*
¿Cuántos huevos compraste?	*How many eggs did you buy?*

5. Word Order

In questions beginning with interrogative words the standard word order is inverted: the verb precedes the subject.

¿Qué vio Rafael?	*What did Rafael see?*
¿Cuándo salió Silvana?	*When did Silvana leave?*
¿Por qué gritaron los niños?	*Why did the children yell?*

This rule applies in indirect discourse as well. (Notice the difference in English.)

No sé **qué** vio Rafael.	*I don't know what Rafael saw.*
No sé **cuándo** salió Silvana.	*I don't know when Silvana left.*
No sé **por qué** gritaron los niños.	*I don't know why the children yelled.*

iLrn HEINLE *Learning Center* **Ejercicios 3.34–3.36, páginas 350–351**

 Learn more about **Question Words** with Heinle iRadio at www.thomsonedu.com/spanish

E. Exclamatives

¡Qué! + noun, adjective, or adverb	*What (a)(an) . . . ! How . . . !*
¡Cómo! + verb	*(How) . . . !*
¡Cuánto! + verb or noun	*How much . . . !*
¡Cuántos(as)! + noun	*How many . . . !*
¡Quién! + verb	*Who . . . !*

1. *¡Qué!* + Noun

Please notice in the following examples that Spanish does not use an article in this construction as English does when the noun is singular.

¡Qué alivio!	*What **a** relief!*
¡Qué problema!	*What **a** problem!*
¡Qué lío!	*What **a** mess!*
¡Qué nubes!	*What clouds!*
¡Qué desastre!	*What **a** disaster!*

In some cases the Spanish noun is translated as an adjective in English, with a variety of constructions.

¡Qué asco!	*Ugh! Gross! How disgusting!*
¡Qué calor (hace)!	*It is so hot!*
¡Qué frío (hace)!	*It is so cold!*
¡Qué cansancio (tengo)!	*I am so tired!*
¡Qué hambre (tengo)!	*I am so hungry!*

2. *¡Qué!* + Modified Noun

Here are examples of the adjective preceding the noun:

¡Qué buena idea!	*What a good idea!*
¡Qué lindos ojos!	*What beautiful eyes!*

If the adjective follows the noun, it is often preceded by **más** or **tan.**

¡Qué explosión más (tan) horrible!	*What a terrible explosion!*
¡Qué final más (tan) sorprendente!	*What a surprising end!*

3. *¡Qué!* + Adjective

¡Qué interesante!	*How interesting!*

Some of the exclamations below are very idiomatic, geographically or historically marked, and translate very differently depending upon the context or the period.

¡Qué rico!

This exclamation can be used in many situations. Essentially, it is a positive comment on practically anything, and means something like "How nice!" If referring to food, it could mean "Mmm! Delicious!"

Other similar expressions are as follows.

¡Qué bueno!	*Good! Great!*
¡Qué chévere!,[11] ¡Qué padre!,[12]	*Wow!* (other equivalents: *Cool!*
¡Qué guay!,[13] ¡Qué bestial![14]	*Excellent! Awesome! Rad!*)

4. *¡Qué!* + Adverb

¡Qué rápido acabaste!	*You finished so fast! How quickly you finished! That was fast!*
¡Qué bien bailas!	*How well you dance! You dance so well! You are such a good dancer!*
¡Qué mal me siento!	*I feel so sick!*

5. *¡Cómo!* + Verb

¡Cómo gritan!	*How they scream!*
¡Cómo te miraban!	*How they looked at you!*

---

11. The adjective **chévere** is used in Puerto Rico and other Caribbean countries.
12. The adjective **padre** is used in Mexico.
13. The adjective **guay** is used in Spain.
14. The adjective **bestial** is used in Bolivia, Ecuador, and other South American countries.

6. ¡Cuánto! + Verb

¡Cuánto lo siento!	*I am so sorry!*
¡Cuánto me gusta este pan!	*I like this bread so much!*
¡Cuánto gastan!	*They spend so much!*
¡Cuánto quisiera ser así!	*How I wish I could be like that!*

7. ¡Cuánto(a)! + Noun

¡Cuánta paciencia tienes!	*How patient you are! You are so patient!*
¡Cuánto vino producen!	*They produce so much wine!*

8. ¡Cuántos(as)! + Noun

¡Cuántos heridos hubo!	*There were so many who were injured!*
¡Cuántas islas hay en el Caribe!	*There are so many islands in the Caribbean!*

9. ¡Quién! + Verb

¡Quién pudiera bailar como ella!	*If only I could dance the way she does!*

iLrn HEINLE *Learning Center* **Ejercicios 3.37–3.38, página 351**

F | Indefinites and Negatives

INDEFINITE PRONOUNS

AFFIRMATIVE	NEGATIVE
alguien *someone*	nadie *nobody, no one, not anyone*
alguno(a) *anyone, one*	ninguno(a) *none, neither (of two)*
algunos *some* unos *some*	ninguno *nobody, no one, none, not any, not anyone*
algo *something*	nada *nothing, not anything*
cualquiera *anybody, any*	nadie *nobody, no one, not anyone*

Examples:

Alguien te llamó.	*Someone called you.*
No conozco a **nadie** aquí.	*I do not know anyone here.*
—¿Quieres **algo** de beber?	*"Do you want something to drink?"*
—No, no quiero **nada,** gracias.	*"No, I do not want anything, thank you."*
—No sé de dónde es.	*"I do not know where he is from."*
—¿Lo sabrá **alguno** de tus abuelos?	*"Would one of your grandparents know?"*
—No, **ninguno** de ellos lo sabe.	*"No, none of them knows."*
Cualquiera podría cantar mejor.	*Anybody could sing better.*

INDEFINITE ADJECTIVES

AFFIRMATIVE	NEGATIVE
algún *some*	ningún* *not any, no*
todo *all of*	

*The plural forms **ningunos** and **ningunas** are very rarely used.

Examples:

Algún libro tendrá eso.	*Some book will have that.*
Algunas manzanas son agrias.	*Some apples are bitter.*
Aquí no hay **ningún** niño.	*There is no little boy here.*
Todo el público aplaudió.	*All of the audience applauded.*

(NOTE: Do not use **de** after **todo**.)

No regó **ninguna** flor.	*He did not water any flowers.*

INDEFINITE ADVERBIALS	
AFFIRMATIVE	**NEGATIVE**
también *also*	tampoco *neither, not . . . either*
en alguna parte *somewhere*	en ninguna parte *nowhere, not anywhere*
de algún modo *somehow*	de ningún modo *no way, by no means*
alguna vez *ever, at some (any) time* algunas veces *sometimes* una vez *once* algún día *some day, ever* siempre *always*	nunca, jamás *never, not . . . ever*

Examples:

—Tú **también** lo hiciste.	*"You did it too."*
—Yo no lo hice. ¿Y tú?	*"I did not do it. Did you?"*
—Yo **tampoco** lo hice.	*"I did not do it either."*
—¿Dónde estará mi libro? No lo encuentro **en ninguna parte.**	*"Where is my book? I cannot find it anywhere."*
—Tiene que estar **en alguna parte.**	*"It has to be somewhere."*
—No puedo convencerlo **de ningún modo.**	*"I cannot convince him at all."*
—**De algún modo** lo convencerás.	*"Somehow you will convince him."*
—Cantó **una vez** en Buenos Aires.	*"She sang in Buenos Aires once."*
—Yo **nunca** la oí cantar.	*"I never heard her sing."*
—**Algún día** comprenderás.	*"Some day you will understand."*
—No comprenderé **nunca.**	*"I will never understand."*
—**Siempre** cometes el mismo error.	*"You always make the same mistake."*
—Y tú **nunca** cometes errores…	*"And you never make mistakes . . ."*

In questions, **alguna vez** and **algún día** mean "ever," the first for the standard meaning of "ever," the second for a distant future.

—¿Has ido a Chile **alguna vez?**	*"Have you ever been to Chile?"*
—No, **nunca** he ido a Chile.	*"No, I have never been to Chile."*
—¿Irás a Chile **algún día?**	*"Will you ever go to Chile?"*

If the negative precedes the verb, it is used alone; if it follows the verb, **no** or **ni** must precede the verb.

Nadie te llamó.	*No one called you.*
No te llamó **nadie.**	
Nada le gusta.	*He does not like anything.*
No le gusta **nada.**	
Nunca lo vi.	*I never saw it.*
No lo vi **nunca.**	
Tampoco lo vi.	*I did not see it either.*
No lo vi **tampoco.**	

Multiple negatives are frequent in Spanish.

Nunca entiendes **nada.**	*You never understand anything.*
Nunca le digas **nada** a **nadie.**	*Never tell anything to anyone.*

Ningún (Ninguna) is used for emphatic negatives.

No tengo interés.	*I have no interest. I am not interested.*
No tengo **ningún** interés.	*I have no interest whatsoever. I am not interested at all.*

NOTE: "Any," "anything," and "anyone" in English can be either negative or indefinite and translate differently into Spanish depending upon the usage.

NEGATIVE	INDEFINITE
No veo **ninguno.** *I do not see any.*	Podríamos usar **cualquiera.** *We could use any.*
No quiero **nada.** *I do not want anything.*	**Cualquier cosa** serviría. *Anything would work.*
No traigas a **nadie.** *Do not bring anyone.*	**Cualquiera** podría hacer eso. *Anyone could do that.*

Certain negative words occasionally carry no negative meaning, as seen in the following examples.

With impersonal expressions indicating futility, impossibility (note in the first example the use of the personal "a" with "nadie" as human direct object):

Era imposible convencer a **nadie.**	*It was impossible to convince anyone.*
Es inútil decirle **nada** cuando llora.	*It is useless to tell him anything when he cries.*

With comparatives or superlatives:

Es la mejor película que **jamás** haya visto.	*It is the best movie I have ever seen.*
Mi hermano comió más que **nadie.**	*My brother ate more than anyone.*
Hablas menos que **ninguno** de tus compañeros.	*You speak less than any of your classmates.*

With certain restrictive terms:

Llegamos **antes que nadie.**	*We arrived before anyone.*
Apenas comimos **nada.**	*We barely ate anything.*
Se lo tragó **sin nada** de beber.	*He swallowed it without anything to drink.*

iLrn HEINLE *Learning Center* **Ejercicio 3.39, página 351**

G Relative Pronouns

1. Formation and Usage

RELATIVE PRONOUNS
que *(invariable)*
el que (los que, la que, las que)
el cual (los cuales, la cual, las cuales)
lo que *(invariable)*
lo cual *(invariable)*
quien (quienes)
cuyo (cuyos, cuya, cuyas)
donde *(invariable)*

A relative pronoun refers to a noun (its antecedent) from the main clause and introduces a subordinate clause: a relative or adjectival clause. It joins two references to the same noun. (See Chapter 6.G.3, pages 222–223, on the use of the subjunctive in adjectival clauses.)

1.	El estudiante se especializa en español.	*The student is a Spanish major.*
2.	El estudiante vino a verme.	*The student came to see me.*
1 + 2.	El estudiante **que** vino a verme se especializa en español.	*The student who came to see me is a Spanish major.*

In English, the relative pronoun is often not expressed.

The house we saw yesterday is too big.

In Spanish, however, the relative pronoun cannot be omitted.

La casa **que** vimos ayer es demasiado grande.

The relative pronoun follows its antecedent immediately; only a few structures, such as prepositions, can come between them.

Se quemó la **casa en que** me crié.

The house I grew up in burned down.

The antecedent (**casa**) and its relative pronoun (**que**) are separated by the preposition **en.**

A relative pronoun may hold the same variety of grammatical functions in a sentence that a noun can; it can be the subject of the verb of the relative clause, or its direct object, or its indirect object, or it can be the object of the preposition that precedes it.

> La autora **que** nos habló ayer es famosa en Chile.
> *The author who spoke to us yesterday is famous in Chile.*
> Function of **que**: subject of **habló**

> El perro **que** vimos es de los vecinos.
> *The dog (that) we saw is the neighbors'.*
> Function of **que**: direct object of **vimos**

> El hombre **al que** le preguntamos no sabía la respuesta.
> *The man (whom) we asked did not know the answer.*
> Function of **al que**: indirect object of **preguntamos**

> La ventana al lado de **la cual** trabajo no cierra bien.
> *The window next to which I work does not close well.*
> Function of **la cual:** object of the preposition **al lado de**

You may often use a variety of relative pronouns depending upon the grammatical structure of the sentence. To simplify your task in learning to use these pronouns, here is a simple set of options that are always grammatically correct.

ANTECEDENT = ONE NOUN	NO PREPOSITION	PREPOSITION*
	que	el cual/el que**
ANTECEDENT = CLAUSE	lo que/lo cual	
the one . . .	el que	
what	lo que	
whose	cuyo**	

*A, de, en, and con may take **que** alone when the antecedent is an inanimate object.
**El/La que and el/la cual agree with their antecedent; cuyo agrees with the noun that follows it.

2. Relative Pronouns Without a Preposition

Que can always be used, whether the antecedent is an inanimate object or a human being. (**Quien** is *never* correct in this type of sentence.)

La casa **que** tengo en Ithaca es vieja. (a thing)	*The house (that) I have in Ithaca is old.*
El amigo **que** vive en Ithaca es viejo. (a person)	*The friend who lives in Ithaca is old.*

3. Relative Pronouns with a Preposition

a. *El cual / el que*[15]

The forms **el/la cual, los/las cuales, el/la que,** and **los/las que** can always be used. (NOTE: Always place the preposition before the relative pronoun.)

La compañía para **la cual/la que** trabajo es japonesa.	*The company for which I work (I work for) is Japanese.*
La mujer para **la cual/la que** trabajo es puertorriqueña.	*The woman for whom I work (I work for) is Puerto Rican.*

b. *Que* after *a / de / en / con*

The following prepositions[16] may be used with **que** alone when the antecedent is an inanimate object (not human): **a, de, en, con.**

La iglesia **a que** voy está en el centro.	*The church I go to is downtown.*
El tifón **de que** me habló ha sido el peor.	*The typhoon he told me about has been the worst.*
La silla **en que** me senté estaba pegajosa.	*The chair I sat in was sticky.*
El lápiz **con que** escribo se me rompió.	*The pencil I write with broke.*

---

15. There is dialectal variation: in many areas, **el que** is prefered to **el cual**.

16. They can also be used with **el que** or **el cual**.

4. Additional Uses

a. *Lo que / lo cual* (invariable)

If the antecedent is an entire clause, both **lo que** and **lo cual** are possible.

El examen fue difícil, **lo que/ lo cual** nos sorprendió.	*The exam was hard, which surprised us.*

b. *El que*[17]

When used with **ser**, this pronoun means "the one," "the one who," "the one (that)," "the one (which)."

Margarita es **la que** me regaló estas flores.	*Margarita is the one who gave me these flowers.*
Ese libro es **el que** me gusta.	*That book is the one (that) I like.*
Esas mujeres, **las que** están vestidas de traje (y no las otras), son abogadas.[18]	*Those women, the ones wearing suits (not the other ones), are lawyers.*
Mi coche, **el que** está en el garaje, es un Ford.	*My car, the one that is in the garage, is a Ford. (I have another one.)*
La que me gustó fue la verde.	*The one I liked was the green one.*
Los que no tenían eran los azules.	*The ones they did not have were the blue ones.*
La que me cae bien es Nilda.	*The one I like is Nilda.*

In structures such as these, **quien** is only required if the sentence is a proverb.

Quien bien te quiera te hará llorar.	*Whoever loves you a lot will make you cry.*

---

17. **El que** followed by the subjunctive means "whoever" or "whomever."
    Regálaselo al que quieras. *Give it to whomever you want.*
    La que le gane a Sánchez se hará famosa. *Whoever beats Sánchez will become famous.*
18. If you were to use **la que** instead of **que** in the following sentence, it would translate as "the one who" and would sound absurd—in most cases.
    Mi madre, *que* vive en México, nunca viaja. *My mother, who lives in Mexico, never travels.*

c. *Lo que*

When used without an antecedent at the beginning of a sentence, **lo que** means "what."

Lo que no entiendo es por qué lo hicieron. Eso es **lo que** me molesta.	*What I do not understand is why they did it. That is what bothers me.*
Lo que dijiste no es verdad.	*What you said is not true.*
Contrario a **lo que** pueden pensar los que sólo lo conocen por los periódicos, es un personaje complejo.	*Contrary to what those who only know him through the papers may think, he is a complicated person.*

NOTE: **Lo que** followed by the subjunctive means "whatever."

Haré **lo que** digas.	*I will do whatever you say.*

d. *Cuyo*

This is a word that joins the attributes of a relative and a possessive: it means "whose." It functions like an adjective, and agrees with the noun referring to the possessed element, not with the possessor.

Tienen un buque **cuya** tripulación es filipina.	*They have a ship whose crew is Philippine.*

NOTE: The interrogative "Whose?" is translated into Spanish with **¿De quién(es)?** (notice the accent mark).

¿De quién es ese anuncio? (direct discourse)	*Whose ad is that?*
No me dijo **de quién** era el anuncio. (indirect discourse)	*He did not tell me whose ad it was.*

e. *Donde*

Donde means "where" and is invariable.

Prefiero las oficinas **donde** entra mucha luz del día.	*I prefer offices where there is a lot of daylight.*

NOTE: The interrogative "Where?" is translated into Spanish with **¿Dónde?**, with an accent mark.

¿Dónde están los archivos?	*Where are the files?*

Remember that the interrogative in indirect discourse can be distinguished from the relative pronoun because of the absence of an antecedent.

| Quería saber dónde estabas. | *He wanted to know where you were.* |

f. "Who"

"Who" in a question translates as **quién,** but it translates as **que** in a relative clause.

(1) Interrogative Pronoun: *¿Quién?*

| ¿**Quién** te dio eso? (direct discourse) | *Who gave you that?* |
| No sé **quién** lo hizo. (indirect discourse) | *I do not know who did it.* |

(2) Relative Pronoun: *Que*

Please be aware of the danger of translating "who" with **quien** in relative clauses, especially when there is no preposition before it.
Que translates as "who" when there is no preposition.

| El candidato **que** copie perderá. (*Never* use **quien** here.) | *The candidate who copies will lose.* |

(3) *El cual / el que*

El cual or **el que** are always possible with prepositions.

| La estudiante con **la cual** llegaste es nueva. (also: con **la que,** con **quien**) | *The student with whom you arrived is new.* |

g. "What"

"What" in a question translates as **qué,** but in a relative clause it is **lo que.**

Questions:

| ¿Qué dijo? (direct discourse) | *What did he say?* |
| No sé **qué** hacer. (indirect discourse) | *I do not know what to do.* |

Relative clause:

| Eso es **lo que** me gusta. | *That is what I like.* (antecedent = that) |

Lo que hizo fue horrible.	***What*** *he did was horrible.* (relative clause without an antecedent)
¿Sabes **lo que** dijo durante la tregua?	*Do you know what he said during the truce?*

iLrn HEINLE *Learning Center*   *Ejercicios 3.40–3.42, página 352;*
Ejercicios de repaso 3.43–3.44, páginas 353–355

Chapter 4

Prepositions, Adverbs, Conjunctions, and Transitions

 A Prepositions

 B Adverbs

 C Conjunctions

 D Transitions

A Prepositions

1. Function of Prepositions

A preposition relates a noun or its equivalent to another noun, to the verb, or to the rest of the sentence.

With nouns:

Salí **con Ana.**	*I went out with Ana.*
Esta comida es **para mi perro.**	*This food is for my dog.*

With pronouns:

Vete **con ellos.**	*Go with them.*
Entremos **en ésta.**	*Let's go into this one.* (e.g., **tienda**)
Vamos **en el mío.**	*Let's go in mine.* (e.g., **coche**)
¿Esta tortilla es **para alguien?**	*Is this tortilla for someone?*
No, no es **para nadie.**	*No, it is not for anyone.*
¿Con quién saliste?	*Whom did you go out with?*
Ése es el hombre **con el cual** llegó.	*That is the man she arrived with.*

With infinitives:

Terminé rápido **para salir.**	*I finished quickly so as to (so I could) go out.*

When used in combination, prepositions may be grouped with adverbs or with other prepositions to form a single prepositional expression.

a por	Voy **a por** leche. [this addition of "a" to "por" is used in Spain] *I'm going to get milk.*
debajo de	Se escondió **debajo de** la mesa. *He hid under the table.*
delante de	Ella se sienta **delante de** mí. *She sits in front of me.*
dentro de	La pluma está **dentro de** mi chequera. *The pen is inside my checkbook.*

detrás de	Yo me siento **detrás de** ella. *I sit behind her.*
encima de	Pon las llaves **encima de** mi mochila. *Put the keys on top of my knapsack.*
enfrente de (or: en frente de)	Está **enfrente de** usted. *It is in front of you.*
frente a	Me senté **frente a** la estatua. *I sat in front of the statue.*
fuera de	Eso está **fuera de** mi alcance. *That is out of my reach.*
para con	Su actitud **para con**migo ha cambiado. *His attitude toward me has changed.*
por delante de	El desfile pasa **por delante de** la casa. *The parade passes in front of the house.*
por encima de	El avión voló **por encima de** mi casa. *The plane flew over my house.*

See the section on adverbs of place, page 145, and the table on "Related Adverbs and Prepositions," page 149.

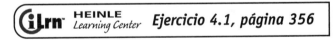 **iLrn** HEINLE *Learning Center* *Ejercicio 4.1, página 356*

2. Verbs Used Without Prepositions

The following verbs are transitive in Spanish, whereas in English they are used with a preposition. The difference is that in Spanish, the preposition is part of the meaning of the verb itself, and the thing or person you are waiting for, looking for, etc., is the direct object of the verb.

agradecer *to be grateful for*	Te agradezco la ayuda. *I am grateful to you **for** your help.*
buscar *to look for*	—¿Qué buscas? —Estoy buscando mis llaves, pero no las encuentro. *"What are you looking **for**?"* *"I am looking **for** my keys, but I cannot find them."*
esperar *to wait for*	Esos niños siempre esperan el autobús en la esquina. *Those children always wait **for** the bus on the corner.*
pedir + thing *to ask for (something)*	Siempre me piden dinero cuando no tengo. *They always ask me **for** money when I do not have any.* (See also **preguntar por** + person, under "Verbs with **POR**.")
pensar + inf. *to plan on*	Pensamos ir a Sudamérica el verano entrante. *We are planning **on** going to South America next summer.* (See also **pensar en** and **pensar de**, under "Verbs with **EN**" and "Verbs with **DE**.")

3. Individual Prepositions

a. *A*

(1) Usage

A	
USAGE	**EXAMPLES**
To introduce the indirect object	Se lo dio **a** Jorge. *He gave it to Jorge.*
To indicate direction toward something or some place, after a verb of movement (**ir, venir, bajar, subir, dirigirse, acercarse...**)	Fueron **a** la cabaña. *They went to the cabin.* Subieron **al** tren. *They got on the train.*
To indicate the time at which something happens	Me levanté **a** las ocho. *I got up at eight.*
To indicate the period of time after which something happened	Se divorciaron **a** los dos años. *They divorced after two years.*
To indicate the distance at which something is	Mi auto está **a** una cuadra. *My car is one block away.*
Al + infinitive: To indicate simultaneous actions	**Al** entrar, lo vi. *When I went in I saw it.*

(2) Personal *A*

PERSONAL *A*	
USAGE	**EXAMPLES**
To introduce a human or personified direct object	Veo **a** Juan. *I see Juan.* Veo **a** mi perro. *I see my dog.*
With indefinite pronouns **alguien, nadie, alguno, ninguno, cualquiera,** when referring to humans	No veo **a** nadie. *I do not see anyone.*
OMISSION	**EXAMPLES**
After **tener**	Tengo una hermana. *I have a sister.*
With indefinite direct objects	Buscan secretarias. *They are looking for secretaries.*

*(See Chapter 2.A.3, pages 36–38 , for more on the personal **a**.)*

(3) Expressions with *A*

a caballo	Llegaron **a caballo.** *They arrived on horseback.*
a causa de + noun	No pudimos ir **a causa de** la tormenta. *We were unable to go because of the storm.* *because* + conjugated verb = **porque:** No pudimos ir **porque** había una huelga. *We were unable to go because there was a strike.*
a eso de	Llegaron **a eso de** las tres. *They arrived at about (around) three.* (NOTE: **A eso de** is used only with time, not with space: *It is about two miles away.* = **Está a unas dos millas.**)
a fondo	Quiero que estudies esto más **a fondo.** *I want you to study this more in depth.*
a fuerza de	**A fuerza de** trabajar día y noche, lo terminé. *By (dint of) working day and night, I finished it.*
a la vez[1]	No puedo hacer dos cosas **a la vez.** *I cannot do two things at the same time.* (Beware of the anglicism of using **a la vez** for "at the time" which translates as **en esa época.**)
al final	Eso se va a resolver **al final.** *That will be resolved in the end.*
al menos	Nos quedan **al menos** dos horas. *We have at least two hours left.*
al principio	**Al principio** no se sabe quién es el narrador. *In the beginning we don't know who the narrator is.*

a lo mejor	¿Qué es eso? No sé; **a lo mejor** es el viento.
	What is that? I do not know; maybe it is the wind.
a mano	Está hecho **a mano.**
	It is handmade.
a menudo	Visito a mi abuela **a menudo.**
	I visit my grandmother frequently (often).
a ojo	No tengo una cinta métrica; tendré que calcular la distancia **a ojo.**
	I do not have a measuring tape; I will have to calculate the distance by eye (roughly, by guessing).
a pesar de	Me gusta jugar en la nieve **a pesar de**l frío.
	I like to play in the snow in spite of the cold.
a pie	Prefiero ir **a pie** por el ejercicio.
	I would rather go on foot (walk) for the exercise.
a tiempo[1]	La clase siempre termina **a tiempo.**
	Class always finishes on time.
a veces[1]	**A veces** no sé qué decir.
	Sometimes I do not know what to say.

(4) Verbs with *A*[2]

acostumbrarse a + inf.	**Me acostumbré a** bañarme con agua fría.
	I got used to bathing with cold water.
aprender a + inf.	Quiero **aprender a** patinar.
	I want to learn how to skate.
apresurarse a + inf.	**Se apresuró a** ayudar a las víctimas.
	She rushed to help the victims.
asistir a + noun (not inf.)	**Asistieron a** clase ayer.
	They attended class yesterday.

---

1. **See Chapter 8.B.26, pages 309–310,** for more on expressing matters related to time.

2. Some verbs, like **aprender,** use **a** only to link to a following infinitive; others, like **acostumbrarse,** use **a** with any object including an infinitive; still others, like **asistir,** govern **a,** but do not take infinitives.

atreverse a + inf.	**Se atrevió a** hablar. *He dared to speak.*
ayudar a + inf.	Me **ayudaron a** conseguir seguro médico. *They helped me get medical insurance.*
comenzar a + inf.	**Comencé a** estudiar el caso hace dos años. *I began to study the case two years ago.*
detenerse a + inf.	Los turistas **se detuvieron a** admirar la estatua. *The tourists stopped to admire the statue.*
empezar a + inf.	Los pájaros **empiezan a** cantar al amanecer. *The birds begin to sing at dawn.*
enseñar a + inf.	¿Quién te **enseñó a** cantar así? *Who taught you to sing like that?*
invitar a + inf.	Te **invito a** cenar fuera. *I invite you to eat dinner out.*
ir a + inf.	**Vamos a** lograr la paz. *We are going to achieve peace.*
negarse a + inf.	La víctima **se negó a** identificar al criminal. *The victim refused to identify the criminal.*
ponerse a + inf.	De repente, **se puso a** gritar. *Suddenly, he began to scream.*
resignarse a + inf.	Tendrás que **resignarte a** ganar menos dinero. *You will have to resign yourself to earning less money.*
volver a + inf.	Tu amigo te **volvió a** llamar. *Your friend called you again.*

b. *Con*

(1) Usage

CON	
USAGE	**EXAMPLES**
To express accompaniment	Vengan **con** nosotros al cine. *Come with us to the movies.*
Followed by a noun in adverbial expressions	Lo visitamos **con** frecuencia. *We visit him frequently.*
To indicate adherence, content, possession	El hombre **con** la guitarra se llama José. *The man with the guitar is named Jose.*
Followed by an instrument or tool	Tendremos que cortarlo **con** el serrucho. *We will have to cut it with the saw.*
To indicate relation	Habló **con** su novia. *He spoke with his girlfriend.*
To indicate concession	**Con** todo el dinero que tiene, más vale que no se queje. *With all the money he has, he'd better not complain.*

(2) Expressions with *Con*

con respecto a — No sé qué hacer **con respecto a** mi abuela. *I do not know what to do regarding (about) my grandmother.*

con tal (de) que — Te ayudaré **con tal (de) que** me pagues. *I will help you provided that you pay me.*

(3) Verbs with *Con*

casarse con — **Se casó con** un musulmán. *She married a Muslim.*

encontrarse con — **Me encontré con** mis compañeros en el centro. *I met my friends downtown.*

enojarse con — Creo que **se enojó conmigo.** *I think she got mad at me.*

meterse con	No **te metas con** esa pandilla. *Do not get involved (mixed up) with that gang.*
quedarse con	**Se quedó con** mi disco compacto. *She kept my CD.*
soñar con	Anoche **soñé con** la luna. *Last night I dreamed about the moon.*

c. *De*

(1) Usage

<table>
<tr><th colspan="2">DE</th></tr>
<tr><th>USAGE</th><th>EXAMPLES</th></tr>
<tr>
<td>Possession</td>
<td>El suéter de María es lindo.
 Maria's sweater is pretty.</td>
</tr>
<tr>
<td>Origin, nationality</td>
<td>Jorge es de Colombia.
 Jorge is from Colombia.</td>
</tr>
<tr>
<td>Material something is made of</td>
<td>La mesa es de madera.
 The table is (made of) wood.</td>
</tr>
<tr>
<td>With noun complements functioning as adjectives</td>
<td>Me encanta la clase de español.
 I love Spanish class.</td>
</tr>
<tr>
<td>Followed by a noun, to describe condition or state</td>
<td>De niña, me dormía fácilmente.
 As a child, I fell asleep easily.</td>
</tr>
<tr>
<td>With estar to signify "acting as"</td>
<td>Están de directoras este semestre.
 They are working (acting) as directors this semester.</td>
</tr>
<tr>
<td>With estar in typical expressions: de pie, de rodillas, de luto, de acuerdo con, de buen humor, de mal humor, a favor de, en contra de, de huelga, de vacaciones, de viaje, de visita, de vuelta, de regreso</td>
<td>No estoy de acuerdo contigo.
 I do not agree with you.

 Los obreros están de huelga.
 The workers are on strike.</td>
</tr>
<tr>
<td>To indicate the place of something or someone</td>
<td>La farmacia de la esquina cerró.
 The corner drugstore closed.

 Conozco a la gente del barrio.
 I know the people in the neighborhood.</td>
</tr>
<tr>
<td>To describe people by something physical or worn</td>
<td>El hombre del bigote.
 The man with the mustache.

 La mujer de ojos azules.
 The woman with blue eyes.</td>
</tr>
</table>

(2) Expressions with *De*

*(See Chapter 7.D, page 282, for expressions with **estar** + **de**.)*

de buena/mala gana	Lo hizo **de buena gana.** *He did it willingly.*
de esta manera	Mira, se hace **de esta manera.** *Look, this is the way you do it.*
de modo que	Habló rápido **de modo que** no la interrumpieran. *She spoke quickly so that they would not interrupt her.* **De modo que** no me vas a decir tu secreto, ¿eh? *So, you are not going to tell me your secret, are you?*
de nuevo	El partido quedó **de nuevo** en empate. *The game was tied again.*
de pie	He estado **de pie** todo el día. *I have been standing all day long.*
de repente	**De repente** empezó a llover a cántaros. *Suddenly it started pouring.*
de veras	**De veras** que no sé la respuesta. *I really do not know the answer.*
de vez en cuando	**De vez en cuando** se aparece sin avisar. *Once in a while he shows up without warning.*

(3) Verbs with *De*

acabar de + inf.	**Acabo de** comer. *I just ate.* **Acababa de** comer. *I had just eaten.* **Acabé de** comer. *I finished eating.*
acordarse de	**Me acordé de** ponerme el reloj. *I remembered to put on my watch.*
alegrarse de	**Me alegro de** verte. *I am glad to see you.*
arrepentirse de	**Se arrepintió de** haberse burlado de ella. *He regretted having made fun of her.*
avergonzarse de	**Me avergüenzo de** mis estupideces. *I am ashamed of my stupidities.*

burlarse de	**¡No se burlen de** él! *Do not make fun of him!*
darse cuenta de	**Me di cuenta de** mi error. *I realized my mistake.*
dejar de	Dejen de **molestar al** perro. *Stop bothering the dog.*
depender de	—¿Cuál es la verdad? *"Which is the truth?"* —**Depende de** quién habla. *"It depends on who is speaking."*
despedirse de	**Nos despedimos de** nuestros padres en el aeropuerto. *We said good-bye to our parents at the airport.*
enamorarse de	**Se enamoró de** ella. *He fell in love with her.*
enterarse de	**¿Te enteraste de** las noticias? *Did you hear (find out about) the news?*
estar enamorado(a) de	**Estamos enamorados de** la misma chica. *We are in love with the same girl.*
irse de + place	**Se fueron de** la universidad ayer. *They left the university yesterday.*
olvidarse de	No **te olvides de** sacar la basura. *Do not forget to take out the garbage.*
pensar de	¿Qué **piensas de** este libro? *What do you think about this book?* *(i.e., Do you like it?)*
quejarse de	**Se quejaron de** la duración del vuelo. *They complained about the duration of the flight.*
reírse de	Me gusta que **te rías de** mis chistes. *I like it that you laugh at my jokes.*
terminar de + inf.	**Terminaron de** comer y se fueron. *They finished eating and left.*

tratar de + inf.	**Trataron de** ayudarme, pero no pudieron. *They tried to help me, but could not.*
tratarse de	—Me gustó esa película. *"I liked that movie."* —¿**De** qué **se trata?** *"What is it about?"* —**Se trata de** una familia durante la Segunda Guerra Mundial. *"It is about a family during the Second World War."*

d. *En*

(1) Usage

EN	
USAGE	**EXAMPLES**
To indicate where something takes place or is located	Estábamos **en** la playa. *We were at the beach.*
Signifying "in, inside"	Ese cuaderno está **en** mi mochila. *That notebook is in my knapsack.*
Signifying "on, on top of"	Tu libro está **en** mi escritorio. *Your book is on my desk.*
With time expressions—months, years, and other expressions of time (but not days of the week: **Lo haré el lunes.** *I will do it on Monday.*)	La visité **en** enero. *I visited her in January.* No quería verlo **en** ese momento. *I did not want to see him at that moment.*
With ordinal numbers followed by the infinitive	Fue el primero **en** irse. *He was the first to leave.*

(2) Expressions with *En*

en cambio	Yo no hablaba su idioma; ellos, **en cambio,** sí hablaban inglés. *I did not speak their language; they, however, did speak English.*
en cuanto	Llámame **en cuanto** llegues a casa, por favor. *Call me as soon as you get home, please.*
en cuanto a	**En cuanto a** la comida india, no sé mucho. *In regard to Indian food, I do not know much.*
en frente de (also: enfrente de)	Se sentó **en frente de** mí en el cine. *She sat in front of me at the movies.*
en seguida (also: enseguida)	Vendrá **en seguida.** *He will come right away (immediately).*
en vez de	**En vez de** llorar, deberíamos reír. *Instead of crying, we should laugh.*

(3) Verbs with *En*

Some of these may take the infinitive, others not.

consentir en	Ella nunca **consentirá en** casarse contigo. *She will never consent to marrying you.*
consistir en	¿**En** qué **consiste** este programa? *What does this program consist of?*
convenir en	**Convinimos en** encontrarnos a las diez. *We agreed to meet at ten.*
convertirse en	Estas semillas pronto **se convertirán en** plantitas. *These seeds will soon become little plants.*

empeñarse en	**Se empeñó en** pagarme lo que me debía. *He insisted on paying me what he owed me.*
entrar en	**Entró en** la sala cantando. *He entered the room singing.*
especializarse en	Ella **se especializa en** ingeniería. *She is majoring in engineering.*
fijarse en	No **me había fijado en** sus ojos. *I had not noticed his eyes.*
influir en	La enseñanza **influye en** nuestras decisiones. *Education influences our decisions.*
insistir en	**Insistimos en** pagar. *We insist on paying.*
pensar en	**Pienso en** ti a menudo. *I often think of you.*
tardar en	**Tardaron** mucho **en** responder. *They took a long time to respond.*

 HEINLE *Learning Center* *Ejercicios 4.2–4.7, páginas 356–358*

e. *Para*

(1) Usage

<table>
<tr><th colspan="2">PARA</th></tr>
<tr><th>USAGE</th><th>EXAMPLES</th></tr>
<tr>
<td>Destination</td>
<td>Lo escribí **para** la profesora de historia.
I wrote it for the history professor.</td>
</tr>
<tr>
<td rowspan="5">Purpose</td>
<td>Lo hice **para** ti.
I did it for you. (e.g., to give it to you)</td>
</tr>
<tr>
<td>Fue a la tienda **para** comprar pan.
He went to the store to (in order to) buy bread.</td>
</tr>
<tr>
<td>¿**Para** qué sirve esto?
What is this for?</td>
</tr>
<tr>
<td>Es un buen libro **para** leer.
It is a good book to read.</td>
</tr>
<tr>
<td>Necesita una mesa **para** estudiar.
He needs a table to study.</td>
</tr>
<tr>
<td>Destination in time, deadline</td>
<td>Lo terminaré **para** las diez.
I will finish by ten.</td>
</tr>
<tr>
<td rowspan="2">Destination in space</td>
<td>Salimos **para** Europa.
We left for Europe.</td>
</tr>
<tr>
<td>Ven **para** acá.
Come over here.</td>
</tr>
<tr>
<td>Comparison with the "norm"</td>
<td>**Para** extranjero, habla muy bien.
For (Considering he is) a foreigner, he speaks very well.</td>
</tr>
<tr>
<td>To indicate an employer</td>
<td>Ella trabaja **para** el gobierno.
She works for the government.</td>
</tr>
</table>

(2) Expressions with *Para*

no estar para bromas	**No estoy para bromas** hoy. *I am not in the mood for jokes today.*
no ser para tanto	¡No llores! **No es para tanto.** *Do not cry! It is not that bad.*
para siempre	Pensé que la conferencia duraría **para siempre.** *I thought the lecture would last forever.*

f. *Por*

(1) Usage

POR	
USAGE	**EXAMPLES**
To introduce the agent of the passive voice	Esa novela fue escrita **por** Cervantes. *That novel was written by Cervantes.*
Reason	Lo hice **por** ti. *I did it because of you.*
Cause	**Por** comer canto, le dio dolor de estómago. *He got a stomachache from eating so much.* No fuimos **por** la lluvia. *We did not go because of the rain.*
Through time	Trabajó **por** dos horas. *She worked for two hours.*
Through space	Pasamos **por** el parque. *We went through the park.* Los vi **por** aquí. *I saw them somewhere around here.*
Means of communication	Te llamaron **por** teléfono. *They called you on the phone.*
Means of transportation	Lo mandaron **por** avión. *They sent it airmail.*
Exchange (in exchange for)	Te daré un dólar **por** tu ayuda. *I will give you a dollar (in exchange) for your help.*
Indicating substitution (instead of)	Ella trabajó **por** mí porque estaba enfermo. *She worked for (instead of) me, because I was ill.*
With verbs of movement, introducing a noun, signifying "to get" or "to fetch"	Fue a la tienda **por** pan. *He went to the store for (to fetch) bread.*
With **estar,** meaning "to be about to" (in Latin America) or "to be in favor of"	Estamos **por** salir. *We are about to leave.* Yo estoy **por** la libertad de expresión. *I am in favor of freedom of speech.*
With **quedar,** followed by the infinitive, meaning "(yet) to be done"	Me quedan dos tareas **por** hacer. *I have two assignments (yet) to be done.*

(2) Expressions with *Por*

por eso	Llueve. **Por eso** llevo el paraguas. *It is raining. That is why I am taking my umbrella.*
por fin	**Por fin** me dejaron jugar. *They finally let me play.*
por lo general	**Por lo general** estudio de noche. *As a rule, I study at night.*
por lo menos	Me dijo que tardaría **por lo menos** una hora. *He told me that it would take him at least an hour.*
por otra parte	No me gusta el clima aquí. **Por otra parte**, sí me gusta el pueblo. *I do not like the climate here. On the other hand, I do like the town.*
por poco	¡**Por poco** me caigo! *I almost fell!*
por... que + subjunctive	**Por más que** trate, no puedo alzarlo. *However much I try, I cannot lift it.*
	Por más sed **que** tenga, no bebe. *However thirsty she may be, she will not drink.*
	Por evidente **que** fuera el peligro, nadie lo reconoció a tiempo para evitar el desastre. *However evident the danger was, nobody recognized it in time to prevent the disaster.*
por supuesto	—¿Te gustaría ir al cine conmigo? *"Would you like to go to the movies with me?"*
	—¡**Por supuesto!** *"Of course!"*

(3) Verbs with *Por*

esforzarse por	Ella **se esfuerza por** darles lo mejor a sus hijos. *She makes an effort to give her children the best.*
interesarse por	**Me intereso por** tu futuro. *I am interested in your future.*
preguntar por + person	Llamó Carlos y **preguntó por ti.** *Carlos called and asked for you.*
preocuparse por	No **te preocupes por** mí. *Do not worry about me.*
tomar por	Lo **tomaron por** idiota. *They took him for an idiot.*

 HEINLE *Learning Center* ***Ejercicios 4.8–4.10, página 358***

 Learn more about **Por and Para** with Heinle iRadio at www.thomsonedu.com/spanish

4. List of Expressions with Prepositions (English–Spanish)

ENGLISH	SPANISH	ENGLISH	SPANISH
again	de nuevo	*not to exaggerate*	no ser para tanto
almost	por poco	*of course*	por supuesto
as soon as	en cuanto	*often*	a menudo
at about, around (time)	a eso de	*on foot*	a pie
at least	al menos, por lo menos	*on horseback*	a caballo
at the same time	a la vez	*on the other hand*	por otra parte
because of	a causa de	*on time*	a tiempo
because of that	por eso	*once in a while*	de vez en cuando
by dint of	a fuerza de	*provided that*	con tal (de) que
conversely, however	en cambio	*really*	de veras
finally	por fin	*regarding*	con respecto a
forever	para siempre	*sometimes*	a veces
however much . . .	por... que... + subj.	*standing*	de pie
immediately	en seguida; enseguida	*suddenly*	de repente
in depth	a fondo	*that is why*	por eso
in front of	en frente de	*to agree to*	convenir en
in general, as a rule	por lo general	*to ask a question*	hacer una pregunta
in regard to	en cuanto a	*to ask for someone*	preguntar por alguien
in spite of	a pesar de	*to ask for something*	pedir algo
in such a way that	de modo que	*to be about, deal with (e.g., a story)*	tratarse de
in that way	de esa manera	*to be ashamed of*	estar avergonzado de
instead of	en vez de	*to be glad that*	alegrarse de
maybe	a lo mejor	*to be in love with*	estar enamorado de
not to be up for jokes	no estar para bromas	*to get used to*	acostumbrarse a

(continued)

EXPRESSIONS WITH PREPOSITIONS

ENGLISH	SPANISH	ENGLISH	SPANISH
to begin to	**comenzar a, empezar a, ponerse a**	*to laugh at*	**reírse de**
to complain about	**quejarse de**	*to learn to*	**aprender a**
to consent to	**consentir en**	*to look for*	**buscar** (no prep.)
to consist of	**consistir en**	*to major (specialize) in*	**especializarse en**
to dare to	**atreverse a**	*to make an effort to*	**esforzarse por**
to delay in doing	**tardar en**	*to make fun of*	**burlarse de**
to depend on	**depender de**	*to marry, get married to*	**casarse con**
to do again	**volver a**	*to meet*	**conocer, encontrarse con**
to fall in love with	**enamorarse de**	*to notice*	**fijarse en**
to feel ashamed of	**avergonzarse de**	*to plan (to do something)*	**pensar** + inf. (no prep.)
to find out about	**enterarse de**	*to realize*	**darse cuenta de**
to finish	**terminar de**	*to refuse to*	**negarse a**
to fire someone	**despedir a alguien**	*to remember*	**acordarse de**
to forget about	**olvidarse de, olvidar** (no prep.), **olvidársele a uno**	*to repent, regret*	**arrepentirse de**
to get angry with	**enojarse con**	*to say good-bye to*	**despedirse de**
to have just (done)	**acabar de**	*to stop to (do something)*	**detenerse a**
to help to	**ayudar a**	*to take for*	**tomar por**
to hurry to	**apresurarse a**	*to teach to*	**enseñar a**
to influence	**influir en**	*to thank (someone) for*	**agradecer** (no prep.)
to insist on	**empeñarse en, insistir en**	*to think about*	**pensar en, pensar de**
to intend to (do something)	**pensar** + inf. (no prep.)	*to try to*	**tratar de**
to interest oneself in, become interested in	**interesarse por**	*to wait for*	**esperar** + noun (no prep.)
to invite to	**invitar a**	*to worry about*	**preocuparse por**
to keep	**quedarse con**	*willingly/unwillingly*	**de buena/mala gana**

5. Review of Expressions with Prepositions

por	(más) + adj./adv. + que	**a**	lo mejor	**de**	pie
de	buena/mala gana	**por**	lo menos	**por**	poco
en	cambio	**al**	menos	**de**	repente
en	cuanto	**por**	más + noun + que	**en**	seguida
por	eso	**por**	más que	**para**	siempre
de	esta manera	**a**	menudo	**por**	supuesto
por	fin	**de**	modo que	**con**	tal (de) que
a	fondo	**de**	nuevo	**a**	tiempo
a	la vez	**por**	otra parte	**a**	veces
por	lo general	**a**	pie	**de**	veras

no estar	**para**	bromas
no ser	**para**	tanto

de	vez	**en**	cuando

a	causa	**de**
a	eso	**de**
a	fuerza	**de**
a	pesar	**de**
con	respecto	**a**
en	cuanto	**a**
en	frente	**de**
en	vez	**de**

acabar *(+ inf.)*	de	depender	de	olvidar	Ø		
acordarse	de	despedirse	de	olvidarse	de		
acostumbrarse	a	detenerse *(+ inf.)*	a	pedir *(+ thing)*	Ø		
agradecer	Ø	empeñarse	en	pensar	en		
alegrarse	de	empezar *(+ inf.)*	a	pensar *(+ inf.)*	Ø		
aprender *(+ inf.)*	a	enamorarse	de	pensar *(opinion)*	de		
apresurarse *(+ inf.)*	a	encontrarse	con	ponerse *(+ inf.)*	a		
arrepentirse	de	enojarse	con	preguntar *(+ person)*	por		
atreverse *(+ inf.)*	a	enseñar *(+ inf.)*	a	preocuparse	por		
avergonzarse	de	enterarse	de	quedar *(+ inf.)*	por		
ayudar *(+ inf.)*	a	esforzarse	por	quedarse	con		
burlarse	de	especializarse	en	quejarse	de		
buscar *(+ thing)*	Ø	esperar	Ø	reírse	de		
casarse	con	estar enamorado	de	resignarse	a		
comenzar *(+ inf.)*	a	fijarse	en	soñar	con		
consentir	en	influir	en	tardar	en		
consistir	en	insistir	en	terminar	de		
convenir	en	interesarse	por	tomar	por		
convertirse	en	invitar *(+ inf.)*	a	tratar *(+ inf.)*	de		
darse cuenta	de	irse	de	tratarse	de		
dejar *(to let, leave)*	Ø	meterse	con	volver *(+ inf.)*	a		
dejar *(to stop) (+ inf.)*	de	negarse *(+ inf.)*	a				

 HEINLE *Learning Center* *Ejercicios 4.11–4.21, páginas 359–362*

B Adverbs

1. Definition

An adverb is a word that modifies a verb, an adjective, another adverb, or a sentence. The following are examples of adverbs.

Hazlo **bien**.	*Do it right.*
Tienen un nivel de vida **muy** alto.	*They have a very high standard of living.*
Tu perro menea la cola **muy lentamente**.	*Your dog wags its tail very slowly.*

Adverbs and prepositions have much in common; what distinguishes them is their grammatical function in the sentence. A preposition introduces a noun or its equivalent, whereas an adverb does not. See page 149 for a table contrasting these two functions.

2. Adverbs Ending in *-mente*

Adverbs ending in **-mente** are formed with the feminine of the adjective.

Adjective	$\longrightarrow$	**Feminine**	$\longrightarrow$	**+ *-mente***
lento	$\longrightarrow$	lenta	$\longrightarrow$	lentamente

Adjectives that do not have a different feminine form will be formed with the base of the adjective.

Adjective	$\longrightarrow$	**Adverb**
alegre	$\longrightarrow$	alegremente
vil	$\longrightarrow$	vilmente

Adjectives with an accent maintain the accent when transformed into adverbs.

Adjective	$\longrightarrow$	**Adverb**
fácil	$\longrightarrow$	fácilmente

When placed in a series, adverbs ending in **-mente** drop the ending except for the last of the series.

El presidente habló discreta, elegante y apasionadamente.	*The president spoke discreetly, elegantly, and passionately.*

This rule may be ignored if the effect desired is one of monotony.

El profesor presentaba sus explicaciones detalladamente, pausadamente, aburridamente.

The professor presented his explanations in detail, slowly, boringly.

Note that one adverb ending in **-mente** may not modify another adverb ending in **-mente**. It would be incorrect to say:

~~Lo presentó sorprendentemente claramente~~.

He presented it surprisingly clearly.

You would have to say:

Lo presentó muy claramente. *OR:* . . . con una claridad sorprendente.

3. Word Order

In Spanish the adverb is best placed close to the word it modifies. Notice the difference in English.

Raúl se disculpó **elocuentemente** en su presentación.

Raúl apologized eloquently during his talk.

Habla **bien** el quechua.

She speaks Quechua well.

4. Multiple-Function Words

There are words that serve as adjectives, as pronouns, or as adverbs depending upon their function in the sentence: **mucho, poco, bastante, tanto, cuanto, algo, nada,** etc. Compare the following sentences.

a. Comen **mucho** pan.   *They eat a lot of bread.*

b. Comen **mucho.**   *They eat a lot.*

c. Corren **mucho.**   *They run a lot.*

In sentence **a.**, **mucho** modifies **pan,** and is an adjective. Notice that this is confirmed by the fact that if you changed **pan** to a plural, the adjective would also change. This is one distinction between adjectives and adverbs: adverbs are invariable, whereas adjectives change according to the noun they modify, as the following sentence illustrates.

d. Comen **muchas** frituras.   *They eat a lot of fried foods.*

In sentence **b.**, **mucho** can be a pronoun, which incorporates **pan,** or it could be an adverb, which is invariable and modifies the verb **comen** and does not relate to any particular food. Similarly, if you wanted **mucho** to refer to the previously mentioned **frituras,** you would say **Comen muchas.** If you are dealing with a transitive verb such as **comer,** only context can determine whether or not an object is being referred to.

In sentence **c.**, the verb is intransitive, and therefore **mucho** is an adverb. Some adjectives are frequently used as adverbs.

Habla **claro.**	*Speak clearly.*
Caminen **derecho.**	*Walk straight ahead.*
Lo pronuncian **distinto.**	*They pronounce it differently.*
Pégale **duro.**	*Hit it hard.*
Respira **hondo.**	*Breathe deeply. (Take a deep breath.)*
Lo hice **igual.**	*I did it the same way.*
Juega **limpio.**	*Play fairly (cleanly). (Don't cheat.)*
Corro **rápido.**	*I run fast.*
Hablan **raro.**	*They speak in a strange fashion.*

In some cases, a word can have different meanings, depending upon whether it is used as an adjective or as an adverb, or whether it ends in **-mente** or not. Consider the following differences.

Es un hombre **alto/bajo.**	*He is a tall/short man. (adjective)*
Ella habla **alto/bajo.**	*She speaks loudly/quietly. (adverb)*
Es un hombre **altamente** moral.	*He is a very moral man.*
Lo hizo **bajamente.**	*He did it meanly.*

 **HEINLE** *Learning Center* **Ejercicio 4.22, página 363**

5. Adverbs of Time

cuando	*when*	*¿cuándo?*	*when?*
ahora	*now*	entonces	*then*
antes	*before*	después	*later, after*
luego	*later*		
hoy	*today*	mañana	*tomorrow*
ayer	*yesterday*	anteayer	*day before yesterday*
anoche	*last night*		
aun	*even*	aún	*still*
nunca	*never*	jamás	*never (absolutely)*
tarde	*late*	temprano	*early*
ya	*already*	ya no	*no longer*
todavía	*still*	todavía no	*not yet*
mientras	*while*		

Some Examples of Usage

Aun, aún

Aún with an accent is a synonym of **todavía.** Without an accent it is a synonym of **incluso.**

Aún no la he visto.	*I have not seen it yet.*
Aun de adulto se me antojan.	*Even as an adult I crave them.*

Nunca, jamás

Jamás is stronger than **nunca.** The two can be combined for an even stronger negative.

Nunca volveré.	*I shall never return.*
Jamás volveré.	*I shall **never** return.*
Nunca jamás volveré.	*I shall never, ever return.*

Tarde, temprano

Tarde and **temprano** can be used with the verb **ser** only in the very limited context of the impersonal expression of time of day, "it is late" or "it is early," where "it" does not refer to anything specific, but is an impersonal subject similar to "it" in "it is three o'clock."

Es tarde.	*It is late. (time of day)*
Es temprano.	*It is early.*

If the subject of "to be" is not impersonal, or if "it" refers to something specific, you cannot use **ser** in Spanish. The most common way of making these statements is with the verb **llegar**.

Llegó tarde.	***It is late.** (the package)*
Llegué tarde.	*I am late.*
Llegaste temprano.	***You** are early.*

Tarde and **temprano** are commonly used with action verbs.

Comen tarde en España.	*They eat **late** in Spain.*
Me levanto temprano.	*I get up early.*

Tarde o temprano means "sooner or later."

Tarde o temprano ganaremos.	*We'll win sooner or later.*

Ya, ya no, todavía, todavía no

Beware of these expressions: they are very useful if you learn their meaning, but they tend to cause confusion. Compare the following pairs of sentences.

Ya comí.	*I **already** ate.*
Todavía no he comido.	*I have **not** eaten **yet**.*
Todavía anda en triciclo.	*He **still** rides a tricycle.*
Ya no anda en triciclo.	*He **no longer** rides a tricycle.*

Ya can also be used emphatically; English would emphasize the pronunciation of specific words to indicate the same emphasis, and some dialects in English might use "already."

¡Ya voy!	*I am **coming**! (already, or right away)*
Ya sé.	*I **know** (already).*

Other Examples of Adverbs of Time

Ahora tengo hambre.	*Now I am hungry.*
Anoche no pude dormir.	*I could not sleep last night.*
Llegaron anteayer.	*They arrived the day before yesterday.*
Lo había practicado antes.	*I had practiced it beforehand.*
Ayer lavé el baño.	*Yesterday I cleaned the bathroom.*
Habla cuando quiere.	*He speaks when he wants to.*
Nos vemos después.	*We shall meet afterwards.*
Entonces lo vi.	*Then I saw it.*
Hoy es mi cumpleaños.	*Today is my birthday.*
Luego la felicitaron.	*Then they congratulated her.*
Mañana será otro día.	*Tomorrow is (will be) another day.*
Lo hice mientras dormías.	*I did it while you were sleeping.*
Nunca he bailado tanto.	*I have never danced so much.*
Pronto se abrirán las tiendas.	*The stores will open soon.*
Son recién casados.	*They are newlyweds.*
Siempre te querré.	*I shall always love you.*

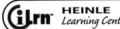 **HEINLE** *Learning Center* **Ejercicios 4.23–4.24, páginas 363–364**

6. Adverbs of Manner

¿cómo?	how?	así	like this, like that
bien	well	mal	poorly, badly
como	like, as	según	according to, depending on

Some Examples of Usage

Así

Así is used to signify "like this" or "like that"; English-speaking students often add "como" before it, which is a mistake. Consider the following sentences.

—¿Cómo lo hiciste?	*"How did you do it?"*
— **Así.**	***"Like this."***

Así can also be used as an adjective to modify a noun.

Estudiamos los adverbios, y cosas **así.**	*We studied the adverbs, and things **like that.***

Bien

Bien can have two meanings: when it modifies a verb it means "well"; when it modifies another adverb or an adjective, it intensifies it, and means "really" or "very."

Cocinas **bien.**	*You cook **well.***
Está **bien** lindo el día.	*The day is **really** beautiful.*

Bien used with **estar** can have different meanings.

—¿Cuál quieres?	*"Which one do you want?"*
—El rojo está **bien.**	*"The red one is **okay** (or **good**)."*
Su hija está **bien** ahora.	*Your daughter is **well** now.*

Bien can also be used as an adjective.

Viene de una familia **bien.**	*He is from a **well-to-do** family.*

 **iLrn™ HEINLE** *Learning Center* **Ejercicio 4.25, página 364**

7. Adverbs of Quantity

algo	somewhat, rather	medio	half
apenas	barely, scarcely	menos	less
bastante	rather, enough, quite, really	mucho, muy	very
casi	almost	nada	not at all
cuanto	as much	poco	little
¿cuánto?	how much?	sólo	only
demasiado	too much	tanto	so much

Some Examples of Usage

Demasiado, mucho, muy

Demasiado is not used as frequently as "too" or "too much" are in English. The indication of excess can be in the context of the sentence, or in words such as **mucho** or **muy,** rather than in **demasiado.**

Es temprano para que vuelva.	*It is too early for him to be back.*
Ya es tarde para ti.	*It is too late for you.*
Es muy joven para beber.	*He is too young to drink.*
Hace mucho calor para salir.	*It is too hot to go out.*

If there is any ambiguity as to the indication of excess, **demasiado** would be used.

Hablas demasiado.	*You talk too much.*

Beware of the common mistake of combining **demasiado** and **mucho.**

Other Examples of Adverbs of Quantity

Estoy **algo** incómoda.	*I am slightly uncomfortable.*
Apenas llegamos.	*We just made it.*
Apenas si me habló.	*He barely spoke to me.*
No comes **bastante.**	*You don't eat enough.*
Es **bastante** tarde.	*It is quite late.*
Casi lo compré.	*I almost bought it.*

Come **cuanto** quiere.		*She eats as much as she wants.*	
Gritan **demasiado.**		*They shout too much.*	
Trabajas **mucho.**		*You work a lot (too much).*	
Es **muy** fuerte.		*It is very strong.*	
No estoy **nada** seguro.		*I am not at all sure.*	
Se ejercita **poco.**		*He exercises little.*	
Sólo lee.		*She only reads.*	
¡Nieva **tanto!**		*It snows so much!*	

iLrn HEINLE *Learning Center* **Ejercicio 4.26, página 365**

8. Adverbs of Confirmation, Doubt, or Negation

sí	yes, definitely	¿sí?	yes?
no	no, not	¿no?	no? right? isn't it?
bueno	okay, all right, well	ya	already, enough already, I know, of course
también	also, as well	tampoco	neither
acaso	by chance	tal vez	perhaps
quizá(s)	perhaps		

Some Examples of Usage

Acaso, quizá, tal vez

These three words all have a similar meaning of doubt, but have uses that are slightly different. The use of the subjunctive adds to the doubt of the context, or indicates future action. Consider the following examples.

¿**Acaso** dudas de mí?	*Perhaps you doubt me?*
Quizá es Roberto.	*Maybe it is Roberto.*
Quizá sea Roberto.	*Maybe it might be Roberto.*
Tal vez era de noche.	*Maybe it was nighttime.*
Tal vez salgamos.	*Maybe we'll go out.*

Bueno

You are familiar with the word **bueno** as an adjective. When used adverbially in conversation, it means something like "okay."

—¿Te llamo mañana?	*"Shall I call you tomorrow?"*
—Bueno.	*"Okay."*

It can also be used as a transition or pause in speech, similar to "well . . ." in English.

Bueno... y ahora... ¿qué hacemos?	*Well . . . and now . . . what shall we do?*

In Mexico, **¿bueno?** is used to answer the telephone. Other Spanish-speaking countries would say **¿diga?** or **¿aló?**

No

No must precede the verb it modifies.

No puedo comer.	*I cannot eat.*
Puedo no comer.	*I can go without eating.*
No puedo no comer.	*I cannot go without eating.*

No is often used in the interrogative "**¿no?**" after a sentence to mean "right?" or something similar; a frequent mistake is to use "**¿sí?**" instead.

Fueron al cine, **¿no?**	*They went to the movies, right?*

Sí

Sí is often used to emphasize the affirmative.

—Yo no quiero ir al cine.	*"I don't want to go to the movies."*
—Pues yo **sí** (quiero).	*"Well, I do."*
Ahora **sí** que vamos a gozar.	*Now we really are going to have fun.*
Ah, no, ¡eso **sí** que no!	*Oh, no. No way! (Not a chance!)*

También, tampoco

Tampoco is the negative of **también**.

—Tengo hambre.	*"I'm hungry."*
—Yo **también.**	*"Me too."*
—Pero no quiero comer tacos.	*"But I don't want to eat tacos."*
—Yo **tampoco.**	*"Me neither."*

Ya

Ya is used as an affirmative response in which "already" is somehow applied. It is not synonymous with **sí** and can only be used within certain contexts. There is no satisfactory translation for the term in English. Below are some examples:

—¿Terminaste tu trabajo?	*"Did you finish your work?"*
—Ya.	*"Yes, I already finished it."*
—Marta está enferma.	*"Marta is sick."*
—Ya.	*"I know this already."*
—¡Apúrate! ¡Vamos a llegar tarde!	*"Hurry up! We're going to be late!"*
—Ya ya.	*"Okay, okay, enough already, I'm coming!"*

 **HEINLE** *Learning Center* 　　*Ejercicio 4.27, página 365*

9. Adverbial Phrases

You have already seen some of these expressions listed under the prepositions they include.

a gusto	at ease, comfortably, at home
a medias	halfway, half
a menudo	often, frequently
al final	at the end, in the end
alguna vez	sometime, ever
en alguna parte	somewhere
en algún lugar	somewhere
en fin	finally, in the long run, oh well
en resumen	in summary, all in all
no... hasta	not until
por cierto	actually, as a matter of fact, by the way
por fin	finally, at last
por poco	almost

Some Examples of Usage

Viven muy **a gusto** aquí.	*They live very comfortably here.*
No lo hagas **a medias.**	*Don't do it halfway.*
Viajan **a menudo.**	*They travel often.*
Al final de la película, lo vi.	*At the end of the movie, I saw him.*
¿Lo has visto **alguna vez?**	*Have you ever seen it?*
Lo vi **en alguna parte.**	*I saw it somewhere.*
En fin, así fue.	*Well, that's how it was.*
En resumen, me divertí.	*In summary, I had fun.*
No iré **hasta** enero.	*I won't go until January.*
Por fin llegamos.	*We finally arrived.*
Por cierto, nevó.	*By the way, it snowed.*
Por poco me caigo.	*I almost fell down.*

(In this phrase, notice the special use of the present tense in Spanish to refer to the past.)

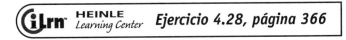 **HEINLE** *Learning Center* **Ejercicio 4.28, página 366**

10. Adverbs of Place

¿adónde?	*where [to]*	¿dónde?	*where [at]*
adonde	*where [to]*	donde	*where [at]*
acá	*here (over here)*	aquí	*here*
allá	*there (over there)*	allí (ahí)	*there*
abajo	*below, downstairs*	debajo	*underneath, beneath*
arriba	*above, upstairs*	encima	*on top*
adentro	*inside*	dentro	*within, inside*
afuera	*outside*	fuera	*out, outside*
atrás	*behind, in back*	detrás	*behind*
adelante	*ahead, forward*	delante	*in front*
enfrente	*in front, across*		
cerca	*close*	lejos	*far*

Some Examples of Usage

¿Adónde?, ¿dónde?, donde, adonde

¿Adónde? and **adonde** are used to refer to movement toward a spatial location, whereas **¿dónde?** and **donde** are used to refer to a spatial location.

¿Dónde viste esa casa?	*Where did you see that house?*
No sé **dónde** está.	*I do not know where it is.*
¿Adónde fue?	*Where did he go?*
No me dijo **adónde** iba.	*He did not tell me where he was going.*
Está **donde** lo dejaste.	*It is where you left it.*
Iremos **adonde** nos digas.	*We shall go where you tell us to.*

Acá, allá; aquí, allí

Acá and **allá** are generally used with verbs of movement, whereas **aquí** and **allí** are used with verbs of state.

Vengan **acá** primero y luego vayan **allá**.	*Come here first and then go there.*
Están **aquí** ahora.	*They are here now.*

Aquí and **allí** refer to a more specific spot or location, whereas **acá** and **allá** refer to a general area close to or far from the speaker.

—No sé dónde puse mis libros. Pensé que estaban **aquí**.	*"I don't know where I put my books. I thought they were here."*
—Creo que los vi **allá**, en el otro cuarto. Ah, no, mira: **allí** están, en el estante cerca de ti.	*"I think I saw them over there, in the other room. Oh, no, look: there they are, on the shelf next to you."*

It is not impossible to find the use of **aquí** and **allí** for contexts with movement, as in **Ven aquí** (*Come here*), or **Ponlo allí** (*Put it there*), when a more precise location is intended.

Abajo, arriba, debajo, encima

These adverbs refer to a location above or below an understood reference point within the context.

Abajo and **arriba** can translate in certain contexts as upstairs or downstairs, or up or down a street.

Ellos viven **arriba.**	*They live upstairs.*
Nosotros vivimos **abajo.**	*We live downstairs.*
Esa casa está más **arriba.**	*That house is farther up the street.*

They can also serve as exclamations to express support, opposition, or a hold-up:

¡Arriba la libertad!	*Long live liberty!*
¡Abajo el terrorismo!	*Down with terrorism!*
¡Arriba las manos!	*Hands up!*

Debajo and **encima** refer to the specific, relative location of things that are on top of or underneath others.

| Pon esa caja **encima.** | *Put that box on top.* |
| Pon la otra **debajo.** | *Put the other one underneath.* |

Abajo and **arriba** can also be used similarly to **debajo** and **encima,** referring to the specific, relative location of things that are on top of or underneath others, but there can be ambiguity:

| Pon esa caja **arriba.** | *Put that box on top (or upstairs).* |
| Pon la otra **abajo.** | *Put the other one underneath (or downstairs).* |

(For uses of the preposition **bajo,** and the prepositional phrases **encima de** and **debajo de,** see the table on "Related Adverbs and Prepositions," page 149.)

Adentro, afuera; dentro, fuera

Although there is flexibility in the usage of these adverbs, **adentro** and **afuera** are most often used with literal physical location, understood in relation to a particular context. They are frequently used to refer to inside and outside a house or a building:

Ven **adentro.**	*Come inside.*
Vamos **afuera.**	*Let's go outside.*
Afuera hay un patio.	*Outside (the house) there is a patio.*

Dentro and **fuera** may refer to a figurative location:

| Sufría por **dentro,** pero por **fuera** logré mantener la calma. | *I suffered inside, but on the outside I succeeded in maintaining my calm.* |

(For uses of the prepositional phrases **dentro de** and **fuera de,** see the table on "Related Adverbs and Prepositions," page 149.)

Adelante, atrás; delante, detrás; enfrente (or: *en frente*)

The adverbs **adelante** and **atrás** will often be used with verbs of movement, in space or in time:

Vete **adelante**.	*Go to the front (forward, ahead).*
¡**Adelante**!	*Come on in! (answering a knock at the door)*
Dio un paso para **atrás**.	*He stepped back (backward).*
De aquí en **adelante** todo será diferente.	*From here on, everything will be different.*
Años **atrás** se habían conocido en la universidad.	*Years before, they had met at the university.*

Delante and **detrás** are used in more static situations, often with implied specifics that only the rest of the context can clarify (note that **adelante** and **atrás** could also be used in these contexts, whereas **delante** and **detrás** would not be used for the previous examples):

Lo tengo **delante**.	*I have it in front (of me).*
Tiene el motor **detrás**.	*It (the car) has the engine in the back.*

Enfrente (or: **en frente**) is used to refer to spatial location only, often relating to buildings across the street or apartments across the hallway, somehow "facing" the space that serves as focal point.

Eva vive **enfrente**.	*Eva lives across the street.*
	Eva lives across the hallway.

 **Ejercicio 4.29, página 366**

(For uses of the preposition **tras,** and the prepositional phrases **delante de, detrás de, frente a,** and **enfrente de,** [or: **en frente de**] see the table on "Related Adverbs and Prepositions," page 149.)

11. Related Adverbs and Prepositions

Compare the sentences in the chart on page 149, and notice the addition of **de** for certain prepositional structures.

 **Ejercicio 4.30, página 367**

RELATED ADVERBS AND PREPOSITIONS

ADVERB	EXAMPLE	PREPOSITION	EXAMPLE
abajo *below, downstairs*	Los niños están **abajo**, en la cocina. *The children are downstairs, in the kitchen.*	**bajo** *below, under (not physically underneath)*	Nos sentamos **bajo** los árboles. *We sat under the trees (not underneath their roots, however).*
(a)delante *in front, ahead*	Sigan **adelante**. *Continue ahead.*	**delante de** *in front of, ahead of*	Ella se sienta **delante de** mí. *She sits in front of me.*
(a)dentro *inside*	Prefiero trabajar **adentro**. *I prefer to work inside.*	**dentro de** *inside*	Mi cuaderno está **dentro de** la gaveta. *My notebook is inside the drawer.*
(a)fuera *outside*	Vamos **afuera** a jugar. *Let's go outside to play.*	**fuera de** *out(side) of*	Estaba **fuera de** nuestro alcance. *It was out of our reach.*
alrededor *around*	Miraron **alrededor,** pero no vieron nada. *They looked around but did not see anything.*	**alrededor de** *around*	Corrimos **alrededor de** la casa. *We ran around the house.*
atrás *behind, back*	¿Dónde están los niños? Están **atrás**, jugando a la pelota. *Where are the children? They are in the back, playing ball.*	**detrás de, tras** *behind, after*	Venían **detrás de** nosotros. *They were coming behind us.* Venían **tras** nosotros. *They were coming after (pursuing) us.*
cerca *near, nearby*	Viven **cerca**. *They live nearby.*	**cerca de** *near, close to*	Ese árbol está muy **cerca de** la casa. *That tree is very close to the house.*
debajo *below, underneath*	Lo pusieron **debajo**. *They put it underneath.*	**debajo de** *below, under(neath)*	El perro duerme **debajo de** la casa. *The dog sleeps underneath the house.*
encima *on top*	Cayó **encima**. *It fell on top.*	**encima de** *on top of, above*	Ponga la fruta **encima de** las latas de conserva. *Put the fruit on top of the cans of preserves.*
enfrente *facing, in front, across the street*	La casa de **enfrente** es linda. *The house across the street is pretty.*	**enfrente de, frente a** *in front of, facing*	Hay tres árboles **frente a** la casa. *There are three trees in front of the house.*
lejos *far away*	¿Vives **lejos?** *Do you live far away?*	**lejos de** *far from*	No está muy **lejos de** la casa. *It is not very far from the house.*

C Conjunctions

1. Usage

A conjunction is a word that is used to join two parts of speech. This union may be of equal parts, or the second half of the union may be subordinated to the first. If the union is one of two equal parts, conjunctions of coordination are used; if the second part is subordinated to the first, conjunctions of subordination are used.

2. Conjunctions of Coordination

Conjunctions of coordination join any two parts of speech: nouns, adjectives, adverbs, pronouns, etc., or two clauses of equal value.

CONJUNCTIONS	
SPANISH	**ENGLISH**
y/e	and
o/u	or
pero	but
sino	but rather
ni... ni	neither . . . nor

Y becomes **e** before words beginning with **i** or **hi.**

| España **e** Italia están en el sur de Europa. | *Spain and Italy are in the south of Europe.* |
| Mis materias favoritas son geografía **e** historia. | *My favorite subjects are geography and history.* |

O becomes **u** before words beginning with **o** or **ho.**

| No importa que sea mujer **u** hombre. | *It does not matter whether it is a man or a woman.* |
| Siempre me preocupo por una cosa **u** otra. | *I am always worried by one thing or another.* |

Pero is used to indicate something contrary to what precedes it.

> Sé que hace frío, **pero** yo tengo calor.   *I know it is cold, but I am hot.*
> No hace calor, **pero** yo estoy sudando.   *It is not hot, but I am sweating.*

Sino is used after a negative to indicate alternate (rather, instead).

> No fue Marta **sino** Juana la que me   *It was not Marta, but (rather) Juana*
> lo dijo.   *who told me.*

Sino becomes the conjunction **sino que** before a conjugated verb.

> No me lo vendió **sino que** me lo   *She did not sell it to me, but rather*
> regaló.   *gave it to me.*

No sólo... sino también is translated as **not only . . . but also**.

> **No sólo** trajeron flores, **sino también**   *They not only brought flowers, but*
> una botella de vino.   *also a bottle of wine.*

Note that **también** can be omitted, and merely implied, as seen in the following sentence:

> La fuerza de sus esculturas radica **no sólo** en la perfección de su técnica **sino** en la forma en que el artista utiliza la pose, los gestos y la escala para transmitir emociones.
> *The power of his sculptures resides not only in the perfection of the artist's technique but also in the manner in which he utilizes pose, gestures, and scale to transmit emotions.*

iLrn HEINLE Learning Center   *Ejercicios 4.31–4.33, páginas 367–368*

3. Conjunctions of Subordination

Conjunctions of subordination introduce a subordinate clause. **Que** is the most common conjunction of subordination.

> Veo **que** estás cansada.   *I see (that) you are tired.*

In English, the conjunction "that" may be omitted, but in Spanish it must be stated.

> Dice **que** viene.   *He says he is coming.*

Most prepositions combined with **que** become conjunctions to introduce clauses instead of nouns or their equivalent. This is usually the case when the subject of the main verb and the subject of the subordinate are different.

Te llamé **para** darte las últimas noticias. (infinitive equal to noun)	*I called you to give you the latest news.*
Te llamé **para que** supieras que estoy pensando en ti.	*I called you so (that) you would know (that) I am thinking about you.*

HEINLE *Learning Center* **Ejercicios 4.34–4.35, página 368**

D Transitions

The following are words that may be useful in writing; some of these are prepositions, whereas others are adverbs and conjunctions.

con respecto a **en cuanto a** **en lo tocante a** **por lo que se refiere a**	*regarding, concerning*

Con respecto a su pedido, enviaré el libro esta tarde.	*Regarding your order, I will send the book this afternoon.*
En cuanto al precio, le cobraré luego.	*As for the price, I shall charge you later.*
En lo tocante al diccionario que pide, no lo tenemos.	*Concerning the dictionary you ask for, we do not have it.*
Por lo que se refiere a lo demás, me comunicaré con los interesados.	*As for the rest, I will get in touch with the interested parties.*

según	*according to*
Según el patrón, no hay fondos.	*According to the boss, there are no funds.*

por lo general	*in general, as a rule*
Por lo general, yo gano.	*In general, I win.*

Al principio; al final...	*In the beginning; in the end . . .*
Al principio, los personajes parecen inocentes, pero **al final** uno se da cuenta de lo contrario.	*In the beginning, the characters appear to be innocent, but in the end one realizes that it is the opposite.*

en primer lugar; en segundo lugar...	*in the first place; second place . . .*
En primer lugar, no tengo tiempo.	*In the first place, I don't have time.*
En segundo lugar, no quiero.	*In the second place, I don't want to.*

por ejemplo	*for example*
casi siempre	*almost always*
casi nunca	*almost (n)ever*
en gran parte	*for the most part*
Por ejemplo, casi siempre comen arroz blanco.	*For example, they almost always eat white rice.*

cada vez más **de más en más**	*more and more*
cada vez menos **de menos en menos**	*less and less*
Hay **cada vez más** guerras y **cada vez menos** humanidad.	*There are more and more wars and less and less humanity.*

acaso	*by chance, perhaps, maybe*
a lo mejor **quizás** **tal vez**	*maybe, perhaps*
¿Acaso no ves que lo hago por tu bien?	*Don't you see that I am doing this for your own good?*
Quizás algún día comprendas; **a lo mejor** cuando te cases, o **tal vez** cuando seas madre.	*Maybe someday you will understand; possibly when you get married, or perhaps when you are a mother.*

por suerte	*luckily, fortunately*
por desgracia	*unfortunately*
Por desgracia, tuvo un accidente. **Por suerte,** nadie se hizo daño.	*Unfortunately, he had an accident. Luckily, nobody got hurt.*

a su vez por su parte	*in turn*
por otro lado	*on the other hand*

Mi padre, **por su parte,** nos llevaba al cine los sábados.	*My father, in turn, would take us to the movies on Saturday.*
Por otro lado, era mi madre la que luchaba con nuestros problemas cotidianos.	*On the other hand, it was my mother who struggled with our daily problems.*

entonces por consiguiente por lo tanto	*thus, therefore, then*
por eso por ese motivo por esa razón	*for that reason*
como consecuencia como resultado	*as a result*

Estaba harto del gobierno. **Por consiguiente,** decidió mudarse con la familia a otro país. **Por eso** terminamos viviendo en México, y **como resultado,** todos hablamos español.	*He was fed up with the government. Therefore, he decided to move with his family to another country. For that reason we ended up living in Mexico, and as a result, we all speak Spanish.*

de hecho	*in fact, as a matter of fact*
en realidad	*actually*
actualmente hoy en día	*nowadays*

En realidad, no sé cuándo empezó todo. **Actualmente** no quedan rastros de la lucha. **De hecho,** tenemos muy pocos datos. (Notice that **actualmente** and "actually" are false cognates.)	*Actually, I don't know when it all began. Nowadays there are no traces left of the struggle. As a matter of fact, we have very little information.*

sin embargo	*nevertheless, yet, however*
no obstante	
a pesar de	*in spite of*
Somos pobres. **No obstante,** venceremos **a pesar de** todo.	*We are poor. Nevertheless, we shall prevail in spite of it all.*
desde	*since (time)*
como	*since (because)*
Desde el día en que llegué aquí, la vida ha sido más fácil.	*Since the day I arrived here, life has been easier.*
Como tenía hambre, comí.	*Since I was hungry, I ate.*

Certain expressions are used as a transition between related thoughts in the same sentence.

... **pero / sino**...	*. . . but . . .*
... **y / e**...	*. . . and . . .*
... **también**...	*. . . also . . .*
... **porque**...	*. . . because . . .*

To introduce a less closely connected thought, often at the beginning of a new sentence, the following expressions may be used.

Sin embargo	*However*
	But
	Yet
Además	*In addition*
	Also
Como	*Since, Because*
Puesto que	
Ya que	
Debido a que	

A frequent error is the use of **pero** at the beginning of a sentence, followed by a comma. When a comma is used to separate it from what follows, the emphasis on the meaning of **pero** is such that it would be better to replace it with the stronger **sin embargo.** The same is true for **también,** which is awkward when followed by a comma: the best term in such a context would be **además.**

Consider the following informal statement:

> Ayer llamé a Luisa. **Como** ella no me llamaba, la llamé yo. **Pero** no le dije por qué llamaba **porque** no quería que supiera lo que siento. **Sin embargo,** sí quería oír su voz, y **también** contarle de la visita de mis padres. **Además,** no quería dejar pasar más tiempo sin comunicarme con ella.
> *Yesterday I called Luisa. Since she wouldn't call me, I called her. But I didn't tell her why I was calling because I didn't want her to know how I feel. However, I did want to hear her voice and also to tell her about my parents' visit. Besides, I didn't want to let more time go by without getting in touch with her.*

(Notice that the third sentence begins with **pero.** However, if you look closely, you will see that the third sentence is different from the fourth sentence. The third sentence is not a new thought, but is a continuation of the second sentence. It could have followed a comma or a period. The fourth sentence, on the other hand, has a different focus.)

The following expressions might be useful when concluding.

en conclusión *in conclusion*

> **En conclusión,** es mejor tratar de vivir bien.
> *In conclusion, it is best to try to live well.*

para resumir
en resumen
en resumidas cuentas

in short, to summarize

> **En resumen,** es un cuento de amor tradicional.
> *In short, it's a traditional love story.*

> **Para resumir,** diría que es un cuento de amor tradicional.
> *To summarize, I would say it is a traditional love story.*

de lo anterior, se puede
concluir que

from the above, it can be concluded that

> **De lo anterior, se puede concluir que** no todo lo que reluce es de oro.
> *From the above, it can be concluded that all that glitters is not gold.*

de todos modos *anyway*

en todo caso *in any case*

después de todo *after all*

a fin de cuentas

in the end, all in all

De todos modos, siguieron siendo amigos. **En todo caso,** nadie se mudó. **Después de todo,** se conocían desde la primaria. **A fin de cuentas,** todos salieron ganando.

Anyway, they continued being friends. In any case, nobody moved. After all, they had known each other since primary school. In the end, everyone ended up winning.

iLrn HEINLE *Learning Center* **Ejercicios 4.36–4.37, páginas 369–370; Ejercicios de repaso 4.38–4.39, páginas 370–373**

Chapter 5

Verbs: Formation

A Indicative Mood

B Conditional Mood

C Subjunctive Mood

D Imperative Mood

E Infinitive

F Participle

A Indicative Mood

1. Present Indicative

[For contextualized usage of the present indicative, see Chapter 6.A: Present Indicative, pages 188–189.]

a. Regular Verbs

	-ar **Hablar**	-er **Comer**	-ir **Vivir**
yo	hablo	como	vivo
tú	hablas	comes	vives
él, ella, usted	habla	come	vive
nosotros	hablamos	comemos	vivimos
vosotros	habláis	coméis	vivís
ellos, ellas, ustedes	hablan	comen	viven

b. Stem-Changing Verbs

e → ie

-ar **Cerrar**	-er **Perder**	-ir **Sentir**
cierro	pierdo	siento
cierras	pierdes	sientes
cierra	pierde	siente
cerramos	perdemos	sentimos
cerráis	perdéis	sentís
cierran	pierden	sienten

Other verbs with this change:

-ar	-er	-ir
comenzar	defender	mentir
empezar	encender	preferir
negar	entender	
pensar	querer	

e → i

Pedir
pido
pides
pide
pedimos
pedís
piden

Other verbs with this change: **conseguir, impedir, seguir, elegir, repetir, servir**

o → ue

-ar Contar	-er Volver	-ir Dormir
cuento	vuelvo	duermo
cuentas	vuelves	duermes
cuenta	vuelve	duerme
contamos	volvemos	dormimos
contáis	volvéis	dormís
cuentan	vuelven	duermen

Other verbs with this change:

-ar	-er	-ir
costar	devolver	morir
encontrar	llover	
mostrar	mover	
probar	poder	
recordar		

Other verbs with this change, with some variation:

Oler	Jugar
huelo	juego
hueles	juegas
huele	juega
olemos	jugamos
oléis	jugáis
huelen	juegan

c. Spelling-Changing Verbs

Spelling changes are made with the purpose of maintaining the same sound throughout the verb; for example, a verb with an infinitive ending in **-ger** or **-gir** (not the "hard" **g** of "go") will have a **j** in the conjugation before an **a** or an **o**. If the **g** were maintained, the sound would become hard.

$$\boxed{g \rightarrow j}$$

Escoger
escojo
escoges
escoge
escogemos
escogéis
escogen

Other verbs with this change:

-er	**-ir**
coger	corregir
proteger	dirigir
	elegir
	exigir
	fingir

$$\boxed{gu \rightarrow g}$$

Distinguir
distingo
distingues
distingue
distinguimos
distinguís
distinguen

Other verbs with this change: **seguir, conseguir**

$$\boxed{c \rightarrow zc}$$

Before **o:**   **Parecer**
parezco
pareces
parece
parecemos
parecéis
parecen

Other verbs with this change:

-er	-ir
agradecer	conducir
aparecer	introducir
conocer	producir
merecer	traducir
obedecer	
ofrecer	
permanecer	
reconocer	

$c \to z$

Before **o:**

Convencer

convenzo
convences
convence
convencemos
convencéis
convencen

Other verbs with this change: **vencer, torcer, ejercer, mecer**

d. Classified Irregular Verbs

$i \to í$ $u \to ú$

Enviar	**Continuar**
envío	continúo
envías	continúas
envía	continúa
enviamos	continuamos
enviáis	continuáis
envían	continúan

Other verbs with this change:

-iar	-uar
confiar	acentuar
criar	actuar
guiar	graduar

Reunir is similar:

Reunir
reúno
reúnes
reúne
reunimos
reunís
reúnen

| ui → uy |

Concluir
concluyo
concluyes
concluye
concluimos
concluís
concluyen

Other verbs with this change: **construir, distribuir, contribuir, huir, destruir, incluir**

e. Other Irregular Verbs

Caer	Hacer	Poner*	Salir	Traer°	Valer
caigo	hago	pongo	salgo	traigo	valgo
caes	haces	pones	sales	traes	vales
cae	hace	pone	sale	trae	vale
caemos	hacemos	ponemos	salimos	traemos	valemos
caéis	hacéis	ponéis	salís	traéis	valéis
caen	hacen	ponen	salen	traen	valen

*Like **poner: componer, disponer, proponer, suponer**
°Like **traer: atraer, distraer**

Decir*	Tener°	Venir‡
digo	tengo	vengo
dices	tienes	vienes
dice	tiene	viene
decimos	tenemos	venimos
decís	tenéis	venís
dicen	tienen	vienen

*Like **decir: desdecir, maldecir**
°Like **tener: atenerse, contener, detener, mantener, obtener, sostener**
‡Like **venir: convenir, prevenir**

Dar	Estar	Haber*	Ir
doy	estoy	he	voy
das	estás	has	vas
da	está	ha	va
damos	estamos	hemos	vamos
dais	estáis	habéis	vais
dan	están	han	van

*Haber has a special third-person singular form: hay for "there is, there are."

Oír	Saber	Ser	Ver
oigo	sé	soy	veo
oyes	sabes	eres	ves
oye	sabe	es	ve
oímos	sabemos	somos	vemos
oís	sabéis	sois	veis
oyen	saben	son	ven

iLrn HEINLE *Learning Center* *Ejercicios 5.1–5.8, páginas 374–378*

2. Aspects of the Past Indicative

[For contextualized usage of the past indicative, see Chapter 6.B: Aspects of the Indicative Past Tense: Preterite vs. Imperfect and Pluperfect, pages 189–199.]

a. Imperfect Indicative

Regular:

-ar	-er	-ir
Hablar	**Comer**	**Vivir**
hablaba	comía	vivía
hablabas	comías	vivías
hablaba	comía	vivía
hablábamos	comíamos	vivíamos
hablabais	comíais	vivíais
hablaban	comían	vivían

Irregular:

Ir	Ser	Ver
iba	era	veía
ibas	eras	veías
iba	era	veía
íbamos	éramos	veíamos
ibais	erais	veíais
iban	eran	veían

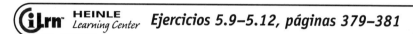

b. Preterite

Regular:

-ar	-er	-ir
Hablar	**Comer**	**Vivir**
hablé	comí	viví
hablaste	comiste	viviste
habló	comió	vivió
hablamos	comimos	vivimos
hablasteis	comisteis	vivisteis
hablaron	comieron	vivieron

PRETERITE (Irregular Stems with "u")		
INFINITIVE	**STEM**	**ENDINGS**
andar	anduv-	
caber	cup-	-e
estar	estuv-	-iste
haber	hub-	-o
poder	pud-	-imos
poner	pus-	-isteis
saber	sup-	-ieron
tener	tuv-	

PRETERITE (Irregular Stems with "i")	
INFINITIVE	**STEM**
hacer*	hic-
querer	quis-
venir	vin-

*__Hacer__ has a third-person singular spelling change to **hizo**.

Dar has **-ir** endings.

di
diste
dio
dimos
disteis
dieron

Ir and **ser** are identical in the preterite.

fui
fuiste
fue
fuimos
fuisteis
fueron

Irregular: stem change in **j** (including all verbs in **-ducir**):

Decir	**Producir**	**Traer**
dije	produje	traje
dijiste	produjiste	trajiste
dijo	produjo	trajo
dijimos	produjimos	trajimos
dijisteis	produjisteis	trajisteis
dijeron	produjeron	trajeron

All **-ir** verbs with stem changes in the present show a stem change in the third-person singular and plural of the preterite (see next page for examples).

e → i			**o → u**

Pedir	**Reír**	**Sentir**	**Dormir**
pedí	reí	sentí	dormí
pediste	reíste	sentiste	dormiste
pidió	rió	sintió	durmió
pedimos	reímos	sentimos	dormimos
pedisteis	reísteis	sentisteis	dormisteis
pidieron	rieron	sintieron	durmieron

Spelling changes:

i → y				

Caer	**Creer**	**Leer**	**Oír**	**Concluir***
caí	creí	leí	oí	concluí
caíste	creíste	leíste	oíste	concluiste
cayó	creyó	leyó	oyó	concluyó
caímos	creímos	leímos	oímos	concluimos
caísteis	creísteis	leísteis	oísteis	concluisteis
cayeron	creyeron	leyeron	oyeron	concluyeron

*Applies to verbs ending in **-uir** with the same spelling change in the present tense.

c → qu	**g → gu**	**z → c**

Buscar	**Llegar**	**Alcanzar**
busqué	llegué	alcancé
buscaste	llegaste	alcanzaste
buscó	llegó	alcanzó
buscamos	llegamos	alcanzamos
buscasteis	llegasteis	alcanzasteis
buscaron	llegaron	alcanzaron

Other verbs with this change:

-car	**-gar**	**-zar**
explicar	apagar	almorzar
sacar	colgar	comenzar
tocar	entregar	empezar
	jugar	
	negar	
	pagar	

iLrn HEINLE *Learning Center* *Ejercicios 5.13–5.17, páginas 382–385*

c. Present Perfect Indicative

[For contextualized usage of the present perfect indicative, see Chapter 6.C.2.a, page 201; for more on probability, see Chapter 6.F, pages 210–212.]

The present perfect indicative is formed with the present indicative of the auxiliary **haber** + a past participle always ending in **-o.**

he	
has	
ha	(hablado)
hemos	
habéis	
han	

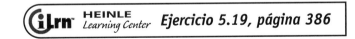

iLrn™ HEINLE *Learning Center* *Ejercicio 5.18, página 385*

d. Pluperfect Indicative

[For contextualized usage of the pluperfect indicative, see Chapter 6.B.4, page 191, and Chapter 6.C.2.c, page 201.]

The pluperfect indicative is formed with the imperfect indicative of the auxiliary **haber** + a past participle always ending in **-o.**

había	
habías	
había	(hablado)
habíamos	
habíais	
habían	

iLrn™ HEINLE *Learning Center* *Ejercicio 5.19, página 386*

3. Future

[For contextualized usage of the future, see Chapter 6.C.2.b, page 201, Chapter 6.D, page 208, and Chapter 6.F, pages 210–212.]

a. Simple Future

The future tense is formed with the infinitive plus endings that are identical for all verbs.

	-é
	-ás
Infinitive +	-á
	-emos
	-éis
	-án

-ar	**-er**	**-ir**
Hablar	**Comer**	**Vivir**
hablar**é**	comer**é**	vivir**é**
hablar**ás**	comer**ás**	vivir**ás**
hablar**á**	comer**á**	vivir**á**
hablar**emos**	comer**emos**	vivir**emos**
hablar**éis**	comer**éis**	vivir**éis**
hablar**án**	comer**án**	vivir**án**

FUTURE TENSE (IRREGULAR STEMS)			
INFINITIVE	STEM	INFINITIVE	STEM
caber	cabr-	querer	querr-
decir	dir-	saber	sabr-
haber	habr-	salir	saldr-
hacer	har-	tener	tendr-
poder	podr-	valer	valdr-
poner	pondr-	venir	vendr-

Verbs derived from these have the same irregularity: **desdecir, deshacer, suponer, mantener,** etc.

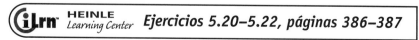

iLrn **HEINLE** *Learning Center* **Ejercicios 5.20–5.22, páginas 386–387**

b. Future Perfect

The future perfect tense is formed with the future of the auxiliary **haber** + a past participle always ending in **-o.**

> habré
> habrás
> habrá   (hablado)
> habremos
> habréis
> habrán

iLrn HEINLE *Learning Center*   *Ejercicio 5.23, página 387*

B   Conditional Mood

[For contextualized usage of the conditional, see Chapter 6.E, pages 209–210, and Chapter 6.G.6, pages 237–239.]

1. Present Conditional

The present conditional is formed with the infinitive plus endings that are identical for all verbs.

> | | | -ía |
> | Infinitive | + | -ías |
> | | | -ía |
> | | | -íamos |
> | | | -íais |
> | | | -ían |

-ar	-er	-ir
Hablar	**Comer**	**Vivir**
hablaría	comería	viviría
hablarías	comerías	vivirías
hablaría	comería	viviría
hablaríamos	comeríamos	viviríamos
hablaríais	comeríais	viviríais
hablarían	comerían	vivirían

CONDITIONAL (IRREGULAR STEMS)			
caber	cabr-	querer	querr-
decir*	dir-	saber	sabr-
haber	habr-	salir	saldr-
hacer°	har-	tener°°	tendr-
poder	podr-	valer	valdr-
poner≠	pondr-	venir	vendr-

Verbs derived from these have the same irregularity: *desdecir, °deshacer, ≠suponer, °°mantener, etc.

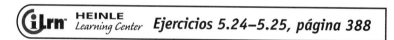

Ejercicios 5.24–5.25, página 388

2. Conditional Perfect

The conditional perfect is formed with the present conditional of the auxiliary **haber** + a past participle always ending in **-o.**

habría	
habrías	
habría	(hablado)
habríamos	
habríais	
habrían	

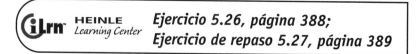

Ejercicio 5.26, página 388;
Ejercicio de repaso 5.27, página 389

C Subjunctive Mood

[For contextualized usage of the subjunctive, see Chapter 6.G, pages 212–242.]

1. Present Subjunctive

a. Regular Verbs

The present subjunctive is formed by dropping the **o** of the first-person singular present indicative and adding the "opposite" vowel endings: **e** for **-ar** verbs and **a** for **-ir/-er** verbs.

	-ar	-er	-ir
	Hablar	**Comer**	**Vivir**
yo	hable	coma	viva
tú	hables	comas	vivas
él, ella, usted	hable	coma	viva
nosotros	hablemos	comamos	vivamos
vosotros	habléis	comáis	viváis
ellos, ellas, ustedes	hablen	coman	vivan

b. Stem-Changing Verbs

If the verb is stem-changing in the present indicative, the present subjunctive will show the same changes.

Cerrar	Perder	Contar	Volver
cierre	pierda	cuente	vuelva
cierres	pierdas	cuentes	vuelvas
cierre	pierda	cuente	vuelva
cerremos	perdamos	contemos	volvamos
cerréis	perdáis	contéis	volváis
cierren	pierdan	cuenten	vuelvan

Exceptions: In the first- and second-person plural forms of stem-changing **-ir** verbs, the **e** of the stem changes to **i,** and the **o** of the stem changes to **u.**

Pedir	Sentir	Dormir
pida	sienta	duerma
pidas	sientas	duermas
pida	sienta	duerma
pidamos	sintamos	durmamos
pidáis	sintáis	durmáis
pidan	sientan	duerman

c. Irregular Verbs

If the verb is irregular in the present indicative, the present subjunctive will show the same irregularities.

Decir	Oír	Tener
diga	oiga	tenga
digas	oigas	tengas
diga	oiga	tenga
digamos	oigamos	tengamos
digáis	oigáis	tengáis
digan	oigan	tengan

Enviar	Continuar	Reunir
envíe	continúe	reúna
envíes	continúes	reúnas
envíe	continúe	reúna
enviemos	continuemos	reunamos
enviéis	continuéis	reunáis
envíen	continúen	reúnan

Parecer	Conducir	Concluir
parezca	conduzca	concluya
parezcas	conduzcas	concluyas
parezca	conduzca	concluya
parezcamos	conduzcamos	concluyamos
parezcáis	conduzcáis	concluyáis
parezcan	conduzcan	concluyan

The following verbs also maintain the irregularity throughout all persons:

PRESENT SUBJUNCTIVE (IRREGULAR STEMS)			
INFINITIVE	1ST PERSON	INFINITIVE	1ST PERSON
caber	quepa	salir	salga
caer	caiga	traer	traiga
hacer	haga	valer	valga
poner	ponga	venir	venga

Even **dar, estar, haber, ir, saber,** and **ser,** all of which have a first-person singular present indicative that does not end with **-o,** remain regular in their endings.

Dar[1]	Estar	Haber
dé	esté	haya
des	estés	hayas
dé	esté	haya
demos	estemos	hayamos
deis	estéis	hayáis
den	estén	hayan

Ir	Saber	Ser
vaya	sepa	sea
vayas	sepas	seas
vaya	sepa	sea
vayamos	sepamos	seamos
vayáis	sepáis	seáis
vayan	sepan	sean

If the verb has spelling changes in the present indicative, the present subjunctive will show the same irregularities.

g → j		gu → g

Escoger	Dirigir	Distinguir
escoja	dirija	distinga
escojas	dirijas	distingas
escoja	dirija	distinga
escojamos	dirijamos	distingamos
escojáis	dirijáis	distingáis
escojan	dirijan	distingan

c → z	c → qu	g → gu	z → c

Convencer	Buscar	Llegar	Alcanzar
convenza	busque	llegue	alcance
convenzas	busques	llegues	alcances
convenza	busque	llegue	alcance
convenzamos	busquemos	lleguemos	alcancemos
convenzáis	busquéis	lleguéis	alcancéis
convenzan	busquen	lleguen	alcancen

---

1. The first- and third-person singular forms of **dar** have an accent to differentiate them from the preposition **de.**

All verbs ending in:

-**ger** are like **escoger** (g → j)   -**car** are like **buscar** (c → qu)

-**gir** are like **dirigir** (g → j)   -**gar** are like **llegar** (g → gu)

-**guir** are like **distinguir** (gu → g)   -**zar** are like **alcanzar** (z → c)

Most verbs ending in a vowel plus -**cer** and -**cir** and all verbs ending in -**ducir** are like **parecer.** Verbs ending in -**ncer** and -**ncir** are like **convencer** (c → z).

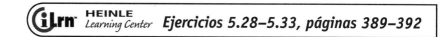

iLrn™ HEINLE *Learning Center* **Ejercicios 5.28–5.33, páginas 389–392**

2. Imperfect Subjunctive

The imperfect subjunctive of all verbs without exception is formed by dropping -**ron** from the third-person plural preterite and adding -**ra, -ras, -ra, -´ramos, -rais, -ran** or -**se, -ses, -se, -´semos, -seis, -sen.** In most of Latin America, the -**ra** forms predominate.

	-ar **Hablar**	-er **Comer**	-ir **Vivir**
yo	habla**ra**	comie**ra**	vivie**ra**
tú	habla**ras**	comie**ras**	vivie**ras**
él, ella, usted	habla**ra**	comie**ra**	vivie**ra**
nosotros	hablá**ramos**	comié**ramos**	vivié**ramos**
vosotros	habla**rais**	comie**rais**	vivie**rais**
ellos, ellas, ustedes	habla**ran**	comie**ran**	vivie**ran**

OR:

yo	habla**se**	comie**se**	vivie**se**
tú	habla**ses**	comie**ses**	vivie**ses**
él, ella, usted	habla**se**	comie**se**	vivie**se**
nosotros	hablá**semos**	comié**semos**	vivié**semos**
vosotros	habla**seis**	comie**seis**	vivie**seis**
ellos, ellas, ustedes	habla**sen**	comie**sen**	vivie**sen**

All verbs that are irregular in the preterite show the same irregularities in the imperfect subjunctive.

IMPERFECT SUBJUNCTIVE (IRREGULAR STEMS)

INFINITIVE	1ST PERSON	INFINITIVE	1ST PERSON
andar	anduviera	poder	pudiera
caber	cupiera	poner	pusiera
caer	cayera	poseer	poseyera
concluir	concluyera	preferir	prefiriera
conducir	condujera	producir	produjera
dar	diera	querer	quisiera
decir	dijera	reír	riera
dormir	durmiera	saber	supiera
estar	estuviera	seguir	siguiera
haber	hubiera	sentir	sintiera
ir	fuera	ser	fuera
leer	leyera	tener	tuviera
oír	oyera	traer	trajera
pedir	pidiera	venir	viniera

iLrn HEINLE *Learning Center* **Ejercicios 5.34–5.35, páginas 392–393**

3. Present Perfect Subjunctive

The present perfect subjunctive is formed with the present subjunctive of the auxiliary **haber** + a past participle always ending in **-o.**

haya
hayas
haya   (hablado)
hayamos
hayáis
hayan

iLrn HEINLE *Learning Center* **Ejercicio 5.36, páginas 393–394**

4. Pluperfect Subjunctive

The pluperfect subjunctive is formed with the imperfect subjunctive of the auxiliary **haber** + a past participle always ending in **-o.**

> **hubiera**
> **hubieras**
> **hubiera** (hablado)
> **hubiéramos**
> **hubierais**
> **hubieran**

OR:

> **hubiese**
> **hubieses**
> **hubiese** (hablado)
> **hubiésemos**
> **hubieseis**
> **hubiesen**

iLrn HEINLE *Learning Center* *Ejercicio 5.37, página 394;*
Ejercicio de repaso 5.38, página 395

D Imperative Mood

1. Direct Commands

a. *Tú*

Affirmative commands are formed with the third-person singular of the present indicative.

Examples: **habla, come, vive, cierra, abre**

There are eight exceptions:

TÚ IMPERATIVE (IRREGULAR AFFIRMATIVE FORMS)			
INFINITIVE	**FORM**	**INFINITIVE**	**FORM**
decir	di	salir	sal
hacer	haz	ser	sé
ir	ve	tener	ten
poner	pon	venir	ven

Object pronouns are attached to the ending of the affirmative imperative, and a written accent is added when it is necessary to maintain stress on the same syllable of the stem.

Háblame.	*Talk to me.*
Ciérrala.	*Close it.* (**la = la puerta**)
Ábrelo.	*Open it.* (**lo = el sobre**)
Dímelo.	*Tell it to me.* (**lo = el secreto**)
Hazlo.	*Do it.* (**lo = el trabajo**)
Vete.	*Go away.* (**irse** is reflexive)
Póntelo.	*Put it on.* (**lo = el abrigo; ponerse** is reflexive)

Negative commands are formed with the second-person singular of the present subjunctive.

Examples: **no hables, no comas, no vivas, no cierres, no abras**

Those irregular in the affirmative are regular in the negative.

TÚ IMPERATIVE (NEGATIVE FORMS)			
INFINITIVE	**FORM**	**INFINITIVE**	**FORM**
decir	no digas	salir	no salgas
hacer	no hagas	ser	no seas
ir	no vayas	tener	no tengas
poner	no pongas	venir	no vengas

Pronouns are placed before the imperative in the negative.

No me hables.	*Do not talk to me.*
No la cierres.	*Do not close it.*
No lo abras.	*Do not open it.*
No me lo digas.	*Do not tell it to me.*
No lo hagas.	*Do not do it.*
No te vayas.	*Do not go away.*
No te lo pongas.	*Do not put it on.*

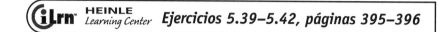

HEINLE *Learning Center* **Ejercicios 5.39–5.42, páginas 395–396**

b. *Usted/Ustedes*

The imperative of **usted/ustedes** is formed with the third-person singular and plural of the present subjunctive, for both the affirmative and the negative.

hable	coma	viva	cierre	abra
hablen	coman	vivan	cierren	abran
no hable	no hablen			

The command may be followed by the pronoun to be more formal and polite.

Hable usted con la gerencia.	*Speak with the management.*
Pidan ustedes lo que deseen.	*Order whatever you wish.*

Examples of affirmative **usted/ustedes** imperatives with pronouns:

USTED(ES) IMPERATIVES (AFFIRMATIVE FORMS)

USTED	USTEDES	TRANSLATION
hábleme	háblenme	*talk to me*
ciérrela	ciérrenla	*close it*
ábralo	ábranlo	*open it*
dígamelo	díganmelo	*tell it to me*
hágalo	háganlo	*do it*
váyase	váyanse	*go away*
póngaselo	pónganselo	*put it on*

Examples of negative **usted/ustedes** imperatives with pronouns:

USTED(ES) IMPERATIVES (NEGATIVE FORMS)		
USTED	USTEDES	TRANSLATION
no me hable	no me hablen	*do not talk to me*
no la cierre	no la cierren	*do not close it*
no lo abra	no lo abran	*do not open it*
no me lo diga	no me lo digan	*do not tell it to me*
no lo haga	no lo hagan	*do not do it*
no se vaya	no se vayan	*do not go away*
no se lo ponga	no se lo pongan	*do not put it on*

 **iLrn** HEINLE *Learning Center* **Ejercicio 5.43, página 397**

c. *Vosotros*

The affirmative is formed with the infinitive, minus the **r**, plus **d**.

hablad	decid
cerrad	haced
abrid	id

Examples of affirmative **vosotros** imperatives with pronouns:

Habladme.	*Talk to me.*
Cerradla.	*Close it.*
Abridlo.	*Open it.*
Decídmelo.	*Tell it to me.*

With the reflexive pronoun **os**, the **d** of the ending is dropped. (The only exception is **ir: idos.**)

Levantaos.	*Get up.*
Callaos.	*Be quiet.*
Laváoslas.	*Wash them.* (**las = las manos**)
Ponéoslo.	*Put it on.* (**lo = el abrigo**)

Note that although it is not grammatically correct, in colloquial speech, the final **-d** is substituted by **-r** for the affirmative commands. Thus, **venir** or **escuchar** are used in place of **venid** or **escuchad**. For imperatives of reflexives, an **-r** is often added prior to the pronoun at the end, not only for **iros**, but also for the rest, that would normally omit the **-d** entirely. Thus, **callaros** or **acercaros** are used in place of **callaos** or **acercaos**.

The negative **vosotros** imperative is formed with the second-person plural of the present subjunctive.

No me habléis.	*Do not talk to me.*
No la cerréis.	*Do not close it.*
No me lo digáis.	*Do not tell it to me.*
No lo hagáis.	*Do not do it.*
No os vayáis.	*Do not go away.*
No os lo pongáis.	*Do not put it on.*

> (**iLrn** **HEINLE** *Learning Center* **Ejercicios 5.44–5.47, páginas 397–398**

d. *Nosotros*

Affirmative commands are formed with the first-person plural of the present subjunctive.

hablemos	digamos
comamos	hagamos
abramos	pongamos

Exception: **Ir** and **irse** in the affirmative imperative become **vamos** and **vámonos**.

With pronouns:

Hablémosle.	*Let's talk to him.*
Cerrémosla.	*Let's close it.* (**la = la puerta**)
Abrámoslo.	*Let's open it.* (**lo = el sobre**)
Hagámoslo.	*Let's do it.* (**lo = el trabajo**)

With **nos** and **se,** drop the final **s** of the verb.

Digámoselo.	*Let's tell it to him.* (**lo = el secreto**)
Levantémonos.	*Let's get up.*
Callémonos.	*Let's be quiet.*
Lavémonoslas.	*Let's wash them.* (**las = las manos**)
Pongámonoslo.	*Let's put it on.* (**lo = el abrigo**)

In the negative imperative, pronouns precede the verb.

No le hablemos.	*Let's not talk to him.*
No la cerremos.	*Let's not close it.*
No lo hagamos.	*Let's not do it.*
No nos levantemos.	*Let's not get up.*
No nos las lavemos.	*Let's not wash them.*

(iLrn HEINLE *Learning Center* **Ejercicios 5.48–5.49, páginas 398–399**

2. Indirect Commands

When a command is being given to one person, but is meant to be carried out by another, **que** + the present subjunctive third-person singular or plural is used.

Que venga.	*Let him come. Have him come. Tell him to come.*
Que lo haga Regina.	*Let Regina do it. Have her do it. Tell her to do it.*
Que pague Elena.	*Let Elena pay. Have her pay. Tell her to pay.*

(iLrn HEINLE *Learning Center* **Ejercicio 5.50, página 399;**
Ejercicios de repaso 5.51–5.55, páginas 399–400

E Infinitive

1. Present Infinitive

This is the standard form used as identification of any verb.

hablar	*to speak*
comer	*to eat*
vivir	*to live*

2. Perfect Infinitive

This is formed with the infinitive of the auxiliary **haber** + the past participle of the verb.

haber hablado	*to have spoken*
haber comido	*to have eaten*
haber vivido	*to have lived*

F Participle

[For contextualized usage of the participle, see Chapter 6.H, pages 242–247.]

1. Present Participle or Gerund

Regular present participles are formed with **-ando** and **-iendo.**

hablar: hablando

comer: comiendo

vivir: viviendo

Stem-changing verbs ending in **-ir** have stem changes: **e → i, o → u.**

sentir: sintiendo

pedir: pidiendo

dormir: durmiendo

The ending **-iendo** becomes **-yendo** when added to a stem that ends in a vowel.

concluir: concluyendo   leer: leyendo

caer: cayendo   oír: oyendo

Other irregular present participles:

decir: diciendo   poder: pudiendo

ir: yendo   venir: viniendo

iLrn HEINLE *Learning Center* **Ejercicios 5.56–5.58, páginas 400–401**

2. Past Participle

Regular past participles are formed by adding **-ado** and **-ido** to the stem of the infinitive.

hablar: hablado

comer: comido

vivir: vivido

IRREGULAR PAST PARTICIPLES			
INFINITIVE	**PAST PARTICIPLE**	**INFINITIVE**	**PAST PARTICIPLE**
abrir	abierto	morir	muerto
cubrir*	cubierto	poner≠	puesto
decirº	dicho	resolver	resuelto
escribir**	escrito	romper	roto
hacer≠≠	hecho	volverºº	vuelto

Verbs derived from the preceding infinitives have the same irregularity: ***descubrir,** °°**devolver,** and ≠**suponer** are examples. There are many more such verbs, such as ***recubrir,** ***encubrir,** °**desdecir,** °°**envolver,** °°**revolver,** ****reescribir,** ≠≠**rehacer,** ≠≠**deshacer,** ≠**posponer,** ≠**anteponer,** ≠**deponer,** ≠**reponer,** etc.

Some verbs have two past participles: one regular used in compound tenses with **haber** and one irregular used as an adjective.

Verb:	he bendecido	*I have blessed*
Adjective:	bendito (un lugar bendito)	*holy, blessed (a holy place)*
Verb:	he freído	*I have fried*
Adjective:	frito (papas fritas)	*fried (french fries)*
Verb:	he maldecido	*I have cursed*
Adjective:	maldito (maldito examen)	*awful, accursed (accursed exam)*
Verb:	he prendido	*I have arrested*
Adjective:	preso (un hombre preso)	*prisoner (a male prisoner)*
Verb:	he soltado	*I have released*
Adjective:	suelto (pelo suelto)	*loose (flowing hair)*
Verb:	he imprimido	*I have printed*
Adjective:	impreso (la palabra impresa)	*printed (the printed word)*

iLrn™ HEINLE *Learning Center* **Ejercicios 5.59–5.61, páginas 401–402**

Chapter 6

Verbs: Usage

A. **Present Indicative**

B. **Aspects of the Indicative Past Tense: Preterite vs. Imperfect and Pluperfect**

C. **Compound Tenses**

D. **Ways of Expressing the Future**

E. **Conditional**

F. **Probability**

G. **Subjunctive**

H. **Infinitives and Present Participles**

I. **Verbs Like *Gustar***

J. **Reflexive Verbs**

K. **Indirect Discourse**

⚠ Present Indicative

[To review the formation of the present indicative, see Chapter 5.A.1, pages 160–165.]

The present indicative in Spanish is equivalent to the present or present progressive in English.

Hablo español.	*I speak Spanish.*
Viven en España.	*They are living in Spain.*

In the interrogative, it is equivalent to the English "do" or "does" + a verb.

¿Hablas español?	*Do you speak Spanish?*

In addition to this, it can be translated as:

¿Lo compro?	*Shall I buy it? Should I buy it?*

With **si** meaning "if":

Si lo hace Iris, le pago.	*If Iris does it, I will pay her.*

With **si** meaning "whether," the future is used in Spanish.

No sé **si** lloverá.	*I do not know if (whether) it will rain.*

For polite commands:

Nos da la cuenta, por favor.	*Give us the check, please.*

Acabar + de in the present means "to have just." (See pages 288–289 for more on "acabar.")

Acabo de comer.	*I just ate. (I have just eaten.)*

The present progressive in Spanish is formed with the present indicative of **estar** + a present participle. It is used to express ongoing actions in the present, as in English.

Estamos estudiando.	*We are studying.*

Never use the present progressive in Spanish to refer to the future.

Josefina se va mañana a las diez.	*Josefina is leaving tomorrow at ten.*

Other auxiliary verbs used occasionally in the progressive are **andar, ir,** and **seguir.**

Anda buscando a su perro.	*He is looking for his dog. He is going around looking for his dog.*
Poco a poco vamos comprendiendo.	*We are understanding little by little.*
Siguen durmiendo.	*They are still sleeping. They continue sleeping.*

---

iLrn HEINLE *Learning Center* **Ejercicios 6.1–6.3, páginas 403–406**

B Aspects of the Indicative Past Tense: Preterite vs. Imperfect and Pluperfect

The distinction between these two aspects of the past tense (note that they are not tenses, but *aspects* of the past tense) is one of the most difficult points for learners to master. The following table summarizes the basic functions of each (the numbers in parentheses refer to the segments following the table):

PRETERITE	IMPERFECT
• Changed Past Conditions, Reactions (2)	• Past Conditions, Beliefs (1)
• Actions, Single or Consecutive (3)	• Habitual Actions (4)
• Habitual Actions Limited in Time (5)	• Actions — Middle, in Progress, Interrupted (6b)
• Repeated Actions (5)	• Projected Actions — Indirect Discourse (7)
• Actions — Beginning and/or End (6a)	

1. Past Conditions, Beliefs — Imperfect

The imperfect serves to illustrate a condition or custom in the past, as contrasted with the present, explicitly or implicitly:

Yo **tenía** quince años en esta foto.	*I was fifteen years old in this picture.*
Antes le **gustaba** lo picante.	*He used to like hot (spicy) food.*
Mi madre sólo **tenía** dos hijos en esa época.	*My mother only had two children at that time.*
Creíamos que éramos inmortales.	*We thought we were immortal.*

2. Changed Conditions, Reactions — Preterite

The preterite is used to depict changes in beliefs, conditions, or feelings in the past, typically as reactions to some event:

Me **gustó** la película que vimos anoche.	*I liked the movie we saw last night.*
Mi madre **tuvo** su tercer hijo en este hospital.	*My mother had her third child in this hospital.*
En ese instante, **creí** que me iba a desmayar.	*At that instant, I thought I was going to faint.*

IMPERFECT	PRETERITE
No implication of change, reaction or action, or time limitation	**To indicate a sudden change, a reaction, or time limitation**
Eran las dos de la tarde. *It was two o'clock.*	De repente, **fueron** las dos de la tarde. *Suddenly, it was two o'clock in the afternoon.* (Here, the expression **de repente** is altering the standard way of seeing time.)
Jorge **tenía** catorce años. *Jorge was fourteen years old.*	Jorge **cumplió** catorce años ese día. *Jorge turned fourteen that day.* (NOTE: You do not use **tener** here.)
Mi madre **creía** en Dios. *My mother believed in God.*	En ese instante **creyó** en Dios. *In that instant, he believed in God.* (Sudden conversion)
Hacía mucho frio ayer. *It was very cold yesterday.*	Todo ese invierno **hizo** mucho frio. *All that winter it was very cold.* (This sentence is almost identical to the one to the left. The only difference is in the way the narrator wishes to perceive the cold, as in progress or lasting a specific amount of time.)
Había diez sillas en la clase. *There were ten chairs in the classroom.* (NOTE: These are objects, not events.)	**Hubo** una tormenta, una huelga, una pelea, un incendio, etc. *There was a storm, a strike, a fight, a fire, etc.* (Events or actions)
Estaba en España cuando oí la noticia. *I was in Spain when I heard the news.*	**Estuve** en España por dos años. *I was in Spain for two years.* (Time limit: **dos años**)

3. Actions, Single or Consecutive — Preterite

The preterite is used to depict actions or events, single or consecutive:

Ayer **vimos** a Juan.	*Yesterday we saw Juan.*
Corrió diez millas.	*She ran ten miles.*
Se levantó, se bañó, desayunó, y **fue** al trabajo.	*She got up, bathed, ate breakfast, and went to work.*

One confusing point for many learners is the fact that it does not matter how long an action or event lasts—if it is a single event, it will be in the preterite.

Estudió los idiomas durante toda su vida.	*He studied languages all of his life.*

4. Habitual Actions or Events — Imperfect

Habitual actions are stated in the imperfect:

Mi hermano me **acompañaba** a la escuela.	*My brother used to accompany me to school.*

5. Habitual Actions Limited in Time, Repeated Actions — Preterite

Habitual actions limited in time or frequency are stated in the preterite:

Mi hermano me **acompañó** a la escuela durante seis años.	*My brother accompanied me to school for six years.*
Mi hermano me **acompañó** a la escuela tres veces.	*My brother accompanied me to school three times.*

6. Actions — Beginning, Middle, End

Actions can be perceived from a variety of angles, either at the ***beginning, middle,*** or ***end.*** The preterite would be used for actions seen at their origin or at their end, or as begun and ended in the past; the imperfect is used for actions perceived in the middle, or in progress, with no vision of their beginning or their end.

a. Preterite: Beginning and/or End

| Beginning |————— - - - - - - |

Empecé a trabajar a las tres.   *I started to work at three.*

| End - - - - - - ————————| |

Trabajé hasta las cuatro de la tarde.   *I worked until four in the afternoon.*

Estuve en México hasta la edad   *I was in Mexico until the age*
de veinte años.   *of twenty.*

| Beginning and end |————————| |

Trabajé desde las tres hasta las cuatro.   *I worked from three to four.*

Estuve en España por dos meses.   *I was in Spain for two months.*

b. Imperfect: Middle, in Progress, Interrupted

| Middle - - - - - - ———————— - - - - - - |

Cuando entré, las dos **hablaban**   *When I entered, both were speaking*
de sus clases.   *about their classes.*
(I don't know when they began speaking; the action was in progress when I entered. The action of speaking could be seen as "interrupted" by the action of entering, which occurred at a specific point in time while the act of speaking was in progress.)

MORE ABOUT THE IMPERFECT

There is a certain parallelism between the imperfect and the present. Remember that the **present** is used for the following:

1. To refer to something that is happening at the present moment, at the moment of speaking

    Lee una novela.   *He reads (is reading) a novel.*

2. To refer to a customary event

    Siempre me despierto al amanecer.   *I always wake up at dawn.*

3. To indicate futurity

    Dice que sale en una hora.   *He says he is leaving in an hour.*

The **imperfect** is used for these three types of reference, recalling them from the past:

1. What was happening in the past

    Leía una novela.   *He read (was reading) a novel.*

2. What was customary in the past

    Siempre me **despertaba** al amanecer.   *I always woke up (OR: used to wake up, would wake up) at dawn.*

3. What was going to happen

    Dijo que **salía** en una hora.   *He said he was leaving in an hour.*

7. Projected Actions / Indirect Discourse — Imperfect

In Spanish, the present tense can refer to an event that is projected in the future in relation to the context, but that has not yet occurred at the moment of speech:

    Dice que **llega** pronto.   *He says **he will arrive** soon.*

The imperfect serves as backshift of the present, and in contexts of indirect discourse, may refer to actions that are projected or planned (not yet finished):

    Dijo que **llegaba** pronto.   *He said **he would arrive** soon.*

The same logic applies to modal auxiliary **ir a** + an infinitive, used to denote a near future. When shifted to the past, this expression is always in the imperfect.

    Dicen que **va a** llover.   *They say it is going to rain.*

    Dijeron que **iba a** llover.   *They said it was going to rain.*

(Note: when **ir a** is used in the preterite, it is no longer an auxiliary, but becomes the verb of action "to go," as in: **Fuimos a** comer. *We went to eat.*)

Disconcerting to many learners is the fact that the imperfect can be used to refer to an event that is projected beyond the actual present, to the future (see Chapter 6.K pages 260–266 for more information on the indirect discourse):

Dice que su vuelo **sale** mañana.	*He says his flight leaves tomorrow.*
Dijo que su vuelo **salía** mañana.	*He said his flight leaves tomorrow.*

8. Would — Contexts and Translations

In English, habitual actions can be expressed by using the auxiliaries "used to" or "would" before the verb, or simply the verb in the past: all of these can be translated by the imperfect in Spanish.

Cuando era niño, mis padres me **llevaban** al cine una vez por semana.	*When I was a child, my parents **would take** me (OR: used to take me, took me) to the movies once a week.*

It must be noted that "would" has other uses in English for which the imperfect in Spanish cannot be used: one of them is the conditional, for which Spanish also uses the conditional.

Si fuera rico, me **compraría** una isla.	*If I were rich, I **would buy** an island.*

A third use of "would" is in the negative, "would not," to indicate refusal. For this, Spanish could use the preterite of **querer.**

No quiso decirme el secreto, por más que yo insistiera.	*He **would not** tell me the secret, no matter how much I insisted.*

This is not to be confused with a negative of a habit (the context will indicate whether it was a habit or a refusal at one particular moment).

Mi hermano **no me decía** nunca nada triste.	*My brother **would not tell me** anything sad, ever.*

9. Saber and Conocer

The verbs **saber** and **conocer** change meaning when used in the preterite vs. the imperfect. Consider the following differences.

SABER

Imperfect—to know

Sabía español cuando era niño.	*He knew Spanish as a child.*

Preterite—to find out, or become informed, or realize

Supo que ella había muerto.   *He found out that she had died.*

CONOCER

Imperfect—to know

Conocíamos a los Gómez.   *We knew the Gomezes.*

Preterite—to meet (for the first time, as in being introduced)

Conocí a Marta en la fiesta.   *I met Marta at the party.*

(NOTE: To say "to meet" for someone you know already, when it means to get together with that person, use **encontrarse con.** See Chapter 8.B.16, page 292.)

10. Modal Auxiliaries in the Past

Modal auxiliaries (**acabar de, deber, ir a, poder, querer, tener que**) follow the same general principles as those indicated above for the preterite and imperfect, and often change meaning:

a. ACABAR DE + infinitive
(See more on this verb in Chapter 8.B.1, pages 288–289.)

Imperfect—to have just done something

Acababa de comer cuando llegaste.   *I had just eaten when you arrived.*

Preterite—to finish

Acabé de comer y me fui.   *I finished eating and left.*

b. DEBER + infinitive

Imperfect—to have an obligation, or be due (not completed)

Debíamos cenar juntos.   *We were going to eat dinner together. (We were supposed to have dinner together.)*

Debía tener el bebé esa semana.   *She was due to have the baby that week.*

Preterite—should (not) have, ought (not) to (contrary to reality)

Debimos haber hablado de eso.   *We should have spoken about that.*

No **debiste** haberme dicho.   *You ought not have told me.*

c. IR A + infinitive

Imperfect—to be about to (not completed)

Íbamos a cenar juntos.	*We were going to eat dinner together.*
Parecía que no **iba a** parar nunca.	*It seemed she was never going to stop.*

Preterite—to go (completed action)

Fuimos a trabajar.	*We went to work.*
No **fue** a practicar.	*He did not go to practice.*

(Note: when you want to say an event "was going to" happen, you should use the imperfect of **ir a**. Otherwise, if you use the preterite, the verb **ir a** takes on the meaning of "went to," a verb of action, instead of an auxiliary.)

d. PODER + infinitive

Imperfect—to be able, can

Podían trabajar juntos.	*They could work together.*

Preterite—affirmative: to succeed, be able, manage; negative: to fail

Después de mucho esfuerzo, **pudieron** abrir la ventana.	*After a lot of effort, they succeeded in opening the window.*
No pudieron salir.	*They could not (failed to) get out.*

e. QUERER + infinitive

Imperfect—to want

Queríamos viajar.	*We wanted to travel.*

Preterite—affirmative: to attempt, try; negative: to refuse to

Quiso escapar, pero no pudo.	*He tried to escape, but failed.*
No quiso ayudarme.	*He would not help me. (He refused to.)*

Note carefully this use of "would" in English, which is different from the habitual and the conditional.

f. TENER QUE + infinitive

Imperfect—obligation not necessarily fulfilled

Tenía que trabajar, pero fui al cine.   *I had to work, but went to the movies.*

Preterite—fulfilled obligation

Tuve que trabajar anoche.   *I had to work last night (and did).*

11. *Ser* in Sentences with Relative Clauses

The verb **ser**, typically used in the imperfect to depict a state in the past, behaves differently in sentences with relative pronouns, where the identification of a subject is at stake. In such sentences, there are necessarily two verbs (one for the main clause, and one for the relative clause), and what normally determines the aspect of the verb **ser** in such contexts is the aspect of the other verb.

La que me **reconoció fue** Lupe.   *The one who recognized me was Lupe.*

In the above sentence, "fue Lupe" is the main clause, and "La que me reconoció" is the relative clause. The act of recognition, which was a single action viewed as finished in the past, is in the preterite. The verb **ser**, in the main clause, identifies the subject of the act of recognition, in the same aspect as the act (preterite).

Similarly, if the act of the relative clause is presented as ongoing or habitual, in the imperfect, the verb **ser** used to identify the subject of that action will be in the imperfect too:

El que siempre me **saludaba era** Jorge.   *The one who always used to greet me was Jorge.*

When the verb **ser** is not being used to identify the subject of the action of the relative clause, but rather to describe something about that subject, **ser** will be in the imperfect. This follows the norm for unchanging or uninterrupted description in the past, regardless of the aspect of the verb of the relative clause. Consider the following examples:

La que **me reconoció era** joven.   *The one who recognized me was young.*

El que siempre me **saludaba era** cortés.   *The one who always used to greet me was courteous.*

12. The Preterite and the Present Perfect

The present perfect in English typically coincides with the uses of the present perfect in Spanish: both refer to actions that extend to the present, or relate to the present directly.

Ya **he visto** esa película.   *I have already seen that movie.*

No **he tomado** mis vitaminas en   *I haven't taken my vitamins for*
tres días.   *three days.*

There are, however, some cases where the present perfect in Spanish does not translate into English as present perfect. Note, for example, that in some areas of Spain, actions that refer to a recent past are stated in the present perfect:

Esta mañana **me he levantado** a las seis.   *This morning I got up at six.*

Anoche **hemos ido** al cine.   *Last night we went to the movies.*

In Latin America and some regions of Spain, the preterite is preferred for the above actions, and the Real Academia considers the preterite to be the norm for such contexts. (La Real Academia Española is an institution that assesses norms in Spanish language usage.)

Esta mañana **me levanté** a las seis.   *This morning I got up at six.*

Anoche **fuimos** al cine.   *Last night we went to the movies.*

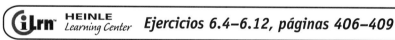

iLrn HEINLE *Learning Center* *Ejercicios 6.4–6.12, páginas 406–409*

Learn more about **Preterite and Imperfect** with Heinle iRadio at www.thomsonedu.com/spanish

13. The Pluperfect

[To review the formation of the pluperfect indicative, see Chapter 5.A.2.d, page 169.]

When narrating or reporting something from the past, one of the actions often precedes the others. In such a case, the pluperfect is used. Pluperfect comes from "plus" which means "more," and "perfect" which means "completed." This is a tense that is used to report actions that ended before the basic past timeline that the narrator is using.

An extreme example of this would be to say that if an historian is telling the story of the Second World War, and wants to refer back to events in the First World War, (s)he would use the pluperfect. However, the distance between the two pasts does not have to be so great. It could be a matter of minutes; as long as there is a reference back to an action completed prior to the basic past timeline, the pluperfect would be used.

The use of the pluperfect exists in English as well, but is not used as frequently as it is in Spanish. Consider the following sentences.

El príncipe vio que a Cenicienta se le **había caído** un zapato al salir corriendo.

The prince saw that one of Cinderella's shoes had fallen off while she was running away.

The basic timeline here is the moment when the prince appeared on the scene outside the palace, after midnight. He ran outside to look for Cinderella, saw that she was gone, and noticed her shoe on the steps. He immediately assumed that her shoe had fallen off while she was running away. The loss of her shoe occurred prior to the prince seeing the shoe. Note that if we were narrating this tale in the present, you would have the following set of verbs (notice the tenses): the prince runs out, looks for Cinderella, sees she is gone, notices her shoe on the steps, and assumes it fell off while she was running away. The only past tense in this series is "fell." Roughly speaking, you could say that the pluperfect is to the past what the preterite or present perfect is to the present.

Note that if the story is told from a different perspective, the tenses may change.

Mientras corría escaleras abajo, se le cayó un zapato. Después el príncipe lo encontró y lo usó para encontrar a la misteriosa desconocida.

While she ran down the stairs, one of her shoes fell off. Later the prince found it and used it to find the mysterious stranger.

The point of view for the preceding narration is different. Here Cinderella is seen first while (as) she is running away. She loses her shoe as she descends the stairs. The prince comes in afterwards and follows the timeline in a logical way. There is no referring back to prior events; there is no pluperfect.

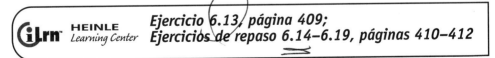

iLrn HEINLE *Learning Center*   *Ejercicio 6.13, página 409;*
Ejercicios de repaso 6.14–6.19, páginas 410–412

C Compound Tenses

1. Introduction

In the table that follows, the verbs in bold are what we call "compound tenses," because they are formed with more than one part. Notice that for the progressive form, **estar** is used with the *present participle.* For the perfect forms, **haber** is used as auxiliary with the *past participle.* Progressive perfect forms combine **estar** in the perfect form (auxiliary **haber** + the past participle of **estar**) and the present participle of the verb being conjugated.

	MOOD	TENSE	NONPROGRESSIVE	PROGRESSIVE
S	Indicative	Present	camino	**estoy caminando**
I	Indicative	Future	caminaré	**estaré caminando**
M	Indicative	Imperfect	caminaba	**estaba caminando**
P	Indicative	Preterite	caminé	**estuve caminando**
L	Conditional	Present	caminaría	**estaría caminando**
E	Subjunctive	Present	camine	**esté caminando**
	Subjunctive	Imperfect	caminara	**estuviera caminando**
P				
E	Indicative	Present Perfect	**he caminado**	**he estado caminando**
R	Indicative	Future Perfect	**habré caminado**	**habré estado caminando**
F	Indicative	Pluperfect	**había caminado**	**había estado caminando**
E	Conditional	Perfect	**habría caminado**	**habría estado caminando**
C	Subjunctive	Present Perfect	**haya caminado**	**haya estado caminando**
T	Subjunctive	Pluperfect	**hubiera caminado**	**hubiera estado caminando**

2. Perfect Tenses

As a rule, perfect tenses are used to focus on the completion of an action in relation to a particular point in time, present or past.

PERFECT TENSES			
Formation	Auxiliary Haber	+	Past Participle
Example	Hemos		llegado.
Translation	*We have*		*arrived.*

a. Present Perfect Indicative

[To review the formation of the present perfect indicative, see Chapter 5.A.2.c, page 169.]

This tense refers to completed events in relation to the present.

Hemos regresado del museo.	*We have returned from the museum.*
Todavía no **ha terminado** la guerra.	*The war still has not ended.*

b. Future Perfect

[To review the formation of the future perfect, see Chapter 5.A.3.b, page 171.]

This tense refers to a future event that will have been completed by a specific time or after another event in the future.

Habremos acabado para las cinco.	*We will have finished by five.*

The future perfect can also be found in contexts expressing probability, for actions that were probably completed in the past.

—¿Adónde crees que fue Roberto?	*"Where do you think Roberto went?"*
—No sé. **Habrá ido** a la peluquería.	*"I do not know. I guess he went to the barbershop."*

c. Past Perfect (Pluperfect) Indicative

[To review the formation of the pluperfect indicative, see Chapter 5.A.2.d, page 169.]

This tense refers to an event prior to another one in the past.

Ya se **había apagado** el fuego cuando llegaron los bomberos.	*The fire had already gone out when the firemen arrived.*

d. Conditional Perfect

[To review the formation of the conditional perfect, see Chapter 5.B.2, page 172.]

This tense refers to a future event in relation to another event in the past.

> Todos pensaban que la guerra **habría terminado** para entonces.
>
> *Everyone thought that the war would have ended by then.*

This form can also be found in probability structures, referring to an action in the past prior to another one in the past.

> —¿Por qué piensas que esa estudiante se aburría en clase el semester pasado?
>
> *"Why do you think that student was bored in class last semester?"*

> —No sé. Ya **habría leído** los mismos libros para otra clase.
>
> *"I do not know. Maybe she had already read the same books for another class."*

e. Present Perfect Subjunctive

[To review the formation of the present perfect subjunctive, see Chapter 5.C.3, page 177.]

This tense describes an event that is completed in relation to the present.

> Me sorprende que **hayan publicado** el secreto.
>
> *It surprises me that they published the secret.*

f. Pluperfect Subjunctive

[To review the formation of the pluperfect subjunctive, see Chapter 5.C.4, page 178.]

This tense describes an event that was completed before another one in the past.

> Nos sorprendió que **hubiera cenado** antes de venir.
>
> *It surprised us that he had eaten before coming.*

3. Simple Progressive Tenses

a. Introduction

The progressive is used to express an ongoing action.

PROGRESSIVE TENSES			
Formation	Auxiliary Estar	+	Present Participle
Example	Estamos		estudiando.
Translation	We are		studying.

Exception: **Ir** and **venir** are *never* used in the progressive in Spanish.

Vamos a Ginebra.	*We are going to Geneva.*
Adivina quién viene a cenar.	*Guess who is coming to dinner.*

In Spanish, the progressive is *never* used for states or conditions.

Llevaba una chaqueta de cuero.	*She was wearing a leather jacket.*
Tengo zapatos puestos.	*I am wearing shoes.*
Estoy sentado.	*I am sitting. (position)*
Faltaban dos sillas.	*Two chairs were missing.*
Dime si se me ve el tirante.	*Tell me if my strap is showing.*

b. Present Progressive

This tense is formed with the present of **estar** and refers to ongoing actions in the present.

Estoy trabajando en este momento y no podré ayudarte.	*I am working at this moment and will not be able to help you.*
Pronto comeremos; **están preparando** la cena.	*We will eat soon; they are preparing dinner.*

The present progressive is *never* used in Spanish to refer to the future, as it often is in English.

Mañana van a tumbar el árbol.	*Tomorrow they are going to cut down the tree.*

c. Future Progressive

This tense is formed with the future of **estar** and refers to ongoing actions in the future.

Mañana, domingo, a las siete de la tarde, Asunción **estará jugando** al Sudoku. Lo sé porque siempre hace lo mismo.	*Tomorrow, Sunday, at seven in the evening, Asunción will be playing Sudoku. I know that because she always does the same thing.*

The future progressive is also used to express probability in the present.

—¿Qué hace Regina?	*"What is Regina doing?"*
—No lo sé. **Estará cortando el césped.**	*"I do not know. She must be mowing the lawn."*

d. Past Progressive

This tense is formed with the imperfect or preterite of **estar** and refers to an action that was ongoing in the past but is now viewed as completed.

Estaba pensando en Citlali cuando me llegó su mensaje electrónico.	*I was thinking about Citlali when her e-mail arrived.*
Jeannine **estuvo viajando** todo el verano.	*Jeannine was traveling all summer long.*

The past progressive can *never* be used to refer to a future action in the past.

Iba a llover.	*It was going to rain.*

e. Conditional Present Progressive

This tense, formed with the present conditional of **estar,** refers to an ongoing action that is future (has yet to take place) in the past, a backshift from the section on future progressive (above).

Cecilia me dijo que el día siguiente, domingo, a las siete de la tarde, se **estaría mudando.**	*Cecilia told me that the next day, Sunday, at seven in the evening, she would be moving.*

The conditional progressive is also used to express probability for an ongoing action in the past.

—¿Por qué no fue Brisa a la fiesta anoche?	*"Why did Brisa not go to the party last night?"*
—Quién sabe. **Estaría corrigiendo** exámenes.	*"Who knows. Maybe she was grading exams."*

f. Subjunctive Present Progressive

This tense is formed with the present subjunctive of **estar** and refers to an ongoing action in the present, colored by the subjunctive.

> Temo que mi hijo no **se esté cuidando.**
>
> *I fear that my son is not taking care of himself.*

g. Subjunctive Imperfect Progressive

This tense is formed with the imperfect subjunctive of **estar** and refers to an ongoing action in the past, colored by the subjunctive.

> No podía creer que **estuvieran peleando** todavía.
>
> *I could not believe they were still fighting.*

4. Perfect Progressive Tenses

a. Introduction

This combination serves to focus on the completion of an ongoing action in relation to another moment, present, past, or future.

PERFECT PROGRESSIVE TENSES					
Formation	Auxiliary **Haber**	+	Past Participle **Estar**	+	Present Participle Main Verb
Example	**Hemos**		**estado**		**corriendo.**
Translation	*We have*		*been*		*running.*

b. Indicative Present Perfect Progressive

> Mi madre **ha estado llamándome** todos los días.
>
> *My mother has been calling me every day.*

c. Indicative Future Perfect Progressive

> Para cuando llegue, **habré estado manejando** durante doce horas sin parar.
>
> *By the time I get there, I will have been driving for twelve hours nonstop.*

This form can also serve for probability, when referring to a completed ongoing action in the past.

—¿Por qué está tan cansada Zelmira?	*"Why is Zelmira so tired?"*
—No sé. **Habrá estado trabajando** toda la noche.	*"I do not know. She was probably working all night."*

d. Indicative Pluperfect Progressive

Cuando por fin me dejaron entrar, **había estado esperando** tres horas.	*When they finally let me in, I had been waiting for three hours.*

e. Conditional Perfect Progressive

La policía **habría estado vigilando** la casa si se lo hubieras pedido.	*The police would have been watching the house if you had asked them.*

This form can also be used for probability, when referring to a completed ongoing action in the past prior to another.

—¿Por qué crees que tardó tanto en abrir la puerta?	*"Why do you think he took so long to open the door?"*
—**Habría estado escondiendo** las pruebas.	*"He must have been hiding the evidence."*

f. Subjunctive Present Perfect Progressive

Use this tense in subordinate clauses when the main verb is in the present set and to refer to a completed ongoing action in the past.

Dudo que **haya estado haciendo** lo que decía.	*I doubt that he was doing what he said.*

g. Subjunctive Pluperfect Progressive

Use this tense in subordinate clauses to refer to a completed ongoing action at a particular time in the past, prior to another action also in the past.

Nos chocó que **hubieran estado usando** escucha electrónica sin consultar con nadie primero.	*It shocked us that they had been wiretapping without first consulting with anyone.*

5. Modal Auxiliaries

It should be noted that there are other auxiliaries in addition to **haber** and **estar**, which are used with a main verb and alter its value in one way or another. These are called modal auxiliaries. They can each exist as the main verb of a sentence and have a different meaning or weight. Among modal auxiliaries, the following are used with the present participle: **ir, venir;** the following are used with the infinitive: **ir a, tener que, poder, haber de, deber.** Some examples follow.

Vamos preparándonos poco a poco.	*We are preparing ourselves little by little.*
Vengo planeando esto desde hace ya varios años.	*I have been planning this for several years now.*
Van a darme la respuesta mañana.	*They are going to give me the answer tomorrow.*
Ustedes **tienen que** decirnos la verdad.	*You have to tell us the truth.*
Tuve que llamar a casa.	*I needed to call home.*

(Note that to translate "I needed to do something" or "I had to do something" you would use "tuve que" and not "necesité." "Necesitar" is not used in the preterite as a modal auxiliary.)

No **podemos** nadar.	*We cannot swim.*
Han de saber la verdad.	*They must* know the truth.* (**probability*)
Deberías comer más.	*You should eat more.*

 **HEINLE** *Learning Center*   *Ejercicios 6.20–6.21, página 413*

D Ways of Expressing the Future

[To review the formation of the future, see Chapter 5.A.3, pages 170–171.]

The future in Spanish can be expressed with the simple future.

> Mañana **iremos** al cine. *Tomorrow we will go to the movies.*

It can also be expressed with the present of **ir + a +** an infinitive.

> Mañana **vamos a ir** al cine. *Tomorrow we are going to go to the movies.*

It can also be expressed with the present tense.

> Mañana **vamos** al cine. *Tomorrow we are going to the movies.*

NOTE: The future CANNOT be expressed in Spanish with the progressive, as it can in English. This is a very common error that should be avoided. Note carefully in the following sentence how the progressive future in English is translated into Spanish.

> Esta tarde **vamos a comer** (OR: **comemos**) aquí. *This afternoon we **are eating** here.*

Remember that the progressive in Spanish can only be used for actions that are occurring at the moment. **Estamos comiendo** can only refer to the ongoing action of eating, now, in the present. Notice that the following context is not future, and, for that reason, can be translated with the progressive.

> No puede venir al teléfono ahora: **está comiendo**. *He cannot come to the phone now: he **is eating**.*

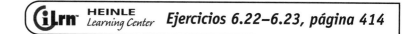

iLrn HEINLE *Learning Center* **Ejercicios 6.22–6.23, página 414**

E Conditional

[To review the formation of the conditional, see Chapter 5.B, pages 171–172.]

1. Introduction

The conditional is used to express the following:

- Courtesy with conditional of modal auxiliaries
- Hypothetical situations with or without condition expressed with **si**
- Future of the past
- Probability in the past

2. Courtesy with Conditional of Modal Auxiliaries

This is merely a softening of the indicative, as in English; the difference between "can you" and "could you," "must not" and "should not," "I want" and "I would like," etc.

¿Podría Ud. ayudarme, por favor?	*Could you help me, please?*
No **deberías** decir eso.	*You should not say that.*

Note that the verb **querer** tends to be used in the imperfect subjunctive rather than the conditional to express courtesy.

Quisiera que me ayudaras.	*I would like you to help me.*

 **iLrn** HEINLE *Learning Center* **Ejercicio 6.24, página 414**

3. Hypothetical Situations with or without Condition Expressed with *Si*

[See Chapter 6.G.6, pages 237–239, on si ("if") clauses.]

En esa situación, yo **tendría** mucho miedo.	*In that situation, I would be very frightened.*
Yo en tu lugar no le **pagaría** por grosero.	*I would not pay him if I were you because he was rude.*
Si me atreviera, **saltaría** en paracaídas.	*If I dared, I would skydive.*

4. Future of the Past

[See Chapter 6.K, pages 260–266, on indirect discourse.]

Se anunció que para esta
noche **se sabría** su identidad.

*They announced that by tonight his
identity would be known.*

iLrn™ HEINLE *Learning Center* ***Ejercicio 6.25, página 415***

5. Probability in the Past

[See Chapter 6.F, pages 210–212, on probability.]

¿Dónde **estaría** el enemigo?

I wonder where the enemy was.

¿Dónde se **habría** escondido?

Where could he have hidden?

iLrn™ HEINLE *Learning Center* ***Ejercicio de repaso 6.26, página 415***

F Probability

*[To review the formation of the tenses in this section, see Chapter 5.A.3, pages
170–171, on simple future and future perfect, and Chapter 5B, pages 171–172, on
present conditional and conditional perfect.]*

English has many ways of expressing probability. Here is a list of some of the many
possibilities of expressing doubt with the question "Who is it?"

I wonder who it is.

Who do you suppose it is?

Who can it be?

Who do you think it is?

Who in the world is it?

Spanish uses a variety of tenses to express probability.

The ***future*** is used to express probability in the present.

¿Quién **será**?

(All of the variations of the English above would be translated like this.)

The ***future progressive*** form is frequently used with verbs of action.

¿Qué **estarán haciendo**?

I wonder what they are doing.

The *future perfect* is used to express the preterite or the present perfect.

Habrá ido al cine.

He probably went to the movies.

I guess he went to the movies.

He has probably gone to the movies.

I suppose he went . . . etc.

The *conditional present* is used to express the imperfect aspect of the past.

Estaría en el cine.

He probably was at the movies.

He must have been at the movies.

I guess he was . . . etc.

The *conditional progressive* form is used for verbs of action.

Estaría bañándose.

He was probably bathing.

The *conditional perfect* is used to express the pluperfect.

Habría salido temprano.

He probably had gone out early.

He must have gone out early.

I guess he went out . . . etc.

The following parallel columns show how probability is expressed in Spanish. On the left, the sentences are formed with the adverb **probablemente** and the standard form of the verb, whereas the column to the right gives you the altered verb tense that expresses probability without the need for the adverb.

STANDARD	PROBABILITY	TRANSLATION
Probablemente **está** en casa.	**Estará** en casa.	*He must be home.*
Probablemente **está bañándose.**	**Estará bañándose.**	*He must be bathing.*
Probablemente **estaba** en casa.	**Estaría** en casa.	*He must have been home.*
Probablemente **estaba comiendo.**	**Estaría comiendo.**	*He must have been eating.*
Probablemente **murió.**	**Habrá muerto.**	*He must have died.*
Probablemente lo **ha visto.**	Lo **habrá visto.**	*He must have seen it.*
Probablemente **había regresado.**	**Habría regresado.**	*He must have returned.*

In English, the first sentence in the preceding chart could also be: "He's probably at home," "I guess he's at home," "I suppose he's at home," etc. Each sentence in the chart could thus have a variety of translations in English.

iLrn HEINLE *Learning Center* *Ejercicios 6.27–6.28, páginas 415-416*

G Subjunctive

[To review the formation of the tenses of the subjunctive, see Chapter 5.C, pages 173–178.]

1. Introduction

The subjunctive is used in subordinate clauses and in some independent clauses introduced by **ojalá, quizá(s),** and **tal vez.**

Ojalá que se logre la paz.	*I hope peace will be achieved.*
Quizá pase este año.	*Maybe it will happen this year.*
Tal vez sea muy tarde.	*Maybe it is too late.*

The primary use of the subjunctive is in subordinate clauses. There are three types of subordinate clauses in which the subjunctive might be necessary.

- Nominal
- Adjectival
- Adverbial

Each type of clause has its own set of rules to determine whether or not you need to use the subjunctive. Therefore, you need to be able to recognize the three types.

2. Nominal Clauses

a. Definition and Usage

Definition: A nominal clause is one that has the same function as a noun would (i.e., it may be the subject of the main verb or its direct object).

Quiero **pan.**	*I want bread.*
Quiero **que me ayudes.**	*I want you to help me.*

Both **pan** and **que me ayudes** have the same function in the sentence, that of direct object of the main verb; **que me ayudes** is called a *nominal clause* because it behaves like a noun. In the sentence **Me gusta que canten** the subordinate clause is the subject of the main verb.

Use of the subjunctive: What determines whether or not you need to use the subjunctive in the nominal clause is the *verb* of the main clause. If this verb indicates fact or truth, the subordinate clause will be in the indicative. This would be the case for such verbs as *to see, to notice, to observe, to be clear, obvious, true.*

Es obvio que no me entiendes.	*It is obvious that you do not understand me.*
Es cierto que viajé a Rusia.	*It is true that I traveled to Russia.*
Veo que tienes bastante dinero.	*I see you have enough money.*
Me fijé que era hora de irnos.	*I noticed it was time to leave.*

However, if the verb of the main clause indicates anything other than a mere statement of fact, such as emotion, doubt, desire, approval, feeling, volition, influence, etc., the verb of the nominal clause must be in the subjunctive.

Me encanta que **vengan**.	*I am delighted that they are coming.*
Dudo que ellos **puedan** hacerlo.	*I doubt that they can do it.*
Quiero que me **des** un beso.	*I want you to give me a kiss.*
Me gusta que **participen** mucho.	*I like them to participate often.*

Parecer, creer, and **pensar** in the negative or interrogative take the subjunctive only when there is doubt in the mind of the speaker. Also, **parecer** followed by an adjective takes the subjunctive.

Parece que **va** a llover.	*It seems like it is going to rain.*
No parece que **vaya** a llover.	*It does not seem like it is going to rain.*
¿Parecía que **fuera** culpable?	*Did he seem guilty?*
Parece **increíble** que **hagan** eso.	*It seems incredible that they do that.*
Creo que **puede** hacerlo.	*I believe he can do it.*
No creo que **pueda** hacerlo.	*I do not believe he can do it.*
¿Crees que **pueda** hacerlo?	*Do you think he can do it?*
Pienso que **vendrá**.	*I think he will come.*
No pienso que **venga**.	*I do not think he will come.*

Sentir will change meaning if followed by the subjunctive.

Siento que **voy** a estornudar.	*I feel like I am going to sneeze.*
Siento que **estés** enferma.	*I am sorry that you are ill.*

> **iLrn** HEINLE *Learning Center*   ***Ejercicios 6.29–6.32, páginas 417–418***

b. Subjunctive After Expressions of Emotion

If the main clause contains a verb or an expression of emotion, this affects the verb of the subordinate clause. In this case, the subjunctive must be used, whether or not the action of the subordinate has occurred or will occur.

Estás aquí.	*You are here.*
Sé que **estás** aquí.	*I know you are here.*
Me alegro de que **estés** aquí.	*I am glad you are here.*

Following is a list of commonly used verbs of emotion.

esperar *to hope*	Espero que lo encuentren. *I hope they find him.*
lamentar *to regret*	Lamento que te hayan engañado. *I regret that they deceived you.*
sentir *to be sorry, regret*	Siento que no puedas entrar al país. *I am sorry you cannot get into the country.*
temer *to fear*	Temo que sea muy tarde. *I fear it is too late.*
tener miedo *to be afraid*	Tengo miedo de que haya una bomba. *I am afraid there will be a bomb.*

Reflexive verbs:

alegrarse de *to be happy, glad*	Me alegro de que hayan llegado a un acuerdo. *I am glad they have arrived at an agreement.*
avergonzarse de *to be ashamed*	Se avergüenza de que sus hijos no usen ropa tradicional. *He is ashamed that his children do not wear traditional clothing.*

Verbs like gustar:

encantarle a uno
to delight, "love" (not romantic)

Me encanta que toques el piano.
I am delighted that you play the piano.

Nos encantaría que vinieran.
We would love you to come.

enojarle a uno
to anger, to make angry, be angry

Nos enoja que nos griten.
It makes us angry that they yell at us.
We are angry that they yell at us.

gustarle a uno
to please, like

Le gusta que ganen.
It pleases him that they win.
He likes them to win.

molestarle a uno
to annoy, be annoyed

¿Te molesta que haga ruido?
Does it annoy you that I make noise?

sorprenderle a uno
to surprise, be surprised

Les sorprende que seamos malabaristas.
They are surprised that we are jugglers.

Use of the infinitive in the subordinate clause: For verbs of emotion, if the subject is the same in both clauses, use an infinitive for the second verb.

Sentimos no **poder** ir a la fiesta.
We are sorry we cannot go to the party.

Me alegro de **ver**te.
I am glad to see you.

Adela odia **comer** fuera.
Adela hates to eat out.

For verbs **like gustar,** if the indirect object of the verb **like gustar** is the same as the subject of the second verb, use an infinitive for the second verb.

Me encantó **bailar** contigo.
I loved dancing with you.

Me gustó **visitar** a mis abuelos.
I enjoyed visiting my grandparents.

iLrn HEINLE *Learning Center* **Ejercicio 6.33, página 418**

c. Subjunctive After Expressions of Volition and Influence

If the main clause contains a verb or an expression of volition or influence, the subjunctive must be used in the subordinate clause.

Quiero que **cantes** conmigo.	*I want you to sing with me.*

Commonly used verbs of volition:

desear *to want*	¿Desea que le traiga algo de beber? *Do you want me to bring you something to drink?*
empeñarse en *to insist*	Se empeña en que la respeten. *She insists that they respect her.*
insistir en *to insist on*	Insistieron en que les pagáramos. *They insisted on our paying them.*
necesitar *to need*	Necesito que me escuches. *I need you to listen to me.*
oponerse a *to object to*	Se oponía a que le abrieran la maleta. *He objected to their opening his suitcase.*
preferir *to prefer*	Prefiero que me hables en español. *I prefer that you speak to me in Spanish.*
querer *to want*	Queremos que llegue la primavera. *We want spring to arrive.*

Use of the infinitive in the subordinate clause: For verbs of volition, if the subject is the same in both clauses, use an *infinitive* in the subordinate clause.

Deseamos **ir** solos.	*We want to go alone.*
Se empeña en **gritar.**	*He insists on yelling.*
Insisto en **llamar** primero.	*I insist on calling first.*
Necesitas **tomar** vitaminas.	*You need to take vitamins.*
Me opongo a **votar** por él.	*I refuse (object) to vote for him.*
Prefieren **viajar** en barco.	*They prefer to travel by ship.*
Quiero **dar**te un recuerdo.	*I want to give you a souvenir.*

Verbs of communication such as **decir** and **escribir** may be followed by the indicative or the subjunctive; if they are used with the subjunctive, they imply a command.

Dijo que quería irse.	*He said he wanted to leave.*
Me dijo que me fuera.	*He told me to leave.*

Commonly used verbs of influence with a direct object:

dejar* *to let, allow*	Dejé que pasara. *I let him in.*
hacer* *to make*	Hizo que soltaran las armas. *He made them drop their weapons.*
invitar a* *to invite*	La invito a que cene con nosotros. *I invite you to eat dinner with us.*
obligar a* *to force*	Los obliga a que hablen. *He forces them to talk.*

Commonly used verbs of influence with an indirect object:

aconsejar *to advise*	Le aconsejo que se calle. *I advise you to be quiet.*
advertir *to warn*	Les advierto que presten atención. *I warn you to pay attention.*
convencer *to convince*	Convenció a su tía para que la acompañara. *She convinced her aunt to go with her.*
exigir *to demand*	Exigen que liberen a los presos políticos. *They demand that they free the political prisoners.*
impedir* *to prevent*	Impidieron que pasara la frontera. *They prevented him from crossing the border.*
mandar* *to order*	Mandó que nadie dijera nada. *He ordered that nobody say anything.*
pedir *to ask*	Nos pide que tengamos paciencia. *He asks us to be patient.*
permitir* *to allow*	Le permiten que regrese tarde. *They allow him to return late.*

persuadir a *to persuade*	Me persuadieron a que pronunciara el brindis. *They persuaded me to give the toast.*
prohibir* *to forbid*	Te prohíbo que salgas con ellos. *I forbid you from going out with them.*
recomendar* *to recommend*	Nos recomiendan que tomemos aspirina. *They recommend that we take aspirin.*
rogar *to beg*	Le ruego que me disculpe. *I beg you to forgive me.*
sugerir *to suggest*	Sugieren que nos quedemos aquí. *They suggest that we stay here.*

*Dejar, hacer, invitar a, obligar a, impedir, prohibir, recomendar, mandar, and permitir** are commonly used with the infinitive, even if there is a change of subject, and with a direct or indirect object pronoun: **Lo dejé pagar. Las hizo limpiar su cuarto. Te mandó callarte. Le permiten regresar tarde.** (See Chapter 6.H, pages 242–247, on the infinitive.)

Impersonal expressions:

bastar *to be enough*	Basta que me lo pidas. *It is enough that you ask me for it.*
convenir *to be suitable, a good idea*	Conviene que te prepares con antelación. *It is a good idea that you prepare in advance.*
importar *to matter*	No importa que no tengas los medios. *It does not matter that you do not have the means.*
más valer *to be better*	Más vale que me pague pronto. *He had better pay me soon.*

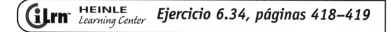

iLrn™ HEINLE *Learning Center* **Ejercicio 6.34, páginas 418–419**

d. Subjunctive After Expressions of Doubt and Negation of Reality

If the main clause contains a verb or an expression of doubt, or a negation of reality, the subjunctive must be used in the subordinate clause.

Dudo que sea verdad.	*I doubt that it is true.*
Niega que él lo haya visto.	*She denies that he saw it.*

Commonly used verbs of doubt and negation of reality:

dudar *to doubt*	Dudo que el usuario haga copias digitales. *I doubt that the user will make digital copies.*
negar *to deny*	Negó que fuera verdad. *He denied that it was true.*
puede ser *it may be*	Puede ser que llueva hoy. *It may be that it will (it might) rain today.*
no creer *not to believe*	No creo que el avión pueda despegar a tiempo. *I do not believe that the plane will be able to take off on time.*
no decir *not to say*	No digo que seas culpable. *I do not say that you are guilty.*
no pensar *not to think*	No piensa que tú le creas. *He does not think you believe him.*
no ser *not to be*	No es que no quiera, es que no puedo. *It is not that I do not want to, it is that I cannot.*
no significar *not to mean*	Eso no significa que no te quiera. *That does not mean that he does not love you.*

iLrn HEINLE *Learning Center* **Ejercicio 6.35, página 419**

e. Subjunctive After Impersonal Expressions with *Ser*

If the main clause contains an impersonal expression with **ser** + an adjective or a noun, and the adjective or noun denotes anything but truth or certainty, the subjunctive must be used in the subordinate clause.

Indicative:

Es verdad que se **fue** temprano.	*It is true that he left early.*
Es cierto que **hace** frío.	*It is true that it is cold.*

Subjunctive:

Es posible que **pueda** hacerlo.	*It is possible that he can do it.*
No es cierto que lo **haya visto.**	*It is not true that he saw it.*

Commonly used impersonal expressions taking the subjunctive:

(ser) bueno *(to be) good*	Es bueno que sepas hacerlo sola. *It is good you know how to do it alone.*
malo *bad*	Fue malo que se lo dijeras. *It was bad for you to tell him.*
mejor *better*	Es mejor que nos vayamos temprano. *It is better that we leave early.*
curioso *curious, odd*	Es curioso que no haya correo. *It is odd that there is no mail.*
extraño *strange*	Fue extraño que se estrellara contra esa pared. *It was strange that he crashed into that wall.*
fantástico *fantastic*	Es fantástico que puedas venir. *It is fantastic that you can come.*
raro *strange, odd*	Es raro que no haga frío. *It is strange that it is not cold.*
triste *sad*	Es triste que se haya complicado tanto la situación. *It is sad that the situation has gotten so complicated.*

deseable *desirable*	Es deseable que pague al contado. *It is desirable that you pay cash.*
importante *important*	Es importante que apoyemos a los que sufren minusvalía física. *It is important that we support those who suffer from a handicap.*
necesario *necessary*	Es necesario que estudies más. *It is necessary that you study more.*
difícil *unlikely*	Es difícil que llegue a tiempo con esta tormenta. *It is unlikely that she will arrive on time with this storm.*
fácil *likely*	Es fácil que venga hoy el convoy de la OTAN. *It is likely that the NATO convoy will come today.*
imposible *impossible*	Es imposible que se lo haya dicho. *It is impossible that she told him.*
posible *possible*	Es posible que haya sido un atentado suicida. *It is possible that it was a suicide attempt.*
probable *probable*	Es probable que haya una inundación. *It is probable that there will be a flood.*
(una) lástima *a pity*	Es una lástima que rechazara ser nuestro portavoz. *It is a pity that he did not agree to be our spokesperson.*
(una) maravilla *a wonder*	Es una maravilla que el terremoto no los afectara. *It is a wonder that the earthquake didn't affect them.*
(una) pena *a pity*	Es una pena que no hagan caso al alto el fuego. *It is a pity that they don't respect the cease-fire.*

Notice that these expressions parallel the categories of verbs of emotion, volition, influence, and doubt or uncertainty. All impersonal expressions take the subjunctive, except those that denote absolute certainty.

Es evidente, obvio, cierto, claro, etc.

iLrn™ HEINLE Learning Center

Ejercicio 6.36, páginas 419–420;
Ejercicio de repaso 6.37, página 420

3. Adjectival Clauses

a. Definition

An adjectival clause is one that modifies a noun as an adjective would.

Quiero leer una novela **divertida**.	*I want to read a fun novel.*
Quiero leer la novela **que me regalaste**.	*I want to read the novel you gave me.*
Quiero leer una novela **que me haga reír**.	*I want to read a novel that will make me laugh.*

b. Usage

Notice that **que** in this sentence is a ***relative pronoun*** (see Chapter 3.G, pages 103–109) and not a conjunction, as is the case in nominal clauses. The ***antecedent*** of the relative pronoun in this sentence is **novela**. To determine whether or not to use the subjunctive in an adjectival or relative clause, you must find the antecedent and see whether it is within the context of the main clause. You will only use the subjunctive if the antecedent is nonexistent, or if its existence is unknown or uncertain.

Tengo una casa que **tiene** dos pisos.	*I have a house that has two floors.*
Quiero una casa que **tenga** dos pisos.	*I want a house that has two floors.*

Notice that in the first sentence, the fact that "I have a house" means that the house exists. Thus, you must use the ***indicative*** in the subordinate clause. However, in the second sentence, the house I want has not been found, so I do not know if it exists. For this reason, the verb of the subordinate must be in the ***subjunctive***. Compare the following sentences.

Conozco a una mujer que **es** ingeniera.	*I know a woman who is an engineer.* (existent)
No conozco a nadie que **sea** brasileño.	*I do not know anyone who is Brazilian.* (existence unknown)
Hay alguien aquí que **está fumando** una pipa.	*There is someone here who is smoking a pipe.* (existent)
¿Hay alguien aquí que **sea** doctor?	*Is there someone here who is a doctor?* (existence unknown)

Lo que is followed by the subjunctive when the implied antecedent is totally unknown and the implication is "whatever it might be." If the antecedent is known by the speaker, the indicative is used.

Haré lo que me digas.	*I shall do what (whatever) you tell me to do.*
Haré lo que me dijiste.	*I shall do (specifically) what you told me to do.*

NOTE: When a long adjectival clause complements the subject of the main verb, English places the subject plus its clause first, but Spanish would tend to place it last.

Esta mañana llamó **[el reportero al que querías entrevistar sobre el artículo]**.	*[The reporter (whom) you wanted to interview about the article] called this morning.*

In the preceding sentence, the reporter is the subject of the main verb "called."

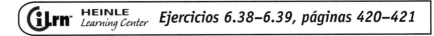

iLrn HEINLE *Learning Center* *Ejercicios 6.38–6.39, páginas 420–421*

4. Adverbial Clauses

a. Definition

An adverbial clause is one that modifies the verb in the main clause in the same manner as an adverb would, by indicating how, when, for what purposes, and under what circumstances the action of the main clause takes place.

Salió **rápidamente.**	*He left quickly.*
Salió **tan pronto como pudo.**	*He left as soon as he could.*

b. Usage

Use of the subjunctive: If the action of the subordinate clause has not been accomplished at the time indicated in the main verb, the subjunctive is used. This rule permits us to subdivide conjunctions into two categories, according to the meaning of the conjunction. Some conjunctions, such as **para que** and **antes de que,** will always introduce an action that has not yet taken place at the time of the main clause.

Lo hago para que tú no tengas que hacerlo.	*I am doing it so that you will not have to.*
Vino antes de que lo llamáramos.	*He came before we called him.*

Other conjunctions, such as **cuando,** can refer to situations that already occurred or that have not yet occurred. If they refer to a situation that already took place, the verb of the subordinate will be in the indicative; if not, it will be in the subjunctive.

Mi perro viene cuando lo llamo.	*My dog comes when I call him.*
Mi perro vendrá cuando lo llame.	*My dog will come when I call him.*

Some conjunctions take the indicative and not the subjunctive because they generally refer to situations that already occurred: **así que, porque, desde que** are some examples.

La obra me aburrió, así que me fui temprano.	*The play bored me, so I left early.*
Se lo regalé a Luis porque él me lo pidió.	*I gave it to Luis because he asked me for it.*
No lo he visto desde que se graduó.	*I have not seen him since he graduated.*

Following is a table of conjunctions that take the subjunctive, either always or occasionally. See examples of usage on pages 226 and 227.

ALWAYS SUBJUNCTIVE	OCCASIONALLY SUBJUNCTIVE
para que	cuando
a fin de que	apenas
a menos que	en cuanto
salvo que	tan pronto como
a no ser que	aunque
antes de que	a pesar de que
con tal de que	después de que
sin que	mientras
en caso de que	hasta que

When the subject of the main verb is the same as the subject of the subordinate verb, some of these conjunctions change into prepositions.

Obligatory change:

antes de que → antes de

Antes de salir, me puse el abrigo.
Before going out, I put on my coat.

para que → para

Para preparar esto, necesitas dos huevos.
To prepare this, you need two eggs.

sin que → sin

Se fue sin despedirse.
He left without saying good-bye.

después de que → después de

Después de cenar, jugaron a la baraja.
After eating dinner, they played cards.

Optional change:

hasta que → hasta

No se irá hasta haberse acabado la comida. OR: No se irá hasta que se acabe la comida.

He will not leave until he has finished his food.

The conjunctions in the chart on this page *always* take the subjunctive, or the infinitive if the subject is the same for both the main verb and the subordinate; however, they would *never* be followed by an indicative.

CONJUNCTION	MEANING	EXAMPLES

para que
a fin de que
	so that	Subjunctive:
		Preparé la comida para que la **comieras**. *I prepared the food so that you would eat it.*
		
		Infinitive (same subject for both verbs):
		    para que → para
		    a fin de que → a fin de
		Se vistió para **salir**. *He got dressed to go out.*
		Estudia a fin de **mejorarte**. *Study to improve yourself.*

a menos que salvo que a no ser que	*unless*	Subjunctive: Iremos al parque a menos que **llueva**. *We will go to the park unless it rains.*
antes de que	*before*	Subjunctive: Lo preparé todo antes de que **llegaran** los invitados. *I prepared everything before the guests arrived.* Infinitive: antes de que → antes de Se despidió antes de **irse**. *He said good-bye before leaving.*
con tal que con tal de que	*provided (that)*	Subjunctive: Prepararé la comida con tal de que tú **laves** los platos. *I will prepare the food provided you wash the dishes.* Infinitive: con tal de que → con tal de Iré al cine con tal de **poder** ir con ustedes. *I will go to the movies provided I can go with you.*
sin que	*without*	Subjunctive: Salí sin que ellos me **oyeran**. *I left without their hearing me.* Infinitive: sin que → sin Salí sin **hacer** ruido. *I left without making any noise.*
en caso de que	*in case (that)*	Subjunctive: Traje abrigo en caso de que **hiciera** frío. *I brought a coat in case it was cold.*

The conjunctions in the chart on the next page take the subjunctive only when the situation referred to has not been experienced or if there is an implication of the future in the main clause.

CONJUNCTION	MEANING	EXAMPLES
cuando	when	**Subjunctive:** Vendré cuando **pueda**. *I will come when I can.* (whenever that might be) **Indicative:** Vino cuando **pudo**. *He came when he could.*
apenas en cuanto tan pronto como	as soon as	**Subjunctive:** Vendré en cuanto **pueda**. *I will come as soon as I can.* **Indicative:** Vino en cuanto **pudo**. *He came as soon as he could.*
aunque a pesar de que aun cuando	even though (subj.) although (indic.)	**Subjunctive:** Vendrá aunque no lo **invites**. *He will come even though you do not invite him.* **Indicative:** Vino aunque no lo **invitaste**. *He came although you did not invite him.*
después de que	after	**Subjunctive:** Llegaré después de que tú te **hayas ido**. *I will arrive after you have left.* **Indicative:** Llegó después de que tú te **fuiste**. *He arrived after you had left.* **Infinitive:** Llamó después de **irse**. *He called after leaving.*
mientras	provided (that), as long as (subj.) while (indic.)	**Subjunctive:** Mientras no **digas** la verdad, no te escucharé. *As long as you do not tell the truth, I will not listen to you.* **Indicative:** Yo miraba la televisión mientras ella **trabajaba**. *I watched TV while she worked.*
hasta que	until	**Subjunctive:** No me iré hasta que me **digas** tu secreto. *I will not leave until you tell me your secret.* **Indicative:** No me fui hasta que me **dijo** su secreto. *I did not leave until he told me his secret.* **Infinitive:** No me iré hasta **saber** la verdad. *I will not leave until I know the truth.*

iLrn HEINLE *Learning Center* *Ejercicios 6.40–6.42, páginas 421–422*

5. Sequence of Tenses

a. Introduction

The relationship between the action of the main clause and that of the subordinate clause will determine which tenses you may use. We will present three perspectives; in general, the first is more applicable than the other two, which relate to specific formats only.

- Chronological relativity
- Aspect relativity
- Tense relativity from indicative to subjunctive

b. Chronological Relativity

The first perspective we will present is the one that uses one basic concept for all combinations: the relativity of occurrence of the actions in the sentence.

The first question would be: What is the tense of the verb of the main clause? There are two general subdivisions of tenses for the verb of the main clause:

- The *present set* (present, present perfect, future, or imperative)
- The *past set* (imperfect, preterite, pluperfect, conditional present, or conditional perfect)

The next question is: When did the action of the subordinate clause occur in relation to the action of the verb of the main clause? After? At the same time? Before? Before another action in the past? We will name the four relationships as follows:

- Subsequent
- Simultaneous
- Prior
- Prior to prior

The last question is: Which tense of the subjunctive must be used? There are four tenses of the subjunctive:

- Present
- Present perfect
- Imperfect
- Pluperfect

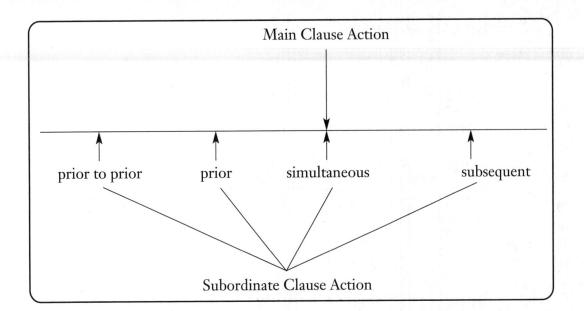

For the preceding graphic, where the main clause action and the subordinate clause action are simultaneous, the following sentences might serve as examples.

Both actions present:

No **creo** que **esté** lloviendo en este momento.

I do not think it is raining at this moment.

Both actions past:

Me **molestaba** que me **mirara** de esa manera.

It bothered me that he should look at me that way.

The chart on the next page indicates which tense could be used for each situation.

MAIN VERB TENSE	CHRONOLOGICAL RELATIVITY OF SUBORDINATE TO MAIN	SUBORDINATE CLAUSE: TENSES OF THE SUBJUNCTIVE	EXAMPLES	REF.#
Present set	1. Subsequent OR 2. Simultaneous	a. Present	Dudo que llueva mañana.	1a
			Dudo que esté enfermo.	2a
	3. Prior	b. Present perfect	Dudo que ya haya comido.	3b
		c. Imperfect	Dudo que estuviera verde.	3c
	4. Prior to another prior action	d. Pluperfect	Me sorprende que no hubiera llamado antes de venir.	4d
Past set	1. Subsequent OR 2. Simultaneous	c. Imperfect	Dudaba que se acabara pronto la conferencia.	1c
			Dudaba que estuviera enfermo.	2c
	3. Prior	d. Pluperfect	Dudaba que hubiera dicho esa mentira.	3d

Please note that the present and present perfect subjunctive cannot be used in sentences where the main clause is in the past set.

Explanation and further contextualization of the examples in the table:

1a. Dudo que **llueva** mañana.   *I doubt (now) that it **will rain** tomorrow.*

The act of raining is subsequent to the moment of doubt; I am having doubt now, the rain has not yet occurred.

2a. Dudo que **esté** enfermo.   *I doubt (now) that he **is ill** (now).*

The illness and my doubt are happening simultaneously.

3b. Dudo que ya **haya comido.**   *I doubt (now) that he **has eaten** (or ate) already.*

I have doubts about whether he has eaten already. Has he already eaten? Did he eat already? I doubt it.

3c. Dudo que **estuviera** verde.   *I doubt (now) that it **was** green (yesterday).*

I was just told that the apple I ate yesterday was green and that is what caused my stomachache. I doubt now that the apple was green (or un-ripe). I think my stomachache was due to something else.

4d. Me sorprende que no **hubiera llamado** antes de venir.

*I am surprised that **he had not called** before he came.*

Yesterday, David came to visit me. He did not call before coming. Now that I think about it, it surprises me that he had not called before coming.

1c. Dudaba que se **acabara** pronto la conferencia.

*I doubted that the lecture **would end** soon.*

I was having doubts (during the lecture) that the lecture was going to end soon.

2c. Dudaba que **estuviera** enfermo.

*I doubted that he **was ill**.*

I was at a party, and a friend of mine arrived and told me that my roommate could not come because he was sick. I doubted at that moment that my roommate was sick at that moment. The two actions are simultaneous.

3d. Dudaba que **hubiera dicho** esa mentira.

*I doubted that he **had told** that lie.*

I was told yesterday that my younger brother had lied about his age a few days before. When I was told this, I doubted it. His alleged lie preceded my doubt.

More examples:

1a. Subsequent to a main verb in the present set:

No quiero que **vayas** al cine.

I do not want you to go to the movies.

Dile a Natalia que me **llame**.

Tell Natalia to call me.

Nunca te lo he dicho para que no te **enojes**.

I have never told you so you would not get angry.

2a. Simultaneous to a main verb in the present set:

Me sorprende que la manzana ya **esté** madura.

I am surprised the apple is already ripe.

Encontraré una casa que **tenga** invernadero.

I will find a house that has a greenhouse.

3b. Prior to a main verb in the present set:

¿Conoces a alguien que **haya viajado** a Chile?

Do you know someone who has traveled to Chile?

Me iré cuando **haya terminado.**

I shall leave when I have finished.

Llámala, a menos que ya lo **hayas hecho.**

Call her, unless you have already done so.

3c. Prior to a main verb in the present set:

Es extraño que no **supiera.**

It is strange that she did not know.

Me sorprende que no **pudiera** hacerlo.

It surprises me that he was not able to do it.

4d. Prior to another action prior to a main verb in the present set:

Carlota vino a cenar a casa anoche.

Carlota came to dinner last night.

Antes de venir, había llamado para averiguar si podía traer algo.

Before coming, she had called to find out whether she could bring something.

Me sorprende que **hubiera llamado** antes de venir ayer.

It surprises me that she had called before coming yesterday.

Los empleados se quejan de que los patrones nunca les **hubieran pedido** su opinión antes de cambiar esa regla.

The employees complain that the bosses never asked their opinion before changing that rule.

Lamentamos que no **hubieran recibido** nuestro mensaje antes de salir de viaje.

We are sorry that they had not received our message before they left on their trip.

La adivina sabe el pasado de Raúl sin que nadie se lo **hubiera contado** antes.

The soothsayer knows Raúl's past without anyone having told her before.

1c. Subsequent to a main clause in the past set:

Dudaba que mi hermana **viniera** a visitarme para Navidad.

I doubted that my sister would come to visit me for Christmas.

Mi hermana me lo dio en caso de que lo **necesitara** más tarde.

My sister gave it to me in case I needed it later.

Querían una compañía de seguros que **cumpliera** en caso de accidente.	*They wanted an insurance company that would pay in case of an accident.*
Preferiría que te **fueras.**	*I would prefer that you leave.*

2c. Simultaneous to a main clause in the past set:

Me encantó que **llegaran** a tiempo.	*I was delighted that they arrived on time.*
La artista lo pintó sin que nadie la **viera.**	*The artist painted it without anyone seeing her.*
No había nada allí que le **gustara.**	*There was nothing there that she liked.*

3d. Prior to a main verb in the past set:

Dudaba que Miguel **hubiera dicho** esa mentira. (I doubted, when I was told yesterday, that he had told the lie the week before.)	*I doubted that Miguel had told that lie.*
Salió corriendo en caso de que no le **hubieran quitado** la pistola al ladrón.	*He ran out in case they had not taken the gun away from the thief.*
Buscaban una casa a la que ya le **hubieran hecho** todas las reparaciones necesarias.	*They were looking for a house that would have already had all the necessary repairs.*
Se habían hablado sin que nadie los **hubiera presentado.**	*They had talked to each other without anyone having introduced them.*
Los bomberos habrían llegado antes de que la casa se **hubiera quemado** si ese accidente no hubiera ocurrido en la carretera.	*The firemen would have arrived before the house had burned down if that accident had not happened on the highway.*

c. Aspect Relativity

The second perspective we will present elaborates on the distinction between the use of the imperfect and present perfect subjunctive when the main clause is in the *present set* (3b and 3c from the preceding table).

Aspect: This term refers to the internal temporal constituency of an event or state (e.g. ongoing vs. completed; beginning vs. middle vs. end), or the way a verb's action is distributed in time (e.g. habitual, repetitive), as opposed to TENSE, which is a term that refers only to a point in time (e.g. past, present, future).[1]

Use the *present perfect subjunctive* when the action of the verb of the subordinate clause is perceived as completed or beginning in the past.

Completed:

Es extraño que Luis no **haya venido** a clase.	*It is strange that Luis has not come to class.*
¿Has conocido a alguien que **haya viajado** a Chile?	*Have you met anyone who has traveled to Chile?*
Me iré cuando **haya terminado.**	*I shall leave when I have finished.*
Llámala, a menos que ya lo **hayas hecho.**	*Call her, unless you have already done so.*

Beginning:

Dudo que el vuelo **haya salido** a tiempo.	*I doubt that the flight left on time.* (focus on the beginning of the flight)
Me sorprende que todavía no **hayan empezado** a leer la novela.	*I am surprised that they still have not begun to read the novel.*

Use the *imperfect subjunctive* when the action of the verb of the subordinate clause is perceived as ongoing in the past, or habitual.

---

1. This is the same difference that applies to preterite and imperfect in the indicative. (See Chapter 6.B: "Aspects of the Indicative Past Tense: Preterite vs. Imperfect and Pluperfect," pages 189–199.)

Ongoing:

Jorge dice que **era** gordo de niño.
Dudo que **fuera** gordo.

Jorge says he used to be fat as a child. I doubt that he was fat.

Estaban jugando cuando entré. Me
sorprende que **estuvieran** jugando.

They were playing when I entered. It suprises me that they were playing.

Habitual:

Nunca he conocido a nadie que
cantara así de niño.

I have never met anyone who sang that way as a child.

Se avergüenza de que sus padres
nunca **pagaran** impuestos.

She is ashamed that her parents never used to pay taxes.

d. Tense Relativity from Indicative to Subjunctive

This explanation runs parallel to the previous two explanations, but might be easier to understand.

(1) Main Clause in the Present Set

In the chart below, notice in the right-hand column the conversion of each of the tenses of the indicative in the sentences on the left-hand column through the filter of the main clause **Dudo…**:

INDICATIVE	MAIN CLAUSE	SUBJUNCTIVE
Irá al cine.	Dudo	que vaya al cine.
Va al cine.	Dudo	que vaya al cine.
Iba al cine.	Dudo	que fuera al cine.
Fue al cine.	Dudo	que haya ido/fuera al cine.
Ha ido al cine.	Dudo	que haya ido al cine.
Habrá ido al cine.	Dudo	que haya ido al cine.
Había ido al cine.	Dudo	que hubiera ido al cine.

The preceding sentences translate as follows:

I doubt that he   *will go*   *to the movies.*

                     goes/is going

                     used to go/was going

                     went

                     has gone

                     will have gone

                     had gone

Table of tense conversions with **dudo:**

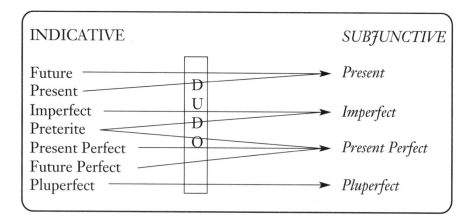

(2) Main Clause in the Past Set

INDICATIVE	MAIN CLAUSE	SUBJUNCTIVE
Irá al cine.		
Va al cine.	Dudaba	que fuera al cine.
Iba al cine.		
Fue al cine.		
Fue al cine.		
Ha ido al cine.	Dudaba	que hubiera ido al cine.
Habrá ido al cine.		
Había ido al cine.		

The preceding sentences translate as follows:

I doubted that he	*would go*	*to the movies.*
	went/was going	
	used to go	
	went	

I doubted that he	*went/had gone*	*to the movies.*
	had gone	
	would have gone	
	had gone	

Table of tense conversions with **dudaba:**

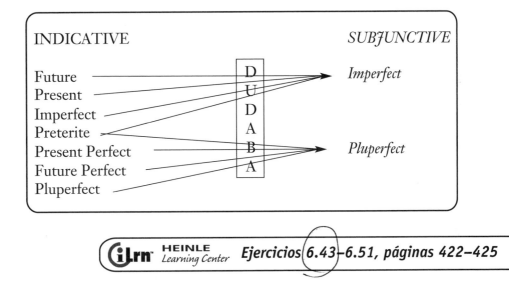

iLrn HEINLE *Learning Center* *Ejercicios* 6.43–6.51, *páginas* 422–425

6. If *(Si)* Clauses

a. Sequence of Tenses

In Spanish, sentences that contain a clause with **si** *(if)* or the implication of a condition follow a rigid construction pattern that must always be followed. Memorize the following three types of sentences and remember that they are essentially unchanging, as long as the time frame is the same for both clauses (for example, if both refer to the past).

Sentence type #1 refers to situations that are possible. For example, one could say:

SI CLAUSE		MAIN CLAUSE
1. Indicative	↔	Indicative or Imperative
2. Imperfect Subjunctive	↔	Present Conditional
3. Pluperfect Subjunctive	↔	Past (Perfect) Conditional or Pluperfect Subjunctive

1a. Si llueve, me llevo el paraguas.　　*If it rains, I take my umbrella.*

1b. Si llueve, llévate el paraguas.　　*If it rains, take your umbrella.*

1c. Si llovía, me llevaba el paraguas.　　*If it rained, I used to take my umbrella.*

Notice that in each case we are speaking about the possibility of it raining. Just about any tense of the indicative can be used, and usually the same tense is used for both clauses. In the main clause (the one that does not begin with **si**), you can also find the imperative (sentence type 1b).

The future does not occur in conditional "if" clauses; it does occur when **si** means "whether."

No sé si lloverá o no.　　*I don't know if (whether) it will rain or not.*

Sentence types 2 and 3 refer to situations that are contrary to the truth. Type 2 refers to a situation contrary to the present truth. For example:

2a. Si estuviera lloviendo, no saldría.　　*If it were raining (now), I would not go out.*

2b. Si fuera rico, me compraría un coche deportivo.　　*If I were rich (now), I would buy myself a sports car.*

Sentence type 3 refers to a situation contrary to past reality:

3a. Si hubiera estudiado más, habría pasado el examen.　　*If I had studied more (last week), I would have passed the exam.*

There exist exceptions to the rule, as can be seen when a situation in the past affects the present.

Si no hubiera llovido anoche, hoy todo estaría seco.　　*If it had not rained last night, everything would be dry today.*

All of these sentences can be inverted in order of clauses, beginning with the main clause instead of the **si** clause. For example: **No saldría si estuviera lloviendo.** Note the removal of the comma for this word order.

b. *Como si* (As if)

The expression **como si** is always followed by the past subjunctive—either the imperfect subjunctive to speak of an action simultaneous with the main verb, or the pluperfect subjunctive to speak of an action prior to the main verb.

Habla como si te **conociera.**	*He speaks as if he knew you.*
Te saluda como si te **hubiera visto** antes.	*He greets you as if he had seen you before.*

 **HEINLE** *Learning Center*   ***Ejercicios 6.52–6.54, página 426***

7. *Ojalá*

Sentences with **ojalá** can be translated into English as either "I hope" or "I wish." When you ***hope (for)*** something, it is because you do not know what the reality of the situation is. Consider the following sentences:

1. *I hope that it will not rain tomorrow.* (hope for the future)
2. *I hope that it is not raining.* (hope for the present)
3. *I hope that our team won.* (hope for the past)

In these sentences, the speaker does not know: 1. whether it will rain, 2. whether it is raining, or 3. whether the team won or lost.

On the other hand, when you ***wish (for)*** something, it is contrary to the actual reality. Consider the following sentences.

4. *I wish it were not raining.* (It is in fact raining; wish for the present)
5. *I wish our team had won.* (Actually, they lost; wish for the past)

To translate this difference in Spanish, you use **ojalá** with different tenses of the subjunctive.

Present subjunctive—hope for the future and the present:

Ojalá que no llueva mañana.	*I hope it will not rain tomorrow.*
Ojalá que no esté lloviendo.	*I hope it is not raining.*

Present perfect subjunctive—hope for the past:

> Ojalá que nuestro equipo
> haya ganado.
>
> *I hope our team won.*

Imperfect subjunctive—wish for the present and the future:

> Ojalá que no estuviera lloviendo.
>
> *I wish it were not raining.*

> Ojalá que pudiera venir mañana.
>
> *I wish he could come tomorrow.*

Pluperfect subjunctive—wish for the past:

> Ojalá que nuestro equipo
> hubiera ganado.
>
> *I wish our team had won.*

 HEINLE *Learning Center* **Ejercicios 6.55–6.56, página 427**

 Learn more about **Subjunctive Mood** with Heinle iRadio at www.thomsonedu.com/spanish

8. Expressions of Leave-Taking

In English, when saying good-bye to someone, the imperative is often used in expressions of well-wishing: "Have a good day," "Have a good time," "Have fun," "Get well," etc. In Spanish, it is not the custom to always express such feelings unless you know the person well, and even then, a simple **adiós, chau, nos vemos,** or **hasta luego** are more common in most cases. However, if you do wish to express any of the following, you cannot use the imperative for them in Spanish. For someone whom you address as:

Tú:

> Que[2] te vaya bien.
>
> *May it go well for you.*

> Que pases buen día.
>
> *Have a good day.*

> Que pases un buen fin de semana.
>
> *Have a good weekend.*

> Que la/lo pases bien.
>
> *Have a good one.*

> Que te diviertas.
>
> *Have fun.*

> Que te alivies.
>
> *Get well.*

---

2. Notice that this **que** does not have an accent mark, even if you choose to place the expression in an exclamation. This is because it is not the exclamative **que,** but a conjunction.

Que te mejores.	*Get better (Get well).*
Que Dios te acompañe.	*May God accompany you.* (for someone leaving on a trip)

Usted:	**Ustedes:**
Que le vaya bien.	Que les vaya bien.
Que pase buen día.	Que pasen buen día.
Que pase un buen fin de semana.	Que pasen un buen fin de semana.
Que la/lo pase bien.	Que la/lo pasen bien.
Que se divierta.	Que se diviertan.
Que se alivie.	Que se alivien.
Que se mejore.	Que se mejoren.
Que Dios lo/la acompañe.	Que Dios los/las acompañe.

Notice that these verbs are of different constructions.

In a standard construction, with a subject and a direct object, the verb agrees with the person being addressed.

Verb	Direct object	Example
pasar	buen día	Que **pasen** buen día. *May **you** have a good day.*
	un buen fin de semana	Que **pases** un buen fin de semana. *May **you** have a good weekend.*
	lo/la bien	Que lo **paséis** bien. *May **you** have a good one.*

With reflexive verbs, when the same word serves as both subject and object, the verb agrees with the person being addressed.

Verb	Reflexive pronoun	Example
divertir	te, se, os	Que **te diviertas.** *Have fun.*
aliviar	te, se, os	Que **os aliviéis.** *Get well.*
mejorar	te, se, os	Que **se mejoren.** *May **they** (you) get well.*

With verbs **like gustar**, with a subject and an indirect object, the verb itself remains invariable, because the subject is impersonal: **irle bien a uno.**

Verb	Indirect object	Example
ir	te, le, les, os	Que **te vaya** bien. *May **it** go well for **you.***

With **Dios** as the subject and the person being addressed as the direct object, the verb agrees with **Dios** as subject.

Verb	Indirect object	Example
acompañar	te, lo(s), la(s), os	Que Dios **los acompañe.** *May **He** (God) accompany you* **(los).**

> **iLrn** HEINLE *Learning Center* **Ejercicios 6.57–6.60, páginas 427–428**

H Infinitives and Present Participles

1. Infinitives

a. Present Infinitive

The *infinitive* functions like a *noun* in Spanish, and, like a noun, it can be the subject or object of a verb, or the object of a preposition. In English, the present participle is frequently used in these roles.

The infinitive as a subject (sometimes preceded by the article **el**):

Caminar es bueno para la salud.	*Walking is healthy.*
Me gusta **montar** a caballo.	*I like riding (to ride) horseback.*
Les encanta **perder** el tiempo.	*They love wasting time.*
El **haber ganado** el Pichichi se le subió a la cabeza.	*Winning the Pichichi went to his head.*

The infinitive as a direct object:

Quiero **aprender** español.	*I want to learn Spanish.*
No sé **hacer** eso.	*I do not know how to do that.*
Pienso **respaldar** la resolución.	*I am planning on backing the resolution.*

Debemos **estudiar** la lección.	*We must study the lesson.*
Decidimos **ir** al cine.	*We decided to go to the movies.*
¿Desea **comprar** algo?	*Do you wish to buy something?*
Logré **convencerla**.	*I succeeded in convincing her.*
Parece **estar** triste.	*He seems to be sad.*

Verbs used with a direct object pronoun and the infinitive (**dejar, hacer**):

No *lo* dejan **jugar**.	*They do not let him play.*
Lo hizo **recitar** el poema.	*She made him recite the poem.*

Verbs used with an indirect object pronoun and the infinitive (**permitir, aconsejar, impedir, prohibir, recomendar, rogar**):

No *le* permiten **salir**.	*They do not let him go out.*
Les aconsejo **llegar** temprano.	*I advise you to arrive early.*
Le impidieron **hablar**.	*They prevented him from speaking.*
Les prohíbe **beber** cerveza.	*He forbids them to drink beer.*
Le recomiendo **ver** esa película.	*I recommend that you see that movie.*
Les ruego **escucharme**.	*I beg you to listen to me.*

Verbs of perception are used with a direct object and an infinitive (**ver, oír**):

La *vi* **llegar** hace una hora.	*I saw her arrive an hour ago.*
Los *oí* **cantar** anoche.	*I heard them sing (singing) last night.*

The infinitive as an object of a preposition:

Se fue *sin* **despedirse**.	*He left without saying good-bye.*
Lo hice *para* **ayudarte**.	*I did it to help you.*
Eso te pasa *por* **comer** tanto.	*That happens to you because you eat so much.*
Antes de **salir**, siempre desayuna.	*Before going out, he always eats breakfast.*
Estoy cansada *de* **estudiar**.	*I am tired of studying.*

The infinitive after **que (hay que, tener que, algo que, nada que, poco que)**:

Hay que **tener** confianza.	*It is necessary to have confidence.*
Tuvieron que **disolverlo** por falta de patrocinadores.	*They had to dissolve it for lack of sponsors.*
Eso no tiene *nada que* **ver** con el asunto.	*That does not have anything to do with the matter.*
Tenemos *poco que* **hacer.**	*We have little to do.*

The infinitive after **de** with **fácil, difícil, posible,** and **imposible**:

Ese sonido es difícil *de* **pronunciar.**	*That sound is difficult to pronounce.*

In the preceding sentence, the subject of the verb **ser** is **sonido.** However, if the infinitive itself is the subject of **ser,** the preposition **de** must be omitted.

Es difícil **pronunciar** ese sonido.	*It is difficult to pronounce that sound.*

The same construction is used with **fácil, posible,** and **imposible.**

The construction **al** + infinitive is used for an action that occurs at the same time as the main verb.

Al **entrar,** los saludaron a todos.	*When they entered (Upon entering), they greeted everyone.*
Al **verlos,** los saludé.	*When I saw them, I greeted them.*

The infinitive in advertising, signs, commands, questions:

No **fumar.**	*No smoking.*
Prohibido **tirar** basura.	*No littering.*
¿Por qué **engordar?** Con nuestro sistema puede usted adelgazar sin ningún esfuerzo.	*Why get fat? With our system, you can lose weight effortlessly.*

The infinitive with a passive meaning after **oír, ver, mirar, escuchar, dejar, mandar, hacer**:

Lo he oído decir.	*I have heard it (being) said.*
Hice copiar las pruebas.	*I had the tests copied.*
Mandé enviar flores.	*I ordered flowers to be delivered.*

b. Perfect Infinitive

The perfect infinitive (formed with the auxiliary **haber** in the infinitive, plus the past participle of the verb) is used to express an action that occurred before the action of the main verb, when the subject is the same for both.

Debes de **haberlos dejado** en el coche.	*You must have left them in the car.*
Creo **habérselo dicho.**	*I think I told him that.*
Se fue sin **haber comido** nada.	*He left without having eaten anything.*
Se cansó de la película después de **haberla visto** tres veces.	*He got tired of the movie after having seen it three times.*

2. Present Participles

[*To review the formation of the present participle, see Chapter 5.F.1, pages 184–185. See also "Simple Progressive Tenses" page 203, and "Past Progressive Tenses" page 204.*]

The *present participle,* when not used with auxiliaries such as **estar,** functions in Spanish like an *adverb* and refers to an action occurring at the same time as or prior to the main action, indicating manner, cause, or condition. In this usage, it is also a "gerund."

Manner:

Entró **gritando.**	*He entered yelling.*

Cause:

Siendo persona sencilla, nunca pensó que otros no fueran honrados.	*Being a simple person, he never thought that others would not be honest.*

Condition:

Estando los padres en casa, él no llamará.	*With the parents at home, he will not call.*

In Spanish, the present participle may be used to indicate that two actions are happening simultaneously.

Preparó la cena **escuchando** la radio.	*He prepared dinner while he listened to the radio.*

As a rule, the present participle follows the main verb. However, in cases where it describes a cause or condition related to the main verb, it may be placed before.

Explicándoselo claramente de
antemano, no habrá ambigüedad.

By explaining it clearly to them in advance, there will be no ambiguity.

In English the present participle can be used as an adjective. In these cases, Spanish uses:

an adjective (*not* formed with the present participle form):

una persona **interesante**	*an **interesting** person*
un interés **creciente**	*a **growing** interest*
los problemas **existentes**	*the **existing** problems*

de + noun or infinitive:

papel **de escribir**	***writing** paper*
dolores **de crecimiento**	***growing** pains*

a clause:

Vio un pájaro **que volaba**.	*She saw a bird **flying**.*
Es una niña **que está creciendo**.	*She's a **growing** girl.*

a preposition:

el libro **con** fotos de España	*the book **containing** pictures of Spain*
lo **de** ella	*those things **belonging** to her*

a past participle for postures and other conditions:

parado	*standing, still*	aburrido	*boring*
sentado	*sitting*	divertido	*amusing*
acostado	*lying down*	entretenido	*entertaining*

Eduardo está **sentado** en mi silla.	*Eduardo is sitting in my seat.*
Estaba acostado cuando llamaste.	*I was lying down when you called.*

In idiomatic expressions, the present participle of some verbs of motion indicates location.

*Mi cuarto se encuentra **entrando** a la izquierda.*	*My room is to the left of the entrance.*
*Esa tienda está **pasando** el museo.*	*That store is beyond the museum.*

In summary, never use the present participle form in Spanish as if it were a **_noun_** (i.e., as subject, object, or object of preposition) or as an **_adjective_**. In Spanish, it only functions as an **_adverb_**.

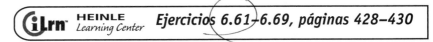

iLrn HEINLE *Learning Center*   *Ejercicios 6.61–6.69, páginas 428–430*

Verbs Like *Gustar*

1. Formation

The verb **gustar** *(to like)* behaves differently in Spanish from English. The subject in English is the indirect object in Spanish. The direct object in English is the subject in Spanish.

> Me gustan las películas mexicanas.   *I like Mexican movies.*

In the Spanish sentence, **me** is the **_indirect object_** of the verb, and **las películas mexicanas** is the **_subject._** (Notice the agreement of the verb with the plural of its subject.) To illustrate more clearly the fact that **me** is the indirect object, notice that if you wished to give emphasis to the person, you would add **a mí** to the basic sentence (and *not* **yo**).

> **A mí** me gustan las películas   *I like Mexican movies.*
> mexicanas.

For further emphasis on this structure, look at the **_subject,_** **películas mexicanas.** If you wished to replace the subject with a pronoun, it would be impossible. The rule in this structure is that **_a thing that is a subject cannot be replaced by a pronoun,_** because subject pronouns always refer to people. If you do not wish to repeat the noun because, for example, you have already mentioned it in the context preceding the sentence, you would simply omit it.

> Me gustan.   *I like them.*

Another way to emphasize this construction is to see what happens when the question is asked: "Who likes Mexican movies?" In English, the answer is "**I** (do)." Observe what happens in Spanish.

> —¿A quién le gustan las películas   *"Who likes Mexican movies?"*
> mexicanas?
>
> —**A mí.**   *"I do."*

You would *never* answer **yo** to this question, because the person is the indirect object, not the subject of the verb. (See the Preface for more on pronouns with these verbs.)

2. Word Order

For verbs like **gustar,** the subject, when it is a noun or other nominalized form, is most commonly placed after the verb. In the following sentences, the subject is in bold (note in the translation that the subject is different in English).

Te gustaban **las películas de misterio.**	*You used to like mystery movies.*
Me encantó **bailar** contigo.	*I loved dancing with you.*
A Beto le hacen falta **sus padres.**	*Beto misses his parents.*
Te caerá bien **Juanita.**	*You will like Juanita.*

With **faltar, sobrar,** and **quedar,** *always* place the subject *after* the verb.

Le falta **un trofeo** para tener la colección completa.	*She needs one trophy to have the whole collection.*
Nos sobró **comida.**	*We had food left over.*

3. Verbs Similar to Gustar

There is a group of verbs that behave like **gustar.**

caer bien/mal	*to like/to dislike*
encantar	*to "love"* (as on bumper stickers)
faltar	*to lack*
hacer falta	*to miss; to need*
quedar	*to have remaining, left*
sobrar	*to have in excess, left over*

Some of these verbs have other uses and meanings; for example, **caer** and **caerse** mean "to fall, fall down," and **faltar** can mean "to be absent." Also, the verb **quedarse** used reflexively means "to stay, remain." Thus, depending upon the grammatical construction you give the sentence, its meaning can change dramatically.

Caer bien/mal   *to like/to dislike (a person)*

Mis amigos **me caen bien.**	*I like my friends.*
Creo que **les caigo bien** a tus padres.[3]	*I think your parents like me.*
El novio de mi hermana **me cae mal.** OR: El novio de mi hermana **no me cae bien.**	*I do not like my sister's boyfriend.*

Gustar is used with things or with people who are perceived as professionals, such as professors, presidents, etc. In this use of **gustar**, you mean that you respect their work, not necessarily that you like them personally.

Me gusta mi profesor de historia. Es excelente, y siempre viene preparado.	*I like my history professor. He is excellent and he always comes prepared.*
Me cae bien mi profesor de historia. Es muy simpático.	*I like my history professor. He is very nice.*

If you use the verb **gustar** with an individual whose relationship to you is other than professional, the implication may be that you are attracted to that person.

Me gusta Silvia.	*I am attracted to Silvia.*

Caer bien/mal with food:

Le cayó muy **mal** la cena.	*Dinner disagreed with her.*

Encantar   *to love* (as in "I love New York.")

"Bumper-sticker" love is different from sentimental love. Once you understand its meaning, you can use it, as bumper stickers do, with almost anything *except* sentimental love.

Me encanta Nueva York, me **encantan** los perros, los bebés, etc.	*I (just) love New York, dogs, babies, etc. (I ♥ NY)*

---

3.   The majority of these verbs are used exclusively in the third-person singular or plural, but those that may have a person as the subject can be used in any person. The two most common verbs of this category are **caer bien** and **hacer falta.**

Me haces falta.	*I miss you.*
Le caigo bien.	*She likes me.*

Given the meanings of **gustar** in certain dialects, it is best to avoid using it with human beings as the subject of the verb, or to make certain it is being used with its true meaning.

Sentimental love is expressed with **querer.**

> Te **quiero.** Te **quiero** mucho.   *I love you. I love you a lot.*

Te amo is more literary, more poetic, than **te quiero.**

> **"Te amo",** le dijo Romeo a Julieta.   *"I love you," Romeo told Juliet.*
>
> **Quiero** mucho a mis padres,   *I love my parents, my dog . . .*
> a mi perro...

Faltar   *to lack*

> A esta baraja le **faltan** dos cartas.   *This deck of cards lacks (is missing) two cards.*

Hacer falta   *to miss (a person), to need (a thing)*

> Me **haces falta.**   *I miss you.*
>
> Te **hace falta** un abrigo.   *You need a coat.*

Quedar   *to have left*

> Nos **quedan** cinco minutos.   *We have five minutes left.*

Sobrar   *to have left over, in excess*

> Les **sobró** mucha comida.   *They had a lot of food left over.*

There are other verbs that are used in the same type of construction, but these behave in essentially the same way in English. These other verbs are:

bastarle a uno *to be enough*	parecerle a uno *to seem*
convenirle a uno *to be convenient*	pasarle a uno *to happen*
dolerle a uno[4] *to hurt*	sentarle bien a uno *to suit*
importarle a uno *to matter*	sucederle a uno *to happen*
interesarle a uno *to interest*	tocarle a uno *to be one's turn*

---

4. The subject of **doler** can only be a body part.
   > Me duele la pierna. *My leg hurts.*

   If you want to say "That shoe hurts," you need the verb **lastimar.**
   > Ese zapato me lastima.

   The translation of "hurt" with animate objects is **hacer daño.**
   > ¿Te hizo daño? *Did he hurt you?*

Examples:

Me **bastan** cinco minutos.	*Five minutes are enough for me.*
No nos **conviene** esa hora.	*That time is not convenient for us.*
¿Te **duele** la pierna?	*Does your leg hurt?*
No nos **importa** si llueve.	*It does not matter to us if it rains.*
Me **interesaría** participar.	*I would be interested in participating.*
Me **parece** increíble.	*It seems incredible to me.*
Siempre me **pasan** cosas así.	*Things like that always happen to me.*
Te **sienta** bien el azul.	*Blue suits you.*
¿Qué te **sucedió**?	*What happened to you?*
A mí me **toca** jugar.	*It is my turn to play.*

4. Articles

Remember to use the definite article in Spanish with **gustar, caer bien,** and **encantar** when their subject is general in nature. (See Chapter 2.B, page 39.)

Me gusta **el** chocolate semiamargo.	*I like semisweet chocolate.*
Me caen bien **los** hijos de Juana.	*I like Juana's sons.*
Me encantan **las** playas.	*I love beaches.*

5. Changes in Meaning

Some verbs can have other meanings if used in different grammatical constructions.

convenir en *to agree to*	**Convinimos** en encontrarnos en la plaza a las dos. *We agreed to meet in the plaza at two o'clock.*
importar + d.o. *to import*	Los EE.UU. **importan** automóviles del Japón. *The U.S. imports cars from Japan.*
interesarse por/en *to be interested in*	Ella **se interesa** en la política. *She is interested in politics.*
parecerse a *to look like*	Tú **te pareces a** tu mamá. *You look like your mother.*
pasar + d.o. *to pass*	**Pasa** la sal, por favor. *Pass the salt, please.*

sentar/sentarse	La mamá **sentó** al niño en la silla.
to seat/to sit	*The mother sat the child on the chair.*
	Te sentaste en mi silla.
	You sat on my chair.
tocar	Los turistas lo **tocaban** todo.
to touch	*The tourists touched everything.*
OR: *to play* (a musical instrument)	**Tocamos** la guitarra.
	We play the guitar.

(iLrn HEINLE *Learning Center*   **Ejercicios 6.70–6.75, páginas 431–432**

J Reflexive Verbs

Grammatically speaking, the reflexive construction implies that the subject of the verb receives the action of the verb as well. In other words, the subject and the object are the same. (See Chapter 3.B.2, pages 78–80, on reflexive pronouns.)

Nonreflexive:

> **Miro** el cielo.   *I look at the sky.*
>
> subject = **yo**; object = **el cielo**

Reflexive:

> Me **miro** en el espejo.   *I look at myself in the mirror.*
>
> subject = object = **yo**

In many cases, Spanish uses a reflexive when no reflexivity appears to exist in the English translation. This is why we perceive this section as a lexical rather than a grammatical one, and offer a list that may help you remember when the reflexive is used.

Notice that in Spanish, the reflexive almost always indicates a change of state or the beginning of an action. Consider the differences between the following sentences.

Me **dormí** a las siete.	*I **fell asleep** at seven.*
Dormí siete horas.	*I **slept** seven hours.*
Estaba dormido.	*I **was asleep**.*
Me **estaba durmiendo** cuando llamaste.	*I **was falling asleep** when you called.*

Se **sentó** frente a nosotros.	*He **sat down** in front of us.*
Está sentado frente a nosotros.	*He **is sitting** in front of us.*
Me **enamoré** de él.	*I **fell in love** with him.*
Estoy enamorada de él.	*I **am in love** with him.*

Change of emotional state, or emotional reaction to something:

aburrirse *to get bored*	divertirse *to have fun*
alegrarse *to rejoice, be glad*	enojarse *to become or be angry*
asustarse *to become or be frightened*	enorgullecerse *to feel or be proud*
avergonzarse *to be ashamed, embarrassed*	entristecerse *to become or be sad*
calmarse *to calm down*	preocuparse *to worry*

Change of physical state:

acostarse *to lie down*	moverse *to move (physically)*
despertarse *to wake up*	mudarse *to move (residences)*
dormirse *to fall asleep*	secarse *to dry off, dry out*
levantarse *to get up*	sentarse *to sit down*
mojarse *to get wet*	volverse *to turn around*

Change of mental state or level of consciousness or memory:

acordarse *to remember*	equivocarse *to be mistaken*
darse cuenta *to realize*	fijarse *to notice*
enterarse *to find out*	olvidarse *to forget*

Verbs with more than one usage: Some verbs may or may not be used in the reflexive construction. The basic meaning of the verb may change depending upon the construction used.

Los soldados **marcharon** por una hora.	*The soldiers marched for an hour.*
Los invitados *se* **marcharon.**	*The guests left.*

Other verbs of this type are:

bajar *to go down*	bajarse *to get down from, get off*
caer *to fall*	caerse *to fall down*

despedir *to fire (a person)*	despedirse *to say good-bye*
dormir *to sleep*	dormirse *to fall asleep*
ir *to go (somewhere)*	irse *to leave*

Reflexive pronouns are also used in situations where the subject is somehow affected by the action of the verb; with verbs of consumption, such as eating and drinking, the implication in the reflexive is one of enjoyment or thoroughness of the consumption.

| **Comí** a las cuatro. | *I ate at four.* |
| ¿**Te comiste** todo el desayuno? | *Did you eat all of your breakfast?* |

Other verbs of this type:

aprender *to learn*	aprenderse *to learn (thoroughly, by heart)*
beber *to drink*	beberse *to drink (up, completely)*
saber *to know*	saberse *to know (thoroughly, by heart)*
tomar *to drink, eat, take*	tomarse *to drink, eat (up, completely)*

The verbs in the nonreflexive form have a more general meaning, while the verbs in the reflexive form have a more specific meaning.

| **Aprender** es fácil. | *It is easy to learn.* |
| **Aprenderse** el vocabulario es difícil. | *Learning vocabulary is difficult.* |

Obligatory reflexives: The following verbs exist exclusively in the reflexive form.

acordarse *to remember*	jactarse *to brag, boast*
arrepentirse *to regret, repent*	quejarse *to complain*
atreverse *to dare*	rebelarse *to rebel*
equivocarse *to make a mistake*	suicidarse *to commit suicide*

On the following pages are lists of verbs that are frequently or always used in the reflexive construction.

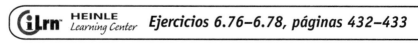

iLrn HEINLE *Learning Center* **Ejercicios 6.76–6.78, páginas 432–433**

REFLEXIVE VERBS (ENGLISH-SPANISH)

ENGLISH	SPANISH	ENGLISH	SPANISH
address someone	dirigirse **a** alguien	*commit suicide*	suicidarse
approach something, get near something or someone	acercarse **a** algo o alguien	*complain about something*	quejarse **de** algo
be angry with someone	enojarse **con** alguien	*dare to do something*	atreverse **a** hacer algo
be ashamed of something	avergonzarse **de** algo	*die*	morirse
be called, named	llamarse	*dry off, dry out*	secarse
be frightened of something	asustarse **de** algo	*face/confront something or someone*	encararse **con**/ enfrentarse **a** algo o alguien
be interested in something	interesarse **por** o en algo	*fall asleep*	dormirse
be mistaken, make a mistake	equivocarse	*fall behind, be late*	atrasarse
be proud	enorgullecerse	*fall down*	caerse
be quiet, shut up	callarse	*fall in love with someone*	enamorarse **de** alguien
become (by physical or metaphysical transformation)	convertirse **en** algo	*feel*	sentirse
become (describing mood)	ponerse (+ adj.)	*fight with someone*	pelearse **con** alguien
become (describing undesired state [blind, crazy...])	volverse (+ adj.)	*find out about something*	enterarse **de** algo
become (through one's efforts [a lawyer, doctor...])	hacerse (+ noun)	*forget something*	olvidarse **de** algo
become sad	entristecerse	*get ahead*	adelantarse
begin to do something	ponerse **a** hacer algo	*get along (not get along) with someone*	llevarse bien (mal) **con** alguien
brush (one's teeth, hair...)	cepillarse	*get bored*	aburrirse
calm down	calmarse, tranquilizarse	*get divorced*	divorciarse
comb (one's hair)	peinarse (el pelo)	*get down from something, get off (bus, train, tree...)*	bajarse **de** algo

(continued)

REFLEXIVE VERBS (ENGLISH-SPANISH)

ENGLISH	SPANISH	ENGLISH	SPANISH
get lost	perderse	make an appointment/ a date with someone	citarse **con** alguien
get married to someone	casarse **con** alguien	make an effort to do something	esforzarse **por** hacer algo
get onto something, get on (bus, train...)	subirse **a** algo	make fun of someone	burlarse **de** alguien
get rid of something	deshacerse **de** algo	make up one's mind to do something	decidirse **a** hacer algo
get sick, become ill	enfermarse	meet someone (not for the first time)	encontrarse **con** alguien
get up	levantarse	miss out on something	perderse algo
get used to something	acostumbrarse **a** algo	move away from something	alejarse **de** algo
get well	aliviarse, curarse	move (change residences)	mudarse
get wet	mojarse	move (one's body, objects)	moverse
get worse	empeorarse	notice something	fijarse **en** algo
graduate	graduarse	object to something	oponerse **a** algo
have fun	divertirse	prepare to do something	disponerse **a** hacer algo
improve (one's condition)	mejorarse	put on something (article of clothing)	ponerse algo
insist on doing something	empeñarse **en** hacer algo	realize something	darse cuenta **de** algo
interfere with someone, tease	meterse **con** alguien	rebel	rebelarse
keep something	quedarse **con** algo	refer to something	referirse **a** algo
laugh at something or someone	reírse **de** algo o alguien	refuse to do something	negarse **a** hacer algo
leave	marcharse, irse	rejoice/be glad about something	alegrarse **de** algo
lie down, go to bed	acostarse	remember something	acordarse **de** algo
look like someone or something	parecerse **a** alguien o algo	regret (doing) something	arrepentirse **de** algo

(continued)

REFLEXIVE VERBS (ENGLISH-SPANISH)

ENGLISH	SPANISH	ENGLISH	SPANISH
resign oneself to	resignarse **a** algo	*stay*	quedarse
rub	frotarse	*take off/remove something*	quitarse algo
say good-bye to someone	despedirse **de** alguien	*take something away/with oneself*	llevarse algo
scratch oneself	rascarse	*trust someone*	fiarse **de** alguien
sit down	sentarse	*wake up*	despertarse
specialize/major in something	especializarse **en** algo	*worry about something*	preocuparse **por** algo

REFLEXIVE VERBS (SPANISH-ENGLISH)

SPANISH	ENGLISH	SPANISH	ENGLISH
aburrirse	*get bored*	atreverse **a** hacer algo	*dare to do something*
acercarse **a** algo o alguien	*approach something, get near something or someone*	avergonzarse **de** algo	*be ashamed of something*
acordarse **de** algo	*remember something*	bajarse **de** algo	*get down from something, get off* (bus, train, tree...)
acostarse	*lie down, go to bed*	burlarse **de** alguien	*make fun of someone*
acostumbrarse **a** algo	*get used to something*	caerse	*fall down*
adelantarse	*get ahead*	callarse	*be quiet, shut up*
alegrarse **de** algo	*rejoice/be glad about something*	calmarse	*calm down*
alejarse **de** algo	*move away from something*	casarse **con** alguien	*get married to someone*
aliviarse	*get well*	cepillarse	*brush* (one's teeth, hair...)
arrepentirse **de** algo	*regret (doing) something*	citarse **con** alguien	*make an appointment/ a date with someone*
asustarse **de** algo	*be frightened of something*	convertirse **en** algo	*become* (by physical or metaphysical transformation)
atrasarse	*fall behind, be late*	curarse	*get well*

(continued)

REFLEXIVE VERBS (SPANISH-ENGLISH)

SPANISH	ENGLISH	SPANISH	ENGLISH
darse cuenta **de** algo	*realize something*	enterarse **de** algo	*find out about something*
decidirse **a** hacer algo	*make up one's mind to do something*	entristecerse	*become sad*
deshacerse **de** algo	*get rid of something*	equivocarse	*be mistaken, make a mistake*
despedirse **de** alguien	*say good-bye to someone*	esforzarse **por** hacer algo	*make an effort to do something*
despertarse	*wake up*	especializarse **en** algo	*specialize/major in something*
dirigirse **a** alguien	*address someone*	fiarse **de** alguien	*trust someone*
disponerse **a** hacer algo	*prepare to do something*	fijarse **en** algo	*notice something*
divertirse	*have fun*	frotarse	*rub*
divorciarse	*get divorced*	graduarse	*graduate*
dormirse	*fall asleep*	hacerse (+ noun)	*become (through one's efforts [a lawyer, doctor...])*
empeñarse **en** hacer algo	*insist on doing something*	interesarse **por** o **en** algo	*be interested in something*
empeorarse	*get worse*	irse	*leave*
enamorarse **de** alguien	*fall in love with someone*	lavarse	*wash or bathe oneself (or a part of oneself)*
encararse **con** algo o alguien	*face/confront something or someone*	levantarse	*get up*
encontrarse **con** alguien	*meet someone (not for the first time)*	llamarse	*be called, named*
enfermarse	*get sick, become ill*	llevarse algo	*take something away/with oneself*
enfrentarse **a** algo o alguien	*face/confront something or someone*	llevarse bien (mal) **con** alguien	*get along well (not get along with someone)*
enojarse **con** alguien	*be angry with someone*	marcharse	*leave*
enorgullecerse	*be proud*	mejorarse	*improve (one's condition)*

(continued)

REFLEXIVE VERBS (SPANISH-ENGLISH)

SPANISH	ENGLISH	SPANISH	ENGLISH
meterse **con** alguien	*interfere with someone*	quedarse	*stay*
mojarse	*get wet*	quedarse **con** algo	*keep something*
morirse	*die*	quejarse **de** algo	*complain about something*
moverse	*move (one's body, objects)*	quitarse algo	*take off/remove something*
mudarse	*move (change residences)*	rascarse	*scratch oneself*
negarse **a** hacer algo	*refuse to do something*	rebelarse	*rebel*
olvidarse **de** algo	*forget something*	referirse **a** algo	*refer to something*
oponerse **a** algo	*object to something*	reírse **de** algo o alguien	*laugh at something or someone*
parecerse **a** alguien o algo	*look like someone or something*	resignarse **a** algo	*resign oneself to*
peinarse	*comb (one's hair)*	secarse	*dry off, dry out*
pelearse **con** alguien	*fight with someone*	sentarse	*sit down*
perderse	*get lost*	sentirse	*feel*
perderse algo	*miss out on something*	subirse **a** algo	*get onto something, get on (bus, train...)*
ponerse (+ adj.)	*become (describing mood)*	suicidarse	*commit suicide*
ponerse **a** hacer algo	*begin to do something*	tranquilizarse	*calm down*
ponerse algo	*put on something (article of clothing)*	volverse (+ adj.)	*become (describing undesired state [blind, crazy...])*
preocuparse **por** algo	*worry about something*		

REFLEXIVE VERBS WITH CHARACTERISTIC PREPOSITIONS

A	CON	DE	EN	POR
acercarse a	casarse con	acordarse de	convertirse en	esforzarse por
acostumbrarse a	citarse con	alegrarse de	empeñarse en	interesarse por
atreverse a	encararse con	alejarse de	especializarse en	preocuparse por
decidirse a	encontrarse con	arrepentirse de	fijarse en	
dirigirse a	enojarse con	asustarse de	interesarse en	
disponerse a	llevarse bien con	avergonzarse de		
enfrentarse a	meterse con	bajarse de		
negarse a	pelearse con	burlarse de		
oponerse a	quedarse con	darse cuenta de		
parecerse a		deshacerse de		
ponerse a		despedirse de		
referirse a		enamorarse de		
		enterarse de		
		fiarse de		
		olvidarse de		
		quejarse de		
		reírse de		

K Indirect Discourse

1. Introduction

Indirect discourse is the relating of oral statements without quoting them directly.

DIRECT DISCOURSE	INDIRECT DISCOURSE	
	PRESENT	PAST
—Te llamaré mañana. *"I will call you tomorrow."*	Dice que me llamará mañana. *He says that he will call me tomorrow.*	Dijo que me llamaría al día siguiente. *He said that he would call me the following day.*

Notice the three possible types of changes in indirect discourse:

- Verb [will → would]
- Person [I → he; you → me]
- Time reference [tomorrow → the following day]

As logic indicates, these changes do not always occur, or only some of them might occur. For example, if I am quoting what I just said today about today, there will be no change ("It is cold today." "I am saying it is cold today."). However, when there is a change of person or of time reference between the direct quote and the indirect quote, there will be changes, as in English. If the communication verb is in the past, there is a change in most tenses.

2. Verb-Tense Changes

Present Indicative	→	Imperfect Indicative
Lo **hago.** *I do it.*		Dijo que lo **hacía.** *He said he used to do it.*

Present Subjunctive	→	Imperfect Subjunctive
Quiere que **vaya.** *He wants me to go.*		Dijo que quería que **fuera.** *He said he wanted me to go.*

Present Perfect Indicative	→	Pluperfect Indicative
Nos **han visto.** *They have seen us.*		Dijeron que nos **habían visto.** *They said they had seen us.*

Present Perfect Subjunctive	→	Pluperfect Subjunctive
Dudo que lo **hayan visto.** *I doubt that they saw it.*		Dijo que dudaba que lo **hubieran visto.** *He said that he doubted they had seen it.*

Preterite	→	Pluperfect Indicative
Lo **vi.** *I saw it.*		Dijo que lo **había visto.** *He said he had seen it.*

Future	→	**Present Conditional**

Iré mañana.
I will go tomorrow.

Dijo que **iría** al día siguiente.
He said he would go the next day.

Future Perfect	→	**Perfect Conditional**

Para el lunes **habré acabado.**
By Monday I will have finished.

Dijo que para el lunes
habría acabado.
He said that by Monday he would have finished.

Imperative	→	**Imperfect Subjunctive**

Cómete la fruta.
Eat your fruit.

Me dijo que me **comiera** la fruta.
She told me to eat my fruit.

3. No Verb-Tense Changes

The following verb tenses never change in indirect discourse, even if the communication verb is in the past (notice, however, changes in *pronouns*).

- Imperfect indicative or subjunctive
- Pluperfect indicative or subjunctive
- Conditional present or perfect

Íbamos a comer.
We were going to eat.

→

Dijeron que iban a comer.
They said they were going to eat.

Ya habíamos comido.
We had already eaten.

→

Contesté que ya habíamos comido.
I answered that we had already eaten.

Dudo que me **estuvieras** mintiendo.
I doubt that you were lying to me.

→

Me dijo que **dudaba** que le **estuviera** mintiendo.
He told me that he doubted that I was lying to him.

Si **fuera** rico, me lo **compraría.**
If I were rich, I would buy it.

→

Pensó que si **fuera** rico, se lo **compraría.**
He thought that if he were rich, he would buy it.

Verb changes in a nutshell (when the communication verb is in the past):

Present*	→	Imperfect
Preterite	→	Pluperfect
Future°	→	Conditional
Imperative	→	Imperfect Subjunctive

*Present indicative becomes imperfect indicative, present subjunctive becomes imperfect subjunctive, present perfect indicative becomes pluperfect indicative (i.e., present of auxiliary becomes imperfect of auxiliary), present perfect subjunctive becomes pluperfect subjunctive (i.e., present of auxiliary becomes imperfect of auxiliary).

°Future becomes conditional present, future perfect becomes conditional perfect (i.e., future of auxiliary becomes conditional of auxiliary).

4. Person Changes

Logic rules here, just as it does in English. Any reference to an individual that is altered by a change of a point of view will affect all references to the individual. Read the following transformations carefully.

Direct discourse:

Vamos a visitar a **nuestros** padres.   *We are going to visit **our** parents.*

Indirect discourse:

Dijeron que iban a visitar a **sus** padres.   *They said **they** were going to visit **their** parents.*

Direct discourse:

Te di **tu** libro.   *I gave **you your** book.*

Indirect discourse:

Ella le dijo que **le** había dado **su** libro.   *She told him **she** had given **him his** book.*

Direct discourse:

No voy con**tigo**.   *I am not going with **you**.*

Indirect discourse:

Ella me dijo que no iba con**migo**.   *She told me **she** was not going with **me**.*

5. Time Changes

In indirect discourse in the past, time expressions will change unless the reporting of the statement occurs within the same day. (If I say something today about tomorrow, and you repeat my words before the day is over, there is no change; the same logic applies here as in English.) If the reporting of the direct statement is made on a different day than when the statement was made, "yesterday" becomes "the day before" and "tomorrow" becomes "the next day." In Spanish, some common changes are:

ahora → **entonces**

> **Ahora** sí puedo.
> *Now I can.*

> Dijo que *entonces* sí podía.
> *He said that he could then.*

ayer → **el día anterior**

> Lo hice **ayer.**
> *I did it yesterday.*

> Confesó que lo había hecho
> ***el día anterior.***
> *He confessed that he had done it the day before.*

anoche → **la noche anterior**

> La vi **anoche.**
> **(La = la película)**
> *I saw it last night.*

> Dijo que la había visto ***la noche anterior.***
> *He said that he had seen it the night before.*

mañana → **al día siguiente**

> Iré **mañana.**
> *I will go tomorrow.*

> Anunció que iría ***al día siguiente.***
> *He announced that he would go the following day.*

la semana pasada → **la semana anterior**

> La vi **la semana pasada.**
> *I saw her last week.*

> Admitió que la había visto
> ***la semana anterior.***
> *He admitted that he had seen her the week before.*

la semana entrante → **la próxima semana**

> Te llamaré **la semana entrante.**
> *I will call you next week.*

> Me prometió que me llamaría **la próxima semana.**
> *He promised me he would call me the following week.*

6. Other Changes

a. Connectives

When the quotes are of questions requiring a yes/no type *answer,* connect them with **si** ("whether, if"). When the quotes are for "yes" and "no" *responses,* use **que** before **sí** or **no**.

Example:

DIRECT DISCOURSE	INDIRECT DISCOURSE
—¿Quieres ir al cine conmigo? —No.	Me preguntó si quería ir al cine con él. Yo le contesté que no.
"Do you want to go to the movies with me?" *"No."*	*He asked me if I wanted to go to the movies with him.* *I said "no."*

b. This, That, and the Other

When the speaker changes location from the moment of direct speech to the moment of reported speech, other things change referentially as well.

—¿Quieres **esto**?	→	Me preguntó si quería **eso**.
*"Do you want **this**?"*	→	*He asked me if I wanted **that**.*

c. Verbs of Communication

- For questions: **preguntar**
- For statements: **exclamar, agregar, contestar, responder, insistir, confesar, admitir,** etc.
- For requests or commands: **rogar, pedir, suplicar, decir, insistir,** etc.

d. A Note on Word Order with Indirect Interrogatives

In English you would say:

> *I do not know what Rafael saw.*

In the combination of *what* + *Rafael* + *saw*, notice that Rafael is placed before the verb. The word order of these elements in Spanish is different. The subject is placed after the verb when dealing with an indirect interrogative.

> No sé qué vio Rafael.

The same applies to any indirect question.

Me pregunto cuándo vienen los invitados.	*I wonder when the guests are coming.*
No puedo imaginar dónde están mis llaves.	*I cannot imagine where my keys are.*

 HEINLE *Learning Center* ***Ejercicios 6.79–6.80, páginas 433–434;***
Ejercicios de repaso 6.81–6.82, páginas 434–438

Chapter 7

Ser, Estar, Haber, Hacer, and *Tener*

◢ Overview

The verb "to be" in English can be translated into Spanish in different ways, depending upon the context. The study of the different translations of "to be" is broken down into categories of verbs and expressions: **ser** vs. **estar**; idiomatic expressions with **estar** and **tener**; passive voice with **ser** vs. resultant condition with **estar**; **hacer** with time expressions, etc.

Examples of **ser**, **tener**, and **haber** *(there is/are)* with nouns and pronouns:

Ángela **es** mi prima.	*Angela is my cousin.*
Éste **es** Javier.	*This is Javier.*
Jaime **es** piloto.	*Jaime is a pilot.*
Es católica.	*She is a Catholic.*
Es soltero.	*He is a bachelor.*
Ese libro **es** mío.	*That book is mine.*
Fue Gema la que lo hizo.	*It was Gema who did it.*
Tengo veinte años.	*I am twenty years old.*
La niña **tiene** sed, calor, hambre, etc.	*The little girl is thirsty, hot, hungry, etc.*
Hay una ardilla en la mesa.	*There is a squirrel on the table.*
Hay granizo en el césped.	*There is hail on the grass.*

Examples of **hacer** + noun and **estar** + adjective or present participle in descriptions of the weather:

Hace calor hoy.	*It is hot today.*
Hace frío hoy.	*It is cold today.*
Hace viento.	*It is windy.*
Hace buen tiempo.	*The weather is good. (We are having good weather.)*
Hace mal tiempo.	*The weather is bad. (We are having bad weather.)*
Está nublado.	*It is cloudy.*
Está lloviendo, nevando, lloviznando.	*It is raining, snowing, drizzling.*

Examples of **ser** (characteristic) and **estar** (subject to change) with adjectives:

Jorge **es** peruano.	*Jorge is Peruvian.*
Es alto, delgado.	*He is tall, slender.*
Rosa **está** emocionada.	*Rosa is excited.*
Berta **está** triste.	*Berta is sad.*

Examples of **ser** and **estar** with prepositions:

Soy de Guatemala.	*I am from Guatemala.*
Estoy de pie, de rodillas, de luto, etc.	*I am standing, kneeling, in mourning, etc.*
Estoy por salir.	*I am about to go out.*

Example of **estar** with present participle:

Están leyendo, cantando.	*They are reading, singing.*

Examples of **ser, estar,** and **haber** with past participles:

Passive—**ser:**

Esa novela **fue** escrita por Cervantes.	*That novel was written by Cervantes.*

Resultant condition—**estar** (past participle = adjective):

Sus camisas ya **están** planchadas.	*Your shirts are already ironed.*

Perfect tenses—**haber** (to have as an auxiliary verb):

He escrito, **había** escrito...	*I have written, I had written. . .*

B Ser vs. Estar

We have broken down the uses of these two verbs based on the type of word that follows or precedes the verb: in some cases only one of the two can be used; in other cases there are choices.

1. With Equal Elements: *Ser*

The verb **ser** is used when the verb "to be" serves to make an equation between two grammatically similar elements, such as two nouns, pronouns, adverbs, or clauses, or two noun equivalents, such as a noun and a relative clause, or a pronoun and a noun, or a noun or pronoun and an infinitive, etc.

El hombre **es** un animal. (noun = noun)	*Man is an animal.*
Esto **es** mío. (pronoun = pronoun)	*This is mine.*
Aquí **es** donde nos reuniremos. (adverb = adverb clause)	*Here is where we will meet.*
Trabajar así **es** volverse loco. (infinitive = infinitive)	*To work like that is to go mad.*
Lo que yo digo **es** lo que vale. (clause = clause)	*What I say is what counts.*
Héctor **es** el alto. (noun = pronoun)	*Hector is the tall one.*
Esa mujer **es** la que te presenté ayer. (noun = clause)	*That woman is the one I introduced to you yesterday.*
Eso **es** vivir. (pronoun = infinitive)	*That is living.*

The verb **ser** is also used for telling time.

—¿Qué hora **es?**	*"What time is it?"*
—**Es** la una. **Son** las tres y media.	*"It is one o'clock. It is three thirty."*

2. With Adjectives

a. Predicate Adjectives

The contrast between the norm vs. a change of norm is the contrast we find most useful in understanding the different uses of **ser** and **estar** with adjectives.

When the adjective describes an aspect of the subject that is considered to be the norm universally, the verb **ser** is used.

El hielo **es** frío.	*Ice is cold.*

For an object that is not by definition cold, the verb **estar** would be used.

La superficie **está** fría.　　　　　　*The surface is cold.*

The concept of "norm" is one that can vary depending upon the speaker. For example, the following sentence was spoken by a loving son or daughter.

Mi madre **es** maravillosa. **Es** bellísima,　*My mother is marvelous. She is very*
joven y muy simpática.　　　　　　*beautiful, young, and very nice.*

The same woman, perceived by someone else, might be thought of differently. To give an extreme example, if the woman were particularly modest or self-deprecating, she might see herself very differently.

Soy vieja, fea y antipática.　　　　*I am old, ugly, and not nice.*

Any change in the norm, or subjective reaction, would take the verb **estar.**

Está pálida hoy porque　　　　　*She is pale today, because she has*
ha estado enferma.　　　　　　*been sick.*

Over time, the norm might change as well. Imagine you have just met someone, and you perceive him as being fat. You describe him as follows:

Es gordo.　　　　　　　　*He is fat.*

Yet, someone else knew him before, when he was slim, and perceives his current weight as a change from the norm.

Siempre **fue** delgado. Ahora **está** gordo.　*He was always thin. Now he is fat.*

As you see, there is a choice between the two verbs based on the perception of norm or of change, a choice that could mean a lot depending upon the context. If you want to tell someone how beautiful he/she is, in Spanish you must decide whether you want to make a statement about that person's beauty in general, or a statement about that person's beauty at the moment.

¡Qué bella **eres!**

¡Qué bella **estás!**

In English, the first would be: "You are so beautiful!" The second might best be translated: "You look so beautiful!" The implications of this difference are the same in the two languages.

If you are describing an object to someone who does not know about it, and want to paint a picture that you would consider a standard for the object, you would use **ser**.

Los girasoles **son** grandes.	*Sunflowers are big.*

If you are growing sunflowers, and observing their daily changes, or if you find something to be different from what you expected, you would use **estar**.

Este girasol **está** grandísimo.	*This sunflower is very large.*
¡Qué grandes **están** los girasoles este año!	*The sunflowers are so big this year!*

Certain adjectives tend to indicate conditions rather than standard attributes and would therefore tend to be used mostly with **estar**. This would be the case of adjectives indicating illness, reactions such as joy or sadness, and changes in weight, size, or other aspects. **Enfermo, contento, harto,** and **bien** are most always used with **estar**.

Mi padre **está enfermo**.	*My father is sick.*
Estoy contenta de verte.	*I am happy to see you.*
Están hartos de tanto ataque aéreo.	*They are tired of (fed up with) so many air raids.*
¿**Estás bien**?	*Are you okay?*

Other adjectives may vary in their meaning depending upon which verb is used. Some of the more dramatically altering adjectives follow.

(1) *Aburrido* (boring vs. bored)

Esa película **fue** aburrida.	*That movie was boring.*
El público **estaba** aburrido.	*The audience was bored.*

(2) *Bueno* (good vs. in good health, tasty)

La fruta **es** buena para la salud.	*Fruit is good for your health.*
¡Qué buena **está** esta manzana!	*This apple is so good (tasty)!*

NOTE: To avoid ridicule, it may be best to avoid the combination of **estar** and **bueno** when describing people. In some countries, such as Mexico, some **piropos** (compliments men pay women on the streets) allude to how good a woman **está**; a typical one would be: **"¡Qué buena estás!"** Culturally, this does not translate; it is a comment on physical attraction. In other countries,

"Estoy bueno" simply means "I am feeling okay now." If you want to refer to health, you can always use expressions such as **sentirse bien, sentirse mejor, estar bien, estar mejor.**

(3) *Callado* (quiet by nature vs. silent now)

Francisco **es** muy callado.	*Francisco is very quiet (by nature).*
Ustedes que siempre hablan tanto, ¿por qué **están** tan callados ahora?	*You who always talk so much, why are you so quiet now?*

(4) *Ciego* (blind vs. blinded figuratively or momentarily)

Ese limosnero **es** ciego.	*That beggar is blind.*
¡Estoy ciega!	*I am blind!* (Context: *Suddenly I can't see a thing, although my eyesight is normal.*)

NOTE: **Mudo** *(mute)* and **sordo** *(deaf)* behave similarly.

(5) *Cómodo* (comfortable object vs. comfortable person)

Esta butaca **es** cómoda.	*This armchair is comfortable.*
Estoy cómodo.	*I am comfortable.*

(6) *Frío* (cold as norm or not, used with objects)

El invierno **es** frío.	*Winter is cold.*
Tu mano **está** fría.	*Your hand is cold.*

NOTE: Remember the uses of **tener** and **hacer** with nouns for temperatures. Note that **frío** can be an adjective or a noun, whereas **caliente** is the adjective for the noun **calor**. **Tener** is used with people, while **hacer** is used impersonally for weather.

Tengo frío (calor).	*I am cold (hot).*
Hace frío (calor) afuera.	*It is cold (hot) out.*

(7) *Listo* (clever [person or animal] vs. ready)

Mi hermana **es** muy lista.	*My sister is very clever.*
¿Ya **están** listos?	*Are you ready?*

NOTE: To speak of a clever idea or concept, you could use the adjective **inteligente** or **genial** (stronger).

(8) *Maduro* (mature vs. ripe)

Ese niño **es** muy maduro.	*That boy is very mature.*
El aguacate **está** maduro.	*The avocado is ripe.*

(9) *Rico* (wealthy vs. delicious)

Mi tío **es** rico.	*My uncle is rich.*
La comida **estuvo** rica.	*The meal was delicious.*

(10) *Verde* (green vs. unripe)

Los aguacates **son** verdes.	*Avocadoes are green.*
El aguacate **está** verde.	*The avocado is unripe.*

(11) *Vivo* (smart, bright person vs. alive)

Son muy vivos tus hermanos.	*Your brothers are very bright.*
Mi abuela todavía **está** viva.	*My grandmother is still alive.*

NOTE: In parallel with this use of **estar** is its use with **muerto**. For example: **Mi abuelo está muerto.** However permanent death may be, it is viewed more as a change from the state of living.

b. Expressions with "To Be"

Some frequent errors occur with the following expressions with "to be." Note the correct translation.

I am cold.	Tengo frío.
It is cold.	Hace frío. [weather] Es / Está frío. [something is cold; norm / not norm]
I am dead.	Estoy muerto(a) (de cansancio). Estoy agotado.
I am done.	Terminé. He terminado. Ya acabé. (etc.)
It is done.	Está terminado. Ya está. (etc.)
I am excited.	Estoy emocionado.

I am finished.	Terminé. He terminado. Ya acabé. (etc.)
It is finished.	Está terminado / hecho. Se terminó. Ya está. (etc.)
I am glad/happy that. . .	Me alegro* que...
I am happy with the results. (satisfied)	Estoy contento con los resultados.
I am happy. (in my life)	Soy feliz. (*Note that to signify "to be glad", the verb **alegrarse** is preferred to the adjective **alegre** used with **ser** or **estar**. Alegre** has a meaning that is closer to "joyful, lighthearted" than to "glad" or "satisfied" or "happy". E.g. **Hoy traes cara alegre. La música caribeña es una música alegre.**)
I am hot.	Tengo calor.
It is hot.	Hace calor. [weather] Está caliente. [the soup, for example] (N.B. "Estar caliente" can mean "estar ardiente sexualmente" in colloquial usage. In other words, unless you want to refer to yourself as sexually hot, don't say "estoy caliente".)
I am hungry.	Tengo hambre.
I am interested.	Me interesa.
I am late.	Llegué tarde.
It is late.	Es tarde.
I am sad to hear that.	Me apena mucho oír eso. Me da mucha pena...
I am short. [not tall]	Soy bajo.
I am short (of money).	No tengo suficiente dinero.
It is short. [the line]	Es / Está corta.

I am sitting.	Estoy sentado.
I am sorry.	Lo siento.
It is working.	Está funcionando.
I was born.	Nací.
That is the problem.	He allí el problema, etc. (NOTE: This expression is used when pointing to or presenting something. **He** is invariable and serves as a verb. Other English renderings: "There's the rub." **He allí la dificultad.** "Here's the situation: . . ." **He aquí la situación: ... .**)

c. Impersonal Expressions

Generally, impersonal expressions are formed with **ser.**

Es bueno dormir mucho.	*It is good to sleep a lot.*
Es interesante viajar.	*It is interesting to travel.*
Fue maravilloso estar allí.	*It was marvelous to be there.*

Use **estar** with **bien** and **claro.**

Está **bien** que vengan tus amigos.	*It is okay for your friends to come.*
Está **claro** que ya no me quieres.	*It is clear that you do not love me anymore.*

3. With Prepositions and Adverbs

a. *De*

Use **ser** to indicate origin, the material something is made of, or possession.

Soy de la Argentina.	*I am from Argentina.*
El edificio **era** de ladrillo.	*The building was made of bricks.*
Este paraguas **es** de Tito.	*This umbrella is Tito's.*

Use **estar** with set expressions, which indicate opinion, temporary condition or position, or change of location (see tables under "Expressions with **Estar** and **Tener,**" page 282), such as **estar de acuerdo, estar de buen humor, estar de luto, de pie, de rodillas, de viaje, de vuelta.**

Estoy de acuerdo contigo.	*I agree with you.*
Mis padres **están de buen humor** hoy.	*My parents are in a good mood today.*
Estoy de luto por la muerte de mi padre.	*I am in mourning for the death of my father.*
Los niños **estuvieron de pie** todo el día.	*The boys were standing all day long.*
La mujer **estaba de rodillas**, rezando.	*The woman was kneeling, praying.*
La familia **está de viaje.**	*The family is away (on a trip).*
¿Cuándo **estarán de vuelta?**	*When will they be back?*

b. Time and Place

To indicate location or time of an event, use **ser.** To indicate location of an object or a person, use **estar.**

La conferencia **es** a las diez en el auditorio.	*The lecture is at ten in the auditorium.*
El profesor **está** en su despacho.	*The professor is in his office.*
La sal **está** en la mesa.	*The salt is on the table.*

Note that some words can signify either an event or an object. For example, an exam can be the paper itself or the event; a movie can be a DVD or the actual showing of it.

El examen **es** esta noche en Morrill Hall.	*The exam is tonight in Morrill Hall.*
El examen **está** debajo del libro en la gaveta del centro.	*The exam is under the book in the middle drawer.*
La película **es** arriba.	*The movie is (being shown) upstairs.*
La película **está** al lado del televisor.	*The movie is next to the TV set.*

Adverbs of time and place and adverbial clauses function similarly.

La conferencia **es** cuando te dije.	*The lecture is when I told you.*
El libro no **está** donde lo dejé.	*The book is not where I left it.*

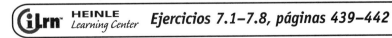

iLrn HEINLE *Learning Center* **Ejercicios 7.1–7.8, páginas 439–442**

4. With Past and Present Participles

a. With Present Participles

With the present participle, **estar** is used to indicate the progressive.

Estoy estudiando.   *I am studying.*

b. With Past Participles: Passive Voice and Resultant Condition

With past participles, **ser** would be used to indicate the passive voice, and **estar** to indicate a condition resulting from a completed action.

Passive voice:

Las ventanas **fueron** abiertas a las ocho.   *The windows were opened at eight. (Somebody opened them.)*

Los edificios **son** construidos por ingenieros.   *Buildings are built by engineers.*

Resultant condition:

Las ventanas **están** abiertas.   *The windows are open. (It does not matter who did it.)*

If what is being focused upon is not the action or who did it, but the result of the action, the verb **estar** is used with the past participle functioning as an adjective.

El edificio **está** terminado.   *The building is finished.*

(1) Formation of the Passive Voice

The passive voice in Spanish is formed essentially in the same way as in English.

ACTIVE VS. PASSIVE VOICE				
ACTIVE	**La tormenta**	**destruyó**		**la casa.**
	Subject	verb		direct object
	The storm	*destroyed*		*the house.*
PASSIVE	**La casa**	**fue destruida**	**por**	**la tormenta.**
	Subject	verb		agent
	The house	*was destroyed*	*by*	*the storm.*

To change from active to passive voice:

- The subject of the active sentence becomes the agent (preceded by **por**) of the passive.
- The direct object of the active sentence becomes the subject of the passive sentence.
- The verb of the active sentence undergoes the following transformation: the verb itself becomes a past participle (variable in gender and number with its new subject) and is preceded by the verb **ser** in the same tense and mood of the verb of the original active sentence.

Examples:

ACTIVE	PASSIVE
Isabel Allende escribió esa novela. ⟶ *Isabel Allende wrote that novel.*	Esa novela fue escrita por Isabel Allende. *That novel was written by Isabel Allende.*
Heinle publicará el libro. ⟶ *Heinle will publish the book.*	El libro será publicado por Heinle. *The book will be published by Heinle.*
Ella había corregido las tareas. ⟶ *She had corrected the homework.*	Las tareas habían sido corregidas por ella. *The homework had been corrected by her.*

(2) A Note on the Passive Voice

The passive voice, which is very common in English, is rarely used in Spanish. It is seen more and more in journalism that is translated directly from English into Spanish (often on the World Wide Web). However, it is not typical. If there is a subject, or an agent, or someone who does the action, whether present in the sentence or implied, Spanish prefers the active voice. If there is no agent implied, the impersonal **se** is used instead. See more about the impersonal **se** on pages 84–88.

Subject of the action	Spanish preference	English preference
Stated	ACTIVE	ACTIVE or PASSIVE
Absent but implied	ACTIVE	ACTIVE or PASSIVE
Absent but irrelevant	Impersonal *se*	PASSIVE

Stated subject:

> Los meseros sirvieron la cena.   *The waiters served dinner.*
>
> Los meseros sirvieron la cena.   *Dinner was served by the waiters.*

Although the second sentence in English is passive, and there could be an equivalent passive construction in Spanish, it would not be the choice of Spanish speakers. They tend to use the active whenever the doer of the action is stated.

Absent but implied subject:

> Sirvieron la cena a las diez.   *Dinner was served at ten. (when I was at my neighbors' house last night)*

Here, the neighbors are the ones who served dinner at ten, but they are not mentioned in the English sentence. They are implied, however, and their role in the serving is relevant. For this reason, Spanish would use the active structure.

Absent and irrelevant subject:

> Se habla español.   *Spanish (is) spoken.*

When the doer of the action is not a part of the statement, not present, or even relevant to the focus of the sentence, Spanish uses the impersonal **se.**

NOTE: For more on the impersonal **se,** see Chapter 3.B.4, pages 84–88. When the grammatical subject of the English passive is an indirect object of the verb, it is impossible to use the passive in Spanish. Such structures can be translated with the impersonal **se** or other impersonal structures.

> A Eva no se le dijo la verdad.   *Eva was not told the truth.*
> OR: No le dijeron la verdad a Eva.

In the preceding sentence, "Eva" is the grammatical subject of the English passive sentence, but, strictly speaking, the subject is the person ***to whom*** the truth was not told. Eva is the indirect object of the verb "to tell" in both sentences, and the subject of the verb "to tell" (who did not tell her?) is not relevant to the context.

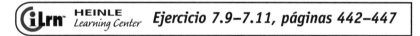

iLrn™ HEINLE *Learning Center*   *Ejercicio 7.9–7.11, páginas 442–447*

C Estar vs. Haber

When indicating the existence or presence of people or things, **estar** and **haber** have different uses.

Estar means "to be" and has a specific subject.

> Los libros **están** en la mesa. *The books are on the table.*

Whoever hears the preceding sentence knows which books are being referred to: they are specific books.

Haber (**hay, había,** etc.) means "there is, there are, there were, etc.," and has no subject: it is impersonal.

> **Hay** libros en la mesa. *There are books on the table.*

The focus of the preceding sentence is not the location of specific books, but the mere existence of unspecified books on the table.

Note that **hay** is invariable in number: it does not change to plural. When it is used in any tense or mood, it remains invariable in number.

> **Había** más de mil musulmanes en la mezquita. *There were more than a thousand Muslims in the mosque.*
>
> **Hubo** varios accidentes en esa esquina. *There were several accidents on that corner.*
>
> No creo que **haya** suficientes movimientos ambientalistas. *I don't think there are enough environmental movements.*

 **HEINLE** *Learning Center* ***Ejercicio 7.12, página 447***

 Learn more about **Ser and Estar** with Heinle iRadio at www.thomsonedu.com/spanish

D · Expressions with *Estar* and *Tener*

1. Expressions with *Estar*

EXPRESSIONS WITH *ESTAR*			
estar a favor de	to be for, in favor of	estar de regreso	to be back
estar ausente[1]	to be absent	estar de rodillas	to be kneeling
estar contento[2]	to be glad, pleased, happy	estar de vacaciones	to be on vacation
estar de acuerdo con	to agree with	estar de viaje	to be traveling
estar de buen (mal) humor	to be in a good (bad) mood	estar de visita	to be visiting
estar de huelga	to be on strike	estar de vuelta	to be back
estar de luto	to be in mourning	estar en contra de	to be against
estar de pie[3]	to be standing		

2. Expressions with *Tener*

Notice that **tener frío** and **tener calor** are used exclusively for people or animals. If you wish to say that an *object* is hot or cold, use **ser** or **estar.**

EXPRESSIONS WITH *TENER*			
tener _____ años	to be _____ years old	tener la culpa	to be guilty
tener calor	to be hot	tener lugar	to take place
tener cuidado	to be careful	tener miedo	to be afraid
tener en cuenta que	to bear in mind that	tener prisa	to be in a hurry[4]
tener éxito	to be successful, succeed	tener razón	to be right[5]
tener frío	to be cold	tener sed	to be thirsty
tener ganas de	to feel like, desire	tener sueño	to be sleepy[6]
tener hambre	to be hungry	tener vergüenza	to be ashamed

---

1. This expression may only be used with **estar;** "to be late" = **llegar tarde;** "to be on time" = **llegar a tiempo.**
2. This expression may only be used with **estar.**
3. The expression used for "to be sitting" is **estar sentado,** whereas **sentarse** means "to sit down" (the process of changing from the standing to the sitting position).
4. "to hurry up" = **apurarse**
5. "to be wrong" = **estar equivocado, equivocarse**
6. "to have a dream" = **tener un sueño, soñar**

Learn more about **Tener and Tener Expressions**
with Heinle iRadio at www.thomsonedu.com/spanish

E Time Expressions

1. Introduction

a. Counting Forward

In Spanish, as in English, time can be perceived in various ways: we can narrate a story from beginning to end, with a series of preterites and imperfects.

Me levanté, me bañé y desayuné. Mientras desayunaba, sonó el teléfono.	*I got up, I bathed, and I had breakfast. While I was eating breakfast, the phone rang.*

We can state the duration of an action in a variety of ways.

Estudié por cuatro horas.	*I studied for four hours.*
Viví en España por seis meses.	*I lived in Spain for six months.*

b. Counting Backward

If we want to say how long something has lasted by counting back from the present, as we do in English with "I have been studying for four hours" or "I had been studying for four hours when you called" (counting back from a moment in the past, "when you called"), in Spanish we most frequently use expressions with **hacer que** and **llevar**.

2. Duration

a. Counting Back from the Present

EXPRESSION (INVARIABLE)	AMOUNT OF TIME	EXPRESSION	ACTION VERB FORM (VARIABLE)
Hace (invariable)		que	Present tense (**yo, tú,** etc. ...)

EXPRESSION (VARIABLE)	AMOUNT OF TIME	ACTION VERB FORM (INVARIABLE)
Llevo (Llevas, Lleva, etc.)		1. Affirmative: present participle
		2. **Estar:** Ø (no verb)
		3. Negative: **sin** + infinitive

Affirmative: The sentence "I have been studying for three hours" (implication: and continue to do so) could be translated as:

> **Hace** tres horas **que estudio.**
> OR: **Llevo** tres horas **estudiando.**

Notice where the person is expressed in these two sentences: with **hace... que** the person doing the action is perceived in the second verb (**estudio** [**yo**]), whereas with **llevar** the person is seen in the verb **llevar** itself (**Llevo** [**yo**]) and not in the action verb **estudiando.**

With estar: If the main "action" verb is **estar,** the expression with **llevar** would ***not*** state the verb.

> **Hace** tres horas **que estamos** aquí.
> OR: **Llevamos** tres horas aquí.

In other words, ***never*** use **estando** in sentences like **Llevamos tres horas aquí.**

Negative: The sentence "We have not slept for two nights" (i.e., the last two nights) could be translated as:

> **Hace** dos noches **que no dormimos.**
> OR: **Llevamos** dos noches sin dormir.

In the negative, the sentence with **llevar** does not take the ***present participle*** for its second verb, but the ***infinitive*** preceded by **sin.**

b. Counting Back from a Moment in the Past

EXPRESSION (INVARIABLE)	AMOUNT OF TIME	EXPRESSION	ACTION VERB FORM (VARIABLE)
Hacía (invariable)		que	Imperfect tense (**yo, tú**, etc. ...)

EXPRESSION (VARIABLE)	AMOUNT OF TIME	ACTION VERB FORM (INVARIABLE)
Llevaba (Llevabas, etc.)		1. Affirmative: present participle 2. **Estar:** Ø (no verb) 3. Negative: **sin** + infinitive

Affirmative: The sentence "I had been studying for three hours" (implication: when something interrupted my work), would be translated as:

> **Hacía** tres horas **que estudiaba.**
> OR: **Llevaba** tres horas **estudiando.**

Here, **hacer** and **llevar** are in the *imperfect,* as is the main verb of the first sentence. In the second sentence, the main verb is still in the *present participle.*

With *estar:* Apply the same rule as for **estar** when counting back from the present. (See page 284.)

> **Hacía** tres horas **que estábamos** allá.
> OR: **Llevábamos** tres horas allá.

Negative: The sentence "We had not gone to the movies in a long time" would translate as follows:

> **Hacía** mucho tiempo **que no íbamos** al cine.
> OR: **Llevábamos** mucho tiempo **sin ir** al cine.

As you see, the same rules apply for the negative in the past as did in the present. The only difference is that the verbs must be kept in the imperfect (all but the infinitive, of course).

3. Ago

Another type of sentence that counts time in reverse relates to finished actions in the past, as opposed to actions that have been going on and continue to go on (duration). In English, this reverse counting uses the expression "ago," as in the example "I did that two hours ago" (as opposed to "I did it at three o'clock"). To translate sentences with "ago," you cannot use **llevar,** only **hace** [present]... **que** + preterite.

Hace tres años **que** se fue.	*He left three years ago.*
OR: Se fue **hace** tres años.	

This same situation shifted into a past context would use the following structure:

Hacía tres años **que** se había ido.	*He had left three years before.*

We can also refer to things that "were happening" some time ago. For these actions, Spanish uses the imperfect of the main verb, usually with the progressive form for action verbs, and nonprogressive for non-action verbs.

¿Qué estabas haciendo **hace** dos horas?	*What were you doing two hours **ago?***
Me estaba bañando **hace** dos horas. OR: **Hace** dos horas, me estaba bañando.[7]	*I was bathing two hours **ago.***
¿Dónde estaba usted **hace** treinta minutos?	*Where were you thirty minutes **ago?***

iLrn HEINLE *Learning Center* · *Ejercicios 7.18–7.19, páginas 449–450; Ejercicios de repaso 7.20–7.21, páginas 450–451.*

---

7. Notice the absence of **que** from the expression.

Chapter 8

Lexical Variations

A | Introduction

The contents of this chapter are not technically grammatical in nature: they are lexical. Then again, some of the most commonly covered grammatical points focus more on lexical differences. For this reason, we are not concerned that this chapter may be out of place in a grammar manual. On the contrary, we include this list of terms here because they represent some of the most common areas of difficulty for students. We consider a focused practice of them to be useful to improve accuracy of expression.

In some cases, the terms have been covered in grammatical chapters and are consolidated and reviewed in this chapter from the point of view of vocabulary. **Acabar** was covered under preterite and imperfect and then under accidental **se**; "what" was covered previously under interrogatives and under relative pronouns; here we consolidate the two for a brief focused review. Some of these points have been touched upon under reflexives, such as "Become or Get"; here we present the most common terms more thoroughly by elaborating on some of their subtle lexical distinctions. Other expressions on this list are shown here for the first time, and may be false cognates (Apply, Attend, Exit, Realize), or differences in perception (Come and Go, Take).

B | Terms and Expressions

For an easy, quick reference, we have arranged these terms in alphabetical order (rather than in conceptual or other types of groupings).

1. *Acabar*

acabar = *to finish*

Acabé la tarea.	*I finished the homework.*

acabar de (+ inf.) = *to finish doing something*

The meaning of this expression changes depending upon the context in which it is used.

Acabé de *poner* la mesa.	*I finished setting the table.*
Cuando **acabes de** *lavar* los platos, sécalos y guárdalos.	*When you finish washing the dishes, dry them and put them away.*

When used in the present and imperfect indicative, it may mean "to have just" (done something):

Present Indicative:

> **Acabo de** *comer.*   *I just ate.*

Imperfect Indicative:

> **Acabábamos de** *terminar.*   *We had just finished.*

acabarse = *to end, finish, use up, or eat up* [reflexive]; *to be no more, run out of* (accidental **se**)

Me acabé el pan.	*I ate up all the bread.*
Se acabó el azúcar.	*There is no more sugar.*
Se acabaron los limones.	*There are no more lemons.*
Se nos acabó la leche.	*We have no more (ran out of) milk.*
Se nos acabaron los cacahuates.	*We have no more (ran out of) peanuts.*

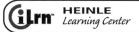 **HEINLE** *Learning Center*   **Ejercicios 8.1–8.2, página 452**

2. Apply

aplicar = *to apply* (e.g., an ointment)

> Instrucciones: **aplicar** la crema sobre la herida cuatro veces al día.   *Instructions: apply the cream to the injury four times a day.*

aplicación (f.) = *application* (of a theory, of one's efforts, of a medication, etc.)

> Estudia con **aplicación.**   *(S)he studies with application (diligence).*

solicitar = *to apply* (for a job, loan, fellowship, university acceptance, etc.)

> **Solicité** el puesto de subgerente.   *I applied for the job of assistant manager.*

> Le dieron la beca que **solicitó.**   *They gave him the fellowship he applied for.*

> **Solicitaré** entrada a cuatro universidades.   *I shall apply to four universities.*

solicitud (f.) = *application* (form to fill out for a job, university, loan, etc.)

Envié la **solicitud** a tiempo.   *I sent the application on time.*

iLrn HEINLE *Learning Center*   *Ejercicios 8.3–8.4, páginas 452–453*

3. Ask

pedir algo (without a preposition) = *to ask for something*

Me **pidieron** dinero.   *They asked me for money.*

pedir que = *to ask to*

Le **pedí que** me despertara.   *I asked him to wake me up.*

preguntar: "¿...?" = *to ask: " ... ?"*

Me **preguntó**, "¿Qué hora es?"   *He asked me, "What time is it?"*

preguntar si..., qué..., cuándo..., (etc.) = *to ask if . . . , what . . . ,*
                                  when . . . , (etc.)

Se **preguntaban** si tenía vínculos terroristas.   *They asked themselves (wondered) if he had terrorist ties.*

Nos **preguntaron** qué queríamos.   *They asked us what we wanted.*

hacer una pregunta = *to ask a question*

¿Me permite **hacerle una pregunta?**   *May I ask you a question?*

pedido (m.) = *request, order*

¿Cuál es el número de su **pedido?**   *What is your order number?*

cuestión (f.) = *matter, question*

Es una **cuestión** de estética.   *It's a matter (question) of aesthetics.*

iLrn HEINLE *Learning Center*   *Ejercicios 8.5–8.6, página 453*

4. <u>At</u>

En is the usual equivalent of "at" referring to *static* location in space.

Estoy **en** casa.	*I am **at** home.*
Estoy **en** la casa de mi hermano.	*I am **at** my brother's house.*
Me quedé **en** su apartamento.	*I stayed **at** his apartment.*

This could extend to actions that take place within the confines of a certain location.

Comimos **en** ese restaurante.	*We ate **at** that restaurant.*

A would be used for *movement* "to" a destination.

Vamos **a** casa.	*We are going home.*
Viajamos **a** Puerto Rico. (for travel within or throughout the island, you would use **por**)	*We traveled to Puerto Rico.*

A is the usual equivalent of "at" referring to time of day.

La clase es **a** las diez.	*Class is **at** ten.*

Other expressions:

en este momento	*at this moment*	tirar **a**, lanzar **a**	*to throw **at***
a veces	*at times*	vender **a** un precio	*to sell **at** a price*
a la puerta	*at (outside) the door*	estar **a** la mesa	*to be **at** the table*
BUT: **en la puerta**	*at (inside) the door*	**a** mi lado	*at my side*

iLrn HEINLE Learning Center **Ejercicios 8.7–8.8, páginas 453–454**

5. <u>Attend</u>

asistir a = *to attend* (a class, formal meeting, conference, etc.)

Asistimos a una reunión esta tarde.	*We attended a meeting this afternoon.*
Hoy no **asistí a** clase.	*Today I did not attend class.*

asistencia (f.) = *attendance, audience*

La **asistencia** a clase es un requisito. *Attendance at class is a requirement.*

Había un desconocido en la **asistencia**. *There was a stranger in the audience.*

(Note that "audience" is more often translated as **público** than **asistencia**. **Audiencia** exists, and also means "court" or "hearing".)

asistencia social (f.) = *welfare*

Muchos reciben **asistencia social**. *Many receive welfare.*

atender = *to assist, serve* (a person), *pay attention, tend to*

¿En qué puedo **atenderlo**? *How may I assist you?*

Me **atendieron** de inmediato. *They served me immediately.*

Atiéndanme, por favor. *Pay attention, please.*

Atiende a tus amistades, Gregorio. *Tend to your friends, Gregorio.*

atento(a) = *attentive, well-mannered, polite, kind*

Su marido es muy **atento** con ella. *Her husband is very considerate toward her.*

Es un joven muy **atento**. *He is a very polite young man.*

(See also Chapter 8.B.23, page 307.)

iLrn HEINLE *Learning Center*   *Ejercicios 8.9–8.10, página 454*

6. Because

Por and **a causa de** mean "because of" and are used with *nouns*. (**Por** can also have other meanings, such as "on account of," "instead of," etc. Context should indicate the meaning.)

Lo felicitaron **por** el hallazgo. *They congratulated him because of (on account of) his discovery.*

No salimos **a causa de** la tormenta. *We did not go out because of the storm.*

Por is used with *pronouns*.

Dejó su carrera **por** ella. *He gave up his career because of her.*

Vendrán temprano **por** eso. *They will come early because of that.*

Por can also be used with an *infinitive* [same subject], whereas **a causa de** *cannot*.

Me enfermé **por** comer tanto.   *I got sick because I ate so much.*

Porque is used *only* with a *conjugated verb*.

Lo deportaron **porque** no   *They deported him because he had no*
tenía documentos.   *papers.*

Gracias a is used when there is a positive force involved.

Salí pronto del hospital   *I got out of the hospital quickly*
gracias a tu ayuda.   *because of (thanks to) your help.*

(iLrn HEINLE *Learning Center* *Ejercicios 8.11–8.12, páginas 454–455*

---

7. Become or Get

alegrarse = *to become happy, be glad*

Me alegro de que puedas venir.   *I am glad you can come.*

callarse = *to become quiet, keep silent, shut up*

¡**Cállate**!   *Be quiet!*

calmarse = *to become calm, calm down*

Al darse cuenta de que no representaba   *When they realized it did not*
un peligro para la seguridad nacional,   *represent a danger to national*
se calmaron.   *security, they calmed down.*

cansarse = *to get tired*

Me cansé de trabajar.   *I got tired of working.*

empobrecerse = *to become poor*

Se fueron empobreciendo poco   *They became poor little by little.*
a poco.

enfermarse = *to get sick*

Te vas a **enfermar** si sales así.   *You are going to get sick if you go out*
like that.

enfurecerse = *to become furious*

> Su padre **se enfureció** al oír las noticias.

> *Her father became furious when he heard the news.*

enloquecerse = *to go mad, become crazy*

> Al perderla, **se enloqueció**.

> *When he lost her, he went crazy.*

enojarse = *to get angry*

> No **te enojes** conmigo.

> *Do not get angry with me.*

enriquecerse = *to become or get rich*

> Pensaban **enriquecerse** con eso.

> *They thought they could get rich with that.*

entristecerse = *to become sad*

> **Se entristecieron** sus hijos más que él.

> *His children became sadder than he did.*

envejecerse = *to become or get old*

> Con este producto, nadie **se envejece**.

> *With this product, nobody gets (or becomes) old.*

mejorarse = *to get better, improve*

> ¡Que **te mejores** pronto!

> *I hope you get better soon!*

tranquilizarse = *to become calm, calm down*

> Con esa música, **se tranquilizaron**.

> *With that music, they calmed down.*

ponerse (+ **serio, pálido, triste,** and other adjectives of involuntary and passing psychological or physical states) = *to become* (serious, pale, sad . . .)

> **Se puso** triste al oír las noticias.

> *He became sad upon hearing the news.*

hacerse (+ **abogado, médico,** and other nouns of profession) = *to become* (a lawyer, doctor . . .)

> Mi hermana **se hizo** abogada.

> *My sister became a lawyer.*

llegar a ser (+ nouns or adjectives expressing importance or high personal status) = *to become* (rich, famous . . .)

> **Llegó a ser** famoso.

> *He became famous.*

convertirse en = *to become or turn into* (by physical transformation)

El vino **se convirtió** en vinagre.   *The wine became (turned into) vinegar.*

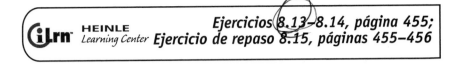

(i)**rn** HEINLE *Learning Center*   *Ejercicios 8.13–8.14, página 455;*
Ejercicio de repaso 8.15, páginas 455–456

8. But

pero = *but* (nevertheless)

Tengo suficiente dinero, **pero** no quiero ir.	*I have enough money, but I do not want to go.*
No tengo suficiente dinero, **pero** voy a ir.	*I do not have enough money, but I am going to go.*
El nuevo gerente es eficaz, **pero** antipático.	*The new manager is efficient, but disagreeable.*

menos, excepto = *but*

Tráelos todos **menos** los azules.	*Bring all but the blue ones.*
Todos **excepto** Jeannine creyeron la amenaza.	*All but Jeannine believed the threat.*

sino = *but* (but rather, but instead—when contrasting with a negative in the first part)

No es antipático, **sino** serio.	*He is not disagreeable, but (rather) serious.*
No fue a la tienda, **sino** al banco.	*He did not go to the store, but (instead) to the bank.*

sino que = **sino** followed by a conjugated verb

No se lo vendí, **sino que** se lo regalé.	*I did not sell it to him, but gave it to him (instead).*

NOTE: A common mistake is to use **pero** at the beginning of a sentence, followed by a comma. This emphasis on **pero** is incorrect in Spanish: to translate an emphatic initial "but," it would be best to use **Sin embargo.**

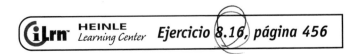

(i)**rn** HEINLE *Learning Center*   *Ejercicio 8.16, página 456*

9. Come and Go

venir = *to come* (towards the speaker)

Decidieron **venir** a vernos.	*They decided to come see us.*
¡**Ven** acá!	*Come here!*

ir = *to go* (away from the speaker)

NOTE: In English this is frequently translated as "to come."

Voy a tu casa esta tarde.	*I will go to your house this afternoon.*
¡**Voy!**	*I am coming!* (literally, in Spanish, "I am going.")

llegar = *to arrive, to get someplace*
llegar tarde, temprano = *to be late, early*

Los huéspedes **llegaron** esta mañana.	*The guests arrived (got here) this morning.*
Llegamos al hotel a las tres.	*We got to the hotel at three.*
Llegaste temprano.	*You are early. (You arrived early.)*
Llegué tarde al trabajo.	*I was late to work.*
Lamento **haber llegado tarde.**	*I am sorry I am late.*

> **iLrn™** HEINLE *Learning Center* **Ejercicios 8.17–8.18, página 456**

10. *Despedir*

despedir = *to fire, dismiss*

Esa empresa **despidió** a veinte empleados.	*That firm fired twenty employees.*

despedirse = *to say good-bye*

Nos despedimos en el aeropuerto.	*We said good-bye at the airport.*

> **iLrn™** HEINLE *Learning Center* **Ejercicios 8.19–8.20, página 457**

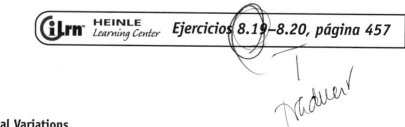

11. Exit and Success

éxito = *success*

> El **éxito** del hotel depende de la calidad del servicio.

> *The success of the hotel depends upon the quality of service.*

tener éxito = *to be successful*

> Si se esmeran, **tendrán éxito.**

> *If you make an effort, you will be successful.*

salida = *exit*

> ¿Dónde se encuentra la **salida** de emergencia?

> *Where is the emergency exit?*

suceso = *event*

> Fue un **suceso** de tal importancia que vinieron los reporteros.

> *It was such an important event that the reporters came.*

 **HEINLE** *Learning Center* ***Ejercicios 8.21–8.22, página 457***

12. Go and Leave

ir = *to go* (***toward*** a specific destination)

> Ayer **fuimos** al museo.

> *Yesterday we went to the museum.*

irse = **marcharse** = *to leave* (direction ***away from*** some understood location)

> El señor Cárdenas ya **se fue.**

> *Mr. Cárdenas already left.*

> El gerente **se va** a las cinco.

> *The manager leaves at five.*

> No está; **se marchó.**

> *He is not in; he left.*

salir = *to go out*

> Los niños **salieron** a jugar.

> *The children went out to play.*

> Los huéspedes **salieron** a la playa.

> *The guests went out to the beach.*

> **Saldremos** esta noche a las siete.

> *We will go out tonight at seven.*

salir vs. irse (intransitive) = *to leave*

Salir is used as a synonym for **irse** when the person leaving is also leaving an enclosed area, such as a building. **Irse** is more permanent than **salir**; for example, when a person is at home or in the office and leaves expecting to return, **salir** is used more frequently. At the end of the day, when a person leaves the office until the next day, **irse** would be more common. (Notice that these verbs are intransitive in Spanish, and do not take direct objects in the same manner as in English.)

In the following sentences **salir** would be preferable.

Elena **salió** de casa hace una hora.	*Elena left home an hour ago.*
La secretaria **salió** a almorzar.	*The secretary went out to lunch.*

In sentences like the following you could only use **irse**.

Estábamos en la playa platicando cuando de repente Luis se levantó y **se fue.**	*We were on the beach chatting when suddenly Luis got up and left.*
Lo siento, pero el gerente ya **se fue.**	*I am sorry, but the manager has already left.*

Salir is commonly used with travel and with means of transportation. The logic here is that the enclosure from which the traveler departs is a particular geographical space.

Saldremos para España la semana entrante.	*We will leave for Spain next week.*
El tren **sale** a las nueve.	*The train leaves at nine.*
Su vuelo **sale** de Madrid esta tarde.	*Your flight leaves Madrid this afternoon.*

NOTE: The parallel term **salida** is used to indicate the *departure* of a person, flight, etc.

La **salida** del vuelo es a las cinco.	*The flight leaves at five.*

Partir and **partida** are also used for departures:

Siempre **partíamos** al amanecer.	*We always left at dawn.*
La próxima **partida** del AVE para Sevilla es al mediodía.	*The next departure of the AVE to Seville is at noon. (The AVE – Alta Velocidad Española – is a high-speed train.)*

dejar (+ noun or pronoun) (transitive) = *to leave* (something or someone)

Dejé las maletas en el taxi.	*I left the suitcases in the taxicab.*
Su hermano la **dejó** en el aeropuerto.	*Her brother left her at the airport.*

dejar (+ inf.) = *to let*

No me **dejó** pagar nada.   *She did not let me pay for anything.*

dejar de (+ inf.) = *to stop*

De repente **dejaron de** hablar.   *Suddenly, they stopped talking.*

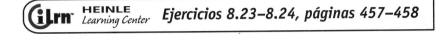

iLrn HEINLE *Learning Center* ***Ejercicios 8.23–8.24, páginas 457–458***

13. Guide

el guía = *guide* (person)

El guía habló de la estatua.   *The guide spoke about the statue.*

la guía = *guide* (booklet or female guide)

Está explicado en **la guía.**   *It is explained in the guidebook.*

La guía hablaba catalán.   *The guide (fem.) spoke Catalan.*

iLrn HEINLE *Learning Center* ***Ejercicios 8.25–8.26, página 458; Ejercicio de repaso 8.27, páginas 458–459***

14. Know

conocer = *to know* (someone); *to meet* (someone) *for the first time* (make someone's acquaintance) [preterite]

Conozco a Luis.   *I know Luis.*

Ayer **conocí** a Luis.   *Yesterday I met Luis.*

(See Chapter 8.B.16, pages 300–301, on "to meet.")

conocer = *to be familiar with* (something)

No **conozco** la ciudad.   *I do not know the city.*

saber = *to know* (something)

Saben nuestra dirección.   *They know our address.*

saber (+ inf.) = *to know how* (to do something)

Ella **sabe** hablar español.   *She knows how to speak Spanish.*

saber que..., qué..., si..., cuándo... = *to know that . . . , what . . . , if . . . , when . . .*

Sabíamos que hacía calor.	*We knew that it was hot.*
No **sé qué** hacer.	*I do not know what to do.*
¿**Sabes si** llamó?	*Do you know if he called?*
Nunca **sabemos cuándo** va a nevar.	*We never know when it is going to snow.*

iLrn™ HEINLE *Learning Center* **Ejercicios 8.28–8.29, página 459**

Learn more about **Saber and Conocer** with Heinle iRadio at www.thomsonedu.com/spanish

15. Learn

aprender = *to acquire knowledge* (by study or intentionally)

Aprendí el español.	*I learned Spanish.*

enterarse de = *to find out, discover* (something) *accidentally or intentionally*

Se enteró de que nos íbamos.	*He found out we were leaving.*
Se enteraron de la verdad.	*They discovered the truth.*

averiguar = *to find out* (to get information by investigation)

Tengo que **averiguar** dónde está.	*I have to find out where it is.*

saber [preterite] = *to find out, learn about* (something) *by chance*

Nunca supe que estabas enfermo.	*I never knew (heard) you were sick.*

iLrn™ HEINLE *Learning Center* **Ejercicios 8.30–8.31, página 459–460**

16. Meet

conocer [preterite] = *to meet, make* (someone's) *acquaintance*

Lo **conocí** en la fiesta.	*I met him at the party.*

NOTE: When the verb **conocer** is conjugated in other tenses, it means "to know" someone or "to be familiar with" something.

encontrarse (con) = *to meet* (by appointment, by chance)

    Me encontré con ella para almorzar.   *I met her for lunch.*

    Me encontré con él en el tren.   *I ran into him on the train.*

    Nos encontraremos en el restaurante.   *We'll meet at the restaurant.*

encontrar = *to find*

    Encontré cien pesos en la calle.   *I found a hundred pesos on the street.*

    Encontraron a la niña perdida.   *They found the lost child.*

toparse con = *to meet* (run into, meet by chance)

    Se topó con mi primo en la tienda.   *He met (ran into, met by chance) my cousin at the store.*

tropezar con = *to meet* (run into, run across, stumble upon)

    Tropezó con ellos en el cine.   *He ran into them at the movies.*

NOTE: In other contexts, **tropezar** or **tropezarse** means "to trip" or "to stumble" literally, not figuratively.

    Me tropecé y me caí.   *I tripped and fell.*

(See also Chapter 8.B.19, pages 303–305.)

iLrn HEINLE *Learning Center*   *Ejercicios 8.32–8.33, página 460*

17. Order

el orden = *order, organization, neatness*

    Es esencial que preparen este postre en el **orden** indicado.   *It is essential that you prepare this dessert in the order indicated.*

    Por favor archíveme estos folletos en **orden** alfabético.   *Please file these brochures in alphabetical order for me.*

la orden = *order, request*

Recibirá sus **órdenes** del supervisor. *You will receive your orders from the supervisor.*

¿Puedo tomarles la **orden** (el **pedido**)? *May I take your order?*

Juan Rodríguez, a sus **órdenes**. *Juan Rodríguez, at your service.*

 **HEINLE** *Learning Center* *Ejercicios 8.34–8.35, página 460*

18. *Pensar*

pensar en = *to think about* (someone or something)

Siempre **pienso en** mi hermano cuando veo ese cuadro. *I always think of my brother when I see that painting.*

¿**En** qué **piensas**? *What are you thinking about?*

pensar de = *to think* (something [opinion]) *about* (someone or something)—it is used only in direct or indirect interrogatives

¿Qué **piensas del** aumento de control en la frontera? *What do you think about the increased control at the border?*

No quiso decirme lo que **pensaba de** la idea de ser el máximo goleador. *He did not want to tell me what he thought about being the top goal scorer.*

pensar (+ inf.) = *to think about, plan on* (doing something)

—¿Qué **piensas** hacer este verano? *"What are you planning on doing this summer?"*

—**Pienso** trabajar en un restaurante. *"I am planning on working in a restaurant."*

 **HEINLE** *Learning Center* *Ejercicios 8.36–8.37, página 461*

19. People vs. Machines

	PEOPLE VS. MACHINES	
	PEOPLE	**MECHANICAL DEVICES**
to run	correr Jorge corre. *Jorge runs.*	andar/funcionar Mi coche anda. *My car runs.*
	PEOPLE	**MACHINES AND SYSTEMS**
to work	trabajar Jorge trabaja. *Jorge works.*	andar/funcionar El reloj no funciona. *The clock is not working.* Este método funciona. *This method works.*
	PEOPLE AND EVENTS	**MOTORS**
to start	comenzar/empezar Empiezo a trabajar a las 7. *I start work at 7 o'clock.* Comienza a las 8. *It starts at 8 o'clock.*	poner en marcha/arrancar Puse el auto en marcha. *I started the car.* Mi coche no arranca. *My car will not start.*
	PEOPLE	**THINGS**
to run out	salir corriendo Jorge salió corriendo. *Jorge ran out.*	acabársele a uno Se nos acabó el tiempo. *We ran out of time.*
	PEOPLE	**LIGHTS**
to go out	salir Jorge salió. *Jorge went out.*	apagarse/irse Se apagó (se fue) la luz. *The light went out.*

As a general rule, remember to think about the meaning of the English expression when you have a verb used with a preposition. The following are some other prepositional usages.

To work out:

- as in a person doing exercises: **hacer ejercicio**

  Hago ejercicio al levantarme por la mañana.

  I work out when I get up in the morning.

- a problem: **resolver un problema**

  No pudieron **resolver el problema.**

  They were unable to work out the problem.

To run across:

- something: **dar con, tropezar con**

La busqué por todos lados hasta que al fin **di con** ella en la biblioteca.	*I looked for her everywhere until at last I ran across her in the library.*

- literally, a room, a place: **atravesar corriendo**

Atravesó el cuarto **corriendo.**	*He ran across the room.*

To run down:

- as in a liquid running down a surface: **escurrir, gotear**

El sudor le **goteaba** por la cara.	*The sweat ran down his face.*

- with batteries: **descargarse**

La batería **se descargó** durante el invierno.	*The battery ran down during the winter.*

- with watches: **acabarse la cuerda**

Se le acabó la cuerda al reloj y paró.	*The watch ran down and stopped.*

- the stairs: **bajar corriendo**

Bajamos las escaleras **corriendo** para recibirla.	*We ran down the stairs to greet her.*

To run into:

- e.g., a tree with your car: **chocar con**

Choqué con el árbol.	*I ran into the tree.*

- a person by chance: **tropezar con, toparse con, encontrarse con**

Tropezamos con / Nos topamos con / Nos encontramos con ella en la biblioteca.	*We ran into her at the library.*

To turn out:

- a light: **apagar**

Apaga la luz.	*Turn out the light.*

- things turn out right, wrong, etc.: **las cosas salen bien, mal,** etc.

—¿Cómo **salió** todo?	*"How did everything turn out?"*
—Bien.	*"Okay."*

(See also Chapter 8.B.16, pages 300–301.)

 **HEINLE** *Learning Center*   ***Ejercicios 8.38–8.39, página 461***

20. Play

jugar = *to play* (a game)

Me gusta **jugar** al ajedrez.   *I like to play chess.*

tocar = *to play* (an instrument)

Ella **toca** el piano.   *She plays the piano.*

a play = **una obra (de teatro)** [theater play], **una jugada** [a single game play in sports, cards, or board games]

to play a game = jugar **un juego** [any game], jugar **un partido** [sports], jugar **una partida** [board game, cards]

Examples:

El póquer es un **juego** de barajas.   *Poker is a card game.*

Vamos a un **partido** de fútbol este   *We are going to a soccer game this*
fin de semana.   *weekend.*

¿Quieres jugar un **juego** conmigo?   *Do you want to play a game with me?*
No me importa de qué — tú escoge.   *I don't care what kind of game — you*
                    choose.

Mis padres vieron una **obra** de   *My parents saw a Cervantes play when*
Cervantes cuando fueron al teatro   *they went to the theatre in Salamanca.*
en Salamanca.

Juguemos una **partida** de damas.   *Let's play a game of checkers.*

Están pasando una repetición de   *They're running a replay of the*
las mejores **jugadas** del **partido**   *highlights (literally: the best game*
de anoche.   *moves) from last night's game.*

 **HEINLE** *Learning Center*   ***Ejercicios 8.40–8.41, páginas 461–462;*** ***Ejercicio de repaso 8.42, página 462***

21. Put

poner = *to put; to set* (table)

> **Pusimos** la llave sobre la mesa.   *We put the key on the table.*
>
> **Pongan** la mesa.   *Set the table.*

guardar, ahorrar = *to put away*

> **Guarden** los platos.   *Put the plates away.*
>
> Necesito **ahorrar** algo de dinero.   *I need to put some money away.*

NOTE: There are many other uses of the expression "to put + preposition" in English: check the dictionary when you want to use it.

meter = to put in

> ¿**Metiste** el coche en el garaje?   *Did you put the car in the garage?*
>
> El niño **se metió** el dedo en la boca.   *The boy put his finger in his mouth.*

ponerse = *to put on; to become* (when used with an adjective)

> **Me puse** el abrigo.   *I put my coat on.*
>
> **Se puso** triste.   *He became sad.*

aguantar, soportar = *to put up with, to stand*

> Tengo que **aguantar** todas tus quejas.   *I have to put up with all of your complaints.*
>
> ¡Ya no **aguanto** el calor!   *I can't stand the heat any more!*
>
> No sé cómo me **soporta**.   *I don't know how (s)he puts up with me.*

NOTE: "To support" someone morally is **apoyar;** financially it is **mantener.**

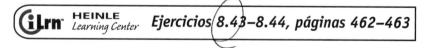

(iLrn) HEINLE *Learning Center*   *Ejercicios 8.43–8.44, páginas 462–463*

22. Realize

darse cuenta de = *to realize*

> No **me di cuenta de** la hora que era.   *I did not realize what time it was.*
>
> No **te das cuenta de** las implicaciones de tus actos.   *You do not realize the implications of your actions.*

realizar = *to come true, to carry out*

> Ahora sí que se me **realizará** el sueño de viajar a Sudamérica.

> *Now my dream to travel to South America will really (sí) come true.*

> Ese empleado **realiza** sus funciones con mucha eficacia.

> *That employee carries out his duties very efficiently.*

iLrn HEINLE *Learning Center* **Ejercicios 8.45–8.46, página 463**

23. Serve

servirle = *to serve* (a person); *to help*

> ¿Le **sirvo** más vino?

> *Shall I serve you more wine?*

> ¿Le **serviste** agua a esa persona?

> *Did you serve that person water?*

> ¿En qué puedo **servirle**?

> *How may I help you?*

servirlo, servirla, servir algo = *to serve something*

> —Ya es hora de **servir** la comida.

> *"It is time to serve the meal."*

> —¿Dónde está la ensalada?

> *"Where is the salad?"*

> —Ya la **serví**.

> *"I already served it."*

(See also Chapter 8.B.5, pages 291–292.)

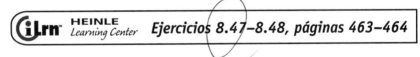
iLrn HEINLE *Learning Center* **Ejercicios 8.47–8.48, páginas 463–464**

24. Spend

gastar = *to spend* (money)

> **Gastamos** mucho en ese viaje.

> *We spent a lot on that trip.*

pasar = *to spend* (time)

> **Pasó** dos años tras rejas bajo sospecha de vínculos terroristas.

> *He spent two years behind bars under suspicion of having terrorist links.*

desperdiciar = *to waste*

No **desperdicies** dinero.   *Do not waste money.*

No **desperdicien** mi tiempo.   *Do not waste my time.*

(i**Lrn** HEINLE   *Ejercicios 8.49–8.50, página 464*
Learning Center

---

25. Take

tomar = *to take*
llevar = *to take* (away, in a specified direction)
llevarse = *to take* (away, no specified direction)
tomar = *to take* (something [a bus, etc.], to drink)

Tomó la llave sin decir nada.   *He took the key without saying anything.*

Quiero **tomar** una cerveza bien fría.   *I want to drink a very cold beer.*

Tome el autobús.   *Take the bus.*

¿Cuánto tiempo **tomará**?   *How long will it take?*

Toma (Tome usted) is used when you hand someone something ("Here.").

—¿Tienes un lápiz?   *"Do you have a pencil?"*

—Sí. **Toma.** (handing out the pencil)   *"Yes. Here."*

—Gracias.   *"Thanks."*

llevar = *to take* (someone or something [somewhere]) (English also uses "bring" in this case. Spanish distinguishes between movement ***away from*** the speaker's place [**llevar**] versus ***to*** the speaker's place [**traer**].)

Llevamos a mis padres al aeropuerto.   *We took my parents to the airport.*

Llevaremos toallas a la playa.   *We will take towels to the beach.*

Tráigame un café, por favor.   *Bring me a coffee, please.*

llevarse = *to take* (something away, with oneself)

El mesero **se llevó** mi tenedor.   *The waiter took my fork away.*

apuntar / bajar = *to take down*

La operadora **apuntó** el mensaje.   *The operator took down the message.*

El botones **bajará** su equipaje.   *The bellboy will take (bring) your luggage down.*

subir = *to take up*

El botones **subirá** el equipaje.   *The bellboy will take the luggage up.*

admitir / alojar = *to take in*

Esa casa de huéspedes sólo
admite (aloja) adultos.   *That guesthouse only takes in adults.*

sacar = *to take out*

Sacaron a los niños a pasear.   *They took the children out for a stroll.*

quitarse = *to take off* (articles of clothing)

Se quitó la ropa para bañarse.   *He took off his clothes to bathe.*

tener lugar = *to take place*

El concierto **tendrá lugar** esta noche.   *The concert will take place tonight.*

traer = *to bring* (toward the speaker only)

El mesero no nos **trajo** la cuenta
muy rápido.   *The waiter didn't bring us the check
very quickly.*

 **HEINLE** *Learning Center*   ***Ejercicios 8.51–8.52, página 465***

26. Time

tiempo = *time; weather*

No tengo **tiempo** para ayudarte hoy.   *I do not have time to help you today.*

Hace buen **tiempo** hoy.   *The weather is nice today.*

vez = *time* (countable)

Toma café cuatro **veces** al día.   *He drinks coffee four times a day.*

Esta **vez** yo pago.   *This time, I will pay.*

hora = *time* (chronological)

—¿Qué **hora** es?   *"What time is it?"*

—Es **hora** de irnos.   *"It is time to leave."*

rato = *time, while*
ratito = *a little while*

> Hace **rato (ratito)** que estoy esperando.

> *I have been waiting for some time (a [little] while).*

divertirse = *to have a good time*

> **Nos divertimos** mucho en la fiesta ayer.

> *We had a very good time at the party yesterday.*

BUT:

> Ayer tuvimos buen **tiempo**.

> *Yesterday we had good weather.*

Idiomatic expressions:

a tiempo = *on time*
a la vez = *at the same time*
al mismo tiempo = *at the same time*
en esa época = *at the time* (general)
en ese momento = *at the time* (specific moment)
a veces = *at times, sometimes*
de vez en cuando = *once in a while*
al rato = *after a while*
en vez de = *instead of*

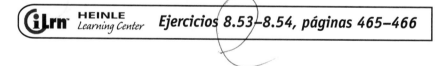

iLrn™ HEINLE *Learning Center* **Ejercicios 8.53–8.54, páginas 465–466**

27. What

¿Qué es...? = *What is . . . ?* (asking for a definition)

> **¿Qué es** un "cántaro"?

> *What is a "cántaro"?*

¿Cuál es...? = *What is . . . ?* (asking for identification or specification)

> **¿Cuál es** la diferencia entre los dos?

> *What is the difference between the two?*

> **¿Cuál es** el estacionamiento para minusválidos?

> *Which is the handicapped parking space?*

¿Qué (+ noun)**...** ? = *What, Which* (+ noun) . . . ?

> **¿Qué** libro leíste anoche?

> *What (Which) book did you read last night?*

¿**Qué** ciudades visitaste en Sudamérica?	*What cities did you visit in South America?*
¿**Qué** (comida) vamos a comer?	*What are we going to eat?*
¿**Qué** (ropa) te vas a poner esta noche?	*What are you going to wear tonight?*

¿**Cómo?** = *Excuse me?*

NOTE: ¿**Cómo?** is more polite in Spanish than ¿**Qué?** to mean "What?" when asking someone to repeat what he or she just said.

¿**Cómo**? or: ¿**Cómo** dijo?

Lo que = *what* (relative pronoun, not used in interrogatives)

Lo que me gusta de la película es el misterio.	*What I like about the movie is the mystery.*
No me dijo **lo que** quería.	*He did not tell me what he wanted.*

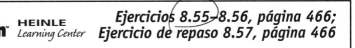

iLrn HEINLE *Learning Center* **Ejercicios 8.55–8.56, página 466; Ejercicio de repaso 8.57, página 466**

C False Cognates

A cognate is a word that is similar in two languages, such as **constitución.** In both languages it means basically the same.

There are, however, many words that appear to be the same in English as in Spanish, but that actually have a different meaning. Or, these words may have one similar meaning, but have other, different meanings as well. These words are called "false cognates." We have prepared here a selective list with very brief translations. This list is just for a quick reference, to remind you to double-check whether a word is a false cognate. We recommend that you look up such words in a single-language dictionary or a more elaborate translation dictionary to make sure you are using them accurately, You can also check with native speakers and instructors.

Following are some of the most common false cognates:

SPANISH TERM	ENGLISH TRANSLATION	ENGLISH COGNATE	SPANISH TRANSLATION
abusar	*to take advantage*	*to abuse* [someone]	maltratar
acomodar	*to place, to arrange*	*to accommodate*	complacer
actual	*present*	*actual*	verdadero
actualmente	*nowadays, at the moment*	actually	en realidad
aplicar*2	*to apply* (an ointment)	*to apply for* (e.g. a job)	solicitar
aplicación	*dedication*	application	solicitud
apreciar	*to augment in value*	*to appreciate*	agradecer
arena	*sand*	*arena*	estadio
asistir*5	*to attend*	*to assist*	ayudar
asumir	*to take on*	*to assume*	suponer
atender*5	*to take care of*	*to attend*	asistir
campo	*country*	*camp*	campamento
carácter	*personality*	*character* (literary)	personaje
carta	*letter*	*card*	tarjeta
colegio	*private high school*	college	universidad, facultad
collar	*necklace*	*collar*	cuello
conferencia	*lecture*	*conference*	consulta
constipado	*congested with a cold*	*constipated*	estreñido
coraje	*anger, rage*	*courage*	valor, valentía
cuestión	*matter*	*question*	pregunta
danza	*ritual or folkloric dance*	*dance*	baile
decepción	*disappointment*	*deception*	engaño
demandar	*to sue*	*to demand*	exigir
distinto	*different*	*distinct*	particular, marcado
efectivo	*actual*	*effective*	eficaz
embarazada	*pregnant*	*embarrassed*	avergonzado
escuela	*elementary school*	*school* (as in Law)	facultad

*Words marked with an asterisk are more thoroughly analyzed under "Terms and Expressions" in the previous section of this chapter. The asterisk is followed by the number under which the word appears within that section.

(continued)

SPANISH TERM	ENGLISH TRANSLATION	ENGLISH COGNATE	SPANISH TRANSLATION
éxito*[11]	*success*	*exit*	salida
frase	*sentence*	*phrase*	expresión
gol	*soccer goal, scored point*	*goal*	meta, objetivo, fin
gracioso	*funny*	*gracious*	cortés, amable
grado	*degree, stage*	*grade*	nota
ignorar	*not to know*	*to ignore*	no hacer caso
ingenuidad	*innocence*	*ingenuity*	ingeniosidad
inhabitable	*uninhabitable*	*inhabitable*	habitable
largo	*long*	*large*	grande
lectura	*reading*	*lecture*	conferencia
librería	*bookstore*	*library*	biblioteca
material	*material* (but not cloth)	*cloth*	tela
nombre	*name*	*number*	número
papel	*piece of paper, role*	*paper* (term paper)	trabajo escrito
parientes	*relatives*	*parents*	padres
pena	*sorrow, grief*	*pain*	dolor
policía	*police*	*policy*	política
política	*politics, policy*	*politician*	político
procurar	*to try*	*to procure*	obtener, conseguir
pueblo	*nation, common people*	*people*	gente
quieto	*calm, still*	*quiet*	silencioso
quitar	*to remove*	*to quit*	dejar de + inf, dimitir + noun
raza	*ethnicity, race*	*race* (for speed)	carrera
realizar*[22]	*to come true*	*to realize*	darse cuenta
recordar	*to remember*	*to record*	grabar
resorte	*spring*	*resort*	balneario
rudo	*rough, coarse*	*rude*	maleducado, grosero
sano	*healthy*	*sane*	cuerdo
sensible	*sensitive*	*sensible*	sensato
sentencia	*verdict*	*sentence*	frase, oración

(continued)

SPANISH TERM	ENGLISH TRANSLATION	ENGLISH COGNATE	SPANISH TRANSLATION
sentir	*to feel*	*to sense*	tener la impresión
simpatía	*charm, friendliness*	*sympathy*	compasión, pésame, etc.
simpático	*nice, friendly*	*sympathetic*	compasivo, comprensivo
soportar*[21]	*to tolerate*	*to support*	mantener, apoyar
suceder*[11]	*to happen*	*to succeed*	tener éxito
suceso*[11]	*event*	*success*	éxito
sujeto (a person)	*individual, guy, character*	*subject* (of an article, class)	tema (de artículo), materia (clase)
tenso	*tense* (adj.)	*tense* (of a verb)	tiempo (verbal)
tormenta	*storm*	*torment*	tormento
trampa	*trick, trap*	*tramp*	vagabundo
trasladar	*to move, to transfer*	*to translate*	traducir
últimamente	*lately*	*ultimately*	a fin de cuentas
último	*last*	*ultimate*	fundamental
violar	*to violate*, but also *to rape*	*to violate*	violar

Certain words can be considered false cognates in certain parts of the Spanish-speaking world, but not in others. Here are two examples:

Computadora

Whereas the term **computadora** is of general use in Hispanic America to refer to a computer, in Spain it is considered an Americanism. The term **computador(a)** exists in Spain, and is used for equipment that computes data on a large scale, but the term for a personal computer is **ordenador.**

Oficina

For this term too, there is a difference of usage in Spain and other parts of the Spanish-speaking world. The word **oficina** is used to refer to administrative offices. But in the academic world in Spain, **oficina** and **horas de oficina** are perceived to be Americanisms. A professor in Spain has a **despacho,** and office hours are **horas de consulta.** On the other hand, a doctor's or a dentist's office is more often called **consultorio.**

When there are variations in dialectal usage, be sure to make any necessary adjustments for clarity of communication.

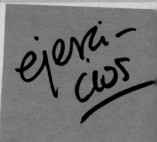

Chapter 1) Overview

The following exercises are designed for self-correcting. The answer key section begins on page 467.

A Sentence Components

Chapter 1.A, pages 2–4

Ejercicio 1.1 Identifique las palabras en negrilla (**boldfaced**) en las frases siguientes.

MODELO: Me gusta **el** café **negro**.

> **el**: *artículo definido;* **negro**: *adjetivo calificativo*

1. Después **de** trabajar varias horas **en** la computadora, **se** me cansan los ojos.
2. **Cuando** estudio, me gusta poner música **clásica** en el tocadiscos.   3. **Ayer** fuimos al parque **a** jugar a la pelota con unos **amigos**.   4. **Mi** mamá me llamó **por** teléfono ayer a **las** ocho de la mañana.   5. **Este** libro es más interesante que **ése**.   6. Me gustan **tus** zapatos más que los **míos**.   7. **Algunos** profesores son más estrictos que **otros**.   8. El libro **que** compré ayer me costó **mucho** dinero.
9. Mi hermana me dijo **que** tú eras **un** futbolista famoso.   10. Tengo dos dólares **y** veinte centavos, **pero** no es suficiente para ir al cine.

Ejercicio 1.2 Haga un análisis gramatical de las siguientes oraciones.

MODELO: Juan estudia español.

> **Juan**: *sustantivo propio, sujeto del verbo "estudia";* **estudia**: *verbo estudiar,*
> *3ª persona singular del presente del indicativo;* **español**: *sustantivo común,*
> *masc. sing., objeto directo del verbo "estudia"*

1. Los niños cantaron una canción.   2. Marta me regaló este libro.   3. Estos ejercicios son fáciles.

B Verb Structure

Chapter 1.B, page 5

Ejercicio 1.3 Identifique el modo (MAYÚSCULA) y el tiempo (minúscula) de los verbos en negrilla.

MODELO: El niño **llegó cantando** de la escuela; **estaba** contento porque le **habían dado** un premio por **portarse** bien.

llegó: INDICATIVO *pretérito*; *cantando*: PARTICIPIO *presente*; *estaba*: INDICATIVO *imperfecto*; *habían dado*: INDICATIVO *pluscuamperfecto*; *portarse*: INFINITIVO

Estábamos todos en la cocina **preparando** la cena cuando mi hermana **anunció** que tenía buenas noticias—**se había ganado** la lotería. Mi mamá le dijo que **pensara** con mucho cuidado en lo que quería **hacer** con el dinero, porque si no, lo **gastaría** todo y luego se arrepentiría. Pero mi hermana ya lo había planeado todo. —No te **preocupes**, Mami; a ti y a Papi les **daré** la mitad para que la **pongan** en el banco, y el resto lo usaré para comprarme ropa y otras cosas que **necesito**.

C Sentence Structure

Chapter 1.C, pages 6–12

Ejercicio 1.4 Subraye los verbos conjugados en el texto siguiente.

MODELO: Ayer mis hermanos y yo nos levantamos temprano.

Ayer mis hermanos y yo nos <u>levantamos</u> temprano.

Para las vacaciones de Navidad, mi papá, mi hermana y yo íbamos a San Blas, y nos quedábamos en un hotel en la playa. La noche de Navidad, cuando todos los demás estaban celebrando en el hotel, nos íbamos a un lugar ya seleccionado en la playa oscura y hacíamos un fuego con leña que habíamos recogido el día anterior. Llevábamos comida para cocinar en el fuego, y pasábamos la noche allí, oyendo las olas del mar y mirando las estrellas.

Ejercicio 1.5 Divida el texto en cláusulas usando una barra (/) y cuente el total de cláusulas.

MODELO: Tengo una hermana que vive en España.

Tengo una hermana / que vive en España. (2)

Necesito que me ayudes a preparar la cena. Tendremos cinco invitados a cenar y quiero que todo esté perfecto. ¿Podrías poner la mesa, por favor? Y cuando acabes con eso, ven a la cocina para ayudarme con la comida. Las verduras para la ensalada están lavadas; sólo hay que cortarlas y ponerlas en la ensaladera. Quiero prepararles la receta de pollo que les gustó tanto la última vez que vinieron.

Ejercicio 1.6   Subraye todas las cláusulas independientes del texto siguiente.

MODELO: Me desperté a las tres y bajé a hacerme café sin que nadie me oyera.

Me desperté a las tres y bajé a hacerme café sin que nadie me oyera.

El invierno está casi terminado. Ya no hace frío, y la nieve se ha transformado en lluvia. Pronto tendremos que empezar a preparar el jardín para que podamos plantar las hortalizas. Estoy tan contento de que la primavera esté en camino porque me gusta el calor. El invierno aquí es tan triste y gris, y me canso de la ropa pesada que tengo que ponerme.

Ejercicio 1.7   Subraye todas las cláusulas principales del mismo texto.

MODELO: Me desperté a las tres y bajé a hacerme café sin que nadie me oyera.

Me desperté a las tres y bajé a hacerme café *sin que nadie me oyera.*

El invierno está casi terminado. Ya no hace frío, y la nieve se ha transformado en lluvia. Pronto tendremos que empezar a preparar el jardín para que podamos plantar las hortalizas. Estoy tan contento de que la primavera esté en camino porque me gusta el calor. El invierno aquí es tan triste y gris, y me canso de la ropa pesada que tengo que ponerme.

Ejercicio 1.8   Subraye todas las cláusulas subordinadas del mismo texto.

MODELO: Me desperté a las tres y bajé a hacerme café sin que nadie me oyera.

Me desperté a las tres y bajé a hacerme café sin que nadie me oyera.

El invierno está casi terminado. Ya no hace frío, y la nieve se ha transformado en lluvia. Pronto tendremos que empezar a preparar el jardín para que podamos plantar las hortalizas. Estoy tan contento de que la primavera esté en camino porque me gusta el calor. El invierno aquí es tan triste y gris, y me canso de la ropa pesada que tengo que ponerme.

Ejercicio 1.9   Haga el análisis lógico de las frases siguientes.

MODELO: Quiero que me ayudes a preparar la cena.

Quiero: *cláusula principal;* **que me ayudes... cena:** *cláusula subordinada nominal, objeto directo de "quiero"*

1. Necesito un libro que describa la revolución mexicana.   **2.** Te prestaré dinero a condición de que me pagues mañana.   **3.** Sé que no puedes hablar ahora.

Ejercicio 1.10 Haga el diagrama de las frases siguientes. (Use los diagramas del capítulo para inspirarse.)

1. Quiero que veas el libro que conseguí sobre la revolución mexicana.   **2.** Es necesario que los norteamericanos comprendan que estas tierras les pertenecían a los mexicanos originalmente, y que antes eran de los indios que vivieron en ellas por siglos.   **3.** Me pidió que le comprara pan y le contesté que no tenía dinero.

D Subject–Verb Agreement

Chapter 1.D, pages 12–17

Ejercicio 1.11 Conjugue el verbo en el indicativo presente para concordar con el sujeto indicado.

1. Tú no (poder) imaginarte los problemas que (causar) cuando tu mal humor te (dominar).   **2.** Los gatos (maullar) todas las noches cuando (haber) estrellas en el cielo y luna llena.   **3.** Yo (ser) americano. Otros (decir) que los americanos (ser) inocentes en cuestiones de política internacional. ¿Tú y tus amigos (estar) de acuerdo?   **4.** (Ser) yo la que les (dar) a sus amigos los mejores regalos.   **5.** La pareja de recién casados (irse) de luna de miel al Caribe. (Ir/ellos) con ellos sus hijos de matrimonios anteriores. Algunos de nosotros (dudar) que la luna de miel sea ideal.   **6.** (Llover) todos los días en este lugar.   **7.** Lo que tu amiga te (contar) (ser) chismes sin ninguna base en la realidad.   **8.** Tú y yo (comprender) la situación mejor que nadie.   **9.** Tú y ella (saber) la verdad.   **10.** Me (encantar) jugar y reír.

Ejercicio 1.12 Para el ejercicio 1.11 arriba, conjugue en el pasado las frases 2, 4 y 5.

Ejercicio 1.13 Complete el diálogo de enamorados según las indicaciones.

> **EVITA:** Buenos días, mi amor.
>
> **HÉCTOR:** Hola, cariño.
>
> **EVITA:** Vida mía, ¿(**1.** are you ready) para la boda?
>
> **HÉCTOR:** Claro que sí, mi amor. ¿Y tú, cariño adorado, (**2.** are you ready)?
>
> **EVITA:** Hace años que (**3.** I am ready) para este día, mi vida.
>
> **HÉCTOR:** Lo sé, corazón, pero (**4.** you don't look very excited [verse emocionado]).

Accents (Syllabification: Consonants)

Chapter 1.E.1, pages 17–19

Ejercicio 1.14 Consonantes sencillas intervocálicas. Divida cada palabra en sílabas.

raza	meta	visa	callo	serrano
fecha	cerro	caballo	metiche	

Ejercicio 1.15 Dos consonantes intervocálicas. Divida cada palabra en sílabas.

campo	pantera	ángulo	musgo	refresco
fantoche	mantilla	mercado	sincero	cencerro
vibra	hablo	autografiar	retrato	adrenalina
reflorecer	aglomerar	negro	aplastar	reprimir
declive				

Ejercicio 1.16 Tres o más consonantes intervocálicas. Divida cada palabra en sílabas.

anglosajón	empresario	constante	estrecho	espléndido
instituto	inspección	instrumento	embrollo	transmitir
resplandor	transcribir			

Accents (Syllabification: Vowels)

Chapter 1.E.1, pages 17–19

Ejercicio 1.17 Hiatos. Divida cada palabra en sílabas.

recaer	crear	creer	veo	sea
caos	boa	coactar	coexistir	gentío
frío	reí	vestía	etíope	ataúd
raíz	vía	mío	reúnan	continúa
rehúsa				

Ejercicio 1.18 Diptongos. Divida cada palabra en sílabas.

aviador	aire	bienestar	deleite	miope
oiga	resguardo	causa	fueron	endeudarse
fuimos	diurno	duodeno	Dios	hueso
cariátide	recién	comió	aguántate	acuérdense
cantáis	volvéis	óiganlos	enjáulalo	

Ejercicio 1.19 Triptongos y otras combinaciones. Divida cada palabra en sílabas.

veían	seáis	caíamos	esquiáis	vivíais
traían	caeríais	oíais	enviéis	creías
actuéis	adquirierais			

Ejercicio 1.20 La **h** intervocálica. Divida cada palabra en sílabas.

ahora	rehago	ahí	rehíce	prohíben
rehúsa	ahogar	desahogar	ahumado	cacahuete
alcahuete	cohete	rehúyen	sobrehumano	zaherir

Ejercicio 1.21 Repaso. Divida cada palabra en sílabas.

divida	las	siguientes	palabras	en
sílabas	luego	vea	cuando	necesitan
acentos	porque	rey	reina	voy
boina	bueno	bien		

Accents (Stress)

Chapter 1.E.2, pages 20–27

Ejercicio 1.22 Indique para cada palabra si es **aguda, llana, esdrújula** o **sobresdrújula.**

1. camino **2.** caminó **3.** caminaba **4.** caminábamos **5.** caminad **6.** compra
7. compró **8.** compraba **9.** comprábamos **10.** cómpralo **11.** cómpramelo
12. español **13.** españoles **14.** francés **15.** trances **16.** encéstalo.

Ejercicio 1.23 Las siguientes palabras son agudas. Póngales acento a las que lo necesiten.

1. presto **2.** enterrar **3.** preparad **4.** desperte **5.** dividir **6.** farol **7.** piedad **8.** pedi **9.** peor **10.** caiman **11.** cocinar **12.** imparcial **13.** cajon **14.** finlandes **15.** trajin **16.** temblor **17.** cristal **18.** riñon

Ejercicio 1.24 Las siguientes palabras son llanas. Póngales acento a las que lo necesiten.

1. lapiz **2.** llamas **3.** llaman **4.** pluma **5.** hablaron **6.** españoles **7.** dioses **8.** dia **9.** deme **10.** españolita **11.** peruano **12.** consigo **13.** traje **14.** examen **15.** caracter **16.** lunes **17.** labio **18.** infertil

Ejercicio 1.25 Las siguientes palabras son esdrújulas y sobresdrújulas; la sílaba tónica (con énfasis) de las palabras de más de una sílaba está en negrilla. ¿Necesitan acento?

1. **ma**talo **2.** re**ga**lamelo **3.** **ca**llense **4.** es**tu**pido **5.** **par**pado **6.** ca**pi**tulo **7.** **pro**jimo **8.** **ba**jame **9.** **a**nimo **10.** **cas**cara **11.** **de**cada **12.** **e**xito **13.** **pa**jaro **14.** **as**pero **15.** **hun**garo **16.** **vin**culo **17.** **ma**quina **18.** **pil**dora

Ejercicio 1.26 Póngales acento a los adverbios que lo necesiten. (La sílaba con énfasis en la parte del adjetivo original está en negrilla.)

1. **ra**pidamente **2.** **fa**cilmente **3.** **len**tamente **4.** di**fi**cilmente **5.** pia**do**samente **6.** bri**llan**temente **7.** **fri**amente **8.** despia**da**damente **9.** **se**camente **10.** fe**liz**mente **11.** **fi**jamente **12.** **ca**lidamente **13.** cien**ti**ficamente **14.** miseri**cor**diosamente **15.** **so**lamente **16.** **fi**nalmente **17.** **gra**vemente **18.** **pro**ximamente

Ejercicio 1.27 Las palabras siguientes son monosílabas; no hay nada subrayado porque el énfasis es único. Póngales acento si lo necesitan. (Las frases están traducidas por si se necesita.)

1. A el le va bien. (*It's going well for him.*) **2.** Di que el rey te lo dio. (*Say that the king gave it to you.*) **3.** Vio a Dios. (*She saw God.*) **4.** El te no me da tos. (*Tea doesn't make me cough.*) **5.** No se si se fue. (*I don't know if he left.*) **6.** Tu no le des. (*Don't you feed her.*) **7.** Tu voz se te va. (*Your voice is going.*) **8.** Sin ti no se lo da. (*Without you she won't give it to her.*) **9.** No le de la fe. (*Don't give him your faith.*) **10.** Yo si se la di. (*I did give it to her.*) **11.** A ti te doy lo que hay. (*I give you what there is.*) **12.** No hay más miel por mi. (*There is no more honey because of me.*)

Ejercicio 1.28   Ponga un acento donde se necesite; la sílaba tónica (con énfasis) de las palabras de más de una sílaba está en negrilla.

1. Aun los **ri**cos ne**ce**sitan a**mor**.   **2.** Los **ni**ños a**un** no han co**mi**do.   **3.** Es**toy solo**.   **4. So**lo me **sien**to **so**lo **cuan**do **an**do mal acompa**ña**do.   **5. Pa**same **e**sa **lla**ve, por fa**vor**.   **6.** No **quie**ro **es**ta **fru**ta, pre**fie**ro **e**sa.   **7.** Por **e**so no **qui**so ir con no**so**tros.   **8.** Me gusta**ri**a com**prar**me **e**se te**rre**no.   **9.** ¡Que **bue**na **suer**te **tie**nes!   **10.** ¡**Co**mo **can**ta!

Ejercicio 1.29   Ponga un acento sobre los **que** que lo necesiten.

1. Prefiero **que** no llueva.   **2.** ¿**Que** dijiste?   **3.** No sé **que** dije.   **4.** Creo **que** dije **que** preferiría **que** no lloviera.   **5.** ¡**Que** locura!   **6.** Dime **que** crees.   **7.** El día **que** no llueva aquí, no sabremos **que** hacer.   **8.** Haremos lo **que** ustedes quieran.   **9.** La última vez **que** vinieron, nos costó mucho decidir **que** cuarto darles.   **10.** ¡**Que** duerman en el piso!

Ejercicio 1.30   Llene el espacio en blanco con **porque** o **por qué**; traduzca las frases 4 y 5.

1. Te llamé ____ tengo noticias.   **2.** ¿_____ no me llamaste antes?   **3.** No te puedo decir _____: ¡es un secreto!   **4.** El asesino no pudo explicar _____ había matado al policía.   **5.** El asesino no lo pudo explicar _____ había matado al policía.   **6.** Yo creo que lo hizo _____ tenía miedo.   **7.** ¿Tú matarías a alguien simplemente _____ tienes miedo?   **8.** ¿ _____ no?   **9.** ¡_____ no se debe matar a nadie!   **10.** No sé _____ se fue.   **11.** Se fue _____ no le hacías caso.

Ejercicio 1.31   Póngale acento a **como** si lo necesita; traduzca las frases 4–7.

1. Como no tengo hambre, no **como**.   **2.** ¿**Como** puedes decir eso? **3.** Necesitas pensar **como** yo para comprenderme.   **4.** Muéstrame **como** comes con palillos.   **5.** ¡**Como** comes!   **6.** ¿**Como como**?   **7. Como como como**. **8.** Ella se viste **como** yo.   **9.** Es un libro **como** los demás.   **10.** Si baila **como** canta, ha de ser una maravilla.

Ejercicio 1.32   Póngale acento a **cuanto** si lo necesita.

1. ¿**Cuanto** cuesta este cuarto?   **2.** No sé **cuanto** cuesta.   **3.** ¿**Cuantos** hermanos tienes?   **4.** Me pregunto **cuantos** años tiene esa mujer.   **5.** Nadie sabe **cuantas** veces se repetirá.   **6.** Le di **cuanto** dinero tenía al ladrón.   **7.** No sabe **cuanto** me arrepentí de darle mi dinero.   **8.** La profesora le dará **cuanta** información tenga.

Ejercicio 1.33 Póngale acento a **donde** si lo necesita.

1. ¿**Donde** vives? 2. Vivo **donde** viven mis padres. 3. No sé **donde** vive mi amiga. 4. Me dijo **donde** vivía, pero se me olvidó. 5. Apunté su dirección en la libreta **donde** tengo todas las direcciones. 6. No sé **donde** puse la libreta. 7. ¿...No estará **donde** siempre la pones?

Ejercicio 1.34 Póngale acento a **cuando** si lo necesita; traduzca las frases 7 y 8.

1. Llegarán **cuando** estemos en la finca. 2. ¿**Cuando** llegas? 3. No me dijo **cuando** iban a llegar. 4. **Cuando** lleguen, les serviremos cerveza. 5. ¿Nos escondemos **cuando** los veamos llegar? 6. **Cuando** me gradúe, iré al Caribe. 7. ¿... **cuando** te gradúes? 8. ¿**Cuando** te gradúas?

Ejercicio 1.35 Póngale acento a **quien** si lo necesita.

1. ¿**Quien** se llevó mi paraguas? 2. No sé **quien** se lo llevó. 3. El amigo con **quien** vino Marieta tenía paraguas. 4. ¿Te dijo **quien** era el chico con **quien** estaba? 5. No me dijo con **quien** había venido. 6. Dime con **quien** andas y te diré **quien** eres.

Accents (Review)

Ejercicio 1.36 Ponga un acento sobre las vocales que lo necesiten; la sílaba con énfasis está en negrilla, a menos que sea monosílaba.

ARMANDO: ¿**Es**ta Juan?

  MIGUEL: **Cre**o que fue al **ci**ne, y no se **cuan**do va a regre**sar**. ¿**Pa**ra que lo **quie**res?

ARMANDO: **Quie**ro pe**dir**le prestado un **li**bro **pa**ra mi **cla**se de es**pa**ñol.

  MIGUEL: ¿**Sa**bes que **li**bro es?

ARMANDO: Si. Es **u**no que **tie**ne la por**ta**da **ne**gra.

  MIGUEL: Yo se **don**de lo **tie**ne, **pe**ro no es**toy** seguro si te lo po**dri**a pre**star**.

ARMANDO: A mi me **di**jo que no lo necesitaba **es**te se**mes**tre.

  MIGUEL: Si tu te lo **lle**vas, y el lo nece**si**ta, yo voy a sen**tir**me muy mal. ¿Por que no te **to**mas **u**na **ta**za de te, y esperas a que regre**se** Juan?

ARMANDO: **Bue**no. **Mien**tras espero, **pres**tame el **li**bro **pa**ra mi**rar**lo, por fa**vor**.

  MIGUEL: Voy a bus**car**lo. [...] ¿Es **es**te, ver**dad**?

ARMANDO: No, ese no. Es el **o**tro, el de grama**t**ica. **Ti**ene **c**asi la **mis**ma portada, **p**ero un **ti**tulo dife**re**nte.

MIGUEL: A ver si lo en**cue**ntro; es**p**erame. […] **Aqui** lo **ti**enes.

ARMANDO: **Gra**cias.

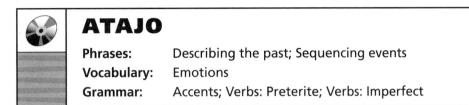

ATAJO

Phrases:	Describing the past; Sequencing events
Vocabulary:	Emotions
Grammar:	Accents; Verbs: Preterite; Verbs: Imperfect

Ejercicio 1.37 Temas de ensayo y de práctica oral.

a. Ensayo

Escriba un párrafo en el pasado sobre uno de los temas siguientes. Cada vez que escriba una palabra, piense en la pronunciación correcta de la palabra, y decida si necesita acento o no.

1. un momento inolvidable

2. una experiencia cómica

3. una lección cultural

b. Práctica oral

En parejas, estudien un párrafo escrito de los temas de ensayo de arriba. En español, analicen cada palabra juntos para determinar si la decisión de usar acento, o no, era correcta. ¿La palabra es llana, esdrújula, sobresdrújula? ¿Es monosílaba? ¿Necesita acento? ¿Por qué?

 **Chapter 2** # Nouns and Noun Determiners

A Nouns and Their Equivalents (Introduction)

Chapter 2.A.1, pages 30–33

Ejercicio 2.1   Conceptual questions.

What is a noun? What type of grammatical functions can it have in a sentence? What other types of words can behave this way? What is a nominalized word? Can you think of an example?

Ejercicio 2.2   Traduzca las oraciones siguientes, usando equivalentes de nombres para lo que está en negrilla. ("lo que está en negrilla" = *what is boldfaced*)

1. "Which of these books is mine?" "That one is **yours.**"   **2.** I prefer **walking** in the morning.   **3. Tall people** and **blonde people** always stand out here. (stand out = *sobresalir*)   **4.** In the Hispanic world, **older people** live with their families. **5. Decent people** often lose.   **6. The good guy** and **the bad guy** in this movie look alike (*se parecen*).   **7. Good** and **evil** are enemies.   **8. What is strange** is the color.   **9. That foreigner** speaks Spanish.   **10.** Sometimes **what is foreign** is frightening (*asusta*) because it's different.   **11.** In this picture, **the one in the grey suit** (*traje*) is my father, **the one with the hat** is my brother, and **the ones above** are my cousins.

Nouns and Their Equivalents (Nouns: Gender and Number)

Chapter 2.A.2.a–b, pages 33–36

Ejercicio 2.3   Use un artículo definido con cada palabra para indicar si es masculina o femenina.

Esa mañana cuando vio _____ amanecer, renació en ella brevemente _____ amor por _____ vida. Recordó _____ cena de aquella última noche, _____ sal y _____ miel que había puesto en _____ arroz exótico que había preparado para celebrar su aniversario; recordó _____ poema que su marido le había leído; y también recordó _____ metal helado de_____ barandal en que se había recargado para no desmayarse, _____ auto, _____ barro, _____ ataúd. Y luego revivió _____ días que pasó en _____ cama, sin salir nunca de _____ casa en que habían vivido tantos años juntos; por _____ mañana recogía _____ periódico, hacía _____ crucigrama, leía sobre _____ problemas de _____ capital, _____ carril extra que iban a poner, _____ catedral y _____ cárcel que se tenían que reparar. Y miraba _____ césped que no paraba de crecer, y todas _____ ramas que se acumulaban porque había perdido _____ costumbre de cuidar _____ propiedad. Miraba _____ televisión, buscaba _____ dramas con _____ tramas más simples, _____ telenovelas, y _____ programas sensacionalistas, como el que hablaba sobre _____ hotel en que todos _____ huéspedes tenían pesadillas. Se le estaba olvidando _____ español, _____ idioma que hablaba con él. Tenía frente a ella _____ foto de su marido, y un recorte de periódico con _____ cara de_____ juez que le había dado _____ libertad a_____ asesino. Pasó _____ mano por _____ papel como para tocar de nuevo al ser que había perdido; acercó _____ imagen a _____ luz. Sintió _____ piel que le ardía por _____ rabia. _____ lunes iría a _____ corte, y llevaría _____ lápiz que había encontrado y que serviría posiblemente de prueba; les hablaría de_____ ruido que había oído que era como _____ señal de_____ radar de un coche. No podía aceptar que _____ corrupción en _____ sistema hubiera llegado a tal punto. No sabía si se atrevería a irse en _____ moto de su marido, o si tomaría en vez _____ tranvía. Miró _____ mapa de _____ ciudad para determinar _____ distancia. Era increíble _____ poder de_____ mal, y _____ imposibilidad de elevar _____ moral después de semejante lección. Después de luchar por _____ justicia, se daría _____ viaje que habían planeado darse juntos a _____ Pirineos.

Ejercicio 2.4   Escriba el equivalente femenino de las siguientes palabras.

el hombre, el estudiante, el joven, el actor, el modelo, el turista, el rey, el policía, el comunista, el toro

Ejercicio 2.5   Indique en español la diferencia de significado entre el masculino y el femenino de los siguientes nombres.

1. el policía / la policía   **2.** el papa / la papa   **3.** el guía / la guía   **4.** el cura / la cura

Nouns and Their Equivalents (Personal *A*)

Chapter 2.A.3, pages 36–38

Ejercicio 2.6   Llene el espacio en blanco con el **a** personal si se necesita.

1. Le gusta mirar _____ la televisión.   **2.** Vimos _____ nuestros vecinos en el centro.   **3.** No reconocieron _____ mi hermano.   **4.** ¿_____ quién viste hoy?
5. ¿_____ qué viste hoy?   **6.** Estoy buscando _____ mis llaves.   **7.** Esa compañía busca _____ empleados nuevos.   **8.** El jefe buscaba _____ su secretaria.
9. Tienen _____ tres gatos.   **10.** Tiene _____ su hijo en una escuela privada.
11. _____ ellas no las vieron hasta el final.   **12.** No oímos _____ nadie.
13. ¿Viste _____ alguien?   **14.** ¿Quieres _____ algo?

Ejercicio 2.7   Sustituya el objeto directo en negrilla con las palabras entre paréntesis, y añada el **a** personal cada vez que se necesite. Fíjese que los verbos **mirar** (*to look at*), y **esperar** (*to wait for, to expect*) en español toman un objeto directo.

1. Miro **el libro.** (el jardín, mi hermanito, tus ojos, la pizarra, la película, los vecinos, el periódico, el espejo) [*I look at the book, the garden, my little brother, your eyes, the blackboard, the movie, the neighbors, the newspaper, the mirror.*]

2. No oye **el teléfono.** (Juan, mi gato, nadie, la tarea, el profesor, la explosión, tu voz, los niños en la calle, nada) [*He doesn't hear the telephone, Juan, my cat, anybody, the assignment, the professor, the explosion, your voice, the children in the street, anything.*]

3. Jorge tiene **un apartamento.** (un hermano, una computadora, dos coches, su abuelo en un asilo de ancianos) [*Jorge has an apartment, a brother, a computer, two cars, his grandfather in a home.*]

4. Quiero **dinero.** (amigos, felicidad, amor, comida, mis padres, mi familia, vivir bien) [*I want money, friends, happiness, love, food; I love my parents, my family; I want to live well.*]

5. Espera **mi llamada.** (la alarma, Luis, su respuesta, tus hermanos, tu padre, alguien, ¿Quién?, ¿Qué?) [*Wait for my call, the alarm, Luis, his answer, your brothers, your father, someone, Whom is (s)he waiting for? What is (s)he waiting for?*]

6. Vio **una casa.** (una amiga, la pantalla, el reloj, mi perro, la carta, la gente que quería, gente) [*He saw a house, a friend, the screen, the watch, my dog, the letter, the people he wanted, people.*]

Ejercicio 2.8 Traduzca al español, usando el **a** personal cuando se necesite.

She looked at the mirror and then she looked at her fiancé (*novio*) out in the garden. Then, she checked (*verificó*) her makeup (*maquillaje*) and her hairdo (*peinado*) and admired her dress. She had two sisters who had gotten married before her. She had her mother waiting outside while she spent one last moment alone. She loved Rodolfo. She had never met anyone like him. She wanted this wedding, but she was afraid. She didn't want to lose her childhood. She didn't want to lose her family. Suddenly, she heard her name. She heard her mother. And she remembered her mother and her father and their happiness. And she felt ready.

B Noun Determiners (Articles: Definite Articles)

Chapter 2.B.1.a, pages 39–43

Ejercicio 2.9 Póngale a cada nombre el artículo definido correcto. Todos los nombres de la lista son femeninos, pero ¿usan **la** o **el**?

avioneta, atracción, avenida, agua, alarma, alma, ama, águila, aguja, autonomía, aula, avicultura, ave, habitación, habichuela, hacha, hamburguesa, hambre, hartura, aguas, alarmas, almas, hambres

Ejercicio 2.10 Llene el espacio en blanco con un artículo definido si se necesita.

1. _la_ vida debe disfrutarse.   2. _el_ señor Ruiz dice que _el_ chocolate es malo para _la_ salud, pero _x_ doña Luisa sabe que él come _x_ chocolate todos los días.   3. —_x_ Señorita Guzmán, ¿le gusta _el_ chocolate?   4. Ayer compramos _x_ verduras, pero no tenían _las_ verduras que tú pediste.
5. _el_ inglés es más difícil que _el_ español.   6. Hablo _x_ español, pero sueño en _x_ inglés.   7. Mi clase de _x_ español es la más divertida de todas.
8. Aprendí _x_ español cuando tenía seis años.   9. A mi padre le costó trabajo aprender _x_ español.   10. Salieron temprano de _la_ escuela y, como su padre había salido de _la_ cárcel ese día, fueron a _la_ iglesia a dar gracias.
11. Salimos de _la_ clase y fuimos directamente a _la_ casa porque teníamos que vestirnos para llegar a _la_ misa a tiempo.   12. _el_ miércoles vamos a tener una prueba.   13. ¡Hasta _el_ jueves!   14. Hoy es _x_ viernes.

Ejercicio 2.11 Traduzca, usando artículos definidos donde se necesiten.

1. Happiness is found in love. **2.** Family and friends are the basis of a good life. **3.** I speak Spanish. I read French easily. **4.** Let's go home. **5.** See you Monday! (*Hasta…*) **6.** People who need people are lucky. **7.** People arrived constantly. **8.** News in the papers is mostly bad news. **9.** Professor López, news about your colleague Professor Gómez came today. **10.** I washed my hands. **11.** She raised her hand. **12.** They put him in jail. **13.** On Friday there's no class. **14.** The chicken is for Tuesday.

Noun Determiners (Articles: Indefinite Articles)

Chapter 2.B.1.b, pages 43–45

Ejercicio 2.12 Llene el espacio en blanco con un artículo indefinido si se necesita.

1. Jorge es _____ arquitecto. **2.** Carlitos es _____ argentino. **3.** Rafael es _____ hombre interesante. **4.** Es _____ cantante mexicano. **5.** Georgina es _____ protestante muy severa. **6.** ¡Qué _____ dilema! **7.** ¡Qué _____ lindo día! **8.** Esa viejita acaba de cumplir _____ cien años. **9.** Vamos a discutir _____ otro tema ahora. **10.** — Tomaría _____ mil años corregir el daño que se ha hecho. — Lo dudo. yo creo que tomaría _____ millón. **11.** Dentro de _____ media hora nos iremos. **12.** No tengo _____ bicicleta. **13.** Ese pobre chico no tiene ni _____ amigo. **14.** Se fue sin _____ chaqueta.

Ejercicio 2.13 Traduzca.

Margarita was Puerto Rican. She was a student at the University of Puerto Rico. She was a hardworking student, and she had a certain style in the way she expressed herself that her professors considered original. She once won a prize of a hundred dollars for an analytic essay. She wrote one hundred words on one topic, with three and a half pages of references. She wrote without a computer; she didn't even have a typewriter. What a writer! Nobody had ever seen such a thing. There hasn't been another writer of her quality since she graduated.

Noun Determiners
(Adjectives: Demonstrative Adjectives)

Chapter 2.B.2.a, page 45–46

Ejercicio 2.14   Llene cada espacio en blanco con todas las posibilidades.

este, esta, estos, estas, ese, esa, esos, esas, aquel, aquella, aquellos, aquellas

1. ¿De quién es *este* automóvil?   **2.** ¿Para quién son *estos* mensajes?   **3.** ¿Por qué viajan por *esas* carreteras?   **4.** ¿Te acuerdas de *aquella* mañana?   **5.** ¿Por qué no paramos en *aquella* gasolinera?   **6.** *Este* mapa no nos sirve para nada.
7. ¿Ves *aquellas* montañas? No paremos hasta llegar allá.

Ejercicio 2.15   Traduzca.

1. Are those books new?   **2.** These apples are for you (*fam. sing.*).   **3.** That class does not cover these topics.   **4.** These students are very good.   **5.** That man is a friend.   **6.** Those days are unforgettable.

Noun Determiners
(Adjectives: Possessive Adjectives)

Chapter 2.B.2.b, pages 46–47

Ejercicio 2.16   Llene cada espacio en blanco con todas las posibilidades.

mi, mis, mío, mía, míos, mías;
tu, tus, tuyo, tuya, tuyos, tuyas;
su, sus, suyo, suya, suyos, suyas;
nuestro, nuestra, nuestros, nuestras;
vuestro, vuestra, vuestros, vuestras

1. Ésa es _____ casa.   **2.** _____ coche es más económico que el mío.   **3.** _____ problemas no se pueden resolver en un día.   **4.** _____ manos son más grandes que las mías.   **5.** ¿Tienes las llaves _____ ahí?   **6.** ¿Cuántos amigos _____ vienen?
7. Espero que _____ familia haya pasado un fin de semana fantástico.

Ejercicio 2.17   Traduzca.

1. My cousins are coming today.   **2.** Did your brother call (*fam. sing.*)?   **3.** His arm is swollen.   **4.** Their books are wet.   **5.** She gave me her ring.   **6.** She is a friend of mine.   **7.** This pen is mine.

Noun Determiners
(Adjectives: Forms of Descriptive Adjectives)

Chapter 2.B.2.c, pages 47–49

Ejercicio 2.18   Haga los cambios necesarios para que el adjetivo concuerde con el nombre.

1. la casa (verde)   2. la casa (blanco)   3. la casa (azul)   4. el político (respetable)
5. el político (izquierdista)   6. el político (prometedor)   7. la profesora (severo)
8. la maestra (comunista)   9. los niños (feliz)   10. los vecinos (gritón)

Noun Determiners
(Adjectives: Position of Descriptive Adjectives)

Chapter 2.B.2.d, pages 49–53

Ejercicio 2.19   Vuelva a escribir las frases siguientes usando el adjetivo entre paréntesis para modificar el nombre en negrilla. Luego traduzca la frase al inglés.

1. La **vez** que fui a Madrid fue en 1992. (primera)   2. ¡**Gracias!** (Muchas)
3. Luisito no tiene **dinero.** (tanto)   4. Somos **hermanos.** (medio)   5. Tráeme un **cuchillo,** por favor. (otro)

Ejercicio 2.20   Vuelva a escribir las frases siguientes usando el adjetivo entre paréntesis para modificar el nombre en negrilla. Puede haber más de una posibilidad. Haga todos los cambios necesarios.

1. Ese hombre vende **muebles.** (antiguos)   2. La **gente** no siempre es infeliz. (pobre)   3. A esa **millonaria** la persiguen los periodistas. (pobre)   4. Te presento a Guzmán, un **amigo;** hoy es su cumpleaños—cumple dieciocho años. (viejo)
5. Desde que construyeron el **garaje,** ya no usan el viejo. (nuevo)   6. Te presento a mi **vecino.** (nuevo)   7. Mi **esposa** está de viaje. (linda)   8. Cornell es una **universidad.** (grande)   9. Charlie Chaplin fue un **actor.** (grande)   10. En esta tina, el **agua** se abre aquí. (caliente)   11. Subimos a la **torre** de la biblioteca. (alta)
12. Está enamorado de tu **hermana.** (bella)   13. Cruzaron el **río** Amazonas. (ancho)   14. Visitaron la **catedral** de Gaudí. (impresionante)   15. Ésta es la **oportunidad** que tendremos. (única)   16. Me gustan las **casas.** (blancas)
17. Las **nubes** flotaban como algodón por el valle. (blancas)   18. Era un cielo extraño: abajo había **nubes (1),** y arriba **nubes (2).** [(1) blancas, (2) negras]
19. Esa película es de un **director.** (español)   20. Se le veía un **aire** de inseguridad. (cierto)   21. Sabían que eran **acusaciones.** (ciertas)

22. Tenía la **capacidad** de hacer que todos se sintieran a gusto. (rara)   **23.** Era un **sonido** que nadie podía identificar. (raro)   **24.** Te voy a decir la **verdad.** (pura) **25.** Es un disco de **fidelidad.** (alta)   **26.** Querían estar en Sevilla para la **Semana.** (Santa)   **27.** La mejor solución es usar nuestro **sentido.** (común)

Ejercicio 2.21   Traduzca al inglés de una manera que explique claramente la diferencia entre los dos usos del adjetivo en cada caso.

1. Fuimos a diferentes lugares. Fuimos a lugares diferentes.   **2.** Es un buen político. Es un político bueno.   **3.** Ese auto me causó puros problemas. Busca la vida pura.   **4.** Tenemos raros momentos de satisfacción. Es un platillo raro. **5.** Me tomó media hora. Eso se hacía en la Edad Media.   **6.** Es el único problema. Es un problema único.

Noun Determiners (Adjectives: Comparisons)

Chapter 2.B.2.e, pages 53–56

Ejercicio 2.22   Llene el espacio en blanco con lo necesario para establecer una comparación. Cada espacio puede necesitar más de una palabra.

1. Beto come más ruidosamente _que_ nadie.   **2.** Sabina es más lista _que_ Raúl. **3.** Elsa gana menos dinero _que_ tú.   **4.** Hay más _de_ veinte árboles aquí. **5.** Me diste menos _de_ la mitad.   **6.** Mi bicicleta es mejor _que_ la tuya. **7.** Hace más frío _de lo que_ esperaba.   **8.** Llovió menos _de lo que_ creíamos.   **9.** Nunca ganaré tanto dinero _como_ Héctor.   **10.** Ese coche es _tan_ bello como éste. **11.** Esa niña grita más _que_ las demás.   **12.** Había menos _de_ cinco jugadores en la cancha.   **13.** Ese examen no fue tan fácil _como_ los otros.   **14.** Compré más servilletas _de las que_ necesitábamos.   **15.** Hay más servilletas _que_ invitados. **16.** Tengo menos trabajo _de lo que_ esperaba.   **17.** Elvira trabaja _tanto_ como su hermano, pero no gana _tanto_ dinero como él. Y a mí me parece que él no es _tan_ listo como ella.

Ejercicio 2.23   Escriba tres comparaciones para cada serie de dos elementos, una con **más,** otra con **menos** y otra de igualdad (con **tan** o **tanto**).

1. España y México.   **2.** Los Estados Unidos e Hispanoamérica.   **3.** Las culturas hispanas y las culturas anglosajonas.   **4.** El amor y el odio.   **5.** La televisión y el cine.   **6.** La escuela y la universidad.   **7.** Los niños y los adultos.

Chapter 2   Review

Ejercicio 2.24   Llene los espacios en blanco con la traducción de lo que se encuentra entre paréntesis, con su selección de las opciones ofrecidas, o con lo que le parezca lógico para el contexto. Si no debe ponerse nada en el espacio en blanco, use el símbolo "Ø".

Hace como veinte años yo fui a estudiar a _____ Estados Unidos para obtener _____ licenciatura en _____ (un/una) universidad allá. _____ primer año lo pasé con muchísimos contratiempos causados por _____ inglés *(caused by English)*, idioma que en _____ entonces *(at that time, back then)* yo casi no hablaba y mucho menos comprendía. Tuve que tomar _____ (un/una) examen para demostrar cuánto inglés sabía, y qué clases necesitaba tomar para poder comprender _____ (los/las) conferencias y hacer todos _____ (los/las) trabajos escritos durante _____ *(my)* futuros estudios en _____ *(that)* universidad. Se me hizo muy difícil comprender _____ (estas/aquellas) conferencias de biología, dadas en _____ (un/una) enorme salón con otros cientos de estudiantes que, al igual que yo, estaban en _____ *(their)* primer año. Recuerdo que casi no podíamos ver _____ *(the)* profesor si no teníamos _____ *(the)* suerte de sentarnos hacia _____ *(the)* frente del salón, cosa que yo siempre trataba de hacer pues se me facilitaba así entender mejor lo que él decía.

_____ *(Some of my)* recuerdos más gratos de _____ *(that first year)* fueron de _____ *(my new friends)* allá, por medio de los cuales pude comprender y aprender un poco sobre _____ *(the culture of that country)* donde iba a vivir durante _____ *(so much time)*. No es por nada, pero de verdad que la mía fue _____ *(a unique experience)* comparada con _____ *(the one)* de muchos que _____ *(were better prepared than I was)*. Imagínate _____ *(that type)* de estudiante que se la pasa perdiendo el tiempo, yendo a fiestas cada semana, y dejando _____ *(their)* trabajo para último minuto, _____ (ese/este) mismo que se queja _____ *(more strongly than anyone)*. En realidad puedo decir que aproveché _____ *(my)* tiempo en Estados Unidos. El último año ya _____ *(English)* era parte de _____ *(my daily life)*; podía hacer todos los trabajos _____ *(without a problem)* y salí _____ *(as well as my friends)* en todas las clases que tomé.

¿Qué fue _____ *(the best [thing])* de haber estudiado allá? Creo que fue el haber conocido _____ *(another culture)* y el haber compartido _____ *(mine)* con _____ *(many other foreign students)* cuyos intereses y experiencias eran a veces diferentes y otras similares a los míos. _____ (El/Lo) bueno fue haber visto en persona _____ *(the great melting pot* [crisol]*)* de razas y culturas en un ámbito estudiantil y con todos nosotros llenos de esperanzas para _____ *(a better international future)*. Por eso, hija mía, yo estoy contentísima de _____ *(your)* interés en estudiar _____ *(abroad)* y apoyo tu decisión.

ATAJO

Phrases: Comparing and contrasting; Describing people

Vocabulary: Body; Family members; Nationality; Personality; People

Grammar: Adjective agreement; Article; Nouns: Irregular gender

Ejercicio 2.25 Temas de ensayo y de práctica oral.

a. Ensayo

Prestando atención al uso de artículos y adjetivos, y a la forma, género y número de los nombres, escriba un párrafo sobre uno de los temas siguientes:

1. describa a su mejor amigo

2. compare a dos de sus amigos

3. describa a su familia

b. Práctica oral

1. Hable con un amigo hispano, y pídale que le describa a los diferentes miembros de su familia. Preste atención para oír cómo los describe, qué adjetivos y artículos usa, y cómo usa la **a** personal, y si nominaliza algunos adjetivos. Luego, hágale preguntas más específicas para comparar a los miembros de su familia, practicando sus adjetivos, comparativos, y superlativos. Por ejemplo: De tus hermanos, ¿cuál es el más atlético (o la más atlética)? ¿qué deportes le gustan al (a la) menor? ¿y al (a la) mayor? ¿En tu familia, hay alguien que sea más valiente, más original, más listo, más orgulloso, etc. que los demás? ¿Qué miembro de tu familia baila/canta/cocina mejor? etc.

2. En clase, descríbales a sus compañeros la familia de su amigo hispano. Preste atención a los adjetivos, artículos, **a** personal, comparativos y superlativos.

3. Conversación informal. Comparen en grupos sus experiencias de viaje. Presten atención a los adjetivos, artículos, **a** personal, comparativos y superlativos.

4. Debate. La mejor mascota. Hagan un debate en clase sobre los gatos y los perros. Comparen las cualidades de estos animales, y lo que hace que unos sean mejores que otros como mascotas. Presten atención a los adjetivos, superlativos y comparativos.

(continued)

5. Encuesta. Fuera de clase, haga una encuesta *(poll)* informal entre estudiantes y profesores hispanos sobre el racismo y el etnocentrismo que han presenciado en su vida. Tome apuntes para preparar un informe *(report)* para la clase. Preste atención a los adjetivos, artículos, **a** personal, comparativos y superlativos.

Chapter 3 Pronouns

A Personal Pronouns (Definitions)

Chapter 3.A.1, pages 60–62

Ejercicio 3.1 Conceptual Questions.

What is a pronoun? What is its relationship with a noun? What type of grammatical functions can it have in a sentence? What other types of words can behave this way? What different types of pronouns exist?

Personal Pronouns (Subject Pronouns)

Chapter 3.A.2, pages 63–66

Ejercicio 3.2 Decida si se necesita pronombre sujeto o no.

1. —¿Cuándo salieron? —[Nosotros / Ø] salimos a las siete.   **2.** —¿Quién está ahí? —Soy [yo / Ø].   **3.** —¿Qué hacen? —[Ellos / Ø] están comiendo.   **4.** Mis vecinos sacaron la basura, pero [yo / Ø] no me acordé.   **5.** ¿Tendrías [tú / Ø] tiempo de ayudarme?   **6.** —¿Por qué no está Luis? —[Él / Ø] está enfermo.

Ejercicio 3.3 Traduzca, prestando atención al sujeto: ¿necesita pronombre en español? (*you* = tú)

1. I bought a book.   **2.** It is in José's room.   **3.** We are going to study together this afternoon.   **4.** You have to start your assignments *(tareas)* for tomorrow.
5. They [your assignments] are long.   **6.** I know you studied, but I have not finished yet.   **7.** María is here; she wants to talk to you.

Ejercicio 3.4 En el próximo párrafo hay varios momentos de ambigüedad y de repetición innecesaria. Añada *(Add)* los pronombres que faltan y tache *(cross out)* los innecesarios.

Mike y Luisa han sido novios desde hace ya cinco años. Ellos se quieren mucho y ellos se van a casar. Tiene seis años más que ella, pero parece más madura que él. Desde niña había soñado con una boda maravillosa, con toda su familia y sus amigos presentes. Pero no quiere lo mismo que ella: prefiere una boda muy privada, en que sólo estén ellos dos, y dos testigos.

Personal Pronouns (Direct Object Pronouns)

Chapter 3.A.3, pages 67–69

Ejercicio 3.5   Reemplace **la comida** con un pronombre y vuelva a escribir la frase.

1. Traigan la comida. (mandato)   **2.** Quiero guardar la comida.   **3.** He guardado la comida.   **4.** Están cocinando la comida.   **5.** Compramos la comida.   **6.** No toques la comida. (mandato)

Ejercicio 3.6   Vuelva a escribir la frase reemplazando el objeto directo con un pronombre.

1. Veo a mi vecina por esta ventana.   **2.** Llevé a mis hijas al banco.   **3.** No conocen a la maestra.   **4.** Josefina es un poco extraña; nadie entiende a Josefina.
5. Los vecinos miraban a la muchacha mientras barría la calle.   **6.** El vendedor llamó a la clienta.   **7.** Oían a la niña cantar.   **8.** Oían a la niña cantar la canción.
9. Buscaron a la asesina.   **10.** Encontraron a la doctora.   **11.** Invitaron a Anita al baile.   **12.** Extraño a mi madre.

Ejercicio 3.7   Vuelva a escribir la frase reemplazando el objeto directo con un pronombre.

1. Veo a mi vecino por esta ventana.   **2.** Llevé a mis hijos al banco.   **3.** No conocen al maestro.   **4.** Roberto es un poco extraño; nadie entiende a Roberto.
5. Los vecinos miraban al muchacho mientras barría la calle.   **6.** El vendedor llamó al cliente.   **7.** Oían al niño cantar.   **8.** Oían al niño cantar la canción.
9. Buscaron al asesino.   **10.** Encontraron al doctor.   **11.** Invitaron a Panchito al baile.   **12.** Extraño a mi padre.

Ejercicio 3.8   En el próximo párrafo hay mucha repetición innecesaria. Encuentre los nombres que son objeto directo, tache (*cross out*) los que son innecesarios y reemplácelos con pronombres.

Tengo la costumbre de observar a mis vecinos. Ayer vi a mis vecinos llegar en su coche: habían comprado plantas nuevas; sacaron las plantas del coche y dejaron las plantas en la tierra cerca de la casa porque no podían ponerse de acuerdo sobre dónde poner las plantas. Ella quería meter las plantas en la casa. Él le dijo que prefería dejar las plantas fuera. Ella dijo que el frío de la noche iba a matar las plantas, y él le contestó que era necesario acostumbrar las plantas a los cambios de temperatura. La situación era típica, y terminó como siempre: ella miró mal a su marido y se fue, y él se encogió de hombros y siguió con lo que hacía como si nada. Después de una hora ella llamó a su marido para que entrara a cenar. Yo podía oír sus risas mientras platicaban durante la cena.

Personal Pronouns
(Direct and Indirect Object Pronouns)

Chapter 3.A.3-4, pages 67–71

Ejercicio 3.9 Junte las partes para formar frases completas. Reemplace los nombres en negrilla con el pronombre adecuado.

1. los turistas / miraban / **a los indígenas**   **2.** el policía / dijo / **al vagabundo /** que se tenía que ir   **3.** regaló / **sus libros viejos / al asilo**   **4.** mandaron / **el paquete / a su familia**   **5.** el abuelo / contó / **el cuento / a sus nietos**
6. hicieron / **la cama / a los huéspedes**   **7.** el padre / quitó / **la llave / a su hijo**
8. mi amigo / pidió / **el dinero / a su tía**

Ejercicio 3.10 Traduzca.

1. I beat him.   **2.** I won it (it = the money = *el dinero*).   **3.** They robbed him.
4. They stole it (it = the money = *el dinero*).   **5.** We believe him.   **6.** We believe it.   **7.** They hit him.   **8.** They glued it (it = the map = *el mapa*).   **9.** I paid her.
10. I paid it (it = the bill = *la cuenta*).

Ejercicio 3.11 Siga escribiendo sobre el tema con el contexto indicado en la primera frase, usando los elementos entre paréntesis y haciendo las transformaciones necesarias para evitar la repetición.

MODELO: El candidato dio su presentación ayer. (observamos / al candidato mientras hablaba, / reconocimos / al candidato / como el mejor / y / dijimos / al candidato / que recomendaríamos / al candidato / para el puesto)

El candidato dio su presentación ayer. **Lo** *observamos mientras hablaba,* **lo** *reconocimos como el mejor y* **le** *dijimos que* **lo** *recomendaríamos para el puesto.*

1. Luisa es una amiga mía que va a estudiar a España durante un año. (conozco / a Luisa / desde hace cuatro años. / vi / a Luisa / ayer / y / hablé / a Luisa / de su año en el extranjero; prometí / a Luisa / que / escribiría / a Luisa / durante su ausencia)

2. El hijo de la señora Ruiz no llegó a su casa en toda la noche. (La señora Ruiz / llamó / a su hijo / a su teléfono celular / y / preguntó / a su hijo / por qué no / había hablado / a ella / de sus planes; / regañó / a su hijo / por su irresponsabilidad; / él / pidió / a ella / que / perdonara / a él)

(continued)

3. Su adorado perrito nuevo había desaparecido. (Habían estado buscando / al perrito / desde hacía varias horas / cuando por fin oyeron / al perrito / llorando / y / encontraron / al perrito / medio enterrado en el barro; / sacaron / al perrito / y / llevaron / al perrito / a casa donde / dieron / al perrito / un baño)

Ejercicio 3.12   Vuelva a escribir el próximo párrafo usando los pronombres correctos.

Conocí a Elena el primer día que llegué a la universidad, cuando vi (a ella) en el cuarto que íbamos a compartir como compañeras de cuarto. Saludé (a ella) y dije (a ella) que estaba contenta de conocer (a ella). Ella abrazó (a mí) y contó (a mí) con mucho entusiasmo sus planes para la universidad. Poco a poco llegué a conocer (a ella) y cada vez encontraba (a ella) más simpática. Hasta el día en que entró en nuestra vida Julio. Yo vi (a él) primero, un día de frío intenso, en la cafetería, y me enamoré a primera vista. Conté (a ella) de mi experiencia, y lo único que ella quería era conocer (a él), supuestamente por mi bien, para animarme más. Pues no fue así: cuando ella vio (a él) por primera vez, ella quiso (a él) también, y él parecía querer (a ella) de la misma manera. Yo me quedé congelada, mirando (a ella) primero, luego (a él), en unos segundos que parecieron durar una eternidad. Después, dije (a ella) que yo había visto (a él) primero, y que ella no tenía el derecho de quitarme (a él). Como yo nunca había dicho (a él) lo que sentía, sin embargo, y ellos dos evidentemente compartían el mismo sentimiento de amor, yo ya había perdido. Y lo sabía. Ahora, después de muchos años, quiero (a ellos) a los dos, y visito (a ellos) y a su familia cada vez que puedo: están casados y tienen cuatro hijos. Yo nunca me casé, y así me gusta.

Personal Pronouns (Required Repetitive Object Pronouns)

Chapter 3.A.5, page 72

Ejercicio 3.13   Llene el espacio en blanco con un pronombre repetitivo de objeto directo o indirecto si se necesita. Si no se necesita nada, use el símbolo "Ø."

1. Ayer _____ compré el pan.   **2.** El pan _____ compré ayer.   **3.** Esta tarde _____ vi a Juan en la tienda.   **4.** A Juan _____ vi en la tienda esta tarde.   **5.** El correo _____ llegó hace media hora.   **6.** Hace media hora que _____ llegó el correo.   **7.** Marta _____ bañó al niño.   **8.** Al niño Marta _____ bañó.   **9.** Toda la gente _____ vio el globo.   **10.** Anoche _____ terminé todos.   **11.** Mañana _____ enviaremos el regalo a Marieta.   **12.** No _____ digas a Juan el secreto.   **13.** Nunca _____ cuentes todo a tus amigos.   **14.** Ese día _____ regañaron a todos nosotros.   **15.** Con esa lluvia _____ crecerán todas las plantas.

Personal Pronouns
(Order of Object Pronouns When Combined)

Chapter 3.A.6, page 73

Ejercicio 3.14   Conteste afirmativamente, reemplazando las palabras en negrilla con pronombres, y haciendo los demás cambios necesarios.

1. ¿Te dio **los regalos?**   **2.** ¿Les enseñaste **la cosecha a los vecinos?**   **3.** ¿Te contó **la noticia?**   **4.** ¿Le dijiste **el secreto a Socorro?**   **5.** ¿Se limpiaron ustedes **las botas?**   **6.** ¿Os enviaron **la carta?**

Personal Pronouns (Position of Object Pronouns)

Chapter 3.A.7, pages 74–75

Ejercicio 3.15   Conteste las preguntas siguientes en el afirmativo, reemplazando las palabras en negrilla con el pronombre adecuado si se necesita pronombre. No use los nombres en negrilla en sus respuestas. No use pronombre si no se necesita.

1. ¿Están preparando **la cena?**   **2.** ¿Le pudieron vender **la casa a ese cliente?** **3.** ¿Le va a hacer **los mandados a su mamá?**   **4.** ¿Le has mandado **el libro a Nilda?**   **5.** ¿**La casa** está pintada?   **6.** ¿Te gustó **el restaurante?**   **7.** ¿**Joaquín** le dio **las flores a Marina?**   **8.** ¿Se habla **español?**

Personal Pronouns (Prepositional Object Pronouns)

Chapter 3.A.8, pages 75–77

Ejercicio 3.16   Traduzca al español. (*you* = tú)

1. This is for you.   **2.** According to her, it was wrong.   **3.** They were looking at him.   **4.** They were looking for him.   **5.** This is between him and me.   **6.** Her children are like her.   **7.** I am talking about you.   **8.** Sing with me.   **9.** I will sing with him.   **10.** She took it away with her.

Personal Pronouns (Review 1)

Ejercicio 3.17 El párrafo siguiente contiene mucha repetición: tache (*cross out*) los pronombres repetitivos innecesarios, ya sean sujeto, objeto directo u objeto indirecto.

Para Navidad yo siempre he querido ir a la playa, porque desde niña mi padre me acostumbró a mí a celebrar este día lejos de la sociedad materialista, en un rito de comunión con la naturaleza y el universo. Mi hermana, mi padre y yo, nosotros íbamos a quedarnos una semana en la playa, y desde el día en que nosotros llegábamos, nosotros empezábamos a juntar leña en un lugar que mi padre escogía en la playa, donde hubiera un enorme tronco para descansar. Nosotros juntábamos leña por toda la playa cada día antes de la Nochebuena, y esa noche, cuando el resto de la gente en el hotel estaba celebrando con grandes banquetes y bailes, nosotros salíamos a escondidas por detrás, nosotros íbamos en la oscuridad a encontrar nuestro sitio escogido, y allí nosotros nos instalábamos para pasar la noche en la playa. Nosotros encendíamos la hoguera con la leña que nosotros habíamos juntado, y nosotros nos recargábamos contra el tronco a mirar el cielo y el mar. En el cielo brillaban las estrellas, y en el mar se veían las luces que echaban unos pececitos minúsculos. Era un espectáculo realmente impresionante. Las olas producían un ritmo que nos calmaba a nosotros. De vez en cuando mi padre rompía el silencio, y él nos contaba a nosotros de sus experiencias como vaquero, o él nos recitaba a nosotros uno de sus poemas, o él nos cantaba a nosotros una canción y él nos pedía a nosotros que nosotros cantáramos también. Son momentos que yo jamás olvidaré. Y por eso ahora que ya yo soy mayor y que mi padre ha muerto, cada vez que llega la época de Navidad, yo me dirijo hacia una playa.

B *Se* (Reflexive Pronouns)

Chapter 3.B.2, pages 78–80

Ejercicio 3.18 Traduzca, usando verbos reflexivos. (*you* = tú)

1. We noticed his smile.   **2.** He fell in love with her.   **3.** We worry about you.
4. They found out about the accident the next day.   **5.** I took off my clothes.
6. She stayed there.   **7.** We complained about the time.   **8.** He said good-bye to his family.   **9.** They realized it was late.   **10.** They never got used to the weather.
11. He does not dare knock at the door.   **12.** They look like their mother.

Ejercicio 3.19   Reemplace el nombre objeto directo de las siguientes frases con un pronombre, y luego añada una segunda parte de la frase que sea reflexiva. Use los pronombres que necesite para marcar el énfasis.

MODELO: Veo **a mi hermano.** (…y a mí también…)

Lo veo a él y me veo a mí mismo también.

1. Conocemos **a Isabel.** (…pero a nosotros mejor…)   **2.** Oyes **a tus compañeros.** (…y a ti al mismo tiempo…)   **3.** Roberto respeta **a sus padres.** (…y a Roberto también…)

Ejercicio 3.20   Vuelva a escribir el párrafo siguiente llenando los espacios en blanco con el pronombre que se necesite: puede ser reflexivo o no. Si no se necesita nada, escriba el símbolo "Ø". Si el pronombre va conectado al verbo, el número precede al verbo.

Esa mañana los pájaros **(1)** _____ despertaron a Marisol. Después de **(2)** estirar_____, **(3)** _____ levantó, **(4)** _____ cepilló los dientes y **(5)** _____ bañó. Después del baño, **(6)** _____ secó **(7)** _____, **(8)** _____ maquilló con mucho cuidado, y **(9)** _____ peinó **(10)** _____ de la manera más sencilla. **(11)** _____ miró **(12)** _____ en el espejo por buen rato, para asegurar **(13)** _____ de que todo estuviera perfecto: este día iba a tener la entrevista de trabajo más importante de su vida, y **(14)** _____ sentía muy nerviosa. **(15)** _____ conocía **(16)** _____ muy bien, y **(17)** _____ sabía que si no estaba perfectamente presentable, no estaría cómoda en la entrevista. La compañía que **(18)** _____ iba a entrevistar **(19)** _____ había llamado **(20)** _____ la semana anterior para hacer cita para ese día. La madre de Marisol y la dueña de la compañía **(21)** _____ conocían **(22)** _____ desde antes de que ella naciera, y fue así que Marisol consiguió la cita. Ahora tenía miedo de quedar mal con su madre, porque **(23)** _____ sentía que si no conseguía el trabajo, iba a **(24)** desilusionar_____. Ambas eran mujeres fuertes: Marisol y su madre **(25)** _____ conocían bien a sí mismas, pero no **(26)** _____ conocían **(27)** _____.

Se (*Se me* Construction: Accidental or Irresponsible *Se*)

Chapter 3.B.3, pages 80–83

Ejercicio 3.21   Vuelva a escribir estas frases usando el **se** accidental.

1. Olvidamos nuestra cita.   **2.** Quemé los plátanos.   **3.** Perdimos nuestras llaves.
4. Mojaron su pelo.   **5.** Rompiste tu taza.

Ejercicio 3.22   Traduzca las frases siguientes usando el **se** accidental y el verbo indicado. (*you* = tú)

1. He left his book. *(quedársele a uno)*   **2.** Our clothes got wet. *(mojársele a uno)*
3. I ran out of coffee. *(acabársele a uno)*   **4.** Your papers fell. *(caérsele a uno)*
5. She forgot her notes. *(olvidársele a uno)*   **6.** Their plates broke. *(rompérsele a uno)*

Ejercicio 3.23   Llene el espacio en blanco con lo que falta para completar la frase, usando el modelo como base.

MODELO: A Marta se **le** olvidó el libro.

1. A Jorge se _____ perdió el paraguas.   **2.** A nosotros se _____ rompió el jarro.
3. A mí se _____ cayó el guante.   **4.** Se _____ quemaron los frijoles a ti.   **5.** A los niños se _____ cierran los ojos.

Ejercicio 3.24   Conjugue el verbo en la forma correcta del pretérito.

1. Se nos (olvidar) los regalos.   **2.** A ti se te (olvidar) las llaves.   **3.** A la niña se le (bajar) los calcetines.   **4.** A mí se me (romper) la silla.   **5.** A los vecinos se les (ir) la electricidad.

Ejercicio 3.25   ¿Qué pasó? Describa las situaciones siguientes usando el **se** accidental o irresponsable.

MODELO: Ayer compraste un reloj, pero ahora no lo encuentras.
      Se te perdió el reloj.

1. Ayer teníamos una cita, pero no fuimos porque no la habíamos marcado en el calendario.   **2.** El plato que compraste lo dejaste caer accidentalmente al piso y ahora está roto.   **3.** La cena que estaba preparando Beto está ahora toda negra, carbonizada.   **4.** Ayer no pude terminar mi trabajo para la clase: no había luz en mi casa.   **5.** Estabas jugando al fútbol y ahora tus zapatos están todos sucios.
6. No tenemos nuestros guantes: los dejamos por error en casa.

Personal Pronouns (Review 2)

Ejercicio 3.26   *(Subject, Direct Object, Indirect Object, Prepositional Object, Reflexive, Accidental Se)* El siguiente texto está lleno de repetición excesiva: decida cuáles de las palabras en negrilla necesitan guardarse o no, o sustituirse con un pronombre.

Yo fui estudiante de intercambio hace unos años en México, y cuando **yo** estuve allá, **yo** viví con los Rodríguez, una familia muy simpática y generosa que **yo** nunca olvidaré. Un día cuando **yo** estaba viviendo con **los Rodríguez, ellos se** ganaron la lotería, y la vida **se** puso de repente más compleja. Cada uno de **los Rodríguez** quería algo diferente.

Don Carlos, el padre, **él** quería jubilarse porque **él** quería poder pasar más tiempo con la familia; **a él se le** había ocurrido también comprar un yate para que todos pudieran divertir**se** paseándo**se** por el mundo.

Doña Julia, la madre, **ella** nunca había trabajado más que para su familia, y en realidad **ella** no tenía ambiciones. **Ella** deseaba que no **le** faltara nada a ninguno de sus hijos, y **ella** esperaba que el dinero sirviera ese propósito. **Ella** prefería no gastar **el dinero** en nada, sino más bien depositar **el dinero** en el banco. En realidad, **a ella** no **le** gustaba el dinero, **el dinero** representaba para **Doña Julia** una maldición, y **ella** hasta **le** tenía un poco de miedo **al dinero.**

Los hijos, Carlitos, Matilde y Rosita, **ellos** tenían cada uno de ellos un plan distinto.

Carlitos, el mayor, **él** ya **se** había graduado de la universidad, y **él** estaba buscando trabajo en diferentes bufetes de abogados, pero **él** no había conseguido nada aún. **Él** seguía viviendo con la familia. **Él** se imaginaba que el dinero **le** podría servir **a él** para abrir su propio bufete, y así **él** podría empezar a trabajar solo y ganar suficiente dinero para poder casar**se.**

Matilde estaba todavía en la universidad: **ella** estudiaba medicina. **Ella** era modesta, y **ella** no tenía ningún plan personal para el dinero, sino que veía **el dinero** como un premio para sus padres. **Ella** esperaba que con **este dinero sus padres** pudieran vivir más a gusto. **Sus padres** habían sacrificado tanto para **Matilde** y sus hermanos, que ahora **ellos** se merecían un descanso. **Ella** siempre había sido muy generosa, y **ella** pensaba en los problemas de otros en vez de los suyos. Por ejemplo, una vez, cuando **ella** trabajaba de voluntaria en una escuela de niños pobres, un niño no tenía bastante dinero para comprar**se a sí mismo** los zapatos del uniforme de la escuela, y entonces **ella** usó su propio dinero para comprarle **los zapatos al niño.**

Rosita era la más ambiciosa de todos: para **Rosita** este dinero representaba la liberación posible de toda dependencia. **Ella** quería su parte del dinero para conseguir**se a sí misma** un apartamento y vivir lejos de la familia, independiente y libre. **Yo** conocía mejor **a Rosita** que a los demás, porque **ella** era compañera mía en el colegio y **nosotros** compartíamos la misma habitación en su casa. **Rosita me** contaba **a mí** sus planes de manera muy emocional. Cuando **yo la** escuchaba **a ella, yo** podía ver la pasión que **la** impulsaba **a ella.**

Se (Impersonal Se)

Chapter 3.A.4, pages 84–88

Ejercicio 3.27   Traduzca usando el **se** impersonal.

1. The house was sold. When was it sold?   **2.** One tans easily in the Caribbean.
3. The employees were fired. Why were they fired?   **4.** They were not told.
5. You do not say that in public.

Ejercicio 3.28   Las frases que siguen usan la estructura impersonal; escoja la forma correcta del verbo.

1. En algunas partes del mundo hispano se (toma / toman) una siesta por la tarde.   **2.** En esa tienda se (habla / hablan) español.   **3.** A los niños se les (dijo / dijeron) que no salieran de noche.   **4.** En esa época, se (mataba / mataban) a los criminales.   **5.** Al presidente se le (recibió / recibieron) con gran aplauso.
6. A los estudiantes se les (mandó / mandaron) la información en verano.   **7.** Al gerente se le (anunció / anunciaron) los cambios hace mucho.   **8.** Se (vende / venden) libros.   **9.** Aquí no se (acepta / aceptan) cheques personales.   **10.** A la jefa ya se le (dio / dieron) las noticias.

Ejercicio 3.29   Traduzca haciendo los cambios necesarios para usar la estructura más natural en español.

1. He was awakened by the noise.   **2.** Naps are taken at noon.   **3.** We were brought up *(criar)* by our mother.   **4.** You were rescued *(rescatar)* by the lifeguard *(salvavidas)*.   **5.** I was moved by the speech.   **6.** She was sent to the hospital.
7. Bread was made at home in those days *(en aquel entonces)*.   **8.** The passive is hardly ever *(casi nunca)* used in Spanish.   **9.** The pizza was just delivered.
10. A message was left on the door.

Ejercicio 3.30   Complete el diálogo siguiente conjugando en el presente del indicativo los verbos entre paréntesis para el **se** impersonal según el contexto lo requiera.

> **JOSEFA:** ¿Qué se (**1.** necesitar) para la cena de mañana? ¿Lo tienes todo? Pienso salir en unos minutos y puedo comprarte lo necesario.
>
> **MARTA:** Creo que lo tengo todo pero no sé cómo se (**2.** preparar) una tortilla de patatas a la española.
>
> **JOSEFA:** Bueno, pues se (**3.** necesitar) como 8 huevos, 1 kilogramo de patatas y poco menos de medio litro de aceite.

MARTA: ¿Cuánto es un kilogramo?

JOSEFA: Como 2.2 libras.

MARTA: Déjame apuntarlo todo en un papel.

JOSEFA: Según recuerdo, primero se (**4.** lavar) las patatas ya peladas, luego se (**5.** secar), y se (**6.** cortar) en láminas bien finitas. Se (**7.** poner) a calentar el aceite en tu sartén más grande y entonces se (**8.** freír) las patatas. Se les (**9.** poder) echar un poco de sal. Cuando ya estén fritas o casi doradas, se (**10.** separar) y se (**11.** poner) a escurrir en un colador. Se le (**12.** sacar) el aceite que sobre en el sartén.

MARTA: ¿Puedo usar otra sartén en vez?

JOSEFA: Seguro, si tienes más de uno. Continúo con la receta, en un tazón aparte se (**13.** batir) los huevos y se (**14.** poner) un poco de sal; en el mismo tazón de los huevos se (**15.** echar) las patatas y se (**16.** mover) con una cuchara o un tenedor. En la sartén que decidas usar se (**17.** poner) como siete cucharadas de aceite para que sólo se cubra el fondo. Cuando se caliente la sartén, se (**18.** vertir) la mezcla de huevos y patatas. Se (**19.** mover) la sartén, y así no se (**20.** pegar) la tortilla. Cuando esté bien dorada, se (**21.** poner) una tapa encima, se (**22.** volcar) la sartén y se (**23.** escurrir) la tortilla de nuevo en la sartén. Hazlo poco a poco y con cuidado de no quemarte.

MARTA: Eso me suena difícil y se me puede caer la tortilla al suelo.

JOSEFA: Esa es la parte más difícil pero ve con cuidado y ya verás. ¿Por dónde iba?

MARTA: Cuando ya se (**24.** haber) cocinado por un lado.

JOSEFA: Bien, entonces se (**25.** volver) a mover la sartén y cuando la tortilla esté lista se (**26.** servir) en un lindo recipiente y eso es todo.

MARTA: Se (**27.** poder) servir fría, ¿verdad? porque la quiero preparar de antemano y guardarla.

JOSEFA: Sí, sí. ¿Tienes los ingredientes? Si quieres, regreso a ayudarte con la tortilla cuando termine lo que tengo que hacer.

Ejercicio 3.31   Traduzca lo que falta, usando el **se** impersonal. (Note that the English verb forms are personal, whereas in Spanish they will be rendered by the impersonal. The translation will not be literal.)

Questions and Answers about obtaining passports and official documents

Preguntas y Respuestas sobre la obtención de pasaportes y documentos oficiales

Q. *Where **can I** get a passport application?*

A. ***You get them** at public offices like Post Offices, City Hall, or municipal offices where passport applications **are accepted**.*

  [Q] ¿Dónde (**1**) _____ conseguir una solicitud para un pasaporte?

  [A] (**2**) _____ en las oficinas públicas, como el correo, el ayuntamiento u oficinas municipales donde (**3**) _____ solicitudes para pasaportes.

Q. *Where **are** the instructions for filling out the passport forms?*

A. *They **are** on the back of the forms.*

  [Q] ¿Dónde (**4**) ____ las instrucciones para llenar las formas?

  [A] (**5**) ____ al dorso de las formas.

Q. *What **should I** do in case of a life or death emergency?*

A. ***Call** the National Passport Information Center (NPIC).*

  [Q] ¿Qué (**6**) ____ hacer en caso de emergencia de vida o muerte?

  [A] (**7**) ____ al NPIC.

Q. *How **do I renew** my passport?*

A. ***You bring in** your expired one, and **we prepare** a new one **for you**.*

  [Q] ¿Cómo (**8**) ____ un pasaporte?

  [A] (**9**) ____ el caducado, y (**10**) ____ uno nuevo.

Q. *My passport was lost or stolen. How **do I get** another one?*

A. ***You apply** in person. **You MUST** turn in Form DS-11. **Do not sign** the form until so **informed**. **You have to** submit a copy of a document of proof of U.S. citizenship.*

  [Q] En caso de pérdida o de robo del pasaporte, ¿cómo (**11**) ____ otro?

  [A] (**12**) ____ en persona. (**13**) ____ entregar la forma DS11. (**14**) ____ hasta que (**15**) ____. (**16**) ____ entregar una copia de un documento de prueba de ciudadanía estadounidense.

Q. How long does it take to get a new one?

*A. **You can** get a new one in a day or two.*

> [Q] ¿Cuánto tiempo toma conseguir uno nuevo?
>
> [A] **(17)** _____ obtener uno nuevo en uno o dos días.

*Q. When **I renew** my passport, **do I get** the old one **back**?*

*A. Yes, **we give you** the old, cancelled passport. **It is a good idea** to keep it in a safe place as it is considered proof of your U.S. citizenship.*

> [Q] Cuando **(18)** _____ un pasaporte, ¿ **(19)** _____ el viejo?
>
> [A] Sí, **(20)** _____ el viejo pasaporte ya cancelado. **(21)**_____ mantenerlo en un lugar seguro pues sirve de prueba de su ciudadanía.

*Q. How **do I find out about** the status of my passport application?*

*A. **Call** the National Passport Information Center (NPIC).*

> [Q] ¿Cómo **(22)** _____ el estado de la solicitud?
>
> [A] **(23)** _____ al NPIC.

*Q. How **do I get** a certified copy of my birth certificate?*

*A. **Contact** the Vital Statistics office in the state in which you were born.*

> [Q] ¿Cómo **(24)** _____ una copia certificada del acta de nacimiento?
>
> [A] **(25)** _____ en contacto con la oficina del Vital Statistics de su estado natal.

*Q. What if there is an error in the passport **I just** received?*

*A. Passport Services **sends you** apologies for the error in your passport. **You must** return the new passport and evidence to document the correct information.*

> [Q] ¿Qué pasa en caso de error en el pasaporte que **(26)** _____ de recibir?
>
> [A] **(27)** _____ disculpas por los errores cometidos. **(28)** _____ devolver el pasaporte nuevo junto con toda evidencia necesaria como prueba para rectificar el error.

Ejercicio 3.32   Temas de ensayo y de práctica oral.

a.   Ensayo

Escriba un párrafo sobre algunos aspectos de su cultura, y cómo se contrasta con otra. Indique lo que se hace y lo que no se hace en su cultura, prestando atención al uso correcto del **se** impersonal. No use la voz pasiva con **ser.**

(continued)

b. Práctica oral

Hable con un compañero sobre sus observaciones de diferencias culturales. Indique lo que se hace y lo que no se hace en su cultura, prestando atención al uso correcto del **se** impersonal. No use la voz pasiva con **ser**.

C Demonstrative and Possessive Pronouns

Chapter 3.C.1–2, pages 88–91

Ejercicio 3.33 Traduzca.

1. That house was more expensive than this one.   **2.** "Which house do you prefer?" "I liked that one better."   **3.** "Give me that." "What? This?"   **4.** My sister is as brave as yours.   **5.** "My parents are coming for graduation. What about yours?" (What about = ¿Y... ?) "Mine are not coming."   **6.** That medicine is his. **7.** "Which towel is yours?" "This one is mine and that one is yours."   **8.** "Whose keys are these?" "These are yours (*formal sing.*), these are his, and these are hers."

D Interrogatives

Chapter 3.D, pages 91–95

Ejercicio 3.34 Traduzca usando los pronombres interrogativos. (*you* = tú)

1. How did they arrive?   **2.** How much sugar do you use?   **3.** Which color do you like?   **4.** Which one do you want?   **5.** How far is the store from here? **6.** Which one is your name? *(on a list)*   **7.** What is your name?   **8.** How many books did you buy?   **9.** How often do you go?

Ejercicio 3.35 Haga una pregunta para obtener como respuesta la palabra en negrilla de la frase.

1. Es un **libro**.   **2.** Lo hice **yo**.   **3.** Tengo **veinte** años.   **4.** Vivo en **España**. **5.** Soy de **México**.   **6.** Cerré la ventana **porque tenía frío**.   **7.** Llegamos **a las diez de la noche**.   **8.** **Éste** es el mío.   **9.** **La diferencia entre las dos películas** es que una es más vieja que la otra.   **10. Bien, gracias**, ¿y tú?

Ejercicio 3.36 Transforme las preguntas directas en indirectas, empezando la frase con lo que hay entre paréntesis. No se olvide de mantener el orden correcto de verbo y sujeto.

1. ¿De dónde son los aztecas? (Quieren saber…) **2.** ¿Cuál es la religión? (Me pregunto…) **3.** ¿Dónde vivían los incas? (Les interesa saber…) **4.** ¿Cuánto dinero gana un arqueólogo? (Quieren averiguar…) **5.** ¿Cómo conoció Romeo a Julieta? (Se le olvidó…) **6.** ¿Quién era el actor? (No recordaba…)

E Exclamatives

Chapter 3.E, pages 96–98

Ejercicio 3.37 Traduzca, usando los exclamativos.

1. What a job! **2.** How pretty! **3.** What an amusing game! **4.** What good coffee! **5.** How fast you run! **6.** How the birds sing! **7.** We loved her so much! **8.** I am so hungry! **9.** We visited so many cousins! **10.** I wish I could fly the way they do!

Ejercicio 3.38 Llene los espacios en blanco con el exclamativo correcto.

1. ¡_____ agua más fría! **2.** ¡_____ se ríen! **3.** ¡_____ delicioso! **4.** ¡_____ ojos tan verdes tienes! **5.** ¡_____ me alegro de que puedas venir a la fiesta! **6.** ¡_____ hermanos tienes! **7.** ¡_____ blanca se ve la nieve! **8.** ¡_____ buena película! **9.** ¡_____ comen esos niños! **10.** ¡_____ suerte!

F Indefinites and Negatives

Chapter 3.F, pages 99–102

Ejercicio 3.39 Traduzca. (*you* = tú)

1. Something fell. **2.** Someone spoke. **3.** I do not see anyone. **4.** Do you need anything? **5.** I do not want anything. **6.** "Maybe one of the neighbors saw him." "No, none of them saw him." **7.** "I went to the movies yesterday." "I did too." **8.** "John could not see." "We could not either." **9.** "Have you ever been to Chile?" "No, I have never been there. Someday I will go. My sister went there once and liked it." **10.** I cannot find my keys anywhere. I know they are somewhere in this room.

G Relative Pronouns

Chapter 3.G, pages 103–109

Ejercicio 3.40 Llene el espacio en blanco con el pronombre relativo que mejor convenga.

1. Hay momentos en la vida _____ no se olvidarán nunca.   **2.** La mujer _____ vive ahí es famosa.   **3.** El libro _____ nosotros compramos era caro.   **4.** _____ me atrae de la universidad es el ambiente intelectual.   **5.** Natalia es _____ sabe bailar el merengue.   **6.** Ésa es la casa en _____ filmaron la película.   **7.** El actor _____ aparece en esa película es muy arrogante en la vida real.   **8.** El político _____ fue elegido no era muy popular, _____ sorprendió a muchos extranjeros. **9.** Llegó y apagó la radio, _____ estaba a todo volumen.   **10.** La razón por _____ hice eso fue que sabía que no me iban a dejar en paz.   **11.** Ésta es la estatua frente a _____ nos besamos por primera vez, ¿te acuerdas?   **12.** Ése es el pueblo _____ calles son las más limpias.   **13.** _____ busca, encuentra.   **14.** _____ me cae bien es Roberto.   **15.** Esa música es _____ tocaban en la película.

Ejercicio 3.41 Traduzca.

1. The person who called asked for you.   **2.** What he gave you was stolen. **3.** I do not like what they do.   **4.** That is the bus I was waiting for.   **5.** The one who sang that song was Rose.

Ejercicio 3.42 Elimine todos los paréntesis, y junte la información en frases completas, usando pronombres relativos cada vez que se necesite para evitar la repetición.

Un amigo mío (se llama Ernesto) me llamó de Florida. Me contó de su perrito (había comprado el perrito hacía tres semanas) (el perrito estaba dormido a su lado). Ernesto me contó que Chico (Ernesto le dio este nombre al perrito) estaba destruyendo el apartamento (¡Ernesto había conseguido el apartamento con tanta dificultad!) (Ernesto había gastado todo su dinero en el apartamento). Pero Ernesto no quería deshacerse de este perrito (el perrito ahora era su mejor amigo). Por eso Ernesto me pidió que le mandara el dinero (él me había prestado el dinero hacía más de un año).

Chapter 3   Review

Ejercicio 3.43   Vuelva a escribir el texto que sigue, llenando los espacios en blanco con pronombres personales, relativos, demostrativos, posesivos, interrogativos, negativos o indefinidos; si no necesita nada para un espacio en blanco, use el símbolo "Ø"; algunos espacios en blanco pueden tener más de una palabra. Si la palabra del espacio en blanco va conectada a la palabra anterior, el número precede la primera palabra.

Los conquistadores llegaron a las Américas a partir del siglo XV. Al **(1)** ver_____ acercarse a sus costas, los indígenas salieron a **(2)** recibir_____ con los brazos abiertos. Nunca se imaginaron que las decoraciones que usaban para adornar sus cuerpos casi desnudos **(3)** _____ interesarían tanto a estos hombres blancos. Tampoco comprendieron por qué **(4)** _____ eran tan crueles ni qué causaba esas fiebres que **(5)** _____ daban a tantos de los suyos y que **(6)** _____ mataban eventualmente.

Bajo el manto de la virtud estos demonios blancos **(7)** _____ dijeron a los indígenas que tenían que creer en otro Dios, **(8)** _____ obligaron a escuchar toda la retórica sobre el bien y el mal que **(9)** _____ imponía la religión católica a cambio de donaciones de sus metales preciosos.

Poco a poco los conquistadores **(10)** _____ llevaron todos los tesoros **(11)** _____ encontraron en su camino, **(12)** _____ destruyeron la naturaleza y el espíritu de los indígenas; a **(13)** _____ quitaron el poder **(14)** _____ tenían, la tierra en **(15)** _____ vivían, las creencias **(16)** _____ practicaban, y muchas veces hasta la vida. **(17)** _____ dejaron sin **(18)** _____, o peor aún, **(19)** _____ impusieron otra existencia, en **(20)** _____ de reyes se transformaban en esclavos, en **(21)** _____ tenían que construir iglesias para practicar una religión diferente a **(22)** _____, murallas para proteger los nuevos gobiernos establecidos por los conquistadores para **(23)** dominar_____ a ellos, edificios en **(24)** _____ estos nuevos gobernadores controlarían el continente que antes fue **(25)** _____.

El idioma **(26)** _____ hablaban los nuevos **(27)** _____ convirtió en el idioma **(28)** _____ todos debían hablar, y poco a poco los indígenas fueron perdiendo hasta su identidad con su lengua y la pureza de su raza.

Esta historia de violencia tras violencia dejó marcado el espíritu de esta gente, **(29)** _____ se transformó de una gente saludable y fuerte con ideas claras sobre el universo en una gente **(30)** _____ único deseo era derrotar a los que **(31)** _____ habían derrotado a ellos. Los siglos fueron marcando la historia con guerras de independencia seguidas de gobiernos tiránicos **(32)** _____ imitaban al enemigo **(33)** _____ habían echado.

(continued)

Hoy en día, cuando existe la posibilidad de que **(34)** _____ formen gobiernos pacíficos y tolerantes, la ambigüedad permanece muchas veces en el alma de estos pueblos **(35)** _____ nunca podrán olvidar por completo las crueldades a **(36)** _____ fueron sometidos.

En fin de cuentas, ¿**(37)** _____ somos? Algunos de nuestros antepasados fueron ya sea aztecas, o incas, o mayas, o tahínos, o de algún otro pueblo; y **(38)** _____ fueron europeos de sangre conquistadora o de otra manera criminal, presos bajo libertad condicional; y **(39)** _____ fueron africanos de sangre real convertida a la esclavitud. Ahora somos una mezcla, somos hispanos, latinos, americanos, hispanoamericanos, latinoamericanos, mestizos. Y con cada continente **(40)** _____ se añadía a la mezcla, venían sus cargas espirituales, sus tradiciones; y en la unión se formaba la multiplicidad de seres **(41)** _____ todos llevamos dentro.

Ejercicio 3.44   Temas de ensayo y de práctica oral.

a. Ensayo

1. Escriba un brevísimo resumen de una película que trata de relaciones entre individuos.

ATAJO

Phrases:	Talking about films
Vocabulary:	People
Grammar:	Personal pronouns

2. Escríbale una cartita a un amigo (o amiga), contándole los chismes más recientes de un amigo (o amiga) de ambos.

Phrases:	Writing a letter (informal)
Grammar:	Personal pronouns

3. Describa su relación con su(s) compañero(s) de cuarto, o con su(s) hermano(s) o con sus amigos.

Phrases:	Describing people
Grammar:	Personal pronouns

4. Escriba la biografía de un personaje famoso, como por ejemplo de un conquistador, de un libertador, o de un gran revolucionario o político. Ejemplos: Cristóbal Colón, Hernán Cortés, Simón Bolívar, Che Guevara, Evita Perón.

Phrases:	Describing people; Describing the past
Vocabulary:	Cultural periods and movements; Countries; Nationality; Professions
Grammar:	Personal pronouns; Verbs: Imperfect

5. Describa de manera paralela a dos individuos famosos, por ejemplo, Shakira y Christina Aguilera, Juanes y Alejandro Sanz, Antonio Banderas y Gael García Bernal.

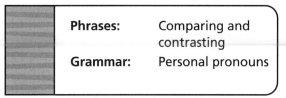

Phrases:	Comparing and contrasting
Grammar:	Personal pronouns

b. Práctica oral

1. Pídale a un amigo hispano que le describa su película favorita. Preste atención, y escuche cómo usa los pronombres personales para referirse a los diferentes personajes, si usa pronombre relativo (el actor que…, el edificio en que…, no sabía lo que…, etc.), demostrativo (ése, aquél, etc.) o posesivo (la suya, el suyo, etc.), indefinido (alguien, unos, etc.) o negativo (nadie, ninguno, etc.). Usando los interrogativos y exclamativos, mientras su amigo describe la película, comente (¡qué extraño!, ¡qué horror!, etc.), y hágale preguntas (¿qué edad tenía ese personaje? ¿de dónde era?, etc.).

2. En clase, cuénteles a sus compañeros la película favorita de su amigo hispano. Preste atención a sus pronombres personales, relativos, demostrativos, posesivos, indefinidos, y negativos.

3. Conversación informal. Hablen en grupos sobre sus héroes favoritos. Que cada quien cuente lo que le interesa de la vida de su héroe, y justifique por qué lo considera un héroe. Presten atención a todos sus pronombres.

4. Debate. La fama y la pérdida de privacidad. Discuta con sus amigos los problemas que tienen hoy en día los actores y la gente famosa con la persecución de los reporteros, usando ejemplos específicos. Presten atención a todos sus pronombres.

5. Encuesta. Películas hispanas favoritas. Fuera de clase, haga una encuesta *(poll)* informal entre estudiantes y profesores hispanos sobre sus películas hispanas favoritas, y sus actores favoritos. Pregúnteles sobre lo que consideran de mayor importancia hoy en día como progreso de la presencia hispana en los diferentes medios (cine, televisión, etc.). Tome apuntes para preparar un informe *(report)* para la clase. Preste atención a todos sus pronombres.

Analicen los diversos informes de sus compañeros, haciendo comparaciones y contrastes entre sus datos.

Chapter 4 ⟩ Prepositions, Adverbs, Conjunctions, and Transitions

A ⟩ Prepositions (Function of Prepositions)

Chapter 4.A.1, pages 112–113

Ejercicio 4.1   Conceptual Questions.

What is a preposition? Can you explain its name? What is its relationship with a noun? What is a conjunction? Can you explain its name? What is the difference between a conjunction of coordination and a conjunction of subordination?

Prepositions (Individual Prepositions)

Chapter 4.A.3, pages 115–129

Ejercicio 4.2   Llene los espacios en blanco con **a, al, de, del, en, con** o **Ø** (nada), según parezca más lógico.

1. Asistiré _____ clase _____ cuanto me alivie.   **2.** Comenzaron _____ cocinar ayer.   **3.** Creo que _____ lo mejor se encuentre _____ Margarita _____ la ciudad.
4. Decidieron caminar _____ vez de manejar; nunca llegarán _____ pie.   **5.** Dudo que puedan influir _____ su decisión.   **6.** El mercado está _____ dos kilómetros.
7. El programa consiste _____ varios segmentos; en el primero, se trata _____ la revolución mexicana.   **8.** Ella me gana _____ veces, y se burla _____ mí.   **9.** Este bordado está hecho _____ mano; este otro, _____ cambio, está hecho _____ máquina.   **10.** Fuimos _____ la tienda _____ el coche _____ mi padre _____ mis cuatro hermanitos.

Ejercicio 4.3   Llene los espacios en blanco con **a, al, de, del, en, con** o **Ø** (nada), según parezca más lógico.

1. Iremos al trabajo _____ pesar de la tormenta.   **2.** La gente _____ barrio estaba _____ mal humor.   **3.** La mujer _____ ojos verdes trabaja _____ la tienda _____ la esquina.   **4.** Llegarán _____ eso de las cinco _____ tal de que no nieve.

5. Lo mediremos _____ ojo.   **6.** Me acosté _____ las diez _____ coraje.   **7.** Me detuve _____ echarle gasolina al carro.   **8.** Me enojé _____ ellos porque los dos estaban hablando _____ la vez.   **9.** Me gusta montar _____ caballo _____ vez en cuando.   **10.** Me invitaron _____ cenar _____ un restaurante que se especializa _____ comida mexicana.

Ejercicio 4.4   Llene los espacios en blanco con **a, al, de, del, en, con** o **Ø** (nada), según parezca más lógico.

1. Nadie se había fijado _____ el cambio que ocurrió desde que se habían quejado _____ su horario.   **2.** Necesitamos tratar esto más _____ fondo, pero _____ este momento no tengo tiempo.   **3.** No veo _____ mis amigos _____ estos lentes.   **4.** Nos pusimos _____ llorar cuando nos enteramos _____ terremoto que hubo _____ Los Ángeles.   **5.** Nunca se resignará _____ ser menos famoso. **6.** Por favor, lleguen _____ tiempo *(puntualmente).*   **7.** Quisiera que se rieran _____ mis chistes, y no _____ mí.   **8.** _____ cuanto empezó a ir a la escuela, Roberta aprendió _____ defenderse.   **9.** Sabemos que tardan mucho _____ llegar a su destino.   **10.** Se casó _____ ella _____ los tres años de ser su novio.

Ejercicio 4.5   Llene los espacios en blanco con **a, al, de, del, en, con** o **Ø** (nada), según parezca más lógico.

1. Se enamoró _____ ella cuando le enseñó _____ bailar el tango.   **2.** Se negó _____ tomarse la píldora.   **3.** Se quedaron _____ mis libros _____ poesía. **4.** Si esos niños no dejan _____ meterse _____ mi hijo, tendré que hablar _____ sus padres.   **5.** Soñé _____ mi novia.   **6.** Su hijo le pidió _____ dinero porque pensaba _____ comprarle un regalo a su madre.   **7.** Subían _____ la montaña _____ frecuencia.   **8.** Van _____ regalarle un libro _____ Cervantes. **9.** Ves a tus padres _____ menudo, y ellos siempre se alegran _____ verte. **10.** Volvieron _____ sentarse _____ frente de mí.

Ejercicio 4.6   Llene los espacios en blanco con **a, al, de, del, en, con** o **Ø** (nada), según parezca más lógico.

1. Ya empezaron _____ salir las flores.   **2.** _____ fuerza de hacer tanto ejercicio, bajó de peso.   **3.** _____ niña, se acostumbró _____ desayunar temprano. **4.** _____ repente tuvieron que entrar _____ causa de la tormenta.   **5.** _____ respecto a ese asunto, parece que lo resolvieron ayer.   **6.** ¿Me podrían ayudar _____ terminar este trabajo?   **7.** —¿Qué haces? —Estoy buscando _____ mi libreta _____ direcciones.   **8.** ¿Te atreverás _____ jugar?   **9.** Le presté el libro _____ mi amigo _____ buena gana.   **10.** Estudiamos _____ Miami.

Ejercicio 4.7 Llene los espacios en blanco con **a, al, de, del, en, con** o **Ø** (nada), según parezca más lógico.

1. Iremos _____ tal de que no llueva.   **2.** —Anoche nevó. —¿_____ veras?
3. Mis hijos aprenderán _____ tocar el piano desde muy jóvenes.   **4.** Pienso _____
ti _____ menudo.   **5.** ¿Qué piensan tus padres _____ mis amigos?   **6.** No te
olvides _____ traerte las llaves.   **7.** Nunca dejarán _____ quererte.   **8.** Pronto se
acostumbrarán _____ la comida picante.   **9.** Decidí ir de compras _____ vez de
estudiar.   **10.** _____ veces es saludable no hacer nada.   **11.** La tormenta empezó
_____ repente.   **12.** ¿Tú te atreves _____ hablarle?   **13.** No pudimos ir _____
causa de la lluvia.   **14.** Mis padres nunca consentirán _____ dejarme ir contigo.

Ejercicio 4.8 Llene los espacios en blanco con **por** o **para**, según parezca más
lógico.

1. Fueron al centro _____ visitar el museo.   **2.** Fueron al mercado _____ verduras.
3. Toma: este regalo es _____ ti.   **4.** Viajaron _____ toda la isla.   **5.** Hay _____ lo
menos quinientas personas aquí.   **6.** Prometieron que terminarían toda la
construcción en el edificio _____ el semestre entrante.   **7.** Me gusta pasearme _____
la mañana.   **8.** Pasaremos _____ casa de tu abuelita en camino al partido.
9. Lo dijeron _____ que sus vecinos lo oyeran _____ lo que implicaba sobre sus hijos.
10. _____ fin llegó el cartero.

Ejercicio 4.9 Llene los espacios en blanco con **por** o **para**, según parezca más
lógico.

1. Buscó _____ la carta en su bolso, pero no la encontró.   **2.** ¡Cálmate! ¡No
es _____ tanto!   **3.** Necesito medicina _____ curarme.   **4.** Lo tomaron _____
idiota.   **5.** Iremos al mercado _____ fruta.   **6.** Fueron a la tienda _____ comprar
lo necesario.   **7.** Te agradezco _____ la ayuda.   **8.** No pudieron salir _____ la
tormenta.   **9.** La llamaremos _____ teléfono.   **10.** Saldrán _____ Madrid en la
madrugada.

Ejercicio 4.10 Llene los espacios en blanco con **por** o **para**. según parezca más
lógico

1. —¿Quieres bailar? —¡_____ supuesto!   **2.** No estaba _____ bromas.
3. _____ lo general no me gusta levantarme tarde.   **4.** _____ más dinero que gane,
no es feliz.   **5.** Tendremos que comprar _____ lo menos cuatro docenas.   **6.** Le
queda un trabajo _____ escribir.   **7.** Se enfermó _____ comer tanto.   **8.** _____
llegar al museo, hay que pasar _____ el parque.   **9.** Acabo de entrar; _____ eso
tengo frío.   **10.** Jorge se esfuerza _____ sacar las mejores notas de la clase.

Ejercicio 4.11 Traduzca las oraciones, prestando atención a las preposiciones. Puede ser cualquier preposición, o ninguna. (*you* = tú)

1. They worry about you. **2.** He fell in love with her. **3.** It consists of two sections. **4.** The decision depends on you. **5.** They laughed at him. **6.** I dream about you every night. **7.** They said good-bye to me. **8.** I do not want my ideas to influence your decision. **9.** She married my brother. **10.** He stopped drinking.

Ejercicio 4.12 Traduzca las oraciones, prestando atención a las preposiciones. Puede ser cualquier preposición, o ninguna. (*you* = tú)

1. We arrived in Madrid at two. **2.** She opposes everything I say. **3.** I try to help. **4.** I realized my mistake. **5.** She thanked me for the favor. **6.** We got onto the bus. **7.** Their house is five miles away. **8.** I met my friends at the restaurant. **9.** She studies at the university. **10.** They will be the first to leave.

Ejercicio 4.13 Traduzca las oraciones, prestando atención a las preposiciones. Puede ser cualquier preposición, o ninguna. (*you* = tú)

1. I think about my parents every day. **2.** Luisa's book is interesting. **3.** I noticed the change. **4.** I cannot help you at this moment. **5.** They became angry at me because of my mistake. **6.** We looked at the clock. **7.** He saw his sister. **8.** I asked you for money, not for advice. **9.** I just ate. **10.** They work for me.

Ejercicio 4.14 Traduzca las oraciones, prestando atención a las preposiciones. Puede ser cualquier preposición, o ninguna. (*you* = tú)

1. I sent it airmail. **2.** They went to the store for bread. **3.** I have two papers left to write. **4.** We will have finished by ten. **5.** For a child, he knows a lot. **6.** They left for Guatemala yesterday. **7.** They are looking for their keys. **8.** They talked for three hours. **9.** She worries about you. **10.** What is this for?

Ejercicio 4.15 Llene el espacio en blanco con la preposición adecuada, o con el **a** personal; si no se necesita nada, use el símbolo "Ø".

Cuando primero llegué **(1)** _____ Guadalajara, viví **(2)** _____ un apartamento con mi esposa María y mis dos hijas. Fuimos **(3)** _____ esa ciudad porque María es **(4)** _____ allí, y **(5)** _____ esta manera ella podía estar cerca **(6)** _____ su familia.

Al principio yo daba clases **(7)** _____ el instituto cultural, pero el salario no era suficiente **(8)** _____ pagar el alquiler de una casa. **(9)** _____ eso empecé **(10)** _____ buscar **(11)** _____ otros trabajos, y después de unos años alquilé una casa, y pudimos entonces vivir más cómodamente.

Ejercicio 4.16 Llene el espacio en blanco con la expresión preposicional más apropiada para traducir lo que se encuentra entre paréntesis.

**a caballo, a eso de, a la vez, a pesar de, a pie, de pie, a veces,
al menos, en cambio, en seguida, por lo general**

Los vecinos de nuestro rancho tenían toda clase de vehículos, y **(1)** _____ (*generally*) venían en camioneta, aunque **(2)** _____ (*sometimes*) también venían **(3)** _____ (*on foot*), **(4)** _____ (*in spite of*) la distancia; ese día, **(5)** _____ (*however*), vinieron a visitarnos **(6)** _____ (*on horseback*). **(7)** _____ (*Around*) las cuatro de la tarde los vimos de lejos, todos **(8)** _____ (*at once*), y **(9)** _____ (*immediately*) entramos a preparar algo de comer, porque así es en el campo, cuando viene alguien, hay que ofrecerle de beber y de comer, y darle la hospitalidad que se merece. **(10)** _____ (*At least*) hay que tener algo para ofrecerles. Entraron, y se sentaron en la sala. Algunos se quedaron **(11)** _____ (*standing*), pero todos estaban muy cómodos.

Ejercicio 4.17 Llene el espacio en blanco con la expresión preposicional más apropiada para traducir lo que se encuentra entre paréntesis.

**con tal de que, de esta manera, de vez en cuando, de modo que,
con respecto a, de nuevo, de veras, de mala gana**

(1) _____ (*Regarding*) la cuestión de los salarios, el patrón está de acuerdo que se les aumente el salario a los empleados, **(2)** _____ (*so long as*) no se pase del tres por ciento, aunque en realidad tengo que decirle que el patrón aceptó esta idea **(3)** _____ (*unwillingly*). En el futuro empleará gente nueva cada año, y **(4)** _____ (*this way*) se evitará tantos aumentos que **(5)** _____ (*really*) no se puede costear. **(6)** _____ (*Once in a while*) tendrá que aumentar **(7)** _____ (*again*) el sueldo de base **(8)** _____ (*so that*) no haya quejas demasiado extremas.

Ejercicio 4.18 Llene el espacio en blanco con la expresión preposicional más apropiada para traducir lo que se encuentra entre paréntesis.

**a tiempo, en cuanto, en cuanto a, en frente de (enfrente de), en vez de,
para siempre, por eso, por fin, por lo menos, por otra parte,
por poco, por más que, por supuesto**

¡**(1)** _____ (*Almost*) nos perdemos el concierto! **(2)** _____ (*Instead of*) tomar un taxi, decidimos viajar en autobús, y **(3)** _____ (*for that reason*) no teníamos ningún control sobre el tiempo. **(4)** _____ (*On the other hand, Besides*), ninguno de nosotros había comprado boletos, **(5)** _____ (*however much*) hubiéramos discutido la necesidad de hacerlo temprano. **(6)** _____ *(In regard to, As far as . . . is concerned)* Roberto, pues **(7)** _____ *(of course)* no nos va a dejar olvidar que **(8)** _____ *(as soon as)* decidimos ir al concierto él nos dijo que consiguiéramos los boletos antes de ir porque si no tendríamos que esperar horas haciendo cola. **(9)** _____ *(Finally)* entramos justo **(10)** _____ *(on time)*, y pudimos disfrutar con el concierto. Pero tuve la mala suerte de tener **(11)** _____ *(in front of)* mí a un tipo con tanto pelo que yo no podía ver nada. Pero **(12)** _____ *(at least)* pude oír la música. Éste será un recuerdo que guardaremos **(13)** _____ *(forever)*.

Ejercicio 4.19   Llene el espacio en blanco con la preposición correcta.

Acabo **(1)** _____ acordarme **(2)** _____ mi cita con el nuevo dentista. No me acostumbro **(3)** _____ este nuevo dentista: le agradezco **(4)** _____ la ayuda que me da. Él siempre se alegra **(5)** _____ verme, y se apresura **(6)** _____ atenderme con cuidado. El problema es que no deja **(7)** _____ hablar, y yo, claro, no puedo contestar porque tengo la boca llena de instrumentos: hasta platica conmigo en español, se avergüenza **(8)** _____ sus errores, se burla **(9)** _____ sí mismo porque se da cuenta **(10)** _____ su falta de práctica. Aprendió **(11)** _____ hablar español en la universidad, y luego se casó **(12)** _____ una colombiana; convinieron **(13)** _____ hablar inglés la mayor parte del tiempo porque querían que sus hijos hablaran el idioma del país, y que no se convirtieran **(14)** _____ extranjeros en su propio país. Sin embargo, cada vez que puede, ella lo ayuda **(15)** _____ practicar su español para que no se le olvide.

Yo lo dejo **(16)** _____ hablar porque no me queda otra, pero francamente ya no puedo más. Quiero comenzar **(17)** _____ buscar **(18)** _____ otro dentista, pero no sé si me voy a atrever **(19)** _____ explicarle por qué me voy.

Ejercicio 4.20   Llene el espacio en blanco con la preposición correcta o con el **a** personal.

Pensó que estaba enamorado **(1)** _____ Blanca hasta que se encontró **(2)** _____ Victoria y se enamoró **(3)** _____ ella a primera vista. Desde ese momento su vida dependía **(4)** _____ ella, y no se detuvo **(5)** _____ pensar en el efecto que tendría en Blanca el que él se despidiera **(6)** _____ ella así, sin motivo, sin siquiera enojarse **(7)** _____ ella.

Cuando Blanca supo lo que había pasado, se empeñó **(8)** _____ quedarse **(9)** _____ su novio, y empezó **(10)** _____ hacer planes de toda clase para enterarse **(11)** _____ todos los movimientos de ambos. La vida le había enseñado **(12)** _____ ser fuerte, y pensaba **(13)** _____ que si se esforzaba **(14)** _____ obtener algo, lo

(continued)

conseguiría. En la universidad, se había especializado **(15)** _____ sicología, y se había fijado **(16)** _____ las injusticias que podían surgir si uno no insistía **(17)** _____ conseguir lo mejor para uno mismo.

Decidió **(18)** _____ llamar **(19)** _____ Victoria y pedirle que no se metiera **(20)** _____ su novio. La invitó **(21)** _____ cenar con ella en un restaurante esa noche: llegó temprano y esperó **(22)** _____ el gran momento. Por fin, cuando hablaron, vio que Victoria se interesaba mucho **(23)** _____ su novio, y se negó **(24)** _____ dejarlo.

Pero ése no sería el final de sus esfuerzos. Pensaría **(25)** _____ otro plan.

Ejercicio 4.21   Llene el espacio en blanco con la preposición correcta.

¿Conoces el cuento que se trata **(1)** _____ un trencito que no podía subir la cuesta? Ésta es una versión un poco modificada de la tradicional.

Había una vez un trencito que quería subir por una montaña y no podía: llegaba hasta la mitad de la cuesta y ya no podía más: tenía que volver **(2)** _____ bajar. Todos los otros trenes se burlaban **(3)** _____ él. Lo tomaban **(4)** _____ incompetente. Su mamá le decía que no se preocupara **(5)** _____ lo que los otros pensaban **(6)** _____ él, pero él no podía resignarse **(7)** _____ una vida de mediocridad. Soñaba **(8)** _____ poder subir esa cuesta y llegar hasta la cima. Un día decidió tratar **(9)** _____ llegar hasta la cima, pero sabía que necesitaría toda la suerte del mundo para lograr su sueño: por eso fue a la casa del brujo, y cuando le abrió su hija, preguntó **(10)** _____ el brujo, y ella fue a buscarlo. Cuando llegó el brujo, el trencito le pidió **(11)** _____ un favor: que le diera un talismán, o algo para ayudarlo a subir hasta la cima. El brujo se rió **(12)** _____ él, y le dijo que se olvidara **(13)** _____ talismanes, que no podría subir nunca.

El trencito se enfureció, y le gritó: "¡Sí que puedo, ya verás!" Rabiando, fue a la base de la cima, y se puso **(14)** _____ correr con todo el coraje que le había causado esta última vergüenza. Llegó hasta la mitad de la cuesta, pero esta vez no paró: olvidó **(15)** _____ su miedo, y siguió subiendo; cuando le quedaba sólo un metro **(16)** _____ llegar a la cima, se sintió sin fuerzas, pero se dijo "¡Sí que puedo! ¡Yo sé que sí puedo!", y poco a poco, usando toda su energía para cada vuelta de sus ruedas, terminó **(17)** _____ subir la cuesta.

Y así fue que el trencito logró lo que quería: convirtió la energía de su rabia en fuerza positiva.

B Adverbs (Adverbs Ending in *-mente,* Word Order, Multiple-Function Words)

Chapter 4.B.1–4, pages 134–136

Ejercicio 4.22 Traduzca usando la palabra más apropiada de la lista en español, y el orden correcto de palabras.

bien, claro, derecho, distinto, duro, hondo, igual, limpio, rápido, raro

I used to get along *(llevarse)* with my neighbors well, but the other day our relationship changed. I saw that their son wasn't playing fairly: whenever my daughter won, he would hit her, and he hit her hard. After seeing that twice, I decided I had to do something fast. I went straight to my neighbors' house, and told the mother what I had seen. She took a deep breath, and looked at me in a strange way. She told me she knew this: her son was short, but highly competitive. He couldn't play the same way as the rest: he had to play differently. It was natural.

Adverbs (Adverbs of Time)

Chapter 4.B.5, pages 137–139

Ejercicio 4.23 Junte las oraciones usando adverbios de tiempo como transición.

(1) _____ *(Always)* he querido escribir una autobiografía, y **(2)** _____ *(the day before yesterday)* decidí que la iba a empezar. Sin embargo, **(3)** _____ *(when)* me senté a escribir, no podía decidir **(4)** _____ *(when)* debía comenzar la acción. Me preguntaba: ¿Empiezo **(5)** _____ *(now)*? ¿Empiezo en el pasado? Dieron las once de la noche y **(6)** _____ *(still not)* había escrito ni una palabra. **(7)** _____ *(So then)* decidí acostarme porque **(8)** _____ *(already)* era tarde.

(9) _____ *(Yesterday)* volví a sentarme para ver si podía inspirarme. Estuve tres horas tratando de escribir algo, pero no me gustaba nada. **(10)** _____ *(While)* escribía me sentía tonta, y sabía que **(11)** _____ *(never ever)* querría que nadie viera lo que estaba escribiendo. **(12)** _____ *(Soon)* decidí parar.

(13) _____ *(Last night)* soñé con mi autobiografía, y **(14)** _____ *(today)*, al despertarme, **(15)** _____ *(already)* estaba claro en mi mente lo que iba a escribir. **(16)** _____ *(Still not)* sabía las palabras exactas que usaría, pero sabía que escribiría sobre mis dudas. Y así fue que comencé a escribir mi autobiografía:

(continued)

éstas son mis primeras palabras. Me siento como un **(17)** _____ *(newborn)* nacido, pero sé que **(18)** _____ *(tomorrow)*, cuando empiece a escribir de nuevo, me sentiré un poco más fuerte. Y **(19)** _____ *(then)*, poco a poco, será lo más natural del mundo, y **(20)** _____ *(no longer)* tendré vergüenza ni dudas. **(21)** _____ *(Sooner or later)* saldrá una novela de todo esto.

Ejercicio 4.24   Llene el espacio en blanco usando **ya, ya no, todavía** o **todavía no.**

(1) _____ *(Still)* recuerdo la primera noche en que vinieron a cenar mis suegros. Me dijeron que **(2)** _____ *(already)* habían comido, y claro que **(3)** _____ *(no longer)* tenían hambre. Yo no podía creerlo; pero como **(4)** _____ *(still not)* había terminado de preparar la cena, decidí no cocinar más, y sentarme a hablar con ellos sin comer nada. Esa noche mi marido no iba a poder llegar hasta la hora del postre, así que no importaba.

Adverbs (Adverbs of Manner)

Chapter 4.B.6, pages 139–140

Ejercicio 4.25   Llene el espacio en blanco con el adverbio de modo correcto.

—¿Cómo se prepara una tortilla española?

—Mira, se prepara **(1)** _____ *(like this):* bates **(2)** _____ *(well)* dos huevos, los pones a cocinar en un sartén con cebollas y papas cortadas en trozos y ya **(3)** _____ *(thoroughly)* cocinadas.

—Y ¿**(4)** _____ *(how)* la volteas?

—Esto es un arte. Tienes que hacerlo bien, porque si lo haces **(5)** _____ *(badly),* la tortilla puede terminar en el piso. Necesitas algo del tamaño del sartén, **(6)** _____ *(like)* una tapa de olla.

—¿Y cuánto se cocina?

—**(7)** _____ *(It depends).* A algunos les gusta más seca que a otros.

—Suena **(8)** _____ *(really)* fácil. ¿Hacemos una ahora?

—Está **(9)** _____ *(Okay.).*

Adverbs (Adverbs of Quantity)

Chapter 4.B.7, pages 141–142

Ejercicio 4.26 Llene el espacio en blanco usando el adverbio de cantidad correcto.

Estoy **(1)** _____ *(rather)* cansada hoy. Dormí **(2)** _____ *(barely)* cuatro horas anoche, y no es **(3)** _____ *(enough)*. **(4)** _____ *(Almost)* no tengo fuerza. Además, hace **(5)** _____ *(too)* calor para trabajar, y me duele **(6)** _____ *(so much)* la cabeza que no puedo hacer nada. Quizás si camino **(7)** _____ *(a bit)*, me sienta mejor. Siempre como **(8)** _____ *(little)* para el desayuno, **(9)** _____ *(only)* pan o cereal, y por eso estoy **(10)** _____ *(half)* cansada todo el tiempo. El médico me dijo que debo ejercitarme **(11)** _____ *(more)*, y tomar vitaminas. Me dijo que no debo tomar café, ni cenar **(12)** _____ *(too)* tarde. A veces creo que la salud exige **(13)** _____ *(too much)*, pero en realidad, si se pudieran ver los resultados de inmediato, no sería **(14)** _____ *(so much)*. ¿**(15)** _____ *(How much)* tengo que hacer para sentirme bien? Ahora mismo no estoy **(16)** _____ *(not at all)* satisfecha.

Adverbs (Adverbs of Confirmation, Doubt, or Negation)

Chapter 4.B.8, pages 142–144

Ejercicio 4.27 Traduzca usando el adverbio de confirmación, duda o negación correcto. (*you* = tú)

"You are going to pay for our tickets, **aren't you**?"

"**Yes,** but I am missing one dollar. Beto, do you **by any chance** have one you can lend me?"

"**No,** I don't have a dollar, but **I do** have 75 cents. Do you want it?"

"**Okay. Maybe** Quique or Marisol have the other 25 cents. Quique, do you have 25 cents?"

"**No.**"

"Marisol?"

"No, I don't **either.**"

"**Well,** then, **maybe** we won't go to the movies. Do you want to go for a walk in the park?"

"Oh, **no! No way!**"

Adverbs (Adverbial Phrases)

Chapter 4.B.9, pages 144–145

Ejercicio 4.28 Llene el espacio en blanco usando la locución adverbial correcta.

Ayer fui al cine por primera vez en años, y vi una película que me encantó. Había mucha gente, y **(1)** _____ *(often)* había partes de mucho miedo y todos gritaban. Yo descansaba muy **(2)** _____ *(comfortably)* en mi butaca, tanto que **(3)** _____ *(almost)* me duermo. Me parece que la segunda mitad de la película sólo la entendí **(4)** _____ *(halfway)*, y **(5)** _____ *(as a matter of fact)*, me perdí el final. Sin embargo, estoy seguro de que sé lo que pasó **(6)** _____ *(at the end)*, aunque no estaré satisfecho **(7)** _____ *(until)* verificarlo con alguien. **(8)** _____ *(Oh well)*, yo estoy contento porque **(9)** _____ *(finally)* fui al cine, y **(10)** _____ *(all in all)*, me gustó la experiencia. Sólo quisiera encontrar **(11)** _____ *(sometime)* **(12)** _____ *(somewhere)* un cine que no fuera tan caro.

Adverbs (Adverbs of Place)

Chapter 4.B.10, pages 145–148

Ejercicio 4.29 Llene el espacio en blanco con el adverbio de lugar correcto.

—Nos acabamos de mudar a un edificio de apartamentos de dos pisos: hay cuatro apartamentos, dos **(1)** _____ *(below)* y dos **(2)** _____ *(above)*; dos de éstos están **(3)** _____ *(in front)* y dos **(4)** _____ *(in back)*. **(5)** _____ *(Outside)* hay un jardín precioso. ¿**(6)** _____ *(Where)* vives tú?

—Yo vivo **(7)** _____ *(here)*, en este edificio. Mi apartamento se encuentra **(8)** _____ *(inside)* a la derecha. ¿Quieren entrar?

—Sí, gracias.

—Pasen, pues. Déjenme enseñarles el apartamento. **(9)** _____ *(There)* está la sala, **(10)** _____ *(over here)* están las recámaras, **(11)** _____ *(over there)* está el baño.

—¡Qué lindo! Bueno, gracias por todo. Ya nos tenemos que ir.

—¿**(12)** _____ *(Where)* van?

—Tengo una cita con el médico.

—¿Tienen que ir **(13)** _____ *(far)*? Si quieren, los llevo.

—No, muchas gracias. El consultorio del médico sólo queda a dos cuadras.

Adverbs (Related Adverbs and Prepositions)

Chapter 4.B.11, pages 148–149

Ejercicio 4.30 Subraye la selección correcta para el contexto.

Mis vecinos de (**1.** abajo / bajo / debajo de) son recién casados y llevan una vida muy romántica, pero extraña a la vez. Los dos son estudiantes universitarios, y ella toma una clase conmigo. Siempre se sienta (**2.** adelante / delante de) mí. Ella y su marido se pasan los fines de semana (**3.** afuera / fuera de), trabajando (**4.** atrás / detrás de / tras) su garaje en motores de diferentes tipos. Es muy común verlos trabajar juntos en un mismo coche: recuerdo una mañana cuando él estaba parado (**5.** enfrente / frente a) un coche, trabajando con la cabeza metida (**6.** adentro / dentro de) el capó [*the hood*], y ella estaba acostada (**7.** abajo / bajo / debajo de) el mismo coche, haciendo algo con el aceite, creo. Yo tenía miedo que algo fuera a pasarles, pero nunca les pasa nada. A veces se pelean porque los dos quieren la misma herramienta, y terminan con carreras, en que uno corre (**8.** atrás / detrás de / tras) el otro para quitarle algo. De vez en cuando se sientan (**9.** abajo / bajo / debajo de) un árbol para descansar. El sábado pasado él salió solo; yo supuse que ella se había quedado (**10.** adentro / dentro de) porque estaría enferma, o algo así.

C Conjunctions (Usage, Conjunctions of Coordination)

Chapter 4.C,1–2, pages 150–151

Ejercicio 4.31 Llene el espacio en blanco con la conjunción de coordinación correcta: **y, e, o, u, pero, sino, ni … ni, sino que, sino también.**

España (**1**) _____ Hispanoamérica tienen una relación ambigua: se respetan (**2**) _____ se desprecian a la vez. Su respeto mutuo se debe no sólo a que son representantes de una cultura común, (**3**) _____ al menos de culturas semejantes, (**4**) _____ a que usan el mismo idioma. Además, tienen una historia en común, (**5**) _____ eso no se puede olvidar, aunque sea una historia destructiva.

Cuando compiten entre ellos, su desprecio es equivalente a su respeto: en esas ocasiones, por una razón (**6**) _____ otra, cada uno encuentra motivo de desprecio. Un español puede despreciar a un hispanoamericano, por ejemplo, porque habla español, (**7**) _____ no lo habla como él. Un hispanoamericano puede despreciar a un español por ser descendiente de conquistadores (**8**) _____ colonizadores.

A la hora de enfrentarse al resto del mundo, lo que está muy claro es que lo más fuerte no es la división (**9**) _____ la unión de estos dos mundos.

(continued)

En última instancia, no son españoles **(10)** _____ hispanoamericanos, **(11)** _____ hispanos, y no les importan ya **(12)** _____ las diferencias de dialecto **(13)** _____ las diferencias culturales, **(14)** _____ los lazos que tienen en común con aquellos otros hermanos.

Ejercicio 4.32   Traduzca, usando **pero, sino** o **sino que** para traducir *but*.

1. I was afraid but I did it.   **2.** It wasn't blue, but red.   **3.** It wasn't blue, but I bought it anyway.   **4.** I didn't buy a red car, but a blue one.   **5.** I didn't want a red car, but I bought one anyway.   **6.** I wanted a red car, but instead I bought a blue one.   **7.** I didn't buy the car, but rather I sold it.

Ejercicio 4.33   Junte la información que sigue para formar un párrafo; use conjunciones de coordinación donde se necesiten.

Norberto me llamó. Norberto me contó de su viaje a México. Me contó de su viaje a Puerto Rico. Le gustó mucho México. Se enfermó con la comida. Le encantó Puerto Rico. Sufrió del calor. El lugar que más le gustó no fue México: fue Puerto Rico. Le gustó más no sólo porque tiene muchas playas; también porque es una isla. Pudo conocerla mejor en el poco tiempo que tenía.

Conjunctions (Conjunctions of Subordination)
Chapter 4.C.3, pages 151–152

Ejercicio 4.34   Llene el espacio en blanco con la conjunción de subordinación **que** cuando se necesite. Si no se necesita nada, use el símbolo "Ø".

Yo no sabía **(1)** _____ iban a venir todos juntos a **(2)** _____ cenar. Pensé **(3)** _____ sólo venías tú, Julio, y **(4)** _____ los demás se encontrarían con nosotros en el bar para **(5)** _____ celebrar. Pero ahora **(6)** _____ están aquí, pues bienvenidos. No quiero **(7)** _____ se vayan sin **(8)** _____ comer. Creo **(9)** _____ tengo suficiente, y si no, entre todos preparamos algo. También Laura me dijo **(10)** _____ venía. Bueno, pues, déjenme **(11)** _____ servirles un vinito o algo para **(12)** _____ pueda ya empezar la fiesta.

Ejercicio 4.35   Traduzca las oraciones siguientes usando las conjunciones de coordinación y de subordinación apropiadas.

You said you were going to the store to buy milk. I told you we didn't need just milk, but bread as well. I see you bought neither bread nor milk, but instead you rented a video.

D Transitions

Chapter 4.D, pages 152–157

Ejercicio 4.36   Llene el espacio en blanco con la transición correcta.

(1) _____ *(In general)*, me gusta más el teatro que el cine. **(2)** _____ *(In the first place)*, el teatro es más emocionante **(3)** _____ *(because)* los actores están allí mismo frente a uno; **(4)** _____ *(secondly)*, el acto de ir al teatro es un evento en sí. **(5)** _____ *(However)*, me parece que además de lo divertido que es ver una obra desarrollarse, existe un suspenso especial en el teatro, que es el de la posibilidad de que alguno de los actores cometa un error. **(6)** _____ *(In fact)*, a veces me pregunto si **(7)** _____ *(actually)* no vamos al teatro no tanto con el propósito de ver una obra maravillosa, sino **(8)** _____ *(perhaps)* para sentir una comunión humana con los actores que la representan. ¿**(9)** _____ *(By chance)* no sienten otros lo que siento yo, que al escuchar cada palabra que enuncian los actores, en vez de perderme en la ilusión de la obra, me la paso esperando bajo tensión la próxima palabra, siempre con la duda de que se le vaya a olvidar, o que se vea que sólo es un acto? Cuando **(10)** _____ *(unfortunately)* un actor comete algún error, se confirma en mí la necesidad original de mi presencia allí: la de ser testigo de la humanidad que se esfuerza por alcanzar la perfección fuera de sí misma, pero que no siempre lo logra, y **(11)** _____ *(as a result)* nos recuerda nuestra propia humanidad. Si la obra tiene defectos, la aplaudo **(12)** _____ *(in spite of)* todo; aplaudo en ella el esfuerzo humano, y me siento un poco mejor, **(13)** _____ *(maybe)* por haber logrado ver estos defectos. **(14)** _____ *(On the other hand)*, cuando **(15)** _____ *(fortunately)* la obra sale perfecta, aplaudo más ruidosamente, aplaudo el logro de los actores; y **(16)** _____ *(yet)*, me queda una leve sensación de inferioridad, al menos hasta el momento en que pienso en la noche siguiente, cuando estos actores tendrán que volver a actuar con la misma perfección, y que existe todavía la posibilidad de que alguno de ellos se equivoque.

(17) _____ *(Regarding)* las películas, el placer es totalmente distinto: casi siempre logran eliminar los defectos antes de mostrar la película, y **(18)** _____ *(for the most part)* lo que queda está mecánicamente perfecto. Han perfeccionado **(19)** _____ *(more and more)* la tecnología visual y el arte de manipular al público. Como público de cine, ya no somos testigos de la humanidad de los actores, sino clientes que han comprado dos horas de distracción. Yo al menos me pierdo en la ilusión dramática de las películas, o **(20)** _____ *(in any case)* es lo que trato de hacer. No me concentro **(21)** _____ *(almost ever)* en las palabras que enuncian los actores ni en su arte. **(22)** _____ *(In the end)*, si una película no me deja disfrutarla sin distracciones, me da coraje, y no pienso para nada en la humanidad sino en el dinero que desperdicié.

Ejercicio 4.37 Añada la transición más lógica de la lista para cada espacio en blanco.

a pesar de, además, casi siempre, con respecto a, de hecho, en fin de cuentas, por consiguiente, por ejemplo, por eso, por lo tanto, por otro lado, porque, según, ya que

Mi sobrina acaba de cumplir los quince años: es muy bonita, y **(1)** _____ ha decidido tratar de hacerse modelo, **(2)** _____ los peligros que esa profesión conlleva. **(3)** _____ sus padres, es aceptable que se haga modelo, **(4)** _____ es una joven muy madura para su edad. **(5)** _____, puede reconocer la malicia de otros, y **(6)** _____ no cae en las trampas tradicionales como tantas jóvenes hoy en día.

(7) _____ el trabajo en sí, no es tan fácil como parece. **(8)** _____, es posible que sea uno de los más agotadores. Las sesiones de fotografía, **(9)** _____, pueden tomar hasta seis horas corridas, y las modelos deben mantenerse bellas y frescas, sin ningún rasgo de cansancio ni de mal humor. **(10)** _____, deben comer con muchísimo cuidado para mantener su cutis impecable. Y, **(11)** _____ los fotógrafos pueden pedirles en una misma sesión que se vean de playa o de románticas moribundas, deben evitar el sol y todo lo que pueda afectar su color.

(12) _____, el trabajo tiene aspectos divertidos. La modelo es el centro de atención, la visten y la maquillan para transformarla todo el día. Y **(13)** _____ tienen que viajar a diferentes partes del mundo.

(14) _____, la experiencia tiene que ser buena.

Chapter 4   Review

Ejercicio 4.38 Llene los espacios en blanco con preposiciones, conjunciones, adverbios o expresiones; si no necesita nada para un espacio en blanco, use el símbolo "Ø"; algunos espacios en blanco pueden tener más de una palabra.

El debate sobre la igualdad de los hombres **(1)** _____ las mujeres nunca va **(2)** _____ terminar, y en el mundo hispanohablante es un debate que para algunos lucha contra la cultura misma **(3)** _____ manera brutal. Hay dos preguntas básicas que nunca se han contestado bien: **(4)** _____, ¿qué hay de malo con que haya diferencias? **(5)** _____, ¿cuáles son las diferencias que realmente deberían de cambiar?

(6) _____ la primera pregunta, vamos a ver qué puede haber de malo. **(7)** _____ yo, es malo que haya dominación de cualquier individuo, mujer **(8)** _____ hombre. Es malo también que haya maltrato físico **(9)** _____ mental, y que algunos tengan más derechos humanos que otros. **(10)** _____, no sé si es malo reconocer que **(11)** _____ hay ciertas diferencias puramente físicas que no se pueden cambiar: la mujer tolera el dolor mejor que el hombre, **(12)** _____ puede alzar menos peso que él; la mujer tiene más aguante que el hombre en todos los sentidos, pero el hombre es probablemente mejor **(13)** _____ la guerra **(14)** _____ su agresividad. Claro que, en un mundo de paz, eso no importaría **(15)** _____ nada; **(16)** _____, uno se pregunta si habría tanta guerra si las mujeres gobernaran el mundo.

(17) _____ la segunda pregunta, **(18)** _____ empezamos a contestarla arriba: debemos insistir **(19)** _____ eliminar las diferencias que le quitan a la mujer los derechos humanos. Es fácil decir esto, **(20)** _____ las implicaciones son inmensas. En la cultura hispana, donde la mujer y el hombre tienen papeles **(21)** _____ claramente marcados en la vida cotidiana, uno pensaría **(22)** _____ un cambio de este tipo podría representar un peligro, y que habría que resignarse **(23)** _____ las diferencias con tal de no perder la base cultural que nos identifica. Algunos dicen que si la mujer se empeña **(24)** _____ ser igual al hombre en la vida profesional, y deja **(25)** _____ dedicarse al doble oficio de madre y cuidadora del hogar, **(26)** _____ la familia nuclear, que **(27)** _____ es el centro de ese mundo, se desintegraría como lo ha hecho la familia estadounidense. Pero hemos visto que **(28)** _____ existe en el mundo hispano una liberación femenina que no sólo no ha destruido la cultura, **(29)** _____ la ha enriquecido: la mujer hispana moderna es profesional, instruida, y madre y esposa **(30)** _____. El hombre hispano moderno **(31)** _____ es profesional, instruido, y padre y marido. Ambos se esfuerzan **(32)** _____ apoyar al otro en estos cambios, y **(33)** _____ las dificultades, han logrado crear un nuevo mundo donde la cultura hispana, que **(34)** _____ de por sí era un modelo por el énfasis que le daba a la familia, se ha vuelto **(35)** _____ más poderosa internacionalmente.

(36) _____, este debate nunca se resolverá **(37)** _____ nunca se eliminarán las diferencias entre dos seres naturalmente diferentes. Lo que **(38)** _____ se puede resolver es lo que el ser humano creó como diferencias, y, **(39)** _____, eso es lo único que merece nuestra atención.

EJERCICIOS

Ejercicio 4.39 Temas de ensayo y de práctica oral.

a. Ensayo

Prestando atención al uso de preposiciones, adverbios, conjunciones y transiciones, escriba un párrafo sobre uno de los temas siguientes:

1. las aventuras de un gato que atrapa a un pájaro y lo mete en la casa de su dueño para jugar.

ATAJO

Phrases:	Making transitions
Vocabulary:	Animals
Grammar:	Prepositions
	Adverbs
	Conjunctions

2. las aventuras de un ratoncito que se encuentra un enorme queso suizo.

Phrases:	Making transitions
Vocabulary:	Animals
Grammar:	Prepositions
	Adverbs
	Conjunctions

3. las aventuras de un niño que se pierde en el bosque.

Phrases:	Making transitions
Grammar:	Prepositions
	Adverbs
	Conjunctions

4. una experiencia ambigua, que fue buena por ciertas razones pero mala por otras. Elabore al máximo la ambigüedad de sus sentimientos.

Phrases:	Making transitions Weighing the evidence
Grammar:	Prepositions
	Adverbs
	Conjunctions
	Verbs: Imperfect

b. Práctica oral

1. Pídale a un amigo hispano que le cuente su cuento de niños favorito. Escuche con cuidado para ver cómo usa las preposiciones, los adverbios, las conjunciones y las transiciones. Usando preposiciones, adverbios, conjunciones, y transiciones, haga algunas preguntas mientras su amigo cuenta, para aclarar más (por ejemplo: Y ¿el niño ya no estaba con ellos? ¿Todavía estaba de pie? Pero, ¿iban a pie o a caballo? ¿Cuánto se tardaron en llegar? Entonces, ¿se estaba burlando descaradamente de ella? Cuando llegó, ¿no se fijó en el cambio? Y después, ¿no preguntó por su padre? Según ellos, ¿la desconocida era mala o buena? ¿Es por eso que lo mató?, etc.).

2. Pídale instrucciones a un amigo hispano para llegar a algún lugar (escoja un lugar al que usted ya sepa llegar, para asegurarse de comprender bien el uso de preposiciones, adverbios y conjunciones). Usando preposiciones, adverbios, conjunciones, y transiciones, haga algunas preguntas para asegurarse de comprender las direcciones.

3. Conversación informal. Comparen entre ustedes sus lugares de residencia y su dormitorio en la casa de sus padres. Presten atención a su uso de preposiciones, adverbios, conjunciones, y transiciones.

4. Debate. La mejor jugada. Comparen maldades o travesuras *(tricks, practical jokes)* que ustedes les han hecho a otros, o que saben que otros han hecho, y decidan cuál se gana el premio. Presten atención al uso de preposiciones, adverbios, conjunciones y transiciones.

5. Encuesta. Tradiciones culturales. Fuera de clase, haga una encuesta *(poll)* informal entre estudiantes y profesores hispanos sobre sus tradiciones culturales favoritas. Preste atención a su uso de preposiciones, adverbios, conjunciones y transiciones, y haga preguntas para practicar. Tome apuntes para preparar un informe *(report)* para la clase.

Chapter 5) Verbs: Formation

A Indicative Mood (Present Indicative)

Chapter 5.A.1, pages 160–165

Ejercicio 5.1   Conjugue el verbo en la primera persona singular del presente del indicativo **(yo).**

Cariño mío, te (**1.** amar). Todos los días (**2.** cantar) tu canción, y sólo (**3.** comer) lo que te gusta. Ahora (**4.** vivir) por ti; cuando (**5.** hablar) con otros, es contigo en mente; y si (**6.** caminar) por el pueblo, es contigo a mi lado. Ya no (**7.** coser) nada para mí ni para nadie. Ya no (**8.** beber) más que agua fresca, tu bebida favorita. Cuando (**9.** abrir) la puerta para salir, estás ahí. Aún cuando (**10.** imprimir) los capítulos de mi autobiografía, tu presencia me da fuerza.

Ejercicio 5.2   Conjugue el verbo en la primera persona singular del presente del indicativo **(yo).**

No sé por qué (**1.** mentir) tanto, y (**2.** seguir) mintiendo. Les (**3.** pedir) a mis amigos y a mi familia que me perdonen, pero luego (**4.** repetir) el mismo error. Siempre les (**5.** comentar) a ellos que (**6.** mezclar) la verdad con la fantasía, y así (**7.** impedir) que olviden mis mentiras. Si me critican, no (**8.** defenderse) nunca porque en realidad (**9.** querer) el castigo que me da su crítica. Cada vez que puedo, (**10.** elegir) criticarme yo mismo primero, y así (**11.** conseguir) mi propio castigo. Creo que es mejor si (**12.** revelar) mi crimen, y así me (**13.** servir) yo mismo de juez. Pero luego (**14.** cansarse) de tanto luchar conmigo mismo, y (**15.** cerrar) los ojos y (**16.** sentir) que (**17.** comenzar) a olvidarlo todo. A veces (**18.** pensar) que si (**19.** perderse) en el sueño, todo lo malo desaparecerá.

Ejercicio 5.3   Conjugue el verbo en la tercera persona singular del presente del indicativo **(él / ella).**

Como cada día al despertarse, este día especial del año, Roberto, que es un hombre de hábitos muy establecidos, (**1.** pensar) en lo que (**2.** querer) hacer. Antes de levantarse, se (**3.** hacer) la lista de sus actividades: (**4.** recordar) que este día siempre (**5.** cortar) el pasto y (**6.** podar) las ramas largas, luego, cuando ya le (**7.** doler) el cuello, va al pueblo y (**8.** votar), porque hoy (**9.** ser) el día de las elecciones. Después (**10.** volver) a su casa, va al patio que (**11.** oler) a pasto fresco, (**12.** acostarse) en la hamaca a tomar la siesta. Después de la siesta (**13.** ir) al club y (**14.** jugar) al tenis con sus amigos.

Pero cuando (**15.** levantarse) y (**16.** mirar) por la ventana, (**17.** ver) que hoy es diferente: (**18.** llover) sin parar. Roberto apenas (**19.** dominar) su frustración lo suficiente para llamar a su mamá. Le (**20.** contar) de sus frustraciones, hasta que ella lo (**21.** interrumpir) para decirle del accidente de la noche anterior en que la tormenta destruyó el techo de su casa: ella (**22.** llorar), porque no (**23.** poder) imaginarse cómo se va a resolver su problema. Roberto (**24.** salir) corriendo a casa de su mamá, bajo la lluvia que ni siquiera (**25.** sentir), y en camino, (**26.** jurar) ya no darle tanta importancia a sus pequeños hábitos y tratar de poner las cosas en perspectiva.

Ejercicio 5.4 Conjugue el verbo en la primera persona singular del presente del indicativo (**yo**).

1. Siempre (proteger) a mis hijos primero. **2.** Sé que si (seguir) trabajando sin parar, voy a terminar a tiempo. **3.** Creo que (obedecer) demasiado a mis superiores. **4.** Cuando (traducir) del inglés al español, a veces uso anglicismos sin darme cuenta. **5.** Cada vez que patino, me (torcer) un tobillo. **6.** Si (recoger) mi ropa todos los días, hay menos desorden. **7.** De vez en cuando (conseguir) lo que quiero, pero no siempre. **8.** No sabes cuánto te (agradecer) tu ayuda. **9.** Temprano en la mañana (producir) más. **10.** No me (convencer) de la necesidad de comprar un auto nuevo.

Ejercicio 5.5 Conjugue el verbo en la segunda persona singular del presente del indicativo (**tú**).

1. Si (enviar) la carta esta mañana, llegará más rapido. **2.** Veo que (continuar) con el mismo trabajo. **3.** Me parece que (confiar) demasiado en la gente. **4.** ¿Siempre (reunir) a todos tus amigos en tu casa para celebrar el Año Nuevo? **5.** Si no (criar) a tus hijos con amor, pueden tener problemas sicológicos más tarde en la vida. **6.** ¿Cuándo (graduarse)? **7.** Creo que (guiar) muy bien. **8.** ¿En esa obra de teatro (actuar) de médico? **9.** No siempre (concluir) lo mismo que yo. **10.** Siempre (huir) de la verdad.

Ejercicio 5.6   Conjugue el verbo en el presente del indicativo, primero en la primera **(yo)**, luego en la tercera persona singular **(él / ella / usted / impersonal)** y finalmente en la primera persona plural **(nosotros).**

1. No nos gusta sacar la basura: por lo general, si no lo (hacer) yo, lo (hacer) él; pero a veces no lo (hacer) para nada porque se nos olvida.   **2.** Mi hermana y yo tratamos de vestirnos de manera diferente. Yo la veo a ella vestirse y (ponerse) algo diferente de ella, o si yo me visto primero, ella (ponerse) algo distinto a lo que yo me puse. Pero a veces no nos vemos y (ponerse / nosotros) lo mismo: es un problema muy grave.   **3.** Cuando (traer) mi paraguas nunca llueve. A veces mi esposa (traer) el paraguas, y a veces los dos lo (traer); siempre tratamos de tener al menos uno para que no llueva.   **4.** Hoy (venir) con más hambre que nunca. Mi compañera también (venir) hambrienta hoy. Así que (venir) las dos a comer con gusto y gana.   **5.** Nunca (decir / yo) más de lo que tengo que decir; si se (decir) más de lo necesario, a veces es peor. Si sólo (decir) nosotros lo esencial, podemos mantener nuestra distancia.   **6.** No (tener / yo) suficiente dinero; si usted (tener) un par de pesos, creo que entre los dos (tener) bastante para pagar la cuenta. **7.** Si yo les (dar) diez pesos, y usted les (dar) quince, entre los dos les (dar) el total de veinticinco.   **8.** Yo no (ir) porque (ir) Juan. Nunca (ir) los dos porque no es necesario.   **9.** Creo que (ser) responsable en cuanto a la ecología. (Ser) obvio que si todos (ser) responsables, el mundo durará más.   **10.** Yo (estar) triste porque se (estar) acabando el verano. Casi (estar / nosotros) a punto de volver a clases. **11.** (Haber / yo) de empacar las maletas para el viaje. No estoy segura pero creo que (haber) de hacer frío allá de noche. Nunca (haber / nosotros) viajado a esa parte del mundo.   **12.** A veces no (oír / yo) bien lo que anuncian en los aviones. No se (oír) nada por el ruido de los motores, creo. Si no (oír / nosotros) los anuncios, ¿será grave?   **13.** Yo (saber) hablar español, y si usted (saber) hablar francés, entre los dos (saber) quizás lo suficiente para que el viaje sea cómodo. **14.** Es curioso que cuando yo (ver) una película y mi novio (ver) la misma película, nunca (ver) exactamente lo mismo.

Ejercicio 5.7   Conjugue el verbo en el presente del indicativo de la persona indicada.

1. Siempre (caminar / yo) en la madrugada.   **2.** A veces (actuar / tú) y a veces no. **3.** Nosotros (actuar) mejor con público.   **4.** Si (adquirir / yo) esa propiedad, estaré contenta.   **5.** Siempre (adquirir / nosotros) propiedades que necesitan mejorarse.   **6.** ¿En qué (andar / vosotros)?   **7.** En la vida (aprender / nosotros) lo esencial si prestamos atención.   **8.** Cuando se asusta, mi hermanito me (tomar) de la mano.   **9.** Nunca me (avergonzar) mis padres.   **10.** Creo que a veces nosotros (avergonzar) a nuestros padres.   **11.** Si (averiguar / yo) el secreto, te lo cuento. **12.** ¿Te (decir / yo) lo que me contaron ayer?

13. (Decir / él) Raúl que los nuevos vecinos son muy fiesteros. **14.** Parece que nunca les (decir / nosotros) a nuestros padres que los queremos. **15.** ¿Qué (buscar / ellos) esos hombres? **16.** Ya no (caber / yo) en esa sillita que usaba de niña. **17.** Esa ropa vieja ya no me (caber). **18.** Por suerte, no (caerse / yo) con tanta frecuencia como cuando era adolescente. **19.** Tu hermana me (caer) bien. **20.** ¿Siempre (cerrar / tú) la ventana de noche? **21.** ¿No (cerrar / vosotros) la casa con llave? **22.** Tengo un limonero en mi patio, y cada vez que quiero un limón, (escoger / yo) el más maduro. **23.** Mis padres no siempre (escoger) los mejores regalos. **24.** Nunca (comenzar / yo) a trabajar hasta las diez de la noche. **25.** Si (comenzar / nosotros) ahora, terminaremos antes de que lleguen. **26.** Creo que ella (contribuir) más de lo necesario. **27.** En verano siempre (construir / nosotros) algo nuevo, por pequeño que sea. **28.** (Conducir / yo) mejor cuando no estoy cansada. **29.** Es impresionante lo mucho que (producir / tú) cuando quieres. **30.** Esa mujer (contar) cuentos: es una cuentera profesional.

31. Cuando tengo un resfriado, (sonarse / yo) la nariz sin parar. **32.** Nunca (recordar / nosotros) todo lo que tenemos que comprar si no preparamos una lista. **33.** (Creer / yo) que va a hacer calor hoy. **34.** Las brujas (poseer) poderes especiales. **35.** Si les (leer / nosotros) libros a nuestros hijos, aprenderán más. **36.** Nunca (cruzar / yo) esa calle porque es muy peligrosa. **37.** ¿Siempre (almorzar / tú) solo? **38.** Te (dar / yo) mi teléfono para que me llames. **39.** Yo (decir) que no hace falta tanta atención. **40.** Bueno, sí, a veces (contradecirse / yo), ¿y qué? **41.** No siempre (elegir / yo) lo más fácil. **42.** Me parece que (exigir / tú) demasiado de tus padres. **43.** Creo que si (seguir / yo) caminando por aquí, voy a encontrar la catedral. **44.** Ese niño siempre (conseguir) lo que quiere. **45.** (Perseguir / nosotros) a los gatitos hasta que los agarramos. **46.** Nunca (dormir / yo) bien. **47.** ¿Y vosotros, (dormir / vosotros) bien? **48.** Siempre (enviar / ellos) sus mensajes por correo electrónico. **49.** A mi hermana le (enviar / nosotros) flores hoy. **50.** (Escribir / yo) todos los días en mi diario. **51.** (Estar / yo) muy orgullosa de ti. **52.** Eventualmente los ladridos de mis perros me (forzar) a salir a investigar la causa de su alboroto. **53.** (Hacer / yo) lo que puedo. **54.** Estos programas (satisfacer) a los clientes, según entiendo. **55.** (Ir / yo) al cine esta noche. **56.** Mis amigos (ir) conmigo. **57.** Mi hermanita (jugar / ella) muy bien al tenis. **58.** Mis primos (llegar) hoy. **59.** A veces un árbol (morir) por falta de agua. **60.** Si (mover / tú) esa silla, cabremos. **61.** Las víctimas (negar) haber dado permiso. **62.** (Oír / yo) todo lo que dicen mis vecinos. **63.** ¿(Oír / tú) la canción? **64.** No (oír / nosotros) nada. **65.** (Oler / yo) los melones antes de comprarlos. **66.** Si los melones (oler) bien, los compro. **67.** Dicen que (parecerse / yo) a mi madre. **68.** Sólo te (pedir / yo) este favorcito. **69.** ¿Cuánto (pedir) usted por esta jarra? **70.** Siempre (perder / tú) tus lentes. **71.** Los estudiantes (poder) entender más de lo que crees. **72.** Si (poner / yo) la mesa ahora, lo tendré todo listo.

(continued)

73. A veces (reírse / yo) incontrolablemente.   **74.** Cuando (sonreírse) el profesor, sé que cometí un error interesante.   **75.** Siempre (reunir / ellos) suficiente dinero para los pobres.   **76.** Creo que si él le (rogar) un poco, ella aceptará. **77.** ¡Qué hambre (tener / yo)!   **78.** ¿(Tener / tú) tiempo para ayudarme? **79.** Me (torcer / yo) el tobillo.   **80.** Ese niñito (retorcerse) constantemente en su asiento.   **81.** (Traer / yo) buenas noticias.   **82.** Yo me (valer) de todos los recursos disponibles.   **83.** Si (convencer / yo) a mis padres, podré ir.   **84.** Hace tiempo que (venir / yo) planeando esto.   **85.** A mi amigo le molesta cuando sus padres (intervenir) en sus asuntos.   **86.** En esa clase, (ver / nosotros) una película por semana.   **87.** Luis (vivir) en España.   **88.** Mi compañera (volver) mañana.

Ejercicio 5.8   Temas de ensayo y de práctica oral.

a. Ensayo

Prestando atención a las formas verbales, escriba un párrafo sobre un día típico en su vida de hoy en día; use el presente del indicativo como base para su redacción, pero no es necesariamente el único tiempo verbal que puede necesitar: use su sentido común.

b. Práctica oral

1. Pídale a un amigo hispano que le cuente un día típico hoy en día para él. Preste atención a sus formas verbales.

2. Prestando atención a las formas verbales, cuéntele a un amigo un día típico en su vida hoy en día.

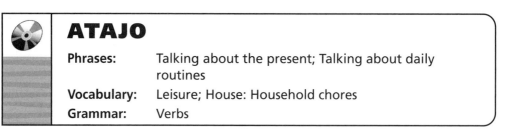

ATAJO

Phrases:	Talking about the present; Talking about daily routines
Vocabulary:	Leisure; House: Household chores
Grammar:	Verbs

Indicative Mood
(Aspects of the Past Indicative: Imperfect)

Chapter 5.A.2.a, pages 165–166

Ejercicio 5.9   Conjugue el verbo en el imperfecto del indicativo de la persona indicada.

1. De niña (hablar / yo) cuatro idiomas.   **2.** ¿En México (comer / tú) comida picante?   **3.** Creo que Carlos Fuentes (vivir) en los Estados Unidos en esa época. **4.** Cuando estábamos en la playa, (caminar / nosotros) mucho.   **5.** ¿(Correr / vosotros) todas las mañanas?   **6.** Las dos hermanitas se (tomar) del brazo para caminar.   **7.** En la escuela, yo (comenzar) a estudiar a las seis de la tarde. **8.** Siempre (decir / tú) lo mismo cuando me caía.   **9.** Mi padre (ver) el mundo de una manera muy diferente.   **10.** Siempre (concluir / nosotros) la ceremonia con un poema de Neruda.

Ejercicio 5.10   Conjugue el verbo en el imperfecto del indicativo de **yo** y **nosotros.**

1. Recuerdo que para la Navidad yo (ir) con mi familia a la playa; para la Nochebuena, (ir) todos a la playa a hacer una hoguera.   **2.** Cuando yo (ser) niño, mis dos hermanos y yo pensábamos que (ser) los tres mosqueteros.   **3.** En ese entonces no (ver / yo) que tú y yo no (ver) estas cosas de la misma manera. **4.** Cuando trabajaba allí, nunca (pedir) favores, porque creía que si (pedir / nosotros) favores, terminábamos debiéndole demasiado a la gente.   **5.** Cuando vivía en la ciudad, siempre (cerrar) el carro con llave. De niña, en mi familia nunca (cerrar / nosotros) nada con llave.   **6.** De adolescente, (caerse / yo) todo el tiempo. De hecho, mi hermana y yo (caerse) todos los días.   **7.** Recuerdo que cuando (andar / yo) en Europa, mis amigos y yo (andar) sin parar.   **8.** Teníamos que escondernos, pero no pudimos hacerlo en la misma caja: yo (caber) pero no (caber / nosotros) los dos.   **9.** Cuando yo (tener) hambre, no podía comer de inmediato. En mi familia (tener / nosotros) que esperar la hora exacta de la siguiente comida.   **10.** Nunca (hacer / yo) las tortillas sola: mi mamá y yo las (hacer) juntas.   **11.** Recuerdo que si yo le (dar) la espalda a mi amiguito Luis, él se enojaba, y eventualmente los dos nos (dar) de golpes hasta agotarnos. **12.** Cuando estaba en la playa, yo siempre (dormir) a gusto. Todos (dormir / nosotros) en hamacas.   **13.** Cada vez que (reírse / yo), me sentía mejor; a veces (reírse / nosotros) horas sin parar.   **14.** Cuando vivía en ese apartamento, yo (oír) todas las discusiones de mis vecinos. A veces mi mejor amiga y yo (oír) peleas horribles, y no sabíamos si llamar a la policía o no.

Ejercicio 5.11   Conjugue el verbo en el imperfecto del indicativo de la persona indicada.

> **Vocabulario: a pesar de todo** *in spite of it all;* **alumno** *student;* **avergonzar** *to embarrass;* **avergonzarse** *to be embarrassed;* **castigar** *to punish;* **chillón** *shrill;* **competencia** *competition;* **darse por vencido** *to give up;* **enterarse** *to find out;* **enviar** *to send;* **fingir** *to pretend;* **ganarle** *to beat her;* **gritar** *to scream;* **lograr** *to manage to;* **mandar** *to send;* **más bien** *instead;* **odiar** *to hate;* **platicar** *to chat;* **portarse** *to behave;* **quedarse** *to stay;* **regañar** *to scold;* **soportar** *to tolerate;* **travesura** *mischief, prank*

En la escuela, yo (**1.** tener) maestros muy severos, que siempre (**2.** insistir) en que mis compañeros y yo nos portáramos° muy bien. Recuerdo que cada día cuando yo (**3.** caminar) a la escuela, me (**4.** preguntar) si ese día algún maestro me regañaría° o me castigaría°. Yo siempre (**5.** avergonzarse°) fácilmente, especialmente cuando mis maestros me (**6.** sorprender) hablando con un compañero y me (**7.** regañar°) frente a todos. Al final de cada año ellos (**8.** evaluar) nuestro trabajo y nuestra conducta, y cada año nosotros (**9.** adquirir) nuevas estrategias para esconder nuestras travesuras°.

Cuando (**10.** ponerse / nosotros) a platicar° y a jugar y pasarnos notitas, la maestra de castellano nos (**11.** interrogar) en su voz chillona°: "¿Qué (**12.** hacer / vosotros)? ¿De qué (**13.** hablar / vosotros)?–" Y nosotros le (**14.** contestar) que no (**15.** hacer) nada, que sólo (**16.** hablar) de la tarea. Ella nos (**17.** creer), o (**18.** darse) por vencida° y nosotros (**19.** salir) ganando: eso (**20.** pensar / nosotros) entonces al menos.

A veces pienso que (**21.** aprender / nosotros) muy poco, justo lo suficiente para sobrevivir en la escuela. (**22.** Buscar / nosotros) siempre la manera de no concentrarnos en lo que el maestro (**23.** querer) que hiciéramos, y por lo general (**24.** lograr° / nosotros) divertirnos a pesar de todo.

Mi maestro de historia (**25.** ser) el peor de todos: cada vez que (**26.** poder / él), nos (**27.** avergonzar° / él). A veces nos (**28.** decir / él) que si no (**29.** portarse° / nosotros) bien, nos mandaría° a la oficina del director. Y casi cada semana, (**30.** enviar° / él) a uno a hablar con el director. Pero no (**31.** ser) grave: el alumno° que (**32.** deber) ir a la oficina del director no (**33.** ir): más bien, (**34.** salir) al corredor y (**35.** tomar) agua, luego (**36.** meterse) en el baño y (**37.** quedarse°) allí hasta el final de la hora. Y el maestro nunca (**38.** enterarse°) de nada.

Recuerdo la travesura° favorita de los chicos más traviesos de la clase: les (**39.** gustar) poner una silla defectuosa en el escritorio de las maestras nuevas: ellas (**40.** llegar) muy serias y nerviosas con sus libros muy apretados contra su pecho, y a la hora de sentarse, (**41.** caerse). Casi siempre (**42.** gritar° / ellas), y siempre (**43.** sonrojarse). A veces hasta (**44.** llorar / ellas). Nosotros (**45.** reírse). ¡Qué vergüenza me da ahora!

(**46.** Tener / yo) una maestra de matemáticas que me (**47.** detestar) porque yo siempre (**48.** terminar) los ejercicios de práctica antes que ella. Cuando le (**49.** llevar / yo) mi respuesta, ella (**50.** ponerse) furiosa y me (**51.** preguntar / ella) por qué no (**52.** esperar / yo) a que ella terminara primero. No sé por qué (**53.** insistir) yo en ganarle: me imagino que (**54.** existir) un tipo de competencia° con los maestros.

Nosotros (**55.** creer) que (**56.** ser) invencibles. (**57.** Sentirse) superiores a los maestros, los (**58.** contradecir), y (**59.** rehusarse) a aprender las cosas como ellos (**60.** querer). Nosotros los (**61.** odiar°) a ellos, y ellos nos (**62.** odiar) a nosotros, o al menos, eso es lo que (**63.** fingir°). Porque en realidad, bajo la superficie de competencia, (**64.** saber / nosotros) muy bien que (**65.** ser) importante estudiar, y (**66.** reconocer / nosotros) el valor de los conocimientos. Lo que no (**67.** soportar° / nosotros) era la disciplina excesiva, los uniformes, la uniformidad reglamentaria de todo. Y por eso (**68.** rebelarse / nosotros).

Ejercicio 5.12   Temas de ensayo y de práctica oral.

a. Ensayo

Prestando atención a las formas verbales, escriba un párrafo sobre un día típico en su vida en la escuela primaria o secundaria; use el imperfecto del indicativo como base para su redacción, pero no es necesariamente el único tiempo verbal que puedae necesitar: use su sentido común.

b. Práctica oral

1. Pídale a un amigo hispano que le cuente un día típico en su vida cuando era niño. Preste atención a sus formas verbales.

2. Prestando atención a las formas verbales, cuéntele a un amigo un día típico en su vida cuando era niño.

ATAJO

Phrases:	Talking about daily routines
Vocabulary:	Upbringing; School
Grammar:	Verbs: Imperfect

Indicative Mood
(Aspects of the Past Indicative: Preterite)

Chapter 5.A.2.b, pages 166–168

Ejercicio 5.13   Conjugue el verbo en el pretérito de la persona indicada.

1. ¿(Hablar / tú) con tus padres anoche?   **2.** Ayer (comer / nosotros) pescado.
3. Mis tíos (vivir) veinte años en Guadalajara.   **4.** Esta mañana (caminar / yo)
cinco kilómetros.   **5.** ¿Por dónde (andar / tú)?   **6.** El niño trató de meterse en la
caja, pero no (caber).   **7.** Este verano (estar / nosotros) en el campo.   **8.** Ayer
(arrestar / nosotros) al sospechoso.   **9.** El año pasado (haber) menos crimen que el
anterior.   **10.** Yo no (saber / yo) la respuesta.   **11.** ¿(Poder / tú) terminar tu
trabajo?   **12.** Mi mamá (poner) la mesa.   **13.** ¿A qué hora (salir / vosotros)?
14. Mis vecinos (tener) que mudarse.   **15.** Este fin de semana no (hacer / yo)
nada porque hacía muchísimo calor.   **16.** ¿Qué (querer / tú) decir con eso?
17. Ese gran autor (venir) a nuestra clase para hablar con nosotros.

Ejercicio 5.14   Conjugue el verbo en el pretérito de la persona indicada.

1. Le (dar / nosotros) flores a mi mamá para su cumpleaños.   **2.** Blanca (hacer) las
paces *(made up)* con su novio.   **3.** Anoche (ir / yo) al cine.   **4.** Nunca (ser / yo) tan
atlético como mi hermano.   **5.** ¿Qué (decir / vosotros)?   **6.** Me sorprende lo
mucho que (producir / tú) en tan poco tiempo.   **7.** Mis primas (traer) las tortillas.

Ejercicio 5.15   Conjugue el verbo en el pretérito de **yo** y **él**.

1. (sentir) Después de comer, yo me _____ mal, pero él no _____ nada.
2. (pedir) Para la cena, yo _____ mejillones, y él _____ camarones.   **3.** (reír) Yo
me _____ mucho durante esa película, pero el resto del público no se _____ casi
para nada.   **4.** (dormir) Yo _____ bien anoche, pero mi compañero de cuarto
no _____ para nada.   **5.** (caer) Creo que le _____ bien a tu novio, pero no estoy
segura de si él le _____ bien a mi mamá.   **6.** (creer) Yo no le _____ nada a la
gitana *(gypsy)*, pero mi hermana sí le _____.   **7.** (leer) _____ ese libro el año
pasado; el profesor lo _____ cuando tenía nuestra edad.   **8.** (oír) Yo no _____
nada, pero mi compañera de cuarto dice que _____ gritos *(screams)*.   **9.** (concluir)
Yo _____ algo muy diferente de lo que _____ él.   **10.** (buscar) Yo _____ mi anillo
(ring) en todos lados, y mi mejor amigo también _____, pero no lo encontramos.
11. (llegar) Yo _____ ayer, pero mi hermano mayor _____ hace una semana.
12. (alcanzar [*to reach*]) Yo no _____ la guayaba en esa rama *(branch)*, pero
Juanito sí la _____.   **13.** (explicar) Yo le _____ mis razones y él me _____ las
suyas.   **14.** (almorzar) Yo _____ más de lo que _____ el resto de la gente.
15. (apagar [*to turn off*]) A las diez, yo _____ todas las luces excepto la de la cocina;

mi compañera de casa _____ ésa antes de acostarse, a eso de la una de la mañana. **16.** (sacar [*to take out*]) Yo _____ la basura (*garbage*) esta semana porque él la _____ la semana pasada. **17.** (comenzar) Yo _____ a trabajar a las seis, y ella _____ a las diez. **18.** (colgar [*to hang*]) Yo _____ ese cuadro (*painting*) en la sala, luego mi mamá lo _____ en el comedor. **19.** (tocar) Yo _____ el piano para Navidades; mi primo _____ la guitarra para el día de Reyes. **20.** (empezar) Yo _____ a hablar español a los cinco años, pero mi papá no _____ hasta los treinta. **21.** (entregar [*to deliver*]) Yo le _____ el paquete al señor Ruiz, y él se lo _____ a la señora Gómez. **22.** (pagar) Yo _____ las cuentas (*bills*) el mes pasado, y mi compañero de casa las _____ el mes anterior.

Ejercicio 5.16   Conjugue el verbo en el pretérito de la persona indicada. Si no hay persona indicada, use el contexto para determinar cuál es el sujeto: puede ser impersonal, o tener el sujeto ya mencionado.

> **Vocabulario: a la vez** *at the same time*; **acercarse** *to come near*; **agotado** *exhausted*; **alquilar** *to rent*; **apodo** *nickname*; **arena** *sand*; **averiguar** *to find out*; **de hecho** *as a matter of fact*; **a fin de cuentas** *all in all*; **encerrarse** *to lock oneself up*; **estadía** *stay*; **estrella** *star*; **fijarse** *to notice*; **grito** *scream*; **impresionadísimo** *very impressed*; **inerte** *lifeless*; **inolvidable** *unforgettable*; **médico** *doctor*; **pegar un grito** *to scream*; **pelando** *peeling*; **por detrás** *from behind*; **quedar impresionado** *to be impressed*; **quemarse** *to get burned*; **regresar** *to return*; **seguir** *to continue*; **sitio** *place*; **sombra** *shade*; **tipo** *character*

El año pasado (**1.** ir / yo) a Cancún por primera vez: (**2.** ser) una experiencia inolvidable°, y a la vez°, (**3.** haber) algunos incidentes que quisiera olvidar. Mi mejor amiga (**4.** ir) conmigo. El primer día (**5.** quedar° / yo) impresionadísima° cuando (**6.** ver / yo) la blancura de la arena° y la transparencia azul del agua; (**7.** acostarse / nosotros) al sol un ratito, y luego (**8.** entrar / nosotros) al hotel a bañarnos. (**9.** Cenar / nosotros), acompañadas de la música de los mariachis, y luego (**10.** salir / nosotros) a pasear en la noche llena de estrellas°.

De repente mi amiga (**11.** sentirse) muy mal, y (**12.** regresar° / nosotros) al hotel. (**13.** Tener / yo) que preguntar en la recepción si había un médico°. Por fin (**14.** venir) uno, la (**15.** ver / él), y le (**16.** decir / él) que tenía gastroenteritis, causada por el cambio de bacterias en el agua o la comida. Nos (**17.** contar / él) que esta enfermedad era tan común que tenía un apodo°: le decían "la venganza de Moctezuma", o "el turista". Le (**18.** traer / él) un té caliente que habían inventado en el hotel para curar este mal, y le (**19.** recomendar / él) un medicamento que luego yo le (**20.** poder) comprar en la farmacia del hotel. (**21.** Fijarse° / yo) que era el producto que más se vendía.

(continued)

Mi amiga (**22.** sufrir) con esta enfermedad por dos días enteros: no (**23.** volver / ella) a ver el sol ni la playa, (**24.** encerrarse°) en el cuarto con las cortinas cerradas, y no (**25.** hacer) nada más que dormir. Yo (**26.** estar) sola todo este tiempo, y (**27.** pasarse) el rato leyendo con la luz de una lámpara, y también (**28.** escribir) unas veinte tarjetas postales: no quería dejar a mi amiga sola, por si necesitaba algo. Además, ese primer día de sol (**29.** quemarse°) por completo: la mañana siguiente, cuando (**30.** ir) a bañarme, y (**31.** mirarse) y (**32.** pegar) un grito° de horror al ver que toda la piel de la cara, y del cuerpo, se me estaba pelando°. Por dos días más, (**33.** pedir) que me trajeran la comida al cuarto.

El cuarto día de nuestra estadía° en Cancún, como no podíamos ir a la playa, (**34.** decidir / nosotros) hacer un poco de turismo. (**35.** Ir) a ver las ruinas de los antiguos mayas; para llegar allá, (**36.** alquilar° / nosotros) un coche. Yo (**37.** tener) que manejar porque mi amiga estaba un poco débil. (**38.** Estar / nosotros) manejando como una hora, en un cochecito sin aire acondicionado, bajo un sol implacable, y para cuando (**39.** llegar), estábamos ya agotadas° por el calor sofocante. Nunca se nos (**40.** ocurrir) que haría tanto calor. (**41.** Sentarse / nosotros) en la sombra° de un árbol y (**42.** beber) un refresco. De lejos, inertes, (**43.** mirar / nosotros) las ruinas. Un tipo° (**44.** acercarse°) a nosotros por detrás° y nos (**45.** ofrecer / él) ayuda. Yo (**46.** hablar) un poco con él y (**47.** averiguar° / yo) todo lo que (**48.** poder / yo) sobre las ruinas: en primer lugar, el hombre me (**49.** corregir) con un tono muy severo: me (**50.** decir / él) que no les dicen "ruinas", sino "edificios". Francamente, me (**51.** caer) bastante mal su actitud; el tipo (**52.** ofenderse) con mi ignorancia, lo cual me (**53.** parecer) un poco absurdo. Le (**54.** dar / yo) las gracias por su oferta de ayuda, pero no la (**55.** aceptar / nosotros). De hecho°, (**56.** irse / nosotros) rápidamente de allí, (**57.** ver / nosotros) superficialmente lo que (**58.** poder / nosotros) del sitio°, y (**59.** conducir / nosotros) de vuelta al hotel. En el coche, de repente, mi amiga (**60.** reírse), luego (**61.** reírse) yo, y (**62.** seguir° / nosotros) riendo todo el camino por lo ridículo de la situación.

A fin de cuentas°, nuestra visita a Cancún (**63.** ser) una experiencia que nunca olvidaremos.

Ejercicio 5.17   Temas de ensayo y de práctica oral.

a. Ensayo

Prestando atención a las formas verbales, escriba un párrafo sobre su primer día o su primera noche en algún lugar especial (una casa nueva, una ciudad nueva, la escuela secundaria, la universidad, etc.). Use el pretérito del indicativo como base para su redacción, pero no es necesariamente el único tiempo verbal que puede necesitar: use su sentido común.

b. Práctica oral

1. Pídale a un amigo hispano que le cuente su primer día en este país, o en esta universidad. Preste atención a sus formas verbales.

2. Prestando atención a las formas verbales, cuéntele a un amigo su primer día en la universidad, o en un país hispano.

ATAJO

Phrases:	Describing places; Talking about past events
Grammar:	Verbs: Preterite

Indicative Mood
(Aspects of the Past Indicative: Present Perfect)

Chapter 5.A.2.c, page 169

Ejercicio 5.18   Conjugue el verbo en el presente perfecto del indicativo de la persona indicada.

1. Nunca _____ (caminar / yo) por ahí.   **2.** ¿_____ (hacer / tú) algo hoy?
3. Todavía no me _____ (devolver / él) todas las cosas que le presté. *(He has still not returned to me all of the things I lent him.)*   **4.** _____ (andar / nosotros) casi tres kilómetros.   **5.** ¿Qué _____ (aprender / vosotros) en vuestro viaje?   **6.** Creo que no _____ (tomar / ellos) agua en horas.   **7.** Nunca _____ (traer / yo) tanto.
8. ¿_____ (averiguar / tú) algo sobre los horarios nuevos? *(Have you found out anything about the new schedules?)*   **9.** Todavía no _____ (buscar / ella) alojamiento *(lodging)* en ese barrio.   **10.** Nunca _____ (caber [*to fit*] / nosotros) todos en este coche.   **11.** ¿_____ (cerrar / vosotros) la puerta con llave? *(Did you lock the door?)*
12. Ya _____ (recoger / ellas) las hojas tres veces. *(They already picked up the leaves three times.)*

Indicative Mood
(Aspects of the Past Indicative: Pluperfect)

Chapter 5.A.2.d, page 169

Ejercicio 5.19   Conjugue el verbo en el pluscuamperfecto del indicativo de la persona indicada.

1. Estaba agotada (*exhausted*) porque _____ (correr / yo) por una hora para llegar.
2. Me dijiste que nunca te _____ (graduar / tú) de la escuela secundaria.
3. Cuando yo llegué, él ya (*already*) se _____ (ir).   **4.** No les _____ (decir / nosotros) a nuestros padres que nos queríamos casar.   **5.** ¿_____ (ver / vosotros) esa película antes?   **6.** Ellos ya (*already*) _____ (volver) de su viaje a España.
7. Yo te _____ (escribir / yo) seis cartas antes de que tú me contestaras.   **8.** Yo creía que ya (*already*) le _____ (poner / tú) baterías nuevas al reloj.   **9.** Cuando por fin llegó la policía, ella ya _____ (resolver) el crimen.   **10.** Nunca _____ (abrir / nosotros) esa puerta antes.   **11.** ¿_____ (cerrar / vosotros) las ventanas antes de que empezara a llover?   **12.** No vieron nada porque _____ (taparse / ellas) los ojos (*they had covered their eyes*).

Indicative Mood (Future: Simple Future)

Chapter 5.A.3.a, page 170

Ejercicio 5.20   Conjugue el verbo en el futuro para la persona indicada.

1. Te _____ (amar / yo) para siempre.   **2.** ¿Dónde _____ (vivir / tú) cuando estés allá?   **3.** Sé que _____ (entender / él) el problema cuando yo se lo explique.
4. ¿A qué hora _____ (comer / nosotros) allá?   **5.** ¿En qué año os _____ (graduar / vosotros)?   **6.** _____ (tomar / ellos) el autobús para llegar a la ciudad.
7. Me _____ (despedir / yo) pronto porque ya me voy. (*I'll say good-bye because I'm leaving now.*)   **8.** ¿Cómo _____ (averiguar [*to find out*] / tú) lo que necesitas si no preguntas?   **9.** Estoy seguro que ella nos _____ (buscar) en este lugar.   **10.** Esta noche _____ (cantar / nosotros) juntos.   **11.** Con este sol, os _____ (calentar / vosotros) pronto.   **12.** Sé que ellas _____ (escoger [*to choose*]) lo mejor.

Ejercicio 5.21   Conjugue el verbo en el futuro para la persona indicada.

1. Si sigo comiendo tanto, no _____ (caber) dentro de mi ropa. (*If I continue to eat so much, I will not fit into my clothes.*)   **2.** ¡Tú _____ (decir)! (*It's up to you!*)
3. ¿Cuántos estudiantes _____ (haber) en esta universidad?

4. Nosotros _____ (hacer) lo posible por ayudar.   **5.** Vosotros _____ (poder) venir también.   **6.** Sé que ellos se _____ (poner) furiosos cuando oigan la noticia.
7. Esa noche no _____ (querer / yo) nada para cenar.   **8.** ¿Cuándo _____ (saber / tú) si te van a aceptar?   **9.** Su vuelo _____ (salir) mañana por la noche.   **10.** _____ (tener / nosotros) muchas horas libres.   **11.** ¿Cuánto _____ (valer) esa camisa? *(I wonder how much that shirt costs.)*   **12.** ¿ _____ (venir / vosotros) con nosotros?

Ejercicio 5.22   Temas de ensayo y de práctica oral.

a. Ensayo

Prestando atención a las formas verbales, escriba un párrafo sobre sus planes para mañana. Use el futuro como base para su redacción, pero no es necesariamente el único tiempo verbal que puede necesitar: use su sentido común.

b. Práctica oral

1. Pídale a un amigo hispano que le cuente sus planes para mañana. Preste atención a sus formas verbales.

2. Prestando atención a las formas verbales, cuéntele a un amigo sus planes para mañana.

ATAJO

Grammar: Verbs: Future

Indicative Mood (Future: Future Perfect)

Chapter 5.A.3.b, page 171

Ejercicio 5.23   Conjugue el verbo en el futuro perfecto para la persona indicada.

1. _____ (decir / yo) lo mismo veinte veces.   **2.** ¿Cuántas veces _____ (ver / tú) la misma película?   **3.** Supongo que él se _____ (cubrir) la cabeza.
4. Nosotros _____ (volver) para entonces.   **5.** Me imagino que vosotros _____ (hacer) este ejercicio antes.   **6.** ¿_____ (tomar / ellos) agua sucia?   **7.** No sé dónde _____ (poner / yo) mis lentes.   **8.** _____ (experimentar / tú) con esto antes.
9. _____ (buscar / ella) por todos lados antes de darse por vencida.   **10.** Antes de que se acabe la noche, _____ (cantar / nosotros) todo nuestro repertorio.
11. ¿ _____ (envejecer / vosotros) tanto?   **12.** Ellas _____ (escribir) primero.
13. Yo me _____ (ir) antes de que tú llegues.   **14.** ¿Cuánto dinero _____ (gastar / tú)?   **15.** Mi prima se _____ (graduar) antes que yo.

B Conditional Mood (Present Conditional)

Chapter 5.B.1, pages 171–172

Ejercicio 5.24 Conjugue el verbo en el condicional presente para la persona indicada.

1. Si pudiera, _____ (secar [*to dry*] / yo) mi ropa en el sol.   **2.** Pensé que no te _____ (preocupar / tú) tanto esta vez.   **3.** Él no _____ (vivir) aquí si no fuera por ella.   **4.** Me pregunto si _____ (llover) anoche.   **5.** ¿Cómo _____ (pronunciar / vosotros) esto?   **6.** Estoy segura que ellas _____ (pagar) si pudieran.   **7.** Si fuera yo, me _____ (organizar) primero.   **8.** Si te lo pidieran, _____ (atestiguar [*to testify*] / tú), ¿verdad?   **9.** ¿_____ (Leer / ella) el libro antes de ver la película?   **10.** No nos _____ (quejar [*to complain*] / nosotros) si no hicieran tanto ruido.   **11.** Vosotros _____ (sonreír) también con ese chiste *(joke).*   **12.** Sabíamos que allá todo el mundo nos _____ (tutear). *(We knew that over there everyone would address us with tú.)*

Ejercicio 5.25 Conjugue el verbo en el condicional presente para la persona indicada.

1. Yo no _____ (caber [*to fit*]) por esa ventana aunque quisiera.   **2.** ¿Qué _____ (decir) tú en mi lugar?   **3.** ¿Cuánta gente _____ (haber) en el público *(audience)?*   **4.** Nosotros lo _____ (hacer) de manera diferente.   **5.** ¿_____ (Poder / vosotros) venir a eso de las nueve?   **6.** ¿Dónde _____ (poner / ellos) las llaves *(keys)?*   **7.** ¿Qué _____ (querer) ese vagabundo?   **8.** Si te ocurriera a ti, estoy seguro que _____ (saber / tú) cómo reaccionar.   **9.** ¿Cuánto les _____ (costar) el viaje?   **10.** ¿_____ (Tener) usted tiempo para ayudarme, por favor?   **11.** ¿Cuánto _____ (valer) eso?   **12.** Si las invitáramos, _____ (venir / ellas).

Conditional Mood (Conditional Perfect)

Chapter 5.B.2, page 172

Ejercicio 5.26 Conjugue el verbo en el condicional perfecto para la persona indicada.

1. Si no me hubieran llevado a México, yo no _____ (hablar / yo) el español desde los cinco años *(since I was five years old).*   **2.** Nunca _____ (comer / tú) eso si hubieras sabido lo que era.   **3.** Él _____ (vivir / él) muchos años más si no se hubiera enfermado.   **4.** Si hubiéramos sabido lo que había en ese cuarto, no _____ (abrir / nosotros) la puerta.   **5.** Si no les hubiéramos preguntado, no _____ (decir / ellos) nada.   **6.** Sé que no lo _____ (hacer / tú) solo.   **7.** Nunca _____ (resolver / vosotros) el caso sin la ayuda de la policía.   **8.** Usted _____ (volver) en taxi si no lo hubiéramos llevado.

Ejercicio 5.27   Temas de ensayo y de práctica oral.

a. Ensayo

Si no estuviera ahora en la universidad (o en la escuela secundaria), ¿en qué sería diferente su vida? ¿Le gustaría a usted este cambio? ¿Por qué? Prestando atención a las formas verbales, escriba un párrafo sobre este tema; use el condicional para indicar los cambios hipotéticos en su vida.

b. Práctica oral

1. Pídale a un amigo hispano que le cuente lo que estaría haciendo ahora si no hubiera venido a los Estados Unidos. Preste atención a sus formas verbales.

2. Prestando atención a las formas verbales, cuéntele a un amigo lo que usted estaría haciendo ahora si no fuera estudiante.

ATAJO

Phrases: Hypothesizing
Grammar: Verbs: Conditional

C Subjunctive Mood (Present Subjunctive)

Chapter 5.C.1, pages 173–176

Ejercicio 5.28   Conjugue el verbo en el presente del subjuntivo para la persona indicada.

1. Es posible que yo _____ (caminar) hoy.   **2.** Te prohíben que _____ (hablar / tú). **3.** Me sorprende que él _____ (estudiar) tanto.   **4.** Se nos quitará el frío cuando _____ (bailar / nosotros).   **5.** Dudo que vosotros _____ (remar [*to row*]) tan rápido como ellos.   **6.** Tan pronto _____ (preparar / ellos) la cena, comeremos. **7.** Es imperativo que usted _____ (tolerar) las diferencias de los demás.   **8.** Si no pueden cantar, les digo que _____ (tararear [*to hum*] / ustedes) la canción.

Ejercicio 5.29 Conjugue el verbo en el presente del subjuntivo para la persona indicada.

1. Es imposible que yo _____ (comer) tanto.   **2.** Te traigo esto para que lo _____ (leer / tú).   **3.** ¿Crees que él _____ (ver) la diferencia?   **4.** Cuando ella _____ (vivir) allá, se acostumbrará *(she will get used to it)*.   **5.** Espero que no _____ (toser [*to cough*] / nosotros) durante la obra.   **6.** No se va a ver bien a menos que lo _____ (coser [*to sew*] / vosotros) con hilo del mismo color.   **7.** Dales ánimo *(Encourage them)* para que _____ (correr / ellos) más rápido.   **8.** Es esencial que _____ (compartir [*to share*] / ellos) su comida con sus compañeros.   **9.** Le recomiendo que no _____ (beber / usted) ninguna bebida alcohólica con esta medicina.   **10.** Es admirable que _____ (escribirse / ustedes) tan frecuentemente.

Ejercicio 5.30 Conjugue el verbo en el presente del subjuntivo para **yo** y **nosotros.**

1. (cerrar) Primero me dice a mí que _____ al salir, y luego nos dice a los dos que _____: ¿creerá que soy irresponsable?   **2.** (perder) Para que yo me _____, es necesario que _____ el mapa primero.   **3.** (contar) No importa que yo _____ el cuento sola o que lo _____ juntos.   **4.** (volver) Es imposible que yo _____ y que no _____ los dos.   **5.** (sentir) Cuando yo _____ frío, ya será de noche. Entonces es probable que los dos _____ frío.   **6.** (dormir) Es una lástima que yo no _____ bien cuando hay visita. De hecho, dudo que _____ lo suficiente cuando hay gente en la casa.   **7.** (enviar) Es esencial que _____ este paquete hoy. Espero que lo _____ con el resto del correo al mediodía.   **8.** (evaluar) Me dicen que _____ a mis compañeros; es obligatorio que todos _____ a los demás.

Ejercicio 5.31 Conjugue el verbo en la tercera personal singular del presente del subjuntivo.

1. Me encanta que usted me _____ (pedir) favores.   **2.** Dudo que Germán les _____ (decir) a sus padres.   **3.** Espero que mi hermano no _____ (oír) esta música.   **4.** Cuando Rosita _____ (tener) quince años, la dejarán salir con él.   **5.** Ojalá que esto _____ (concluir) todos los debates sobre el asunto.   **6.** ¿Se podrá arreglar sin que _____ (parecer) un remiendo?   **7.** Le prohíben ir a menos que _____ (conducir) su hermano mayor.   **8.** No creo que eso me _____ (caber).   **9.** Ojalá que Carlos le _____ (caer) bien a esa gente.   **10.** Es increíble que _____ (hacer) tanto calor.   **11.** No dejes que _____ (ponerse) esos zapatos.   **12.** Espero que todo _____ (salir) bien.   **13.** ¿Quieres que Yolanda _____ (traer) algo?   **14.** Ojalá que este trabajo _____ (valer) la pena.   **15.** Me gusta que Paco _____ (venir) a visitar a su papá.

Ejercicio 5.32 Conjugue el verbo en el presente del subjuntivo.

1. Es necesario que yo _____ (dar) dinero para esta causa. **2.** No es que _____ (estar / tú) gordo: es que la ropa se encogió. **3.** Tengo miedo de que no _____ (haber) suficiente tiempo. **4.** Le molesta que _____ (irse / nosotros) tan pronto. **5.** No importa que no _____ (saber / vosotros) la respuesta. **6.** Conviene que _____ (ser / ellas) tolerantes. **7.** Más vale que yo _____ (escoger) el número ganador. **8.** No significa que tú no los _____ (dirigir) bien: son ellos los que no te hacen caso. **9.** Es una lástima que no _____ (distinguir / ellos) esos colores. **10.** No irán a menos que los _____ (convencer / nosotros) de que no hay peligro. **11.** Es necesario que lo _____ (buscar) vosotros mismos. **12.** No abran la puerta hasta que _____ (llegar / yo). **13.** Te presto mi auto para que _____ (alcanzar / tú) el tren en la próxima estación.

Ejercicio 5.33 Repaso del subjuntivo presente.

1. Ojalá que _____ (dominar / yo) el idioma para entonces. **2.** Es increíble que les _____ (temer / él) a los demás. **3.** Te ruego que te _____ (defender / tú). **4.** Es mejor que les _____ (dar / nosotros) nuestro número de teléfono ahora. **5.** Espero que _____ (estar / vosotros) cómodos. **6.** No creo que _____ (haber) más de cien personas en el público. **7.** Es importante que yo _____ (ir) a la biblioteca hoy. **8.** Aunque _____ (saber / tú) la verdad, no la digas. **9.** Para que la fiesta _____ (ser) perfecta, vamos a poner música de salsa. **10.** A menos que _____ (recoger / nosotros) a los niños, no van a llegar a tiempo. **11.** Es curioso que no _____ (corregir / tú) errores tan graves. **12.** Ojalá que _____ (seguir / vosotros) gozando de vuestro viaje. **13.** Espero que pronto _____ (vencer / ella) esa enfermedad. **14.** Me dice que no me _____ (rascar / yo). **15.** Lo hará sin que le _____ (rogar / tú). **16.** Más vale que _____ (rezar / él). **17.** No puedo creer que realmente _____ (entender / ella). **18.** Espero que usted _____ (encontrar) lo que busca. **19.** Se lo presto con tal de que me lo _____ (devolver / ellos) mañana. **20.** Espero que no lleguen antes de que _____ (envolver / nosotros) los regalos. **21.** Es imposible que yo _____ (confiar) en esa gente. **22.** Es deseable que _____ (criar / nosotros) a nuestros hijos de una manera responsable. **23.** Te dejo para que _____ (continuar / tú) con tu ensayo. **24.** No nos darán nada hasta que nos _____ (graduar / nosotros). **25.** Parece imposible que ellas _____ (creerse) semejantes mentiras. **26.** Ojalá que _____ (ver / yo) a mis amigos allá. **27.** Le daremos la mano para que _____ (subir / ella). **28.** Me sorprende que ellas lo _____ (hacer) todo tan bien. **29.** No les ganarán a menos que los _____ (dividir / ellos). **30.** Es importante que usted _____ (investigar) este asunto con cuidado.

(continued)

31. A veces me molesta que ustedes lo _____ (analizar) todo de esa manera.
32. Prefiero que no _____ (discutir / tú) tanto.   **33.** Insiste en que su hijo no _____ (pelear) con sus amigos.   **34.** Ojalá que ella _____ (llegar) tarde hoy: no estoy listo aún.   **35.** Vendrán con sus amigos aunque no lo _____ (querer / nosotros).   **36.** Insisto en que vosotros _____ (entrar) primero.   **37.** No se irán hasta que ellas _____ (salir).   **38.** La profesora se empeña en que ellos lo _____ (repetir) todo.   **39.** Lamentamos que usted no _____ (oír) la música.
40. Esperaremos hasta que ustedes _____ (volver).

Subjunctive Mood (Imperfect Subjunctive)

Chapter 5.C.2, pages 176–177

Ejercicio 5.34   Conjugue el verbo en el imperfecto del subjuntivo.

1. El doctor me recomendó que _____ (caminar / yo) todos los días un poco.
2. Preferiría que _____ (hablar / tú) conmigo primero.   **3.** Quería darle un libro que _____ (estudiar / él) con gusto.   **4.** Ojalá que ella _____ (cantar) esta vez.
5. Nos pusieron esa música para que _____ (bailar / nosotros).   **6.** No significa que no _____ (escuchar / vosotros).   **7.** Era imposible que ellas los _____ (amar).
8. Pedí que me _____ (preparar / ellos) una paella.   **9.** Le dieron esa droga para que _____ (tolerar / usted) mejor el dolor.   **10.** Sólo les pedía que _____ (tararear / ustedes) la canción una vez.   **11.** No podían encontrar nada que yo _____ (comer) sin enfermarme.   **12.** Me sorprendió que _____ (leer / tú) su diario.   **13.** Esperaba que él _____ (ver) lo que yo había visto.   **14.** Tenía miedo que ella no _____ (vivir) en esa dirección.   **15.** Se avergonzaban de que nosotros _____ (toser) durante toda la obra.   **16.** Si vosotros _____ (coser) vuestra propia ropa, no tendríais este problema.   **17.** Teníamos que apurarnos en caso de que ellas _____ (correr).   **18.** Se lo dimos a condición de que lo _____ (compartir / ellos) entre ellos.   **19.** Escondimos todas las bebidas alcohólicas para que no _____ (beber / él).   **20.** Antes de que ustedes nos _____ (escribir), nosotros ya les habíamos escrito.   **21.** No dejaría de mojarse hasta que yo _____ (cerrar) las ventanas.   **22.** Era imposible que yo ganara sin que tú _____ (perder) como consecuencia.   **23.** Le pedimos que nos _____ (contar / ella) de su viaje.
24. Nos enteraríamos en cuanto _____ (volver / nosotros).   **25.** No nos creerían hasta que ellos mismos _____ (sentir) el temblor.   **26.** Les había conseguido este cuarto de atrás para que _____ (dormir / ustedes) mejor.   **27.** Nunca llegaría a menos que él lo _____ (enviar) por correo aéreo.   **28.** Me dijo que te daría un auto cuando te _____ (graduar / tú).

Ejercicio 5.35   Conjugue el verbo en el imperfecto del subjuntivo.

1. Se sorprendieron de que yo _____ (andar) por esos lares.   2. Nadie pudo creer que tú _____ (caber) por esa ventana.   3. No lo aceptaría a menos que les _____ (caer / él) bien a sus padres.   4. Si ella no _____ (concluir) lo mismo que nosotros, tendríamos que cambiar el plan.   5. No irían a menos que usted _____ (conducir).   6. Nos pidieron que _____ (dar / nosotros) una presentación.   7. Si vosotros les _____ (decir) eso, no lo creerían.   8. Les dieron café para que no _____ (dormirse / ellos).   9. Hablaban como si _____ (estar / ellas) de acuerdo.   10. No podía creer que _____ (haber) tantos problemas en ese pueblito.   11. Resolvieron el caso antes de que yo _____ (irse).   12. Te lo di a fin de que _____ (leer / tú) algo interesante.   13. Entré sin que nadie me _____ (oír).   14. Ojalá que mi mamá no _____ (pedir / ella) tanto de mí.   15. Si usted _____ (poder) ayudarme, se lo agradecería.   16. Era esencial que _____ (poner / nosotros) el despertador.   17. No podíamos creer que vosotros _____ (poseer) esos poderes.   18. Queríamos encontrar una playa que ellos _____ (preferir).   19. No trabajaría en la película a menos que ellas la _____ (dirigir).   20. Traje el auto en caso de que ustedes _____ (querer) salir hoy.   21. Por suerte se calló antes de que yo _____ (reírse).   22. Si tú _____ (saber) lo que siento, no hablarías de esa manera.   23. Cambió su número para que él no la _____ (seguir) llamando.   24. Me encantó que ella _____ (sentir) lo mismo que yo.   25. No podíamos encontrar una casa que _____ (ser) tan barata como queríamos.   26. Dudo que nosotros _____ (ser) tan inocentes como ellos a su edad.   27. Os comportáis como si no _____ (tener / vosotros) nada que hacer.   28. Les pedimos que _____ (traer / ellos) pan.   29. No empezaríamos hasta que ellas _____ (venir) a ayudarnos.

Subjunctive Mood (Present Perfect Subjunctive)

Chapter 5.C.3, page 177

Ejercicio 5.36   Conjugue el verbo en el presente perfecto del subjuntivo.

1. Ojalá que él _____ (ganar).   2. Tan pronto como _____ (graduarse / tú) iremos a Europa.   3. Haremos la sopa con tal de que él _____ (conseguir) los ingredientes.   4. No pueden creer que _____ (andar / nosotros) tanto.   5. Espero que _____ (aprender / vosotros) algo nuevo.   6. Esperamos que ellos no _____ (tomar) el agua.   7. Es posible que yo los _____ (avergonzar) sin darme cuenta.

(continued)

8. Parece imposible que tú _____ (averiguar) tanto en tan poco tiempo.
9. Me alegro de que no _____ (buscar / ella) aquí.   **10.** Ahora les sorprende que nosotros _____ (cantar) esa canción.   **11.** Les dio coraje que vosotros _____ (cerrar) la puerta con llave.   **12.** Ojalá que ellas _____ (recoger) el correo hoy.
13. Todavía les sorprende que no me _____ (caber) esa camisa.   **14.** Lamentamos que no _____ (poder / tú) venir a la fiesta.   **15.** Puede ser que ella ya _____ (vender) el coche.   **16.** No importa que no _____ (viajar / nosotros) a ese país antes.   **17.** No creen que vosotros _____ (salir) anoche.   **18.** Basta que ellos _____ (tener) razón una vez.   **19.** No puedo creer que esos aretes _____ (costar) tanto.   **20.** ¡Qué bueno que yo _____ (venir) a tiempo!

Subjunctive Mood (Pluperfect Subjunctive)

Chapter 5.C.4, page 178

Ejercicio 5.37   Conjugue el verbo en el pluscuamperfecto del subjuntivo.

1. No podían creer que yo les _____ (escribir) tantas veces.   **2.** Si no me _____ (decir / ellos) eso ellos, no lo habría creído.   **3.** Lo decían como si lo _____ (ver / ellos) en persona.   **4.** Me parecía raro que no _____ (llegar / nosotros) todavía.
5. No nos gustó que nos _____ (tratar / ellos) de esa manera.   **6.** Era probable que nadie lo _____ (oír) antes.   **7.** Dudaban que yo _____ (hacer) el trabajo en sólo un mes.   **8.** Nos bastaba que nuestros vecinos _____ (limpiar) su patio.   **9.** Si me _____ (llamar / tú), no me habría preocupado tanto.   **10.** Habría sido preferible que mis padres _____ (enterarse) desde un principio.   **11.** Le molestó que tú no lo _____ (considerar).   **12.** Ojalá que nunca _____ (lavar / vosotros) esa ropa en cloro.   **13.** Si no _____ (volver / ellos) antes de la medianoche, habríamos llamado a la policía.   **14.** Era imposible que _____ (resolver / él) el caso tan rápidamente.
15. Estarías más cómoda si _____ (ponerse / tú) ropa de algodón.   **16.** A veces me pregunto cómo sería mi vida si mi padre no _____ (morirse).   **17.** Si _____ (abrir / nosotros) las ventanas, no haría tanto calor ahora.   **18.** Ojalá que no _____ (comer / yo) tanto para la cena.   **19.** Nos lo iban a decir tan pronto como _____ (confesar / nosotros) lo del robo.   **20.** Les quitó el plato antes de que _____ (terminar / ellos) de comer.

Subjunctive Mood (Review)

Ejercicio 5.38   Temas de ensayo y de práctica oral.

a. Ensayo

Prestando atención a las formas verbales, describa su relación con sus padres; piense en lo que ellos le dicen que haga o no haga, le piden que haga o no haga; en lo que usted les pide que hagan o no hagan. Use el subjuntivo cuando el contexto lo requiera.

b. Práctica oral

1. Pídale a un amigo hispano que le describa su relación con sus padres, y en particular lo que ellos le dicen que haga o no haga, lo que le aconsejan, lo que le piden, lo que los asusta, lo que los enorgullece, etc. Preste atención a sus formas verbales.

2. Prestando atención a las formas verbales, cuéntele a un amigo su relación con sus padres, y en particular lo que ellos le dicen que haga o no haga, lo que le aconsejan, lo que le piden, lo que los asusta, lo que los enorgullece, etc.

ATAJO

Phrases: Expressing a wish or desire
Grammar: Verbs: Subjunctive

D Imperative Mood (Direct Commands: *Tú*)

Chapter 5.D.1.a, pages 178–180

Ejercicio 5.39   Conjugue en el imperativo de **tú.**

1. (Hablar) más alto, por favor.   **2.** (Comer) todo lo que tienes en el plato.
3. (Vivir) como se debe.   **4.** (Cerrar) las puertas con llave al salir.   **5.** (Abrir) esa ventana, por favor.   **6.** (Saltar) un poco.   **7.** (Escuchar) lo que te dicen tus padres.
8. (Volver) antes de las diez.   **9.** (Pedir) lo que tú quieras.   **10.** (Conseguir) este libro en la biblioteca.   **11.** (Repetir) varias veces el mismo ejercicio, hasta memorizarlo.   **12.** (Mentir) sólo si al mentir puedes hacer bien.   **13.** (Comenzar) ahora.   **14.** (Comentar) sobre el libro que leíste.   **15.** (Defender) a tus amigos.
16. (Seguir) trabajando.   **17.** (Pensar) en mí.   **18.** (Servir) la sopa, por favor.
19. (Elegir) el color que tú prefieras.   **20.** (Votar) por el mejor candidato.

(continued)

21. (Envolver) los regalos antes de que lleguen los niños.   **22.** (Contar) conmigo.
23. (Cortar) el césped mientras yo barro.   **24.** (Apostar) poco dinero cada vez.
25. (Podar) los rosales con cuidado.   **26.** (Llorar) y te desahogarás.
27. (Recordar) lo que te digo.   **28.** (Recortar) los anuncios que te interesen.
29. (Oler) esta rosa.   **30.** (Jugar) con nosotros.   **31.** (Jurar) decir la verdad.
32. (Proteger) a los animalitos indefensos.   **33.** (Seguir) caminando.
34. (Obedecer) a tus padres.   **35.** (Traducir) este documento.   **36.** (Producir)
más si quieres ganar más.   **37.** (Enviar) el paquete por correo aéreo.
38. (Continuar) con el trabajo.   **39.** (Confiar) en mí.   **40.** (Reunir) a todos
tus compañeros aquí esta tarde.   **41.** (Criar) a tus hijos como yo te crié a ti.
42. (Evaluar) este ensayo usando los mismos criterios.   **43.** (Concluir) tu trabajo.
44. ¡(Huir)!   **45.** (Callar) a esos niños ruidosos.   **46.** (Traer) una ensalada, si
quieres.   **47.** (Dar) dos pasos para adelante.   **48.** (Oír), ¿vienes a la fiesta?

Ejercicio 5.40   Conjugue en el imperativo de **tú.**

1. (Decir) la verdad siempre.   **2.** (Hacer) lo mejor que puedas.   **3.** (Ir) a la tienda
a comprar pan.   **4.** (Poner) la mesa.   **5.** (Salir) ahora a regar las matas.   **6.** (Ser)
bueno.   **7.** (Tener) valor.   **8.** (Venir) conmigo.

Ejercicio 5.41   Conjugue en el imperativo de **tú.**

1. (Cantar), pero (no bailar).   **2.** (Estudiar), pero (no hablar) en voz alta.
3. (Beber) mucho jugo, y (no comer) nada artificial.   **4.** (Leer) el artículo, pero
(no creer) todo lo que dice.   **5.** (Volver) a casa, pero (no correr).   **6.** (Descoser) el
bolsillo, y (no coser) la bastilla.   **7.** (Escribir) una carta, pero (no describir) lo que
pasó.   **8.** (Contar) lo que debes, y (no descontar) nada.   **9.** (Dormir) al bebé,
pero (no dormirse) tú.   **10.** (Pedir) favores, y (no impedir) que te ayuden.
11. (Regalar) tu amistad y (no prestar) nada.   **12.** (Buscar) el ungüento y (no
rascarse) la picada.   **13.** (Escoger) la película que quieras ver, pero por favor (no
escoger) una en inglés.

Ejercicio 5.42   Conjugue en el imperativo de **tú.**

1. (Decir) la verdad y (no decir) mentiras.   **2.** (Hacer) la lectura para mañana,
pero (no hacer) la tarea.   **3.** (Ir) a la tienda, pero (no ir) al correo.   **4.** (Poner) tu
abrigo aquí y (no poner) tus zapatos en la mesa.   **5.** (Salir) a recoger el periódico,
pero (no salir) por esa puerta.   **6.** (Ser) bueno, pero (no ser) tonto.   **7.** (Tener)
hijos, pero (no tener) tantos como ella.   **8.** (Venir) a casa, pero (no venir)
temprano.

Imperative Mood
(Direct Commands: *Usted / Ustedes*)

Chapter 5.D.1.b, pages 180–181

Ejercicio 5.43 Conjugue en el imperativo de **usted.**

1. (Caminar) una cuadra más. **2.** (No hablar) tan alto. **3.** (Estudiar) solo.
4. (No cantar) ahora, por favor. **5.** (Bailar) con nosotros. **6.** (Tararear) la
canción, a ver si la reconocemos. **7.** (Comer) un poco para ver si le gusta.
8. (No leer) ese periódico. **9.** (Vivir) feliz. **10.** (No toser) durante la obra, por
favor. **11.** ¡(Correr)! ¡Se le va a ir el tren! **12.** (No beber) agua de la llave.
13. (Escribir) tarjetas postales. **14.** (Cerrar) la ventana, por favor. **15.** (No
perder) su mapa. **16.** (Contar) el vuelto que le dan. **17.** (No volver) a ese
restaurante. **18.** (Dormir) con la ventana abierta. **19.** (No pedir) favores.
20. ¿(Decir)? **21.** (Oír), ¿sabe qué hora es? **22.** (No tener) miedo.
23. (Conducir) con cuidado. **24.** (No caer) en la trampa. **25.** (Hacer) la
tarea. **26.** (Poner) la mesa, por favor. **27.** (No salir) después de la medianoche.
28. (Traer) el dinero mañana. **29.** (Venir) pronto. **30.** (No dar) nada. **31.** (Ir)
con ellos. **32.** (No ser) ridículo. **33.** (Dirigir) al grupo. **34.** (Buscar) el tesoro.
35. (No llegar) tarde.

Imperative Mood (Direct Commands: *Vosotros*)

Chapter 5.D.1.c, pages 181–182

Ejercicio 5.44 Conjugue en el imperativo de **vosotros.**

1. (Hablar) más claramente, por favor. **2.** (Comer) un poco de todo.
3. (Exprimir) el jugo de los limones. **4.** (Cerrar) las puertas. **5.** (Abrir) los ojos.
6. (Saltar) por encima de los charcos. **7.** (Escuchar) con cuidado. **8.** (Volver) a
tiempo. **9.** (Pedir) lo que queráis. **10.** (Conseguir) el mapa antes del viaje.
11. (Repetir) conmigo. **12.** (Mentir) si es necesario. **13.** (Comenzar) ahora.
14. (Comentar) sobre el artículo. **15.** (Defender) a vuestra familia. **16.** (Seguir)
tratando. **17.** (Pensar) en lo positivo. **18.** (Servir) primero a los invitados.
19. (Elegir) el que prefiráis. **20.** (Votar) hoy. **21.** (Decir) sólo lo necesario.
22. (Hacer) el trabajo. **23.** (Ir) a visitar a vuestros abuelos. **24.** (Poner) esas
cosas aquí. **25.** (Salir) temprano. **26.** (Ser) discretos. **27.** (Tener) paciencia.
28. (Venir) a verme.

Ejercicio 5.45   Conjugue en el imperativo de **vosotros.**

1. ¡(Despertarse)! ¡Ya es tarde!   **2.** (Levantarse) más temprano.   **3.** (Lavarse) las manos antes de comer.   **4.** (Marcharse) con los demás.   **5.** (Acostarse) temprano.   **6.** ¡(Dormirse) ya!   **7.** (Irse) con ellos.   **8.** (Despedirse) de la visita. **9.** ¡(Callarse)!

Ejercicio 5.46   Conjugue en el imperativo de **vosotros.**

1. (Cantar), pero (no bailar).   **2.** (Estudiar), pero (no hablar) en voz alta. **3.** (Beber) mucho jugo, y (no comer) nada artificial.   **4.** (Leer) el artículo, pero (no creer) todo lo que dice.   **5.** (Volver) a casa, pero (no correr).   **6.** (Descoser) el bolsillo, y (no coser) la bastilla.   **7.** (Escribir) una carta, pero (no describir) lo que pasó.   **8.** (Contar) lo que debéis, y (no descontar) nada.   **9.** (Dormir) al bebé, pero (no dormirse) vosotros.   **10.** (Pedir) favores, y (no impedir) que os ayuden. **11.** (Regalar) vuestra amistad, y (no prestar) nada.   **12.** (Buscar) el ungüento, y (no rascarse) la picada.   **13.** (Escoger) la película que queréis ver, pero por favor (no escoger) una en inglés.

Ejercicio 5.47   Conjugue en el imperativo de **vosotros.**

1. (Decir) la verdad, y (no decir) mentiras.   **2.** (Hacer) la lectura para mañana, pero (no hacer) la tarea.   **3.** (Ir) a la tienda, pero (no ir) al correo.   **4.** (Poner) vuestro abrigo aquí, y (no poner) vuestros zapatos en la mesa.   **5.** (Salir) a recoger el periódico, pero (no salir) por esa puerta.   **6.** (Ser) buenos, pero (no ser) tontos **7.** (Tener) hijos, pero (no tener) tantos como ellos.   **8.** (Venir) a casa, pero (no venir) temprano.

Imperative Mood (Direct Commands: *Nosotros*)

Chapter 5.D.1.d, pages 182–183

Ejercicio 5.48   Conjugue en el imperativo de **nosotros.**

1. (Caminar) por esta calle.   **2.** (No hablar) para que no nos oiga nadie. **3.** (Estudiar) un poco antes de ir.   **4.** (No cantar) por favor.   **5.** (Bailar), ¿quieres?   **6.** (Tararear) la canción a ver si la reconocen.   **7.** (Comer) aquí. **8.** (No leer) más.   **9.** (Vivir) en la Costa del Sol.   **10.** (No toser) sin taparnos la boca.   **11.** ¡(Correr)!   **12.** (No beber) tequila esta noche.   **13.** (Escribir) unas cartas antes de salir hoy.   **14.** (Cerrar) las ventanas antes de prender el aire acondicionado.   **15.** (No perder) de vista lo esencial.   **16.** (Contar) nuestro dinero antes de salir.   **17.** (No volver) a entrar aquí.   **18.** (Dormir) afuera hoy.

19. (Hacer) la tarea.   **20.** (Poner) las flores aquí.   **21.** (No salir) esta noche.   **22.** (No dar) nada.   **23.** (Ir) con ellos.   **24.** (No ser) tontos.   **25.** (Dirigir) al grupo.   **26.** (Buscar) su dirección.   **27.** (No llegar) tarde esta vez.

Ejercicio 5.49   Conjugue en el imperativo de **nosotros.**

1. (Despertarlas) antes de que sea muy tarde.   **2.** (No levantarse) tan temprano hoy.   **3.** (Lavarlo) con cloro.   **4.** (Marcharse) ya.   **5.** (No acostarse) en la arena esta vez.   **6.** ¡(Dormirse) ya!   **7.** (Irse) de aquí.   **8.** (No irse) hasta que nos traigan la cuenta.

Imperative Mood (Indirect Commands)

Chapter 5.D.2, page 183

Ejercicio 5.50   Traduzca usando mandatos indirectos.

1. I do not want to cook; let them cook today.   **2.** Have the manager call me.   **3.** If you do not have the money, let Mirta pay.   **4.** Have them send it to me.

Imperative Mood (Review)

Ejercicio 5.51   Conteste las preguntas, usando el imperativo familiar **(tú)** en el afirmativo y en el negativo. Transforme los nombres en pronombres cada vez que se pueda.

1. ¿Les digo el secreto?   **2.** ¿Hago los mandados?   **3.** ¿Le vendo los libros?   **4.** ¿Voy al mercado?   **5.** ¿Le pongo los zapatos al niño?

Ejercicio 5.52   Conteste las preguntas, usando el imperativo formal **(Ud. o Uds.)** en el afirmativo y en el negativo. Transforme los nombres en pronombres cada vez que se pueda.

1. ¿Cantamos la canción?   **2.** ¿Le digo lo que pasó?   **3.** ¿Les enviamos las cartas?   **4.** ¿Vamos al cine?   **5.** ¿Me quito los zapatos?

Ejercicio 5.53   Conteste las preguntas, usando el imperativo de **nosotros** en el afirmativo y en el negativo. Transforme los nombres en pronombres cada vez que se pueda.

1. ¿Cantamos las canciones juntos?   **2.** ¿Vamos al cine?   **3.** ¿Le damos el dinero?   **4.** ¿Nos vamos ahora?   **5.** ¿Nos ponemos el abrigo?

Ejercicio 5.54 Traduzca la parte en negrilla usando el mandato indirecto (**Que** + subjuntivo).

1. **Have them prepare it.**   2. I don't want to do it. **Let Guillermo do it.**
3. **Have her come see me.**   4. **Have them call me.**   5. If they're hungry, **let them eat.**

Ejercicio 5.55 Temas de ensayo y de práctica oral.

a. Ensayo

Prestando atención a las formas verbales, escriba un diálogo, usando el imperativo al máximo para la siguiente situación: es de noche, y de repente Luisito huele humo *(smoke):* va corriendo a despertar a su padre y a su madre.

b. Práctica oral

1. Pídale a un amigo hispano que le enumere los mandatos más comunes que recuerde de su infancia, de órdenes que le daban sus hermanos cuando jugaban, o sus padres a la hora de comer, sus abuelos o parientes cuando había reuniones de familia, o sus maestros en la escuela. Preste atención a sus formas verbales.

2. Enumere los mandatos más comunes que recuerde de su infancia, de órdenes que le daban sus hermanos cuando jugaban, o sus padres a la hora de comer, sus abuelos o parientes cuando había reuniones de familia, o sus maestros en la escuela.

F Participle (Present Participle)

Chapter 5.F.1, pages 184–185

Ejercicio 5.56 Llene el espacio en blanco con el participio presente del verbo indicado.

1. Yo estaba _____ (hablar) por teléfono.   **2.** Estábamos _____ (comer) cuando llamaste.   **3.** En esa época estábais _____ (vivir) con vuestros abuelos.
4. Mi papá se estaba _____ (sentir) mejor.   **5.** No te estoy _____ (pedir) nada.
6. ¿Estás _____ (dormirse)?   **7.** Siempre estaban _____ (concluir) lo mismo.
8. Los niños estaban _____ (caer).   **9.** Estabas _____ (leer) el libro.   **10.** ¿Usted me está _____ (oír)?   **11.** Estaba _____ (decir) la verdad.   **12.** Nos fuimos _____ (ir) poco a poco.   **13.** _____ (Venir) por este camino se llega más rápido.
14. Creo que estaba _____ (poder).

Ejercicio 5.57   Llene el espacio en blanco con el participio presente del verbo indicado.

1. Llegué _____ (caminar).   **2.** Estaba _____ (actuar).   **3.** Se fueron _____ (andar).   **4.** Habíamos estado _____ (aprender) el idioma desde hacía tiempo. **5.** No sabía qué estaban _____ (decir).   **6.** Andaban _____ (buscar) a su tío. **7.** _____ (Ser) extranjero, no sentía que tuviera los mismos derechos.   **8.** La vi _____ (cerrar) el portón.   **9.** Estaban _____ (construir) un puente. **10.** Iba _____ (conducir) a paso de tortuga.   **11.** Ese año estaban _____ (producir) más que nunca.   **12.** Iban _____ (recordar) poco a poco su pasado.   **13.** _____ (Creer) en su fuerza, lograrán más.   **14.** Estábamos _____ (almorzar).   **15.** Les iban _____ (dar) las respuestas una tras otra.   **16.** Se la pasaban _____ (elegir) a los candidatos más improbables.   **17.** Ellos iban _____ (seguir) el tren.

Ejercicio 5.58   Llene el espacio en blanco con el participio presente del verbo indicado.

1. Venían _____ (llegar) poco a poco.   **2.** Estaban _____ (morirse) todas las plantas.   **3.** Lo iban _____ (mover) muy lentamente.   **4.** Nadie les estaba _____ (negar) nada.   **5.** ¿Por qué estabais _____ (sonreírse)?   **6.** El perro seguía _____ (oler) la flor.   **7.** Los andaban _____ (despedir) uno tras otro.   **8.** ¿Quién estaba _____ (poner) esas cartas allí?   **9.** Los iban _____ (reunir) poco a poco. **10.** _____ (Tener) el dinero, se podría hacer.   **11.** Los están _____ (traer) ahora mismo.   **12.** Siempre se la pasan _____ (intervenir) en los asuntos de otros. **13.** Los estamos _____ (ver).   **14.** La estás _____ (volver) loca.

Participle (Past Participle)

Chapter 5.F.2, pages 185–186

Ejercicio 5.59   Llene el espacio en blanco con el participio pasado del verbo indicado.

1. Había _____ (hablar) con tu papá.   **2.** Nunca hemos _____ (comer) aquí. **3.** Su tía ha _____ (vivir) en Argentina.   **4.** He _____ (caminar) cuatro cuadras. **5.** Juan: te has _____ (sentar) en mi silla.   **6.** ¿Habéis _____ (aprender) a bailar el merengue?   **7.** Ojalá que no haya _____ (conducir) el abuelo.   **8.** Hemos _____ (almorzar) ya.   **9.** No habían _____ (dar) las tres todavía.   **10.** No te has _____ (mover) en horas.   **11.** Nunca había _____ (oler) ese perfume antes.   **12.** Los Gómez han _____ (venir) a nuestra casa varias veces.

Ejercicio 5.60 Llene el espacio en blanco con el participio pasado del verbo indicado.

1. Esa ventana nunca se ha _____ (abrir).   **2.** El pasto estaba _____ (cubrir) de granizo.   **3.** Nadie me había _____ (decir) eso antes.   **4.** ¿Les has _____ (escribir) a tus padres?   **5.** ¿Has _____ (hacer) tu cama?   **6.** No han _____ (morirse) los peces.   **7.** Ya habíamos _____ (ponerse) el traje de baño.   **8.** Si hubieran _____ (resolver) el caso, todos estarían satisfechos.   **9.** Ojalá que ya haya _____ (volver) Jorge.   **10.** ¿Qué pasaría si nunca hubieran _____ (descubrir) América? **11.** Nunca había _____ (devolver) ese libro a la biblioteca.   **12.** Era imposible que hubieran _____ (suponer) eso.

Ejercicio 5.61 Traduzca.

1. This is holy water.   **2.** They have blessed the food.   **3.** I want fried potatoes. **4.** He had fried the potatoes.   **5.** Cursed luck!   **6.** I have never cursed anyone. **7.** She wore her hair loose.   **8.** They have released the bulls.   **9.** The printed word is very important.   **10.** Have you printed your paper?

Chapter 6) Verbs: Usage

A Present Indicative

Chapter 6.A, pages 188–189

(To practice the present indicative forms, see Exercises 5.1–5.8. We recommend that you do those exercises before attempting these.)

Ejercicio 6.1   Usando sus conocimientos de los usos del presente del indicativo, traduzca los verbos de las oraciones siguientes.

1. Los Gómez _____ *(live)* aquí.   **2.** Profesora, ¿cuántos idiomas _____ *(do you speak)?*   **3.** Mi auto está muy viejo. ¿Lo _____ *(should I sell it)* para poder comprarme uno nuevo?   **4.** Si _____ *(it rains)*, no _____ *(we don't have to)* regar. **5.** ¿Me _____ *(Would you bring me)* un vaso de agua, por favor?   **6.** —¿Tienes sueño? —Sí, _____ de despertarme *(I just . . .)*.   **7.** Mañana _____ *(we are leaving* [salir]*)* temprano.

Ejercicio 6.2   Temas de ensayo y de práctica oral.

a. Ensayo

Prestando atención al uso del presente del indicativo y usando una variedad de verbos, escriba una cartita informal:

1. de un amigo(a) a otro(a) que ya no vive en el mismo lugar, describiendo su vida estos días, lo que hace como rutina solo(a) y con sus amigos, y lo que hace con su tiempo libre, solo(a) y con sus amigos. Compare y contraste lo que prefieren hacer sus amigos y las actividades que usted prefiere. Haga preguntas sobre el otro amigo (o amiga).

2. respuesta a la carta en parte.

3. de un(a) novio(a) a otro(a) que vive lejos, contándole de su amor y describiendo su vida en su ausencia. No tenga miedo de ser melodramático(a). Haga preguntas sobre la vida del otro o la otra.

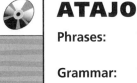

ATAJO

Phrases: Writing a letter (informal)

Grammar: Verbs: Present

(continued)

4. respuesta a la carta en parte.

5. de un(a) ex-novio(a) a otro(a) que le hace mucha falta y que quiere que vuelva. Use su imaginación para dramatizar la situación. Haga promesas sobre cómo va a cambiar su comportamiento si regresa ("Sólo pienso en ti. No como. No duermo. Mis amigos no saben cómo consolarme…").

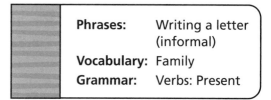

Phrases: Writing a letter (informal)
Vocabulary: Emotions: Negative
Grammar: Verbs: Present

6. respuesta a la carta en parte.

7. de un(a) amigo(a) "electrónico(a)" a otro(a) conocido por la red mundial; prepare preguntas sobre la vida presente del individuo y de su familia, y haga lo posible por hacer preguntas detalladas, personales pero no indiscretas. Prepare un mínimo de diez preguntas.

Phrases: Writing a letter (informal); Persuading
Grammar: Verbs: Present

8. la respuesta a la carta en parte.

Phrases: Writing a letter (informal)
Vocabulary: Family
Grammar: Verbs: Present

b. Práctica oral

Prestando atención al uso del presente del indicativo y usando una variedad de verbos, hable con un compañero sobre uno de los temas siguientes:

1. un día típico, lo que hace como rutina solo(a) y con sus amigos.

2. sus actividades favoritas en su tiempo libre.

3. su añoranzas de familia y amistades de antes. ¿Quién le hace falta de su familia o de sus amistades, y por qué?

Ejercicio 6.3   Temas de ensayo y de práctica oral.

a. Ensayo

Diario. En su diario personal, escriba un párrafo sobre uno de los temas que siguen, prestando atención al uso del presente del indicativo. Use un máximo de verbos diferentes.

1. Describa una costumbre que tiene usted o alguien que conoce y que le causa frustración.

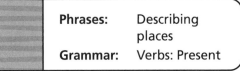

ATAJO

Phrases:	Saying how often you do things; Self-approaching
Vocabulary:	Emotions: Negative
Grammar:	Verbs: Present

2. Describa una virtud que usted admira en otra persona y que usted quisiera tener.

Phrases:	Describing people
Vocabulary:	Emotions: Positive
Grammar:	Verbs: Present

3. Describa en detalle un objeto nuevo que acaba de obtener y que le gusta mucho.

Phrases:	Describing objects
Grammar:	Verbs: Present

4. Describa en detalle un lugar donde usted se encuentra muy a gusto.

Phrases:	Describing places
Grammar:	Verbs: Present

(continued)

b. Práctica oral

1. Pídale a un amigo hispano que le describa una relación amorosa típica entre jóvenes de su país. Que enumere las actividades que la sociedad requiere o permite, y las que no prohíbe, lo que se recomienda, lo que se ve bien y mal frente a los demás, lo que se considera aceptable o no con los padres. Preste atención a sus formas verbales.

2. Prestando atención a las formas verbales, descríbale a un amigo una relación amorosa típica entre jóvenes norteamericanos. Describa las actividades que la sociedad requiere o permite, y las que no prohíbe, lo que se recomienda, lo que se ve bien y mal frente a los demás, lo que se considera aceptable o no con los padres.

3. Hable con un amigo de los eventos de hoy en día que más los frustran, los enojan, les da coraje.

4. Hable con un amigo de las cosas que les gustan que otros hagan o no hagan, digan o no digan.

B Aspects of the Indicative Past Tense: Preterite vs. Imperfect

Chapter 6.B, pages 189–199

(See the corresponding exercises in Chapter 5 to practice the forms of the imperfect indicative [5.9–5.12] and the preterite [5.13–5.17]. We recommend that you do those exercises before these.)

Ejercicio 6.4 Conjugue el verbo en el tiempo correcto (pretérito o imperfecto); para los verbos reflexivos, recuerde usar el pronombre apropiado.

1. Esta mañana Paco (levantarse) temprano, (bañarse) y (bajar) a la cocina a desayunar. **2.** Ese hombre (ser) un cantante muy famoso, (tener) unos cincuenta años y (estar) casado con una modelo. **3.** Todos los días mi padre (salir) para el trabajo a las cinco de la mañana y (volver) a la hora de la cena. **4.** Yo (ver) esa película cuatro veces y cada vez me (gustar) por razones diferentes. **5.** Mis amigos y yo (estar) en el parque cuando de repente (empezar) a caer granizo: todos juntos (correr) al árbol más cercano y (sentarse) a esperar a que pasara la tormenta; durante media hora (estar) ahí sin poder escaparnos. **6.** Esta mañana Juanita me (decir) que (venir) a verme a las seis. **7.** Cuando yo (ser) niño, (creer) en Santa Claus; luego cuando (tener) seis años, (descubrir) que (ser) un mito creado por la sociedad; me (molestar) mucho descubrir este engaño, y la vida no (ser) igual para mí de ese momento en adelante. **8.** Cuando yo (entrar) al salón, (ver) que

algunos de los estudiantes (comer), otros (hablar) y algunos (tratar) de estudiar.
9. La vida (parecer) más fácil en mi niñez: mis padres lo (decidir) todo por mí, y yo sólo (hacer) lo que me (decir / ellos) o lo que (querer / yo).   **10.** Nadie (poder) creerlo: un boxeador le (morder) la oreja al otro dos veces. El público (ponerse) furioso porque el árbitro (interrumpir) la pelea.

Ejercicio 6.5   Transforme el párrafo siguiente al pasado, empezando con "En esa época, …".

Vivo bien. Tengo tres gatos y dos perros, y una casa que me encanta. A mi esposa y a mí nos gusta lo mismo, y nos hacemos compañía en todo. Ganamos suficiente dinero para sobrevivir, y un poco más que ahorramos para jubilarnos y para algunos lujos. Una vez al año vamos de vacaciones a algún lugar exótico.

Ejercicio 6.6   Conjugue los verbos entre paréntesis en el tiempo correcto: pretérito o imperfecto. Para los verbos reflexivos, use el pronombre apropiado. Antes de comenzar, lea todo el párrafo.

Nunca olvidaré el invierno de 1995, cuando mis padres (**1.** irse) de vacaciones, y mi hermana y yo (**2.** quedarse) solas en casa durante una semana entera. Entre las dos, (**3.** planear) con cuidado una fiesta con todos nuestros amigos. Claro que no (**4.** pensar / nosotros) decirles nada a nuestros padres, porque siempre nos (**5.** regañar / ellos) cuando (**6.** invitar / nosotros) a más de un par de amigos a casa: no les (**7.** gustar) a mis padres que hiciéramos ruido. Así que en secreto (**8.** invitar / nosotros) a unos treinta amigos, y (**9.** venir) como cincuenta. La fiesta (**10.** ser) muy divertida: todos (**11.** beber) y (**12.** bailar) sin parar, y se (**13.** oír) la risa constante de los amigos por toda la casa. (**14.** Haber) tanta gente bailando en la sala en un momento que (**15.** parecer) que el piso se (**16.** ir) a romper. Y (**17.** ser) tantos que no (**18.** saber / nosotros) dónde (**19.** estar / ellos) a todas horas: en un momento yo (**20.** entrar) al cuarto de mis padres y (**21.** ver) a una docena de chicos que (**22.** beber) y (**23.** saltar) en la cama, y a otros tantos que (**24.** bailar) en el baño. En fin de cuentas, la fiesta nos (**25.** encantar) a todos, pero para mi hermana y para mí (**26.** ser) un desastre cuando mis padres (**27.** enterarse).

Ejercicio 6.7   Temas de ensayo y de práctica oral.

a. Ensayo

Actos simultáneos, o interrumpidos. Escriba un párrafo en el pasado para cada una de las situaciones que siguen. Elabore usando su imaginación.

1. Después de estudiar hasta las diez de la noche en la biblioteca, llegó usted a su cuarto esa noche, y al abrir la puerta vio que su compañero(a) de cuarto tenía varios amigos que estaban haciendo cosas diferentes: describa la escena.

(continued)

2. Describa la escena que vio un viajero al entrar a un avión que lo iba a llevar a una isla del Caribe para las vacaciones de Navidad: cada uno de los pasajeros del avión estaba haciendo algo diferente.

3. Encuentre entre sus fotos de familia y de amigos algunas que tengan acciones en proceso. Fotocopie cada foto en una hoja aparte, y en la misma hoja, describa la escena, usando el pasado (¿cuándo se tomó esta foto? ¿quién tomó la foto? ¿qué estaba haciendo usted cuando se tomó esa foto? Y su hermano o amigo, ¿qué estaban haciendo?).

b. Práctica oral

Que cada compañero lleve a clase una foto de familia o de vacaciones. En parejas, hablen de sus fotos, describiendo lo que estaba pasando en cada contexto. Presten atención a sus formas verbales.

Ejercicio 6.8   Futuro. La semana pasada, yo estaba con mi amiga Luisa en una discoteca, y ella me dijo muchas cosas. Ayer, Gregorio me pidió que le dijera lo que Luisa me había dicho. Como Gregorio está enamorado de Luisa, decidí contestar su pregunta: ¿Qué dijo? Aquí siguen las frases de Luisa. Dígale a Gregorio lo que dijo Luisa, empezando cada frase con: "Luisa dijo que…".

1. Mañana comemos en el restaurante mexicano.   **2.** Esta noche bailo tango.
3. Después de esta canción, bailo.   **4.** El mes entrante mi familia va a Argentina.
5. Mis vecinos se mudan pronto.   **6.** Mañana llueve.   **7.** Esta noche termino de leer mi novela.

Ejercicio 6.9   ¿Actos en consecutivos o simultáneos (en proceso)? Indique para los actos entre paréntesis cuáles son los actos consecutivos [AC] (uno después de otro) y cuáles son los simultáneos [AS] (al mismo tiempo, en proceso). Luego escriba oraciones en el pasado usando los elementos dados.

> Vocabulario: **becerrito** *little calf*; **brillar** *to shine*; **brisa** *breeze*; **cola** *tail*; **menearse** *to move*; **monte** *hill*; **oler** *to smell*; **pájaro** *bird*; **rama** *branch*; **sol** *sun*; **vaca** *cow*

1. Esta mañana yo (despertarse), (levantarse), (bañarse) y (vestirse).   **2.** Esta mañana cuando me desperté, los pájaros° (cantar), el sol° (brillar°) y yo (oler°) el pan tostado que (preparar / ellos) en la cocina.   **3.** El espectáculo era hermoso: las vacas° (comer) pacíficamente en el monte°, los becerritos° (correr) para todos lados con la cola° en el aire, las ramas° de los árboles (menearse°) suavemente con la brisa° y hasta los insectos (cantar) de manera melodiosa.   **4.** El profesor (entrar) al salón y les (anunciar) a los estudiantes la tarea para la semana siguiente. Luego (empezar) a hablarles del tema del día.

Ejercicio 6.10   Conjugue los verbos entre paréntesis en el tiempo más lógico del pasado. Luego explique la diferencia entre los actos de las frases siguientes: 1 y 2; 3, 4 y 5; 6 y 7.

1. Cuando yo estaba en la escuela primaria, (sentarse) en una silla del frente.
2. Ayer (sentarse / yo) por accidente en un chicle.   **3.** Esta mañana (ir / yo) a mi primera clase cuando vi un accidente.   **4.** Anoche (ir / yo) al cine.   **5.** En esa época, (ir / yo) todos los días a visitar a mi abuelo que estaba en el hospital.
6. Abrí la puerta de mi cuarto y vi el desastre: las ardillas *(squirrels)* se habían metido; una de ellas (comer) cacahuates *(peanuts)* en mi escritorio, otra (buscar) algo entre las colchas *(blankets)* de mi cama y una tercera (correr) como loca por las paredes.   **7.** Esta mañana me levanté tarde porque mi despertador no funcionó. (Comer / yo) rápidamente, (buscar / yo) mis llaves a toda velocidad y (correr / yo) al trabajo.

Ejercicio 6.11   Traduzca las palabras en negrilla de las oraciones siguientes, prestando atención a los usos diferentes de *would*.

1. I avoided the presence of my sister, because she **would say** the most embarrassing things about me.   **2.** If my mother were here, she **would say** she had told you so.   **3.** I know you **would not say** a word against me even if you were paid.   **4.** I insisted, but the boy **would not say** who had given him the money.   **5.** My mother **would not say** anything to anyone about our family's difficulties: she was that way.

Ejercicio 6.12   Traduzca el verbo en negrilla, usando el verbo entre paréntesis. (*you* = tú)

1. Yesterday I **met** your brother. *(conocer)*   **2.** We **met** at a party. *(conocer)*
3. I **knew** everyone there. *(conocer)*   **4.** When you were an adolescent, **could** you go to parties? *(poder)*   **5.** The prisoner **wanted** to get out, but he **knew** it was impossible so he did not even try. *(querer / saber)*   **6.** I **wanted** to tear the curtain *(and tried)*, but I **was unable to.** *(querer / poder)*   **7.** My sister **did not want** to go with us *(refused to)*, in spite of our insistence. *(querer)*   **8.** My sister **did not want** to go with us, but my father made her go. *(querer)*   **9.** When **did** you **find out** about the accident? *(saber)*

Ejercicio 6.13   Pluscuamperfecto. Conjugue los verbos en el imperfecto, el pretérito o el pluscuamperfecto.

1. Los indígenas les (tener) terror a los conquistadores porque nunca (ver) caballos antes.   **2.** No (comer / yo) nada en el cine porque (cenar) antes de ir.   **3.** Esta mañana me (doler) las piernas porque (bailar / yo) toda la noche.

Ejercicio 6.14   ¿Pretérito, imperfecto o pluscuamperfecto? Complete con la forma apropiada del verbo indicado.

> **Vocabulario: alumbrar** *to light*; **balde** *bucket*; **caballo** *horse*; **ensillar** *to saddle*; **ganado** *cattle*; **guiándose por el sonido** *being led by sound*; **leña** *firewood*; **madrugada** *early morning hours*; **ojo de agua** *water hole*; **vela** *candle*

El rancho de mi padre

Nunca olvidaré las semanas que (**1.** pasar / nosotros) en el rancho de mi padre. En esa época yo (**2.** tener) unos doce o trece años, y mi hermana unos catorce. En el rancho no (**3.** haber) ni electricidad ni agua corriente: todo se (**4.** alumbrar°) con velas o linternas, y mi hermana y yo (**5.** ir) a buscar agua en baldes° al ojo de agua° cerca de la casa. (**6.** Cocinar / nosotros) las tortillas y los frijoles con leña°. La rutina (**7.** ser) la siguiente: (**8.** levantarse / nosotros) a las cuatro de la mañana, y mientras una de nosotras (**9.** salir) a la oscuridad de la madrugada° a buscar los caballos°, guiándose por el sonido° nada más, la otra (**10.** preparar) el desayuno. (**11.** Terminar / nosotros) de desayunar, (**12.** ensillar° / nosotros) los caballos y (**13.** irse / nosotros) antes de que saliera el sol. Para cuando (**14.** llegar / nosotros) adonde (**15.** estar) el ganado°, ya el sol (**16.** salir) con todo su poder.

Ejercicio 6.15   ¿Pretérito, imperfecto o pluscuamperfecto? Complete con la forma apropiada del verbo indicado.

> **Vocabulario: a la carrera** *in a hurry*; **agarrar** *to grab*; **alumbrado** *lit up*; **apagar** *to put out*; **azotar** *to beat, whip*; **de repente** *suddenly*; **durar** *to last*; **fuego** *fire*; **golpes** *loud knocking or blows*; **gritos** *yelling, screams*; **impedir** *to prevent*; **incendio** *fire*; **llama** *flame*; **lograr** *to succeed*; **monte** *hill*; **rama** *branch*

Fuego° en el monte°

Recuerdo la noche del incendio° en el rancho. (**1.** Estar / nosotros) todos dormidos cuando de repente° se (**2.** oír) golpes° y gritos° en la puerta. Eran los hombres que (**3.** venir) a decirle a mi padre que (**4.** haber) fuego en el monte. (**5.** Vestirse / nosotros) a la carrera° y (**6.** ir / nosotros) corriendo al monte que se (**7.** ver) alumbrado° desde la casa. Una vez que llegamos allí, (**8.** formar / nosotros) entre todos una línea y así (**9.** empezar) una batalla que (**10.** durar°) hasta el día siguiente. (**11.** Agarrar° / nosotros) constantemente ramas° verdes de los árboles más cercanos para azotar° las llamas° y así impedir° que avanzaran. (**12.** Lograr° / nosotros) apagar° el fuego, y salvar el ganado. Luego nos (**13.** contar / ellos) los hombres que ellos mismos (**14.** provocar) el incendio accidentalmente con un cigarrillo.

Ejercicio 6.16   ¿Pretérito o imperfecto? Complete con la forma apropiada del verbo indicado.

> **Vocabulario: acostumbrarse** *to get used to*; **chiquitito** *tiny*; **escalones** *steps*; **herido** *injured*; **leche** *milk*; **maullido** *meowing*; **platito** *little plate*; **por todos lados** *everywhere*; **tener terror** *to be terrified*

Gato

En mi casa, (**1**. ser / nosotros) gente de perros y no de gatos; de hecho, los gatos nos (**2**. caer) mal, quizá porque les (**3**. tener / nosotros) algo de miedo y no nos (**4**. respetar / ellos) como los perros. Pero un día del verano pasado todo eso (**5**. cambiar). (**6**. Estar / nosotros) sentados en la terraza tomando café cuando de repente (**7**. empezar / nosotros) a oír los maullidos° insistentes de un gatito perdido. Los maullidos eran tan fuertes que nos (**8**. imaginar / nosotros) que el gatito estaría atrapado en algún lugar, herido°. Lo (**9**. buscar / nosotros) por todos lados°, y por fin lo (**10**. encontrar / nosotros), debajo de los escalones° del frente de la casa. (**11**. Ser) un gato tan chiquitito° que no (**12**. parecer) posible que esos maullidos salieran de él. (**13**. Ser) una cría, y nos (**14**. tener / él) terror°. (**15**. Estar / él) debajo de los escalones, pero (**16**. poder / él) salir. (**17**. Parecer) que su mamá lo (**18**. abandonar) y que no (**19**. saber) adónde ir. Nos (**20**. tomar) toda la mañana lograr que saliera de debajo de los escalones para tomar el platito° de leche° que le (**21**. ofrecer / nosotros). Muy lentamente (**22**. acostumbrarse / él) a nosotros y nos (**23**. adoptar / él). Desde entonces, somos gente de perros y de gatos.

Ejercicio 6.17   Temas de ensayo y de práctica oral.

a. Ensayo

Escriba un párrafo sobre una costumbre cultural o una fiesta típica de su infancia.

b. Práctica oral

Cuéntele a un amigo de una costumbre cultural o una fiesta típica de su infancia. Preste atención a sus formas verbales.

ATAJO

Phrases:	Describing the past; Talking about habitual events
Vocabulary:	Holiday greetings; Religious holidays
Grammar:	Verbs: Preterite and imperfect

Ejercicio 6.18   Temas de ensayo y de práctica oral.

a. Ensayo

Imagínese que usted tiene un hermanito y que éste le pide que le cuente un cuento. Cuéntele en el pasado uno de los cuentos siguientes, prestando atención al uso correcto del pretérito y del imperfecto: La Cenicienta *(Cinderella);* Caperucita Roja *(Little Red Riding Hood);* Los Tres Cerditos *(The Three Little Pigs);* Romeo y Julieta.

> **Vocabulario:** *ashes* **ceniza;** *balcony* **balcón;** *ball* **baile;** *basket* **canasta;** *brick* **ladrillo;** *carriage* **carroza;** *enemy* **enemigo;** *fairy godmother* **hada madrina;** *friar* **fraile;** *glass, crystal* **cristal;** *granny, grandmother* **abuelita;** *horse* **caballo;** *little pig* **cerdito;** *lumberjack* **leñador;** *masked ball* **baile de disfraces;** *mouse* **ratón;** *palace* **palacio;** *pig* **cerdo;** *poison* **veneno;** *prince* **príncipe;** *pumpkin* **calabaza;** *rival* **rival;** *stepmother* **madrastra;** *stepsister* **hermanastra;** *straw* **paja;** *the big bad wolf* **el lobo malo;** *to blow* **soplar;** *to exile* **exiliar;** *to make something fall down* **tumbar;** *to see you better* **para verte mejor;** *to seem dead* **parecer muerto;** *What big eyes you have!* **¡Qué ojos más grandes tienes!;** *wolf* **lobo;** *wood* **madera;** *woods* **bosque**

b. Práctica oral

Usando la clase como público, cuente oralmente, en el pasado, uno de los cuentos sugeridos en el tema de ensayo.

ATAJO

Vocabulary: Fairy tales and legends
Grammar: Verbs: Preterite and imperfect

Ejercicio 6.19   Temas de ensayo y de práctica oral.

a. Ensayo

Cuente en el pasado uno de sus recuerdos de infancia favoritos.

b. Práctica oral

Hable con un compañero sobre sus recuerdos de infancia favoritos.

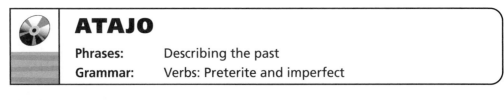

ATAJO

Phrases: Describing the past
Grammar: Verbs: Preterite and imperfect

C Compound Tenses

Chapter 6.C, pages 200–207

(To practice the forms of compound tenses, and the present and past participle forms, see Exercises 5.18–5.19; 5.23; 5.26; 5.36–5.37; 5.56–5.61. We recommend that you do those exercises before these.)

Ejercicio 6.20 Traduzca. (*you* = tú)

1. I am writing a letter. **2.** They have been working there since last week. **3.** I was eating when you arrived. **4.** He had been in the sun for three hours. **5.** She had been calling for two days. **6.** We have eaten. **7.** We will have eaten by then *(para entonces).* **8.** I was working on the computer all day yesterday. **9.** He said he would have finished. **10.** I thought it would be raining by now *(ya).*

Ejercicio 6.21 Temas de ensayo y de práctica oral.

a. Ensayo

Cuente el cuento de "Rizos de Oro" *(Goldilocks)* en el pasado, usando el progresivo y el pluscuamperfecto cada vez que lo necesite.

> **Vocabulario:** *bear* **oso;** *bed* **cama;** *chair* **silla;** *mama bear* **la mamá osa;** *papa bear* **el papá oso;** *porridge* **avena;** *somebody* **alguien;** *soup* **sopa;** *the little bear* **el osito;** *to be lying down* [position] **estar acostado;** *to be sitting* [position] **estar sentado;** *to fall asleep* **dormirse;** *to lie down* [change position from standing or sitting to lying down] **acostarse;** *to sit down* [change position from standing to sitting] **sentarse;** *to sleep* **dormir;** *woods* **bosque**

b. Práctica oral

Hable con un compañero y cuéntele su versión de "Rizos de Oro" *(Goldilocks).* Use el progresivo y el pluscuamperfecto cada vez que los necesite.

ATAJO

Vocabulary: Fairy tales and legends
Grammar: Verbs: Present; Verbs: Compound tenses

D Ways of Expressing the Future

Chapter 6.D, page 208

(To practice the future forms, see the corresponding exercises for Chapter 5. We recommend that you do those exercises before these.)

Ejercicio 6.22 Traduzca de tres formas distintas. (*you* = tú)

1. Tomorrow we will eat at a restaurant.   **2.** This evening we are going to the movies.   **3.** I will call you this afternoon.   **4.** What are you doing tonight?

Ejercicio 6.23 Temas de ensayo y de práctica oral.

a. Ensayo

Usando el futuro cada vez que pueda, prepare una lista de diez promesas para mejorarse o para mejorar su vida; use verbos diferentes para cada promesa. (Por ejemplo: Me levantaré temprano. Haré mi cama cada mañana. No le gritaré a mi hermano aunque él me provoque.)

b. Práctica oral

En parejas de candidatos para la presidencia digan qué promesas harán para ganar el voto popular, alternando entre ustedes. Usen verbos diferentes para cada promesa y presten atención a las formas del futuro.

ATAJO

Grammar: Verbs: Future

E Conditional

Chapter 6.E, pages 209–210

(To practice the conditional forms, see Exercises 5.24–5.27. We recommend that you do those exercises before these.)

Ejercicio 6.24 Cambie las oraciones siguientes para que sean más corteses.

1. ¿Puedes ayudarme con esto?   **2.** ¿Tienes tiempo para ayudarme?   **3.** No debes hacer eso.   **4.** Quiero que vengas.

Ejercicio 6.25 Cambie las oraciones al pasado.

1. Pienso que llegarán a tiempo. **2.** Creo que lo terminarán pronto. **3.** Dice que lo hará. **4.** Sé que cumplirá con su promesa.

Ejercicio 6.26 Temas de ensayo y de práctica oral.

a. Ensayo

Escriba un diálogo entre un mesero en un restaurante y un par de clientes difíciles, uno porque no quiere aumentar de peso, y el otro porque no tiene mucho dinero.

b. Práctica oral

Mini drama. El salón de clase es un restaurante, con clientes difíciles (el que está de dieta, el que no quiere gastar mucho, el que tiene alergias, el vegetariano, el que no come nada de color verde, etc.), y meseros que tratan de complacerlos, o que no tienen la libertad de cambiar los platos del menú. Antes de empezar, que cada cliente prepare algunas frases con el condicional para pedir sus platos especiales, y luego, dramaticen su escena, usando sus frases, y prestando atención a sus formas verbales, y expresiones de cortesía.

 ATAJO

Grammar: Verbs: Subjunctive

F Probability

Chapter 6.F, pages 210–212

(To practice the future and conditional forms, see Exercises 5.20–5.27. We recommend that you do those exercises before these.)

Ejercicio 6.27 Conteste las preguntas expresando conjetura y usando la información entre paréntesis.

1. ¿Por qué salgo mal en todas las pruebas? (no estudiar lo suficiente) **2.** ¿Por qué se veía verde ese hombre? (ser marciano) (estar enfermo) (algo asustarlo) **3.** ¿Dónde está tu hermano? (estar en el sótano) (ir a la tienda)

Ejercicio 6.28 Temas de ensayo y de práctica oral.

a. Ensayo

Usted es detective y debe escribir un informe de lo que cree que pasó basándose en los hechos *(facts)* que observa en un crimen: se encuentra el cadáver *(corpse)* de un hombre flotando boca abajo en la piscina *(swimming pool)* de la casa de su vecino; no hay ninguna evidencia de violencia física. El cadáver está casi completamente desnudo *(naked)*: sólo tiene puesto un reloj *(watch)* que se paró a las tres y media. La autopsia revela que el hombre no murió ahogado *(drowned)*, sino envenenado *(poisoned)*. Escriba dos probables maneras en que pudo haber terminado así, usando un máximo de detalle descriptivo. Esto lo hace sin saber de seguro nada de nada *(without knowing anything at all for certain)*. (Por ejemplo: El hombre sería rico, y su esposa por alguna razón lo odiaría y querría deshacerse de él; lo habrá envenenado y luego, una vez que había muerto, ella habrá empujado su cadáver dentro de la piscina, con la ayuda de alguien.)

ATAJO

Phrases:	Weighing the evidence; Hypothesizing
Grammar:	Verbs: Preterite and perfect;
	Verbs: Conditional; Verbs: Future

b. Práctica oral

En parejas y alternando su turno, háganse preguntas sobre lo que observan en la clase hoy. Contesten con formas de probabilidad, usando su imaginación. Por ejemplo: Estudiante 1: ¿Por qué se vistió de azul la profesora? Estudiante 2: Será su color favorito.

c. Tema de práctica oral

Piense en un evento misterioso reciente en las noticias, y dígale a un compañero lo que habrá pasado según usted, usando formas de probabilidad.

G Subjunctive (Nominal Clauses)

Chapter 6.G.2, pages 212–222

(To practice the subjunctive forms, see Exercises 5.28–5.38. We recommend that you do those exercises before these.)

Ejercicio 6.29 Conjugue el verbo entre paréntesis en el presente del subjuntivo o del indicativo según lo requiera el contexto.

1. Sus padres lo obligan a que (trabajar / él).   **2.** Creo que (tener / tú) razón.
3. Basta que (pagar / tú) la mitad.   **4.** Conviene que (salir / nosotros) temprano.
5. ¿Desea usted que le (servir / nosotros) en su habitación?   **6.** Mi padre se empeña en que yo no (ir) sola.   **7.** Es bueno que ellos (aprender) a nadar.   **8.** Es cierto que nosotros lo (ver).   **9.** Es evidente que tú (comer) demasiado temprano.
10. Es importante que yo la (llevar).   **11.** Es triste que ellos no (poder) salir de allí.   **12.** Es una lástima que tus vecinos no te (caer bien).   **13.** Eso no significa que tu novia no te (querer).   **14.** Veo que el pájaro no (poder) volar.   **15.** Insisto en que me (dejar / ustedes) pagar a mí.   **16.** Lamento que (ser) así.   **17.** Mi madre siempre me aconseja que (llevar / yo) más dinero del que necesito.
18. Nos encanta que nuestros amigos nos (sorprender) con sus visitas.   **19.** Te ruego que me (escuchar).   **20.** Ella siempre lo convence de que (quedarse) tarde.

Ejercicio 6.30 Conjugue el verbo entre paréntesis en el presente del subjuntivo o del indicativo según lo requiera el contexto.

1. Piensan que les (deber / nosotros) dinero.   **2.** Más vale que ustedes (levantarse) temprano.   **3.** Le enoja que su hermano siempre (ganar).   **4.** ¿Necesitas que te (llevar / yo)?   **5.** El testigo niega que su hijo (ser) culpable.   **6.** No es que (llover) demasiado—al contrario.   **7.** No importa que no (querer / ellos); tienen que hacerlo.   **8.** Sé que me (querer / ella).   **9.** Los vecinos se quejan de que los niños (gritar) mucho.   **10.** Puede ser que ella (llegar) temprano.   **11.** Los adolescentes se avergüenzan de que sus padres los (controlar) en público.   **12.** Me opongo a que él lo (ver).   **13.** Estamos seguras de que mañana (ir) a llover.   **14.** Su hermana la persuade a que (hacer / ella) lo que ella quiere.   **15.** Mi mamá me manda que le (llevar) sus cartas al correo.   **16.** Les advierto que (callarse / ustedes).   **17.** Me prohíben que (salir) tarde.   **18.** Tienen miedo que yo los (denunciar) a la policía.   **19.** Dice que no (saber / él) nada.   **20.** Tenemos que impedir que él (pagar) esta vez.

Ejercicio 6.31   Conjugue el verbo entre paréntesis en el presente del subjuntivo o un tiempo *(tense)* del indicativo según lo requiera el contexto.

1. Ella cree que él no la (querer).   **2.** Ella no cree que él la (querer).   **3.** Su padre le dice que él (levantarse) temprano de niño. [*He used to get up early.*]   **4.** Su padre le dice que (levantarse) temprano. [*He tells her to get up early.*]   **5.** Te recomiendo que (dormir / tú) más.   **6.** ¿Te pide que (ir / tú) con él?   **7.** Espero que (poder / ellos) venir a la fiesta.   **8.** Me molesta que no me (hacer / tú) caso.   **9.** Me alegro que (ser / tú) feliz.   **10.** No me gusta que me (gritar / ellos).   **11.** Parece que (estar / él) triste.   **12.** No parece que (estar / él) triste.   **13.** Parece increíble que ellos no lo (saber).   **14.** Me sorprende que no me (llamar / él).   **15.** Te sugiero que (tomar / tú) vitaminas.

Ejercicio 6.32   Traduzca. (*you* = tú)

1. She lets me drive.   **2.** I hope I can do it.   **3.** I hope you can do it.   **4.** I feel it is going to rain.   **5.** I am sorry it is going to rain.   **6.** I am sorry I cannot do it.

ATAJO

Phrases: Persuading; Weighing the evidence; Hypothesizing
Grammar: Verbs: Subjunctive

Ejercicio 6.33   Temas de ensayo y de práctica oral.

a. Ensayo

Usando varias de las expresiones en la lista del capítulo 6.G.2.b ("Subjunctive After Expressions of Emotion"), describa en diez frases sus esperanzas, sus temores, lo que lamenta, lo que le emociona.

b. Práctica oral

Cuéntele a un compañero de sus esperanzas, temores, lo que lamenta, y lo que le emociona, y luego pídale que haga lo mismo. Presten atención a sus formas verbales.

Ejercicio 6.34   Temas de ensayo y de práctica oral.

a. Ensayo

Usando varias de las expresiones en la lista del capítulo 6.G.2.c ("Subjunctive After Expressions of Volition and Influence"), describa en diez frases lo que sus padres le aconsejan, le prohíben, le recomiendan, etc.

b. Práctica oral

Hable con un compañero sobre lo que sus padres les aconsejan, les prohíben, les recomiendan, etc. Comparen sus experiencias prestando atención a sus formas verbales.

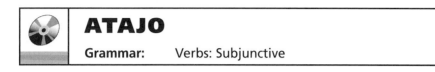

ATAJO

Grammar: Verbs: Subjunctive

Ejercicio 6.35   Temas de ensayo y de práctica oral.

a. Ensayo

Usando varias de las expresiones en la lista del capítulo 6.G.2.d ("Subjunctive After Expressions of Doubt and Negation of Reality"), describa en detalle una de sus dudas más importantes, como por ejemplo sobre el origen del mundo, la existencia de Dios, la vida en Marte *(Mars)*, el racismo, etc.

b. Práctica oral

Hable con un compañero sobre el momento en que usted empezó a dudar de un mito tradicional, como Santa Claus, los Reyes Magos, etc. . . . Describa en detalle la transición entre estar seguro, dudar, y luego perder por completo la creencia. Comparen sus experiencias.

ATAJO

Grammar: Verbs: Subjunctive

Ejercicio 6.36   Temas de ensayo y de práctica oral.

a. Ensayo

Usando varias de las expresiones en la lista del capítulo 6.G.2.e ("Subjunctive After Impersonal Expressions with **Ser**"), escriba diez consejos e ideas que usted le da a un amigo sobre un viaje a un país hispano.

b. Práctica oral

Usando varias de las expresiones en la lista del capítulo 6.G.2.e ("Subjunctive After Impersonal Expressions with **Ser**"), dele consejos e ideas a un amigo sobre un viaje a un país hispano.

(continued)

Ejercicio 6.37   Temas de ensayo y de práctica oral.

a. Ensayo

Usando el mayor número posible de verbos de la lista de abajo para introducir cláusulas nominales, escriba un párrafo sobre el tema del amor en el mundo de hoy: piense en términos de establecer una pareja, la opción entre la soltería (no casarse) y el matrimonio (casarse), tener hijos o no y el divorcio. Si lo desea, puede hacer referencia a su vida personal para expresar su opinión. Preste atención al uso del subjuntivo, del infinitivo o del indicativo, dependiendo del contexto. Mire las páginas sobre las cláusulas nominales para ver ejemplos de usos de estos verbos.

> **querer, parecer, dudar, gustar, esperar, tener miedo de, alegrarse, enojar, molestar, sorprender, necesitar, preferir, oponerse a, dejar, obligar a, convencer, impedir, mandar, pedir, permitir, recomendar, sugerir, bastar, convenir, no creer, no ser, no significar, ser bueno (malo, raro, triste, importante, necesario, difícil, imposible, una lástima) que**

b. Práctica oral

1. Usando los verbos de arriba, y prestando atención a sus formas verbales, hable con un compañero sobre sus perspectivas del amor hoy en día: piensen en términos de establecer una pareja, la opción entre la soltería (no casarse) y el matrimonio (casarse), tener hijos o no y el divorcio.

2. Debate. El matrimonio de parejas interraciales, de religiones distintas, de edades muy diferentes, o del mismo sexo. Prestando atención a sus formas verbales, opinen sobre estos temas controvertibles, sin perder de vista el requisito de tolerancia.

Subjunctive (Adjectival Clauses)

Chapter 6.G.3, pages 222–223

Ejercicio 6.38   Complete con el presente del subjuntivo o algún tiempo del indicativo del verbo entre paréntesis, según lo requiera el contexto.

1. Estamos esperando a la mujer que (calcular) nuestros impuestos.   **2.** Quiero encontrar a una mujer que (saber) hacerlo.   **3.** ¿Conoces a un hombre que (poder) hacerlo?   **4.** Yo conozco a un hombre que (poder) hacerlo.   **5.** No hay nadie que (poder) hacerlo como tú.   **6.** Hay alguien que (poder) hacerlo.   **7.** Haz lo que te (decir / yo) ayer.   **8.** Siempre hace lo que le (decir / ellos), sea lo que sea.   **9.** Digan lo que (decir / ellos), nunca te abandonaré.

Ejercicio 6.39   Temas de ensayo y de práctica oral.

a. Ensayo

Haga una lista de diez deseos en su vida, usando cláusulas adjetivales. (Por ejemplo: Quiero conseguir un trabajo que me pague bien.)

b. Práctica oral

En parejas, comparen sus deseos y sueños en la vida, prestando atención a sus formas verbales.

Subjunctive (Adverbial Clauses)

Chapter 6.G.4, pages 224–227

Ejercicio 6.40   Conjugue el verbo entre paréntesis en el presente del subjuntivo o un tiempo del indicativo según lo requiera el contexto.

1. Ellos llegaron después de que nosotros (salir).   **2.** Lo hago para que tú no (tener) que hacerlo.   **3.** Ven a visitarnos tan pronto como (poder / tú).   **4.** Mañana iremos al parque aunque (llover).   **5.** Quiero hablar con ella por teléfono antes de que (irse / ella).   **6.** Me lo dará, a no ser que (arrepentirse / él) primero.   **7.** Comerá después de que los niños (acostarse).   **8.** Caminó hasta que no (poder) más.   **9.** Caminará hasta que no (poder) más.   **10.** Tendrá el dinero, a menos que no le (pagar / ellos) hoy.   **11.** Lo haremos cuando (querer / tú).   **12.** Comí aunque no (tener) hambre.   **13.** Me gusta mirar por la ventana cuando (llover).   **14.** Los vemos a ellos sin que ellos nos (ver) a nosotros.   **15.** Lo haré con tal que no se lo (decir / tú) a los vecinos.

Ejercicio 6.41   Traduzca. (*you* = tú)

1. She will not go unless we go.   **2.** I will do it as long as (or provided) you do not tell anyone.   **3.** We will leave as soon as you get dressed.   **4.** He will insist until she accepts.   **5.** I do not know anyone who can do that without your explaining how.

Ejercicio 6.42   Temas de ensayo y de práctica oral.

a. Ensayo

Usando el mayor número posible de conjunciones de la lista de abajo para introducir cláusulas adverbiales, escriba un diálogo entre dos compañeros de casa que están preparándose para una fiesta en su casa.

para que, a menos que, antes de que, con tal de que, sin que, en caso de que, cuando, en cuanto, aunque, a pesar de que, después de que, mientras, hasta que

b. Práctica oral

Usando el mayor número posible de conjunciones de la lista de arriba para introducir cláusulas adverbiales, planee con otros compañeros una fiesta en la clase.

Subjunctive (Sequence of Tenses)

Chapter 6.G.5, pages 228–237

Ejercicio 6.43   Combine las dos oraciones, usando la que está entre paréntesis como cláusula principal. Haga las transformaciones necesarias.

1. Mañana llegarán nuestros amigos. (No creo que…)   **2.** Raúl vive en Suiza. (Parece increíble que…)   **3.** Los vecinos ya han visto esa película. (Me sorprende que…)   **4.** Ayer hacía calor. (Dudo que…)   **5.** Se levantó a las cinco. (Me sorprende que…)   **6.** Ya habrán terminado a esa hora. (Parece dudoso que…) **7.** Mi abuelo ya había muerto cuando llegué. (Lamento que…)   **8.** Pronto estará lista la cena. (Mi padre dudaba que…)   **9.** Siempre hace frío en el monte. (Mi tía se quejaba de que…)   **10.** Tú bailabas el tango a los cinco años. (Era imposible que…)   **11.** Los perros se escaparon. (Temían que…)   **12.** Luisa nunca les ha dicho el secreto a sus hijos. (A Roberto le molestaba que…)   **13.** Habrán regresado para la medianoche. (Me sorprendería mucho que…)   **14.** Miguel ya había leído esa novela. (Yo tenía miedo que…)

Ejercicio 6.44   Transforme el verbo de la cláusula subordinada (en negrilla) para concordar en el nuevo contexto con el verbo principal en el pasado (entre paréntesis).

1. No creo que **puedan** venir. (No creía que…)   **2.** Parece posible que **haga** calor hoy. (Parecía posible que… ese día.)   **3.** Lamento que no les **guste**. (Lamentaba que…)   **4.** ¿Conoces a alguien que **sea** de allí? (¿Conocías a alguien que…?)

5. Queremos encontrar una casa que **tenga** piscina. (Queríamos…)   **6.** Haremos lo que tú **quieras.** (Te dije que haríamos lo que…)   **7.** Te doy las llaves a fin de que tú **abras.** (Te di las llaves…)   **8.** Llama antes de que **sea** muy tarde. (Quería llamar antes de que…)

Ejercicio 6.45   Forme una frase usando la primera como subordinada.

1. Cantaban bien. (Me parecía increíble que…)   **2.** Ellos caminaron. (Dudo que…)   **3.** Yo había caminado. (Ellos no creyeron que…)   **4.** Perdí las llaves. (Ella se quejó de que yo…)   **5.** Por fin pudimos ver la película. (Me alegro de que…)   **6.** Los perros no habían ladrado en toda la noche. (A Pedro le sorprendió que…)

Ejercicio 6.46   Conjugue el verbo entre paréntesis en la forma correcta.

1. Nosotros queríamos que ellos nos (llamar) primero.   **2.** A ella le gustaría que ustedes (ser) más directos.   **3.** El profesor dijo que no sabía si existía un texto que (explicar) más claramente ese punto.   **4.** ¿Había alguien que (poder) hacerlo?
5. Nos encantaría que las vacaciones (ser) más largas.   **6.** Me prometiste que me llamarías tan pronto (poder).   **7.** Les pedía que (callarse) a fin de que no (despertar) a los niños.   **8.** Me costaba trabajo creer que Marta (cortarse) el pelo la semana anterior.

Ejercicio 6.47   Temas de ensayo y de práctica oral.

a. Ensayo

Deseos cambiados. Piense en su vida, y en los sueños y deseos que ha tenido desde la infancia. Algunos de sus deseos y sueños habrán cambiado a través de los años. Escriba un párrafo, describiendo cuatro o cinco de sus sueños y deseos en su infancia, cómo se lograron o no, y cómo cambiaron. Use al máximo las expresiones en la lista del capítulo 6.G.2.b ("Subjunctive After Expressions of Emotion").

b. Práctica oral

Hable con sus compañeros sobre sus deseos de infancia que han cambiado.

ATAJO

Phrases:	Expressing a wish or desire; Expressing hopes and aspirations.
Vocabulary:	Dreams and aspirations
Grammar:	Verbs: Subjunctive

Ejercicio 6.48 Temas de ensayo y de práctica oral.

a. Ensayo

Entreviste a alguien de una generación anterior a la suya, sobre la disciplina en la vida cuando era joven. Usando varias de las expresiones en la lista del capítulo 6.G.2.c ("Subjunctive After Expressions of Volition and Influence"), escriba diez frases sobre lo que sus padres le aconsejaban, le prohibían, le recomendaban, etc., a este individuo.

b. Práctica oral

Usando el tema de ensayo de arriba, dé un informe oral sobre su entrevista.

ATAJO

Grammar: Verbs: Subjunctive; Verbs: Imperfect

Ejercicio 6.49 Temas de ensayo y de práctica oral.

a. Ensayo

Entreviste a uno de sus padres, o a alguien de una generación anterior a la suya, sobre lo que pensaban de la guerra y de la política cuando tenían la edad que usted tiene ahora. Usando varias de las expresiones de la lista del capítulo 6.G.2.d ("Subjunctive After Expressions of Doubt and Negation of Reality"), escriba unas diez frases.

b. Práctica oral

Usando el tema de ensayo de arriba, dé un informe oral sobre su entrevista.

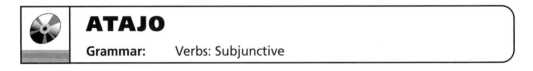

ATAJO

Grammar: Verbs: Subjunctive

Ejercicio 6.50 Temas de ensayo y de práctica oral.

a. Ensayo

Usando varias de las expresiones de la lista del capítulo 6.G.2.e ("Subjunctive After Impersonal Expressions with Ser"), escriba diez consejos e ideas que usted le dio a un amigo antes de que éste viajara a un país hispano. Por ejemplo: Le dije que era mejor que llevara ropa ligera; que era malo que no tratara de hablar español; etc.

b. Práctica oral

Hable con un compañero sobre una experiencia de su niñez en que sus padres o amigos le habían dado consejos que usted no siguió, y que luego descubrió que debió haberlos seguido. Prestando atención a las formas verbales, comparen sus experiencias.

ATAJO

Grammar: Verbs: Subjunctive

Ejercicio 6.51   Temas de ensayo y de práctica oral.

a. Ensayo

Entreviste a alguien que pertenezca a una generación anterior a la suya sobre el tema del amor cuando era adolescente, y sus sueños o sus ideales para el amor en su vida; averigüe si los padres de esta persona afectaron de alguna manera su punto de vista o su comportamiento. Usando el mayor número posible de verbos de la lista de abajo para introducir cláusulas nominales, escriba un párrafo sobre lo que pensaba esta persona. Preste atención al uso del subjuntivo, del infinitivo o del indicativo, dependiendo del contexto. Consulte las páginas sobre las cláusulas nominales para ver ejemplos de usos de estos verbos.

querer, parecer, dudar, gustar, esperar, tener miedo de, alegrarse, enojarse, molestar, sorprender, necesitar, preferir, oponerse a, dejar, obligar a, convencer, impedir, mandar, pedir, permitir, recomendar, sugerir, bastar, convenir, no creer, no ser, no significar, ser bueno (malo, raro, triste, importante, necesario, difícil, imposible, una lástima) que

b. Práctica oral

Use el tema de ensayo de arriba, y dé un informe oral sobre su entrevista.

ATAJO

Grammar: Verbs: Subjunctive

Subjunctive (If [Si] Clauses)

Chapter 6.G.6, pages 237–239

Ejercicio 6.52   Conjugue el verbo entre paréntesis en la forma correcta.

1. Ella habría llegado a tiempo si no (haber) una tormenta.   **2.** Si él tuviera dinero, (comprarse) todos los coches antiguos del mundo.   **3.** Iría al supermercado si (ser) absolutamente necesario.   **4.** Si hubiéramos estudiado más, no (tener) tantas dificultades en el examen de ayer.   **5.** Si tuviera tiempo, te (ayudar / yo).   **6.** Se abrazaron como si no (verse) en años.   **7.** Lo trata como si (ser) adulto.

Ejercicio 6.53   Temas de ensayo y de práctica oral.

a. Ensayo

Describa en un párrafo lo que pasaría si pudiera cambiar algún aspecto de su vida futura.

b. Práctica oral

Hable con un compañero sobre algo que quisiera cambiar en su vida o en el mundo, imaginando lo que pasaría en el futuro si esto cambiara. Comparen sus sueños de cambio, prestando atención a las formas verbales.

 ATAJO

Grammar: Verbs: Subjunctive

Ejercicio 6.54   Temas de ensayo y de práctica oral.

a. Ensayo

Describa en un párrafo cómo habría sido diferente su vida si algún elemento hubiera sido diferente desde el principio.

b. Práctica oral

Hable con un compañero sobre alguna característica de su familia o evento de su pasado que lo ha marcado hoy en día. Imagine cómo sería diferente su vida ahora si esa característica hubiera sido diferente, o si ese evento no hubiera ocurrido.

 **ATAJO**

Grammar: Verbs: Subjunctive

Subjunctive *(Ojalá)*

Chapter 6.G.7, pages 239–240

Ejercicio 6.55   Traduzca usando **Ojalá.** (*you* = tú)

1. I wish we had not gone.   **2.** I wish you had listened to me.   **3.** I hope you eat today.   **4.** I wish he could see me now.   **5.** I hope they did not do it.   **6.** I hope we get there on time.   **7.** I hope they finished.   **8.** I hope she likes it.   **9.** I hope they bought it.   **10.** I wish she could hear me.

Ejercicio 6.56   Haga una lista de deseos para usted usando **Ojalá.**

1. un deseo posible para el futuro   **2.** un deseo posible para el presente
3. un deseo posible para el pasado   **4.** un deseo contrario a la realidad presente
5. un deseo contrario a la realidad pasada

 ATAJO

Grammar: Verbs: Subjunctive with *Ojalá*

Subjunctive (Expressions of Leave-Taking)

Chapter 6.G.8, pages 240–242

Ejercicio 6.57   Traduzca estas expresiones usando la persona indicada.

1. Get well. (tú)   **2.** Have a good weekend. (tú)   **3.** Have a good day. (ustedes)
4. Have fun. (usted)

Ejercicio 6.58   Despídase de las siguientes personas usando **irle bien a uno.**

1. de un amigo   **2.** de un profesor   **3.** de unos amigos (en Latinoamérica)
4. de unos amigos (en España)

Ejercicio 6.59   Despídase de las mismas personas usando **pasarlo bien.**

1. de un amigo   **2.** de un profesor   **3.** de unos amigos (en Latinoamérica)
4. de unos amigos (en España)

Ejercicio 6.60   Temas de escritura y de práctica oral

a.   Escriba dialoguitos de despedida para cada situación.

1. despedida de un amigo en cualquier momento   **2.** despedida de un profesor un
viernes antes de un fin de semana normal   **3.** despedida de una pareja de amigos
antes de un viaje que va a hacer la pareja   **4.** despedida de varios amigos antes de
una fiesta   **5.** despedida de un amigo enfermo   **6.** despedida de unos amigos
antes de una experiencia placentera

b.   Usando los diálogos que preparó arriba, busque todas las oportunidades
posibles cada día para practicarlos en contextos auténticos.

II Infinitives and Present Participles

Chapter 6.H, pages 242–247

*(To practice the present participle forms, see Exercises 5.56–5.58. We recommend that you
do those exercises before these.)*

Ejercicio 6.61   Escoja la forma correcta entre paréntesis.

1. (Beber / Bebiendo) agua es muy saludable.   **2.** No les gusta (cantar / cantando).
3. Pensaban (viajar / viajando) al Caribe este invierno.   **4.** Se fueron sin (decir /
diciendo) nada.   **5.** Eso es lo que te pasa por (hablar / hablando) tanto.   **6.** Estoy
cansado de (correr / corriendo).   **7.** Al (salir / saliendo), no se les olvide llevarse el
paraguas.   **8.** El anuncio decía: "No (fumar / fumando)".

Ejercicio 6.62   Traduzca las oraciones siguientes.

1. That language is difficult to learn.   **2.** It is difficult to learn that language.
3. That recipe is easy to prepare.   **4.** It is easy to tell the truth.   **5.** It is possible
to live longer than ninety years.   **6.** Some things are impossible to change.

Ejercicio 6.63   Las frases siguientes tienen participios presentes en inglés. ¿En cuáles se usarían un participio presente en español también?

1. That is one of the world's **increasing** problems.   **2.** What an **interesting** person! **3.** She is one of the **leading** experts in that subject.   **4.** I need to buy some **writing** paper.   **5.** That psychologist says that all of the problems of adolescence are caused by **growing** pains.   **6.** They have **running** water.   **7.** Take a photo of the pitcher **containing** the blue liquid.   **8.** The court wanted a number of items **belonging** to her.   **9.** There he was, **standing** in the middle of the room.   **10.** The movie was **boring.**   **11.** That is an **amusing** game.   **12.** I found the cat **lying** on the bed. **13.** She was **sitting** in front of me at the movies.   **14.** This exercise is **entertaining. 15.** Do you have any **drinking** water?

Ejercicio 6.64   Traduzca al español las frases del ejercicio anterior.

Ejercicio 6.65   Traduzca las oraciones siguientes.

1. Look: they are **increasing** the weight.   **2.** They were **directing** the traffic to the side.   **3.** They left **running.**   **4.** The speaker was **boring** us all.   **5.** They were just **sitting** down (*in the process of taking their seats*) when the movie ended. **6.** We were **entertaining** the guests.

Ejercicio 6.66   Identifique la diferencia gramatical entre las palabras idénticas en cada par de frases; luego traduzca al español.

1a. I am concerned about my **increasing** weight.   **1b.** They are **increasing** our taxes.   **2a.** That class is **boring.**   **2b.** Am I **boring** you?   **3a.** I was just **sitting** down (in the process) when the phone rang.   **3b.** I have serious news: are you **sitting** down?

Ejercicio 6.67   Traduzca usando el infinitivo o el participio presente. (*you* = tú)

1. They must have eaten.   **2.** She has to eat more.   **3.** They were planning on going to the beach.   **4.** I do not have anything to wear.   **5.** Put on your coat before leaving.   **6.** To see those effects, it is necessary to wear special glasses. **7.** He was glad to see her.   **8.** Upon entering, they took off their shoes.   **9.** My brother had the veterinarian come.   **10.** Those seeds are hard to plant.   **11.** That book is easy to read.   **12.** It is easy to read that book.   **13.** Seeing is believing. **14.** He forbids me to drive.   **15.** The children love playing in the water.   **16.** He left without saying a thing.   **17.** They were sorry after hanging up the phone. **18.** They separated without really having gotten to know each other.   **19.** Do not stop me from moving.   **20.** My back hurts from having worked so much in the garden.

Ejercicio 6.68 Temas de ensayo y de práctica oral.

a. Ensayo

Imagine que es un médico muy concienzudo y debe indicarle a un paciente las actividades que son buenas o malas para la salud. Use una variedad de formatos: infinitivo como sujeto, como objeto directo, como objeto de preposición, con **hay que** o **tiene que,** con **nada que** y **poco que,** con **fácil de** y **difícil de,** con **al.**

b. Práctica oral

En parejas en que un estudiante hace de médico y otro de paciente, hablen de las actividades que son buenas o malas para la salud. El paciente le pregunta al doctor, y el doctor le da consejos al paciente.

ATAJO

Vocabulary: Body; Health: Disease and illnesses
Grammar: Verbs: Infinitive

Ejercicio 6.69 Temas de ensayo y de práctica oral.

a. Ensayo

Escriba un párrafo sobre las acciones simultáneas de un individuo que está buscando como loco sus llaves perdidas *(lost keys)*. Haga lo posible por incorporar el equivalente correcto en español de las siguientes expresiones: *interesting, growing, existing, writing paper, containing, belonging, standing, sitting, lying down, boring, amusing, entertaining.*

b. Práctica oral

Compare con un compañero cómo acostumbra estudiar, o escribir trabajos para sus clases, o hablar por teléfono, etc. Lo hace sentado, parado, acostado, caminando, comiendo, bebiendo, cantando, repitiendo en voz alta, etc.

Verbs Like Gustar

Chapter 6.I, pages 247–252

Ejercicio 6.70 Traduzca usando la expresión **caer bien.** (*you* = tú)

1. He likes you.   **2.** I like them.   **3.** She likes us.   **4.** They like her.   **5.** We like him.   **6.** You like them.

Ejercicio 6.71 Traduzca las oraciones siguientes, usando los pronombres necesarios para enfatizar lo que está en negrilla. (Siga usando la expresión **caer bien.**)

1. Nobody likes you. **He** likes me.   **2.** Yes, but **she** does not like you.   **3. You** like **her,** but **she** does not like **you.**

Ejercicio 6.72 Conteste las siguientes preguntas con **a mí** o **yo;** luego traduzca la pregunta y la respuesta al inglés.

1. ¿A quién le interesa la magia?   **2.** ¿A quién le toca pagar la cuenta?
3. ¿A quién le gustó la cena?   **4.** ¿Quién comió más?

Ejercicio 6.73 Traduzca usando **caer bien, gustar, encantar** o **querer.**

1. I love him.   **2.** I love my classes.   **3.** I like your house.   **4.** I like my neighbors.

Ejercicio 6.74 Traduzca usando **faltar, hacer falta, quedar** o **sobrar.**

1. They need food.   **2.** They have two days left.   **3.** We had time to spare (left over).   **4.** I miss you.   **5.** She needs twenty cents. (She is lacking twenty cents.)

Ejercicio 6.75 Temas de ensayo y de práctica oral.

a. Ensayo

Escriba un párrafo sobre sus gustos en general; indique lo que le gusta y lo que no le gusta, el tipo de gente que le cae bien, y quiénes le caen mal, a quién quiere, lo que le encanta, qué o quién le hace falta, lo que le importa, le interesa, le parece bien o mal o increíble.

b. Práctica oral

Usando el verbo gustar, y otros como gustar (caer bien, caer mal, encantar, faltar, importar, interesar, etc.) hable con un compañero sobre lo que constituye para ustedes el amigo ideal.

(continued)

ATAJO

Grammar: Verbs: Use of *gustar*

J Reflexive Verbs

Chapter 6.J, pages 252–260

(To practice the reflexive pronouns, see Exercises 3.18-3.20. We recommend that you do those exercises before these.)

Ejercicio 6.76   Traduzca usando verbos reflexivos. (*you* = tú)

1. We got bored at the party.   **2.** Did you remember the keys?   **3.** She got used to him very soon.   **4.** I am glad to see you.   **5.** He was ashamed of his lie. **6.** I got off the bus at the third stop.   **7.** The other children always made fun of me.   **8.** You are going to have to confront that problem some day.   **9.** She realized that she had to say good-bye to me.   **10.** We must all make an effort to keep the environment clean.   **11.** How did he find out about that?   **12.** Do not trust anyone.   **13.** Notice their eyes when they dance.   **14.** Where are we going to meet him for lunch?   **15.** Why did your parents move?   **16.** What is his name?   **17.** Please do not leave now.   **18.** You must not interfere with those children.   **19.** They stayed with us for the summer.   **20.** He fought with his father.   **21.** You look like me.   **22.** Now he is going to start barking.   **23.** I feel sad today.   **24.** I sit here.   **25.** I felt sad yesterday.   **26.** I sat here yesterday. **27.** I used to feel sad when I heard that song.   **28.** I used to sit here.   **29.** He kept my book.   **30.** Dry yourself well.

Ejercicio 6.77   Llene el espacio en blanco con la preposición correcta, o con Ø si no se necesita preposición.

1. Me enamoré _____ ella hace mucho tiempo.   **2.** Se casó _____ él en junio. **3.** Ella se reía _____ mí.   **4.** Se quejan _____ todo.   **5.** No te preocupes _____ mí.   **6.** Nos parecemos _____ nuestro padre.   **7.** Se interesa _____ las carreras de caballo.   **8.** No te fijes _____ los demás.   **9.** Él se fiaba _____ todos. **10.** Nos esforzábamos _____ hablar bajo.   **11.** Mi madre se empeñaba _____ que limpiara el cuarto todos los días.   **12.** Por fin se decidieron _____ salir.   **13.** Se atrevió _____ dirigirse _____ él después de unos minutos.   **14.** El vino se convirtió _____ vinagre.   **15.** Él no puede deshacerse _____ nada.   **16.** ¿Te das cuenta _____ la hora que es?   **17.** Se curaron _____ los enfermos.   **18.** Me citaré _____ el dentista mañana.   **19.** Se arrepintieron _____ haber dicho eso. **20.** ¡Aléjate _____ la calle!

Ejercicio 6.78   Temas de ensayo y de práctica oral.

a. Ensayo

Usando al máximo los verbos reflexivos de las listas del capítulo 6.J, escriba el resumen de una telenovela *(soap opera)* imaginaria y melodramática.

b. Práctica oral

Competencia. En equipos de cuatro, comparen sus telenovelas, y preparen una todos juntos, usando un máximo de verbos reflexivos.

Que cada equipo le cuente a la clase su telenovela. El instructor escribe un punto en la pizarra cada vez que un verbo reflexivo está bien usado, con la preposición correcta. El equipo que tenga más verbos reflexivos usados correctamente gana la competencia.

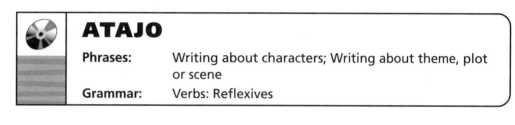

ATAJO

Phrases:	Writing about characters; Writing about theme, plot or scene
Grammar:	Verbs: Reflexives

K Indirect Discourse

Chapter 6.K, pages 260–266

Ejercicio 6.79   Vuelva a escribir la frase original usando las segundas como nuevo principio. Haga todos los cambios necesarios.

MODELO: Compró la casa. **a.** Dice que… **b.** Dijo que…

    a. *Dice que compró la casa.* **b.** *Dijo que había comprado la casa.*

1. Iremos al cine esta noche. **a.** Dice que… **b.** Ayer dijo que… **c.** Esta mañana dijo que… **2.** Yo sé hacerlo. **a.** Ella supone que… **b.** Ella suponía que… **c.** Ella supuso que… **3.** Yo hice tu trabajo. **a.** Te digo que… **b.** Le dije que… **c.** Me dijo que… **4.** Levántate. **a.** Te pido que… **b.** Me pidió que… **c.** Le pedí que… **5.** Si pudiera ir ahora, lo haría. **a.** Dice que… **b.** Dijo que… **6.** ¿Quieres que vayamos la semana entrante? **a.** Me preguntó esta mañana… **b.** Me preguntó el mes pasado… **c.** Sé que me preguntará… **7.** Si quieres comer, come. **a.** Me respondió que… **b.** Te estoy diciendo… **8.** Vete. **a.** Te ruego… **b.** Me suplicó… **c.** Insistieron en que… **9.** —¿Sabes qué hora es? —No. **a.** Siempre me pregunta… y yo siempre le contesto… **b.** Me preguntó… y yo le contesté…

Ejercicio 6.80   Temas de ensayo y de práctica oral.

a.   Ensayo

Escriba uno de los diálogos siguientes usando lo más posible el discurso indirecto.

1. entre un testigo *(witness)* y un abogado *(lawyer)*, en que el abogado trata de demostrar que el testigo está mintiendo. (Por ejemplo: —Pero ayer usted dijo que…; —No, yo dije que…) Pueden ser personajes verdaderos o ficticios.

2. entre un padre y su hijo, en que el padre le recrimina al hijo algo que ha hecho en contra de las reglas que el padre le había dado y que el hijo dice que malentendió, o que contradicen otras cosas que dijo el padre.

3. entre dos compañeros de casa que tuvieron un malentendido *(misunderstood each other)* sobre quién iba a encargarse de qué *(who was going to take care of what)* en cuanto a las responsabilidades de la casa. Se acusan entre ellos de haber dicho que iban a hacer algo que luego no hicieron.

4. entre dos niños traviesos *(naughty)* que habían planeado alguna travesura *(naughty act, trick, practical joke)* y que fueron descubiertos por culpa de un error que cada uno de los niños cree que fue la culpa del otro.

b.   Práctica oral

Prestando atención a las reglas del discurso indirecto, hable con un compañero sobre uno de los temas de ensayo de arriba.

Chapter 6   Review

Ejercicio 6.81   Conjugue cada verbo en el tiempo y modo más lógicos para el contexto. Lea todo el contexto antes de comenzar.

> **a caballo** *on horseback;* **aficionado** *fan;* **arena** *sand;* **asunto** *matter;*
> **banderilla** *bullfighting term, "banderilla";* **bravo** *fierce;* **caballo** *horse;*
> **como si nada** *as if nothing were going on;* **corrida** *bullfight;* **criar** *to breed;*
> **daño (hacer)** *to injure;* **desequilibrio** *imbalance;* **desfilar** *to parade;*
> **estado de ánimo** *state of mind;* **estocada** *thrust of the sword;* **estoque** *sword*
> *of the bullfighter;* **grabado** *engraved;* **herir** *to injure;* **lanzar** *to toss;* **lidia**
> *bullfighting;* **lidia (toro de)** *bull bred for bullfighting;* **lidiar** *to fight (bulls);*
> **luchar** *to struggle;* **maltrato** *abuse;* **matador** *bullfighter of the highest rank,*
> *so named because he is to kill the bull;* **mezclar** *to mix;* **molestar** *to bother;*
> **oreja** *ear;* **pasodoble** *type of music;* **pena (dar)** *to be sorry;* **picador**
> *bullfighting term, "picador";* **plaza de toros** *bullring;* **por mi cuenta** *on my*

own; **presenciar** *to witness;* **público** *audience;* **recuerdos** *memories;*
reverencia *bow (bending at the waist);* **rito** *ritual;* **sangre** *blood;* **sangrienta**
bloody; **temporada** *season;* **torero** *bullfighter;* **toro** *bull;* **traje de luces** *suit of
lights, bullfighter's suit;* **valiente** *courageous;* **vencer** *to vanquish, beat;*
verónica *cape pass*

Mi padre era un aficionado° de las corridas° de toros°: para él (**1.** ser) una
necesidad cultural asistir a todas las corridas de toros durante la temporada°, no
sólo para él sino para toda la familia. Por eso cada domingo por la tarde (**2.** ir)
todos juntos a la plaza de toros°, y (**3.** presenciar°) este espectáculo de música y de
vida hispana. En esa época yo (**4.** ser) niña: hoy en día (**5.** recordar) muy poco de
esas tardes; todas las corridas que (**6.** ver) se han (**7.** mezclar°) en una masa sin
forma. Sólo (**8.** quedar) grabados° en mi memoria los recuerdos° de los
momentos que marcan el transcurso de la corrida: la música de pasodoble° que
(**9.** tocar / ellos) al principio, la entrada de los toreros° y todos los ayudantes que
(**10.** desfilar°) muy valientes° y elegantes en sus trajes de luces° y capas de colores
vivos, el torero que (**11.** presentarse) con una reverencia° frente al presidente y
que a veces le (**12.** lanzar°) su sombrero a alguien del público°, generalmente a una
mujer; la entrada de cada toro que (**13.** salir) corriendo y (**14.** parecer) muy bravo,
el público° que (**15.** gritar) "Olé" con cada pase de capa, el picador° a caballo°, las
banderillas°, la llegada del matador° con su capa roja que (**16.** indicar) el final que
se (**17.** acercar), y la estocada° final, que (**18.** dejar) al toro muerto o casi muerto.
A veces le (**19.** cortar / ellos) una o ambas orejas° al toro para dárselas al torero, y
éste se (**20.** dar) la vuelta a la plaza con su premio, como héroe victorioso. Luego
(**21.** limpiar / ellos) la arena° sangrienta° para que el próximo toro (**22.** entrar).

Sólo hay una corrida que me (**23.** dejar) recuerdos más claros, y (**24.** ser) la vez
que (**25.** venir) El Cordobés, que (**26.** ser) un torero español, de Córdoba, que
(**27.** hacerse) famoso por su pelo largo y su personalidad; además, las mujeres
(**28.** pensar) que (**29.** ser) muy guapo. Recuerdo que cuando él (**30.** ir) a empezar
a lidiar°, (**31.** ir) al lugar de siempre frente al presidente, y cuando (**32.** quitarse) el
sombrero, todo el público (**33.** gritar) y (**34.** reírse) por su pelo. En realidad no
(**35.** tener) el pelo tan largo: hoy en día no (**36.** ser) nada sorprendente ver a
alguien con el pelo así; pero en esa época (**37.** acabar) de hacerse famosos los
Beatles por su pelo largo, y a cualquier hombre que (**38.** tener) pelo que le
(**39.** tapar) las orejas se le (**40.** considerar) un rebelde o una anomalía.

La única otra imagen que tengo de ese día (**41.** ser) cuando El Cordobés, después
de una verónica° que (**42.** dejar) al toro parado como hipnotizado, (**43.** pararse) de
espaldas al toro y (**44.** sacar) de no sé dónde un enorme peine°, y (**45.** peinarse)
tranquilamente, como si nada°. El público (**46.** morirse) de la risa.

(continued)

En ningún momento pensé en la moralidad de lo que (**47.** pasar) en las corridas, y no (**48.** ser) sino hasta que (**49.** llegar) a ser adulta y que (**50.** mudarse) a los Estados Unidos que se me (**51.** ocurrir) que estos ritos° culturales (**52.** contener) elementos de injusticia. Debo confesar que en realidad no (**53.** ser) yo la que (**54.** pensar) en esto por mi cuenta°. (**55.** Ser) las preguntas de otros que me (**56.** hacer) ver el maltrato° hacia los toros. Yo no (**57.** saber) nada de lo que (**58.** pasar) antes de que el toro (**59.** entrar) a la plaza. Y nunca (**60.** pensar) en el toro. Para mí (**61.** tratarse) de un evento en que el torero (**62.** tener) que luchar° para que el toro no lo (**63.** matar) o (**64.** herir°). En realidad no me (**65.** gustar) que le (**66.** hacer / ellos) daño° al toro, y francamente me (**67.** molestar°) ver tanta sangre°, pero nunca (**68.** dejar) que eso (**69.** afectar) mi estado de ánimo°, o al menos la superficie. En mi familia, si yo (**70.** reaccionar) de alguna manera negativa en contra de las corridas, (**71.** haber) un escándalo. Para mi padre, una crítica (**72.** ser) una afrenta a la cultura.

Me da mucha pena° ahora que mi padre ya (**73.** morirse), porque si no, yo (**74.** poder) tener una conversación con él sobre el asunto°. Me (**75.** interesar) saber qué importancia le (**76.** dar) él al desequilibrio° de la batalla entre el hombre y el toro. Después de todo, es fácil (**77.** matar) a un toro si se considera todo el arsenal que se usa contra él. Yo (**78.** dudar) que un torero solo, con una capa y un estoque°, sin la ayuda de nadie, ni de banderillas ni de picadores, (**79.** poder) vencer° a un toro de lidia, sin que el toro lo (**80.** lastimar) mucho.

A pesar de todo, (**81.** tener / yo) que admitir que no (**82.** avergonzarse) de (**83.** asistir) a tantas corridas sin nunca (**84.** pensar) en el toro. Al contrario: si (**85.** tener / yo) la opción ahora de formar mi pasado, (**86.** preferir) haber tenido la experiencia, y no habérmela perdido. Las corridas de toros (**87.** representar) un aspecto importante de la cultura hispana, y (**88.** pensar / yo) que (**89.** ser) esencial que (**90.** reconocer / nosotros) este hecho y que (**91.** ser / nosotros) tolerantes de otros puntos de vista y sistemas de valores. Uno de los argumentos a favor de esta ceremonia (**92.** ser) que los toros de lidia se (**93.** criar°) con el único propósito de (**94.** participar) en las corridas. Pero (**95.** estar / yo) segura de que el debate (**96.** seguir) hasta que los críticos (**97.** lograr) que se (**98.** prohibir) las corridas y, cuando eso (**99.** ocurrir), (**100.** ser) el final de una gran tradición hispana.

Ejercicio 6.82 Temas de ensayo y de práctica oral.

a. Ensayo

Prestando atención a la selección de tiempos y modos verbales, escriba un ensayo sobre uno de los temas siguientes. Narre su propia experiencia en el pasado con el tema, o sus observaciones de las experiencias de otros, y exprese su opinión, elaborando con cuidado los argumentos que se pueden hacer para cada lado del debate.

1. el uso de animales para experimentos en laboratorios

ATAJO

Phrases:	Writing an essay; Weighing the evidence; Expressing indecision
Vocabulary:	Animals; Body; Health
Grammar:	Verbs: Preterite and imperfect

2. la legalización de la mariguana para propósitos medicinales

Phrases:	Weighing the evidence
Grammar:	Health: Diseases and Illnesses

3. las ventajas y las desventajas de la estadidad (*statehood*) o independencia de Puerto Rico

Phrases:	Weighing the evidence
Grammar:	Verbs: Conditional

4. la libertad de palabra (*freedom of speech*) para los grupos que odian (*hate*) a otros

Phrases:	Linking ideas; Expressing an opinion

5. los perros o los gatos: ¿cuáles son mejores como animales domésticos?

Phrases:	Expressing an opinion

(continued)

6. la eficiencia del sistema legal (escoja uno o dos casos específicos)

Vocabulary: Leisure

7. los deportes como espectáculo o diversión por un lado y como profesión por otro

b. Práctica oral

1. Pídale a un amigo hispano que le diga lo que piensa de uno de los temas del ejercicio 6.82a, o algún otro tema controvertible que le interese a usted. Escuche con cuidado para ver cómo usa las formas verbales para expresar su opinión. Mientras habla su amigo, si expresa una opinión que es diferente de lo que usted piensa, dígaselo, expresando su propia opinión (prestando atención a las formas verbales).

2. Conversación informal. En clase, hable con un compañero sobre uno de los temas presentados en el ejercicio 6.82a, o algún otro tema controvertible que le interese a usted.

3. Debate. Hagan un debate en clase sobre uno de los temas presentados en el ejercicio 6.82a, o algún otro tema controvertible que le interese a usted.

4. Encuesta. Fuera de clase, haga una encuesta *(poll)* informal entre estudiantes y profesores hispanos sobre uno de los temas presentados en el ejercicio 6.82a, o algún otro tema controvertible que le interese a usted. Preste atención a su uso de formas verbales. Tome apuntes para preparar un informe *(report)* para la clase.

Chapter 7   *Ser, Estar, Haber, Hacer, and Tener*

B   *Ser* vs. *Estar*

Chapter 7.B.1-3, pages 270–277

Ejercicio 7.1   ¿**Es** o **está**? Si los dos son posibles, explique por qué.

Esa película _____ …

1. mi favorita   **2.** la que quiero ver   **3.** la mejor   **4.** mía   **5.** de horror
6. aburrida   **7.** buena   **8.** dañada   **9.** interesante   **10.** de Argentina   **11.** lista
para mostrarse   **12.** de Almodóvar   **13.** a las ocho esta noche   **14.** en la mesa
15. mostrándose ahora mismo

Ejercicio 7.2   ¿**Soy** o **Estoy**? Si los dos son posibles, explique por qué.

1. _____ tu amiga.   **2.** No _____ lo que crees.   **3.** _____ de pie.   **4.** _____ donde
quiero.   **5.** _____ alto y moreno.   **6.** _____ aburrido.   **7.** _____ bueno.   **8.** _____
bien.   **9.** _____ enfermo.   **10.** _____ de Argentina.   **11.** _____ lista para salir.
12. _____ tuyo.   **13.** _____ harto de tanto trabajo.   **14.** _____ contento con la
vida.   **15.** _____ llamando para pedir un favor.   **16.** _____ emocionado.

Ejercicio 7.3   Traduzca de la manera más natural en español. Si hay más de una
traducción posible, explique la diferencia, si la hay.

1. I am back.   **2.** I am blind.   **3.** I am bored.   **4.** I am boring.   **5.** I am clever.
6. I am hot.   **7.** I am comfortable.   **8.** I am done.   **9.** I am excited.   **10.** I am
fat.   **11.** I am fed up.   **12.** I am finished.   **13.** I am from Ithaca.   **14.** I am glad.
15. I am good (virtuous).   **16.** I am happy.   **17.** I am here.   **18.** I am dead
(figuratively).   **19.** I am hungry.   **20.** I am at the university.   **21.** I am
interested.   **22.** I am late.   **23.** I am mature.   **24.** I am okay.   **25.** I am quiet.
26. I am ready.   **27.** I am rich.   **28.** I am sad to hear that.   **29.** I am sick (ill).
30. I am sitting.   **31.** I am sorry.   **32.** I am standing.   **33.** I am short.   **34.** I am
the one who gave you the flowers.   **35.** I am working.   **36.** I was born.

Ejercicio 7.4 Traduzca de la manera más natural en español. Si hay más de una traducción posible, explique la diferencia, si la hay. Convendría repasar el uso del infinitivo y del subjuntivo.

1. It is okay for you to be early.   **2.** It was good to be there.   **3.** "To be or not to be," that is the question.   **4.** It is time to leave.   **5.** We were comfortable because we were sitting.   **6.** It was interesting to see that they were always late.   **7.** It was clear that it wasn't working properly *(bien)*.   **8.** He was happy that I was done.
9. I am sorry but I am not hungry.   **10.** I am glad you agree with me.

Ejercicio 7.5 ¿**Ser** o **estar**? Llene el espacio en blanco con el verbo correcto.

1. Ese hombre _____ profesor.   **2.** _____ importante llegar temprano.
3. Martina _____ de vacaciones.   **4.** _____ bien que estudien esta noche.
5. Luisa _____ de Guadalajara.   **6.** ¿Qué hora _____?   **7.** _____ la una de la tarde.   **8.** _____ las siete de la mañana.   **9.** ¿ _____ claro lo que tienen que hacer?   **10.** Los pisos en esa casa _____ de madera.   **11.** Mis padres _____ de acuerdo con nosotros.   **12.** Esa mujer _____ de gerente esta semana, hasta que regrese la gerente oficial.   **13.** ¿Para cuándo _____ la próxima composición?
14. Este libro _____ de Mario.   **15.** La ceremonia de la graduación siempre _____ en el gimnasio.   **16.** Mis libros _____ en mi casillero.   **17.** Su hermano _____ en Madrid.   **18.** Nosotros _____ en Sevilla.   **19.** Tu mochila _____ en el escritorio.   **20.** La conferencia _____ a las nueve de la mañana.   **21.** Esta carta _____ para mi papá.   **22.** El vuelo _____ por salir.   **23.** Ese puente _____ construido por un ingeniero famoso.   **24.** Las ventanas _____ cerradas. ¿Quieres que las abra?   **25.** Bertita _____ aprendiendo a caminar.

Ejercicio 7.6 ¿**Ser** o **estar**? Llene el espacio en blanco con la forma correcta para el contexto.

1. Ese actor _____ muerto.   **2.** Los cuellos de las jirafas _____ largos.   **3.** El café de Colombia _____ bueno.   **4.** Madonna _____ atlética.   **5.** ¡Qué rico _____ el café esta mañana!   **6.** Oprah _____ más delgada que hace un año.   **7.** Mi coche _____ averiado.   **8.** Su cuarto _____ desordenado hoy. ¿Qué pasaría?
9. Su esposa _____ harta de tener que aguantar sus engaños.   **10.** El presidente _____ contento con los resultados.   **11.** —Hola, Quique. ¿_____ bien? —No, _____ enfermo, (yo) pero ya _____ mejor que hace una semana.   **12.** Esa película _____ aburrida.   **13.** Mi compañero de cuarto, que por lo general _____ muy platicador, ahora _____ callado.   **14.** Mi hija _____ más lista que sus amiguitos.   **15.** Ya _____ hora de irnos. ¿_____ listos? ¡Vámonos!

Ejercicio 7.7   ¿**Ser** o **Estar**? En el diálogo que sigue, llene cada espacio en blanco con la forma correcta para el contexto.

SERGIO: Hola, Jacinto, tanto tiempo sin verte. ¿Cómo (**1**) ____?

JACINTO: Bien, pero agobiado de tanto trabajo. No sé ni qué día (**2**) ____ hoy. (**3**) ____ harto de no tener ni un minuto libre.

SERGIO: No (**4**) ____ tan negativo. Ven, sentémonos en ese banco a platicar un rato.

JACINTO: ¿Qué hora (**5**) ____? Tengo una clase de español a las 2:30.

SERGIO: (**6**) ____ temprano. Tenemos una hora para hablar. ¿Dónde (**7**) ____ la clase?

JACINTO: En Morrill Hall. El edificio (**8**) ____ cerca de aquí.

SERGIO: ¡Qué muchos libros llevas! ¿ (**9**) ____ para la clase de español?

JACINTO: No, para la de biología.

SERGIO: Cuéntame de tus planes para los días de fiesta de la semana que viene. ¿Qué te gusta hacer cuando (**10**) ____ de vacaciones?

JACINTO: No quiero (**11**) ____ aquí. (**12**) ____ listo para irme al Caribe, a una isla que (**13**) ____ lejos de todo esto, donde la vida (**14**) ____ fácil, y no tenga que pensar que voy a (**15**) ____ estudiando en la biblioteca más tarde, donde pueda (**16**) ____ tirado al sol la mayor parte del tiempo, donde (**17**) ____ seguro…

SERGIO: Divagas, Jacinto… (**18**) ____ preocupado por ti. (**19**) ____ pálido y delgado, (**20**) ____ aquí sentado, (**21**) ____ hablando, pero no (**22**) ____ conmigo. ¿Qué te pasa?

JACINTO: Perdona, Sergio, (**23**) ____ que (**24**) ____ cansado. Llevo dos noches sin dormir. Tenía un trabajo escrito que (**25**) ____ para entregarse hoy, y no lo pude terminar. Sé que (**26**) ____ importante entregar todo a tiempo y sin embargo…

SERGIO: Tranquilo, hombre, (**27**) ____ en tu cuarto año de estudios y tienes que (**28**) ____ contento con tu futuro.

JACINTO: (**29**) ____ de acuerdo pero no (**30**) ____ que no (**31**) ____ contento. El problema (**32**) ____ que las clases este año (**33**) ____ muy difíciles y me he dado cuenta de que no (**34**) ____ muy listo.

SERGIO: ¿Cómo puedes decir eso? Uno no deja de (**35**) ____ listo así porque sí. Siempre has salido bien en todo. Eso no puede (**36**) ____ . (**37**) ____ equivocado. Mira, creo que necesitas un cambio de rutina. ¿Qué te parece si vamos al concierto del sábado?

(continued)

JACINTO: ¿De qué concierto hablas?

SERGIO: Ni te enteras. (**38**) ____ un concierto de un grupo venezolano que (**39**) ____ muy de moda. Sus conciertos no (**40**) ____ aburridos y (**41**) ____ seguro que lo pasarás bien. Te invito. Mira, aquí tengo dos entradas. Esta (**42**) ____ para ti.

JACINTO: Gracias, Sergio. (**43**) ____ un buen amigo. Ya (**44**) ____ hora de irme. ¿Qué tal si nos encontramos el sábado antes del concierto y cenamos juntos?

SERGIO: Eso me gustaría muchísimo. (**45**) ____ en mi cuarto hasta las cinco y podríamos ir a "Viva Taquería" como a las 6:00.

JACINTO: ¿A qué hora (**46**) ____ el concierto? A las 8, ¿no? Entonces podríamos cenar un poco más tarde.

SERGIO: No conviene porque el restaurante (**47**) ____ como a 10 minutos de aquí y no queremos llegar tarde al concierto.

JACINTO: (**48**) ____ bien. Hasta el sábado.

Ejercicio 7.8 Conteste las preguntas siguientes prestando atención a la elección de verbos. Elabore cada respuesta y dé como mínimo cinco elementos en su respuesta.

1. ¿Quién es usted? **2.** ¿Cómo es usted? *(What are you like?)* **3.** ¿Cómo está usted? *(How are you?)* **4.** ¿Quién es su mejor amigo o amiga? **5.** ¿Cómo es su mejor amigo o amiga? **6.** ¿Por qué es esa persona su mejor amigo o amiga? **7.** ¿Quién es Antonio Banderas? **8.** ¿Cómo es Antonio Banderas? **9.** ¿Quién era Evita Perón? **10.** ¿Cómo era Evita Perón?

Ser vs. *Estar* (With Past Participles: Passive Voice and Resultant Condition)

Chapter 7.B.4.b, pages 278–280

Ejercicio 7.9 ¿Activo, pasivo o **se** impersonal? Repase los usos del **se** impersonal (Chapter 3.B.4, pages 70–71), y luego traduzca las oraciones siguientes usando la estructura que sería **más natural** en español. Puede haber más de una posibilidad, dependiendo del contexto adicional que se visualice. Explique su razonamiento para cada traducción si da más de una.

1. She was given the car. **2.** The house was built by the owner. **3.** Books are sold there. **4.** Why wasn't I told? **5.** She was not invited. **6.** I was awakened by the light.   **7.** He was taken to the airport.   **8.** The hunter was attacked by the lion, and was killed.   **9.** It is forbidden to smoke here.   **10.** The man was not read his rights.

Ejercicio 7.10   Resultant Condition. En el diálogo que sigue, llene cada espacio en blanco con lo necesario para indicar condición resultante. Entre paréntesis se encuentra el equivalente en inglés para la expresión deseada.

La familia Escribano está casi lista para irse de vacaciones. Hay cuatro miembros en la familia, el padre, la madre y dos hijos, Rosa y Camilo. A cada uno le tocaba hacer varias tareas y ahora necesitan repasar para asegurarse que todo lo que se tenía que hacer se hizo.

MAMÁ:	¿Lo hicieron todo?
CAMILO Y ROSA:	Sí, mamá, ya todo (**1**) _____ . *(is done)*
MAMÁ:	¿Empacaron los trajes de baño?
CAMILO:	Ya (**2**) _____. *(are packed)*
MAMÁ:	¿Y la ropa interior?
ROSA:	Ya (**3**) _____. *(is packed)*
MAMÁ:	¿Pusieron la aspiradora en su lugar?
CAMILO:	Ya (**4**) _____. *(is put away)*
ROSA:	¿Y tenemos que recoger el cuarto?
MAMÁ:	No, ya (**5**) _____. *(is tidied up)*
PAPÁ:	¿Dónde están los pasajes?
MAMÁ:	(**6**) _____ en mi cartera. *(stored)*
CAMILO:	¿Dónde está Fido?
ROSA:	(**7**) _____ debajo de la cama. *(hiding)*
CAMILO:	¿Y la gatita?
PAPÁ:	(**8**) _____ sobre la tele. *(sitting)*
MAMÁ:	¿Cerraste la puerta de atrás?
PAPÁ:	Ya (**9**) _____. *(is closed)*
MAMÁ:	¿Abriste el baúl del coche?
PAPÁ:	Ya (**10**) _____. *(is open)*
MAMÁ:	¿Estamos listos?
CAMILO Y ROSA:	Sí, mamá, ya lo estamos. Vámonos ya.
	Y se fueron.

(Nota: A los animalitos los venía a cuidar una tía que vivía cerca.)

Ejercicio 7.11   TITULARES. Imagine que trabaja en un periódico y necesita preparar los titulares para los artículos del día. Recuerde dar un máximo de información con un mínimo de palabras. Use la voz pasiva, el se impersonal o la voz activa.

MODELO: El poder ejecutivo de Agencias Radioemisoras de TeVé elabora un proyecto que aumentaría cuatro veces el tiempo actual de emisión en Jaén, que en la actualidad no supera la hora de emisión en los días de diario. Javier Pereda, gerente y portavoz del Consejo Asesor de Radio y Televisión en Jaén, indica que se transmitirían programas de diez de la mañana a dos de la tarde, y de seis a ocho y media de la tarde.

TITULARES POSIBLES:
   SE VERÁ MÁS TELE QUE ANTES,
   SE AUMENTARÁN EMISIONES DE TEVÉ,
   etc.

Artículos:

1. A altas horas de la noche el Parque de Bombas de la barriada El Coto de Arecibo recibió una llamada para rescatar a un gatito de una rama de un árbol de flamboyán. Los bomberos de esta pequeña barriada lograron bajar al pobre animalito desamparado y se lo entregaron a su dueña, cuya emoción la mantuvo en silencio unos instantes.

2. El pasado 22 de diciembre se celebró la Lotería de Navidad, más conocida como EL PREMIO GORDO. El premio, que este año ascendió a 51.000 millones de pesetas, más de 307 millones de euros, ya fue entregado. La ganadora fue Josefina Rubio, ciudadana de este municipio.

3. Dos personas resultaron heridas a las 13:00 horas de ayer, sábado, en un accidente de tráfico que se produjo en la carretera de Sevilla a Huelva. Como consecuencia de la salida de la carretera de un autobús de turismo, resultaron heridos un joven de 15 años y un niño de 5. Fueron atendidos por la Unidad Medicalizada UME 91 en Cádiz. El primero de los heridos fue trasladado al Hospital San Ignacio y el segundo a la Clínica de Urgencias de Santa Lucía.

4. Como todos los años, y ya van 14, la malagueña Sara Montiel volvió a ofrecer un homenaje a los estudiantes norteamericanos residentes en Málaga con una fiesta para conmemorar el Día de Acción de Gracias, que se celebra en noviembre. Degustaron platos que son típicamente americanos como el pavo al horno con relleno y puré de manzana, junto con otros típicos de la región como el jamón serrano o la tortilla de patatas. Fue con mucha emoción, y más este año que en otros, que los estudiantes escucharon el himno de Estados Unidos.

Como parte de tan amena y cordial celebración, varios invitados leyeron un discurso en el que le daban las gracias a la anfitriona, recordaban a las víctimas del pasado 11 de septiembre, y aplaudían a los estudiantes por mantenerse tranquilos durante estos momentos tan difíciles y lejos de su hogar. Luego, el arte culinario de nuestra Sara fue el centro de tan celebrada ocasión, y el gran pavo fue recibido por todos con un caluroso aplauso.

5. La Junta de Donantes de Sangre de la Virgen del Perpetuo Socorro va a llevar a cabo su tercera jornada dedicada a la donación en el pueblo de Manatí; la primera y segunda jornada fueron en Utuado hace unos tres años. Se une en colaboración el Ayuntamiento local, cuya alcaldesa, Doña Fela Toledo, anima a todos sus compueblanos a participar en la jornada.

   Doña Fela agradece la bondad y disposición de la Junta para celebrar en este municipio «con la seguridad de que estando al tanto de lo profesional del personal de la Junta, todos en Manatí sabremos un poco más sobre la sangre, sobre la causa y sobre todas las posibilidades que ofrece la Junta, además de aprender sobre los últimos adelantos científicos».

6. A pesar del pasado incendio del 10 de octubre, el Museo Vidal «ha de continuar con sus actividades», afirma el consejero de Cultura Avelino Robles, que ayer visitó una vez más el Museo Vidal. El consejero afirma que antes de lo ocurrido estaba previsto que a fines de este mes se celebrara, con una inmensa exposición, el aniversario de los 40 años del museo. Robles asegura que se cumplirá con lo programado.

7. La Audiencia Municipal ha condenado a tres miembros de una misma familia, que viven en Córdoba, por dedicarse a vender heroína. Los condenados son una pareja de casados, de 50 y 46 años, y un primo del marido, de 37 años. La sentencia indica que deben cumplir una pena de cinco años de prisión, y deben pagar una multa de 200.000 pesetas.

8. Fidel Castro, una vez más, llama la atención de la Cumbre Iberoamericana. Esta vez, y por primera vez desde 1991, la causa será su ausencia. Como excusa oficial indicó las posibles consecuencias del huracán Michelle, además de sus problemas de salud. Ahora se riega el rumor de que le produciría un gran malestar tener que asistir, sin hablar, a la máxima condecoración que se le otorgará en Perú a Mario Vargas Llosa.

   Castro le envió una carta al presidente peruano en la que lamenta el hecho que no puede ausentarse de su país por razones fuera de su control. El ministro de Asuntos Exteriores peruano anunció que se aceptaban las razones de Castro y no se cambiarían los planes del foro.

(continued)

9. En un acuerdo firmado el martes, el Tribunal de Crímenes de Guerra de la Haya procesará al expresidente yugoslavo Slobodan Milosevic por genocidio y por cometer otras atrocidades durante la guerra en Bosnia entre 1992 y 1995.

   Milosevic gobernó Yugoslavia en la década de los años noventa. Ya se le había acusado por crímenes de guerra en Kosovo y Croacia, pero esta acusación en Bosnia es la primera que menciona el genocidio.

10. El jueves pasado las agencias internacionales de ayuda tenían pensado hacer llegar sus envíos de comestibles, mantas y medicina a los afganos necesitados de distintas zonas del país.

    Un funcionario de la Organización de las Naciones Unidas, ONU, informó que ellos confían en que la semana próxima podrán restablecer sus operaciones en la ciudad de Mazar-i-Sarif, inmediatamente al sur de la frontera con Uzbekistán.

11. Un comandante de la Alianza Norteña en Afganistán informó al foro de prensa del país que sus fuerzas se han encaminado hacia el sur, en una ofensiva para hacer toma de las provincias de Helmand y Kandahar—dos de los últimos territorios bajo control Talibán.

    Los combatientes de la Alianza cerca de Kunduz—bajo control Talibán en el norte—continúan sus ataques a pesar de los informes que indicaban que el Talibán había aceptado entregar el control de la ciudad.

12. El *China Sun* informa que China tiene planes de enviar un hombre a la luna antes del año 2005. Esta será la primera vez que este país trata de enviar una nave tripulada al espacio. Esta misión, que forma parte del proyecto Beijing de crear una nueva industria espacial, le podría dar al país un nuevo prestigio al unirse a las únicas naciones que han enviado a seres humanos al espacio—los Estados Unidos y Rusia.

    El *China Sun* informó también que como parte del programa espacial del proyecto Beijing se están haciendo los preparativos para lanzar tres nuevos satélites para hacer observación meteorológica, estudios oceánicos y exploración de los recursos de la tierra.

13. Muchos soldados estadounidenses y británicos han ocupado un edificio en Kabul. Desde el comienzo de esta campaña antiterrorista, ésta es la primera vez que se siente la presencia en Kabul de estas tropas extranjeras.

    Oficiales del Pentágono afirman que las fuerzas especiales estadounidenses estaban a unos kilómetros de la ciudad cuando las fuerzas antitalibanes de la Alianza del Norte entraron en Kabul, el 12 de noviembre.

14. Fueron asesinados hace unos días en Afganistán dos dirigentes egipcios de Al Qaida, la organización dirigida por Osama bin Laden. Los dos hombres

aparecían en una primera lista norteamericana de objetivos de la guerra antiterrorista publicada recientemente por el presidente de Estados Unidos, George W. Bush.

15. Veinticuatro horas de búsqueda terminaron felizmente. Los felices son los tres residentes de la zona Mairena del Aljarafe cuyo relato es, diríamos, inverosímil. Todo comenzó después del desayuno cuando estaban listos para salir de su casa e ir al trabajo. Según nos informa el Sr. Cadilla, padre de la familia, "como hacemos todas las mañanas, cerramos el piso, salimos a la calle y nos dirigimos al coche. En fin, que esta vez, ninguno de los tres tenía las llaves del coche". Buscamos pero no las encontramos en ningún lugar. Al día siguiente, las encontró el barrendero en el naranjo. Parece que nuestro gato las había subido al árbol, al menos no le puedo encontrar otra explicación, y hablar con el gato, bueno, ya sabe usted, sólo maúllan.

C *Estar* vs. *Haber*

Chapter 7.C, page 281

Ejercicio 7.12   ¿**Están** o **hay**? Llene el espacio en blanco.

1. _Hay_ veinte estudiantes en esta clase.   **2.** Los estudiantes _están_ sentados cerca de la ventana.   **3.** _Hay_ muchas cosas que hacer.   **4.** Los libros _están_ en la biblioteca.   **5.** _Hay_ libros en la biblioteca.   **6.** No _Hay_ suficientes fondos para cubrir su cheque.   **7.** ¿Dónde _hay_ taxis?   **8.** Los taxis _están_ a dos cuadras de aquí.   **9.** Ya no _hay_ tantos árboles como antes.   **10.** Las leyes que _están_ no bastan para controlar el crimen.

D Expressions with *Estar* and *Tener*

Chapter 7.D, pages 282–283

Ejercicio 7.13   Llene el espacio en blanco con la forma correcta de **estar** o **tener**.

1. Cuando entré, vi que el hombre _estaba_ de pie frente al altar, y la mujer _estaba_ de rodillas. Se veía que los dos _tenían_ calor y parecía que _estaban_ contentos de poder pasar un rato en la iglesia.   **2.** Yo _tuve_ hambre y decidí ir a la panadería porque _tuve_ ganas de comer un pan dulce.   **3.** Mi madre _está_ a favor de la pena de muerte, pero mi padre dice que hay que _tener_ en cuenta que a veces se cometen errores y se condena a uno que no _tiene_ la culpa por el crimen.

(continued)

4. Ayer _____ ausente porque _____ tanto sueño que no me levanté cuando sonó el despertador. Ahora _____ vergüenza. **5.** Nosotros _____ de visita ahora. _____ de vacaciones hasta septiembre, pero _____ de vuelta la semana entrante. **6.** Tú _____ razón: me quejo mucho. Pero _____ (yo) de mal humor porque (yo) _____ frío, _____ sueño, _____ sed y _____ miedo de no pasar este examen. **7.** Los obreros _____ de huelga porque sus salarios son muy bajos. Espero que (ellos) _____ éxito en conseguir lo que quieren. **8.** Los vecinos _____ de viaje y no _____ de regreso hasta la semana entrante.

Ejercicio 7.14 Traduzca las oraciones siguientes usando la mejor estructura en español.

1. It seems they are in a hurry. **2.** Jimmy, hurry up! **3.** I am sorry for being late. **4.** I am glad. **5.** I was standing and you were sitting. **6.** Luisita, sit down! **7.** You are right and I am wrong. **8.** I was sleepy, I fell asleep and I had a very strange dream.

Ser, Estar, Tener, Haber, and *Hacer* (Review)

Chapter 7.A-D, pages 268–283

Ejercicio 7.15 Traduzca estas frases usando **ser, estar, tener, haber** o **hacer.**

1. I have been on my knees too long. **2.** Is it cold in winter here? **3.** The children were thirsty. **4.** I do not know why I am sad. **5.** It is not that the party is boring, it is that the people are bored. **6.** Was it raining? **7.** How many rooms are there in that building? **8.** Where are you from? **9.** Is the conference in this building?

Ejercicio 7.16 Complete con el presente de **ser, estar, haber** o **tener.**

1. El pan _____ cortado. ¿Tú comiste? **2.** Las cuentas _____ pagadas por el banco. **3.** Yo ya _____ visto esa película cuatro veces. **4.** Lo _____ todo preparado para los invitados.

Ejercicio 7.17 Temas de ensayo y de práctica oral.

a. Ensayo

Usando al máximo las expresiones con **estar** y **tener**, escriba un párrafo sobre un amigo.

ATAJO

Phrases:	Describing people
Grammar:	Verbs: Uses of *estar;* Verbs: Uses of *tener*

b. Práctica oral

1. Juego de 20 preguntas. Un estudiante piensa en un objeto o una persona. Para adivinar de qué objeto o persona se trata, sus compañeros deben hacerle un máximo de veinte preguntas, usando correctamente los verbos ser, estar, tener y haber. El estudiante sólo puede dar como respuesta "sí" o "no". Cuando alguien pueda adivinar lo que es el objeto o quién es la persona, debe alzar la mano. Sólo se permiten tres adivinanzas sobre la identidad del objeto o la persona.

2. Hable con un compañero sobre su familia, prestando atención al uso correcto de los verbos ser, estar, tener, y haber. Describan para cada miembro de la familia cómo es, dónde está ahora, cuántos años tiene, etc.

3. El mundo ideal. Entre todos, construyan la imagen del mundo ideal, describiendo cómo es, lo que hay y lo que no hay en ese mundo, lo que tienen o no tienen sus habitantes como derechos y posesiones, etc.

E Time Expressions

Chapter 7.E, pages 283–286

Ejercicio 7.18 Traduzca estas frases de dos formas si se puede, usando **hacer** y **llevar.**

1. I have been here for an hour.   **2.** They had been working for twenty minutes when she came in.   **3.** We called him a week ago.   **4.** She had not cut her hair for many years.   **5.** My niece has been learning ballet for three years.   **6.** She came to visit us two months ago.   **7.** How long have we been waiting?

Ejercicio 7.19 Temas de ensayo y de práctica oral.

a. Ensayo

Usando las expresiones **hace que** y **llevar,** haga una lista de los momentos más importantes de su vida pasada. (Hace diecinueve años que nací;…)

(continued)

b. Práctica oral

Use el tema de ensayo de arriba y platique con un compañero, comparando los momentos más importantes de su vida pasada.

Chapter 7   Review

Ejercicio 7.20   Llene el espacio en blanco con el verbo más lógico y en la forma correcta para el contexto.

Querida Luisa,

Te escribo desde Madrid donde Jorge y yo **(1)** _____ de visita por unos días.
(2) _____ extraño porque **(3)** _____ más turistas que madrileños en la ciudad: todos
(4) _____ de vacaciones en agosto. Pero **(5)** _____ bien, me mezclo con los demás
turistas. En realidad, lo que yo **(6)** _____ ganas de hacer era de conocer Madrid porque
dicen que **(7)** _____ una ciudad fascinante. Y los que dicen esto **(8)** _____ razón: esta
ciudad **(9)** _____ un centro cultural impresionante. Siempre **(10)** _____ algo nuevo que
hacer cada día.

   (11) _____ (nosotros) muy contentos con el hotel, aunque **(12)** _____ mucho calor y
parece que no **(13)** _____ aire acondicionado que pueda ser suficiente para dominar este
calor. Casi siempre **(14)** _____ cansados por el calor, y no podemos hacer tanto como
quisiéramos cada día. Tenemos que **(15)** _____ cuidado y tomar la siesta cada día, como
lo hacen los demás. Pero en fin, ya sabes cómo **(16)** _____ nosotros: nos quejamos de
todo pero en fin de cuentas terminamos contentos.

   ¿Cómo **(17)** _____ ustedes? Espero que no **(18)** _____ lloviendo mucho allá. Creo que
ayer **(19)** _____ el cumpleaños de Martita, ¿verdad? ¿Cuántos años **(20)** _____ ya?
Salúdala de nuestra parte, y dile que pronto **(21)** _____ de regreso con un
regalito para ella.

   Bueno, me despido por ahora: **(22)** _____ sueño y mañana **(23)** _____
un día de muchos planes.

                                        Un fuerte abrazo para ti y para David,

                                                    Victoria

Ejercicio 7.21 Temas de ensayo y de práctica oral.

a. Ensayo

Prestando atención a la selección del verbo correcto para indicar *to be*, escriba un párrafo sobre uno de los temas siguientes:

1. Describa a alguien a quien usted admira.

2. Escriba su autorretrato. Describa sus rasgos físicos y de personalidad, y los cambios por los que ha pasado.

ATAJO

Phrases: Describing people
Vocabulary: Personality
Grammar: Verbs: Uses of *ser* and *estar*

b. Práctica oral

1. Adivina de qué personaje famoso hablo.

Descríbales a sus compañeros un personaje famoso, hasta que adivinen de quién se trata. Preste atención al uso correcto de los verbos **ser, estar, tener** y **haber,** y de expresiones de tiempo.

2. Advina de qué compañero hablo.

Descríbales a sus compañeros un compañero de la clase, hasta que adivinen de quién se trata. Preste atención al uso correcto de los verbos **ser, estar, tener** y **haber,** y de expresiones de tiempo.

Chapter 8) Lexical Variations

B Terms and Expressions

1. Acabar

Chapter 8.B.1, pages 288–289

Ejercicio 8.1   Llene el espacio en blanco con **acabé, acabé de, acababa, acababa de, acabo, acabo de** o **se me acabó.**

1. No tengo hambre ahora porque _____ comer.   **2.** Cuando yo era niña tenía una manía: siempre _____ ponerme los dos calcetines antes de ponerme los zapatos.   **3.** Estoy celebrando porque por fin _____ pintar el cuarto.   **4.** Tengo que ir a la tienda porque _____ la leche.   **5.** Anoche por fin _____ mi trabajo escrito para la clase de historia.   **6.** Cuando era joven, a la hora de comer siempre _____ primero y salía corriendo a jugar; ahora encuentro que como más despacio que los demás, y _____ último.

Ejercicio 8.2   Traduzca.

1. I finished my work.   **2.** They finished repairing the bridge in October. **3.** He will be finished with the construction by three in the afternoon.   **4.** I just got up.   **5.** When I got there, they had just eaten.   **6.** The exam ended at ten. **7.** We finished the bread.   **8.** We ran out of bread.

2. Apply

Chapter 8.B.2, pages 289–290

Ejercicio 8.3   Llene el espacio en blanco con la expresión correcta: **aplicar, aplicación, solicitar, solicitud.**

1. Como no tenía suficiente dinero, tuve que _____ una beca.   **2.** Cuando el doctor me recetó este ungüento, me dijo que se debía _____ con cuidado.   **3.** Voy a _____ admisión a cuatro universidades.   **4.** El trabajo que iba a _____ para el verano ya no existe.   **5.** La _____ con la que estudia ese alumno es admirable. **6.** Recibieron mi _____ para el préstamo, pero no han decidido todavía si me lo van a otorgar.

Ejercicio 8.4   Traduzca.

1. She applied for a scholarship.   **2.** The doctor applied pressure to the wound to stop the bleeding.   **3.** Apply this ointment three times a day.   **4.** We will apply for a loan at the bank.   **5.** The job you applied for no longer exists.   **6.** I sent my application for the job yesterday.

3. Ask

Chapter 8.B.3, page 290

Ejercicio 8.5   Llene el espacio en blanco con la expresión correcta: **pedir, preguntar, hacer, pregunta, pedido, cuestión.** Si se trata de un verbo, conjúguelo en el pretérito.

1. Luis me _____ si tenía tiempo.   **2.** Yo le _____ a María que me ayudara.
3. Les _____ un favor a mis amigos.   **4.** Roberto _____: —¿Cuándo nos vamos?
5. Los niños _____ mil preguntas antes de acostarse anoche.   **6.** No se trata de dinero: es una _____ de principios.   **7.** Tengo una _____ para ti: ¿dónde conseguiste ese libro?   **8.** Necesito hacer otro _____ de papel de color: se nos está acabando.

Ejercicio 8.6   Traduzca.

1. I want to ask you a favor.   **2.** I asked him a question.   **3.** She asked me to take her to town.   **4.** He asked me, "Are you really sixteen?"   **5.** We asked him if he had eaten.   **6.** They asked us why we had called.   **7.** Do not ask me so many questions.   **8.** I thought it was a question of ethics.

4. At

Chapter 8.B.4, page 291

Ejercicio 8.7   Llene el espacio en blanco con **a** o **en.**

1. Los niños se quedaron _____ casa.   **2.** Ellos están _____ Nueva York.
3. La clase es _____ las diez, _____ el edificio de Morrill.   **4.** Me siento mejor _____ este momento.   **5.** No sé qué decir _____ veces.   **6.** Me parece que oí pasos. Creo que hay alguien _____ la puerta.   **7.** Hay alguien _____ la puerta preguntando por ti.   **8.** Le gusta tener a su amiga _____ su lado.

Ejercicio 8.8   Traduzca.

1. At this moment, I can't go.   **2.** My first class is at eight.   **3.** We are at the university.   **4.** They were not at home.   **5.** We are going to sit at the table. **6.** In Mexico I used to stay at my uncle's house at times.

5. Attend

Chapter 8.B.5, pages 291–292

Ejercicio 8.9   Llene el espacio en blanco con la expresión correcta: **asistir, atender, asistencia, atento.**

1. La maestra, impaciente con la distracción de los alumnos, les dijo: —¡_____me!   **2.** El dependiente de la tienda se me acercó y me preguntó: —¿En qué puedo _____la hoy, señora?   **3.** Ayer yo no _____ a clase porque estaba enfermo.   **4.** La mesera nos _____ tan pronto entramos y nos trajo el menú.   **5.** Toda la familia _____ al funeral ayer.   **6.** La _____ a clase cuenta más que los exámenes.   **7.** Tu hermano siempre me abre la puerta: ¿por qué no puedes ser tan _____ como él?   **8.** Los servicios de _____ social son esenciales para mucha gente.

Ejercicio 8.10   Traduzca.

1. We attended the lecture in the afternoon.   **2.** She did not attend class because she was ill.   **3.** May I assist you?   **4.** Tend to the guests, please.   **5.** Did you have a good audience?   **6.** Some politicians want to eliminate welfare.   **7.** Young people today are more polite with their elders than in the previous generation.

6. Because

Chapter 8.B.6, pages 292–293

Ejercicio 8.11   Llene el espacio en blanco con la expresión correcta: **por, a causa de, porque, gracias a.** A veces se puede usar más de una: incluya todas las posibles.

1. Es _____ tus dudas que no ganamos la lotería.   **2.** Me voy a poner un suéter _____ tengo frío.   **3.** Cerré las ventanas _____ el frío.   **4.** No pude cerrar la puerta _____ la humedad: la madera está hinchada.   **5.** Sé que me curaré pronto _____ todo el apoyo y la ayuda de mis amigos.   **6.** Me dio dolor de cabeza _____ leer tanto.   **7.** _____ la tormenta no voy a poder ir al cine.

Ejercicio 8.12 Traduzca.

1. I went home because of my brother's illness. **2.** They had to cancel the trial because of the news. **3.** They had to let him leave because of that. **4.** She lost her voice from screaming so much. **5.** They did not go out because it was snowing. **6.** It's because of your friendship that I managed to get where I am.

7. Become or Get

Chapter 8.B.7, pages 293–295

Ejercicio 8.13 Llene el espacio en blanco con la expresión correcta para significar *became*.

1. De joven _____ médico, y finalmente _____ millonario. **2.** Mi padre _____ muy contento cuando le dije que me había ganado la lotería. **3.** Esa noche, el conde _____ vampiro. **4.** Al ver el fantasma, la mujer _____ pálida. **5.** Tenía muchas ambiciones y finalmente _____ para todos un símbolo del éxito.

Ejercicio 8.14 Traduzca.

1. I am glad it's Friday. **2.** The children became quiet. **3.** He calmed down after that. **4.** They got tired of walking. **5.** I got sick during the vacation. **6.** They got mad because I did not write. **7.** You get old fast in this job. **8.** The horse calmed down after the shot *(inyección)*. **9.** I noticed she had become pale. **10.** He became a doctor. **11.** She wanted to become a respected citizen. **12.** The flower had become a fruit.

Review: *Acabar*, Apply, Ask, At, Attend, Because, Become

Chapter 8.1–8.7, pages 288–295

Ejercicio 8.15 Temas de ensayo y de práctica oral.

a. Ensayo

Prestando atención al uso correcto en español del léxico indicado, escriba un párrafo sobre uno de los temas que siguen. Refiérase a las páginas apropiadas del capítulo 8 para usar al máximo las expresiones que se deben practicar.

1. (Si está en la universidad.) Describa sus planes para venir a la universidad, y el proceso por el que pasó para llegar aquí.

2. (Si tiene planes de ir a la universidad.) Describa sus planes para ir a la universidad, y el proceso por el que está pasando para llegar allá.

3. Describa un trabajo que tenga o que haya tenido, y el proceso por el que pasó para conseguirlo.

(continued)

b. Práctica oral

Hable con un compañero sobre uno de los temas anteriores.

8. But

Chapter 8.B.8, page 295

Ejercicio 8.16   Llene el espacio en blanco con la expresión correcta para significar *but*.

1. Estudié el idioma, _____ no me atrevo a hablar.   **2.** Ese hombre no es mi tío, _____ mi cuñado.   **3.** No fueron a Puerto Rico, _____ a México.   **4.** Esta clase es interesante, _____ difícil.   **5.** No lo compró, _____ se lo regaló su hermana.
6. No hablo el idioma, _____ voy a viajar al país.

9. Come and Go

Chapter 8.B.9, page 296

Ejercicio 8.17   Llene el espacio en blanco con la expresión correcta: **ven, voy, llegar, ir, vine.**

(La mamá de Beto acaba de llegar del supermercado y, al entrar a la cocina, lo llama.)

—Beto, **(1)** _____ acá, necesito tu ayuda.
—Ya **(2)** _____, Mami.

(Pasa un rato. La mamá sigue metiendo bolsas, pero Beto no aparece.)

—Apúrate, m'ijo, o **(3)** _____ a buscarte yo.

(Beto llega por fin.)

—¿Dónde estabas? ¿Por qué tardaste tanto en **(4)** _____?
—Pero Mami, **(5)** _____ tan pronto como me llamaste.
—No, en lo que te esperaba, tuve tiempo de **(6)** _____ al coche dos veces.
—Lo siento, Mami. No me di cuenta.

Ejercicio 8.18   Traduzca.

1. When are your parents coming to see us?   **2.** He went to the movies.   **3.** I am going to the movies.   **4.** Can I come with you?   **5.** "Come here, Juanita!" "I'm coming!"   **6.** They are always late.   **7.** Do not be late.   **8.** I am sorry I am late.
9. When did you get here?

10. Despedir

Chapter 8.B.10, page 296

Ejercicio 8.19 Llene el espacio en blanco con la expresión correcta: **despidieron, se despidieron, nos despidieron, los despedimos.**

1. Como no teníamos en ese trabajo la antigüedad que tenían los demás, _____.
2. Se formó una protesta cuando _____ a todos los empleados de esa empresa.
3. Cuando fue hora de separarnos, mi novia y yo _____ con un abrazo.   **4.** A los empleados que son menos productivos _____ cuando el mercado lo requiere.

Ejercicio 8.20 Traduzca.

1. They fired me yesterday.   **2.** I said good-bye to my friends.   **3.** I fired him.
4. I said good-bye to her.   **5.** We said good-bye at the door.

11. Exit and Success

Chapter 8.B.11, page 297

Ejercicio 8.21 Llene el espacio en blanco con la expresión correcta: **éxitos, salidas, sucesos.**

1. Para el periódico local, sólo hay espacio para reportar los _____ de mayor importancia.   **2.** ¿Dónde están las _____ de emergencia?   **3.** Mis fracasos son mucho más frecuentes que mis _____.

Ejercicio 8.22 Traduzca.

1. If we work hard, we shall be successful.   **2.** Our success depends upon our effort.   **3.** The exit is to the right.   **4.** My grandmother liked to talk about the terrible events of World War I.

12. Go and Leave

Chapter 8.B.12, pages 297–299

Ejercicio 8.23 Llene el espacio en blanco con la expresión correcta: **ir, irse, salir, dejar, dejar de.**

Los turistas **(1)** _____ de su hotel temprano para **(2)** _____ al aeropuerto porque su vuelo iba a **(3)** _____ esa mañana: habían estado en Madrid dos semanas, y ya era hora de **(4)** _____. El viaje les había encantado: **(5)** _____ a muchos lugares turísticos, y todas las noches **(6)** _____ a restaurantes y bares.

(continued)

Tenían muchos recuerdos: uno de ellos se enfermó el tercer día, pero aun así no (7) _____ acompañar a los demás en todas sus aventuras. Otro (8) _____ sus tarjetas de crédito en casa en los Estados Unidos y tuvo que tomar dinero prestado de los demás. Y todos peleaban con Doña Lupe, que quería comprarse objetos muy frágiles: por fin no la (9) _____ comprar más que uno o dos platos. El taxista los (10) _____ en el aeropuerto, y todos estaban tristes de que se terminara el viaje.

Ejercicio 8.24   Traduzca.

1. We are going to school.   **2.** She left an hour ago.   **3.** The cat went outside. **4.** They are going out tonight.   **5.** The nurse went out to lunch.   **6.** We were playing out in the park, and Luisito got mad and left.   **7.** At what time does your flight leave?   **8.** Could you leave me at the corner, please?   **9.** You will not let me do anything.   **10.** They stopped screaming.

13. Guide

Chapter 8.B.13, page 299

Ejercicio 8.25   Llene el espacio en blanco con **el** o **la**.

Estábamos en el museo del Prado, y **(1)** _____ guía nos estaba llevando de un cuarto al otro, hablándonos de la historia de cada obra, cuando de repente se cayó: uno de sus tacones se había atorado en un escalón. La pobre se hizo daño y no pudo seguir. De ahí en adelante, tuvimos que consultar **(2)** _____ guía que nos habían dado al entrar para averiguar lo que no sabíamos: era un librito bastante gordo. Después de un rato, nos unimos a otro grupo: **(3)** _____ guía que tenían ellos era un joven que parecía saber mucho de Goya.

Ejercicio 8.26   Traduzca.

1. Our guide at the museum was an old man.   **2.** The tour guide was from Venezuela.   **3.** You will find the rules in the guide book.

Review: But, Come and Go, *Despedir*, Exit and Success, Go and Leave, Guide

Chapter 8.8–8.13, pages 295–299

Ejercicio 8.27   Temas de ensayo y de práctica oral.

a. Ensayo

Prestando atención al uso correcto en español del léxico indicado, escriba un párrafo sobre uno de los temas que siguen. Refiérase a las páginas apropiadas del capítulo 8 para usar al máximo las expresiones que se deben practicar.

1. Describa las aventuras de unos turistas en un país hispano.

2. Describa una experiencia que usted haya tenido en un viaje.

3. Describa sus planes para su vida profesional.

b. Práctica oral

Hable con un compañero sobre uno de los temas anteriores.

14. Know

Chapter 8.B.14, pages 299–300

Ejercicio 8.28   Llene el espacio en blanco con la expresión correcta para significar *know*.

Yo **(1)** _____ que ellos **(2)** _____ la ciudad mejor que yo y que **(3)** _____ (ellos) exactamente dónde está la casa de su amigo. Hace muchos años que **(4)** _____ (ellos) a este amigo. Es un individuo que **(5)** _____ que lo andamos buscando, y **(6)** _____ esconderse bien. Me han dicho que **(7)** _____ disfrazarse. No **(8)** _____ (yo) qué vamos a hacer para **(9)** _____ dónde está.

Ejercicio 8.29   Traduzca.

1. I know you.   **2.** He met his new wife in Mexico.   **3.** He does not know the area.   **4.** He knows my phone number.   **5.** They know how to skate. **6.** We knew it was cold.   **7.** They did not know what to say.   **8.** Do you know what time it is?   **9.** Do you know that hotel?   **10.** He did not know how to swim.

15. Learn

Chapter 8.B.15, page 300

Ejercicio 8.30   Llene el espacio en blanco con la expresión correcta: **aprender, enterarse de, averiguar, saber.** Si existe más de una opción, explique la diferencia.

1. Me gustaría _____ a bailar la salsa.   **2.** Los jóvenes pensaban que nadie iba a _____ nada de lo que estaban haciendo.   **3.** Usando sus poderes de análisis, el detective _____ quiénes eran los ladrones.   **4.** Nunca _____ (yo) por qué no me habían invitado a su boda, pero verdaderamente no me importa.

Ejercicio 8.31   Traduzca.

1. She learned to dance.   **2.** They found out about our secret.   **3.** When I found out that you were here, I came immediately.

16. Meet

Chapter 8.B.16, pages 300–301

Ejercicio 8.32   Llene el espacio en blanco con la expresión correcta: **conocer, encontrar, encontrarse, encontrarse con, toparse con, tropezar con.**

1. Ayer _____ al nuevo director del programa: me lo presentó el profesor López.
2. Voy a salir a almorzar con mi mejor amiga: vamos a _____ en el centro.
3. Me gustaría _____ a tus padres: si son como tú, han de ser muy interesantes.
4. No tengo ganas de _____ ningún conocido hoy.   **5.** Esta tarde voy a _____ mis amigos para repasar para el examen.   **6.** Ando buscando mis llaves y no las _____.

Ejercicio 8.33   Traduzca.

1. She met her in the office. (a first acquaintance)   **2.** Then they decided to meet in the afternoon to discuss the job.   **3.** Guess whom I met on my way to the library.

17. Order

Chapter 8.B.17, pages 301–302

Ejercicio 8.34   Llene el espacio en blanco con **el** o **la.**

1. Mi tía es una mujer obsesiva: para ella no hay nada más importante que _____ orden.   **2.** Los soldados dispararon cuando el general les dio _____ orden.
3. ¿Cuál es _____ orden que siguieron para organizar estas fichas?   **4.** —Estoy a _____ orden del cliente —dijo el mesero.

Ejercicio 8.35   Traduzca.

1. Everything had to be placed in a specific order.   **2.** I did it because I received the order from above.   **3.** "Hello, my name is Julia Ruiz." "Hello, Victoria Vargas, at your service."

18. Pensar

Chapter 8.B.18, page 302

Ejercicio 8.36   Llene el espacio en blanco con **en, de** o **Ø** (nada).

1. Cuando pienso _____ mi niñez, no recuerdo nada que sea triste.   **2.** Este verano pienso _____ viajar a Europa.   **3.** Cada vez que veo a ese actor, pienso _____ mi padre.   **4.** ¿Qué pensarán _____ mí?

Ejercicio 8.37   Traduzca.

1. I cannot stop thinking of you.   **2.** What were you thinking of?   **3.** What do you think of me?   **4.** She refused to tell me what she thought of the workshop.
5. We are planning on visiting our friends next week.

19. People vs. Machines

Chapter 8.B.19, pages 303–305

Ejercicio 8.38   Subraye la expresión correcta para el contexto.

1. Mi reloj no (trabaja / funciona).   **2.** Jorge (apagó / salió) la luz.   **3.** El auto no (empieza / arranca).   **4.** Cuando primero compré este coche, (corría / andaba) muy bien.   **5.** Tuvimos que entregar el examen incompleto porque (corrimos fuera de / se nos acabó el) tiempo.

Ejercicio 8.39   Traduzca.

1. The children were running.   **2.** That motor stopped running.   **3.** They work from nine to five.   **4.** It does not work like that.   **5.** When did the movie start?
6. I am going to start the car so it will get warm.   **7.** The lights went out after ten.
8. He works out every day.   **9.** We can work it out.   **10.** I ran out.   **11.** He ran across his cousin at the museum.   **12.** The batteries ran down.   **13.** My watch ran down.   **14.** He ran down the stairs.   **15.** They ran into their friends at the bar.   **16.** He ran into the wall.   **17.** Turn out the lights.   **18.** Everything turned out okay.

20. Play

Chapter 8.B.20, page 305

Ejercicio 8.40   Llene el espacio en blanco con la expresión correcta: **jugar, tocar, obra, juego, jugada, partido, partida.**

1. Fue una _____ de ajedrez especialmente interesante *(game)*.   **2.** Con esa _____ *(game move)* ganaron el _____ *(game)* de baloncesto.   **3.** Me encanta _____ *(play)* el piano y _____ *(play)* al tenis.   **4.** Cuando fuimos a Madrid asistimos a una _____ de teatro *(play)* y a un _____ *(game)* de fútbol.   **5.** La canasta es un _____ *(game)* de cartas.   **6.** Yo _____ *(play)* varios instrumentos musicales.

Ejercicio 8.41 Traduzca.

1. They played tennis all afternoon. **2.** What are you playing? **3.** Do you play the guitar? **4.** Don't play with your sister's violin. **5.** She will be playing the violin tonight.

Review: Know, Learn, Meet, Order, *Pensar,* People vs. Machines, Play

Chapter 8.B.14-20, pages 299–305

Ejercicio 8.42 Temas de ensayo y de práctica oral.

a. Ensayo

Prestando atención al uso correcto en español del léxico indicado, escriba un párrafo sobre uno de los temas que siguen. Refiérase a las páginas apropiadas del capítulo 8 para usar al máximo las expresiones que se deben practicar.

1. Describa una experiencia que haya tenido con problemas de automóvil.

2. Describa un día en que alguien nuevo entró en su vida.

3. Describa una aventura de un deportista o músico famoso con problemas mecánicos, eléctricos o electrónicos.

ATAJO

Phrases: Describing the past
Vocabulary: Automobile

b. Práctica oral

En grupos, cuenten oralmente una de las experiencias enumeradas arriba, bajo "Temas de ensayo".

21. Put

Chapter 8.B.21, page 306

Ejercicio 8.43 Llene el espacio en blanco con la expresión correcta: **aguantar, apoyar, mantener, poner, ponerse, soportar.**

Don José se levantó esa mañana y **(1)** _____ la ropa del día anterior porque no tenía nada limpio. Ya no lo **(2)** _____ más: su esposa no tenía tiempo de lavarle la ropa ahora que ella también trabajaba, y él no podía exigirle lo mismo que antes. El mundo moderno no era para él: no **(3)** _____ que los hombres y las mujeres se consideraran iguales. Él quería ser el único en **(4)** _____ a su familia y, por eso no **(5)** _____ a su esposa cuando ésta le pidió permiso para conseguir empleo.

Ejercicio 8.44   Traduzca.

1. She put her hand on my shoulder.   **2.** I put on my boots.   **3.** He put his hand in his jacket.   **4.** Help me set the table, please.   **5.** His face became green. **6.** Do not put your finger in your brother's eye.   **7.** I can't stand your attitude. **8.** My mother supports the family with two jobs.   **9.** My brother supports me, no matter what I want to do.   **10.** Why do you put up with such stupidity?

22. Realize

Chapter 8.B.22, pages 306–307

Ejercicio 8.45   Llene el espacio en blanco con la expresión correcta: **darse cuenta de, realizar.**

1. Éste es un ideal que nunca podré _____.   **2.** A veces es difícil _____ los sentimientos de los demás.   **3.** Si puedo _____ este proyecto de manera eficiente, estoy seguro que me darán el trabajo.

Ejercicio 8.46   Traduzca.

1. I realize that I cannot fulfill your dreams in an instant.   **2.** If you carry out all your duties responsibly, you can stay.   **3.** She realized that he was unhappy. **4.** He realized his dreams were impossible.

23. Serve

Chapter 8.B.23, page 307

Ejercicio 8.47   Llene el espacio en blanco con **lo(s), la(s), le(s)** o **Ø** (nada).

(Dos meseras hablan en un restaurante.)

—Llegaron unos clientes nuevos a la mesa número 4. Te toca servir **(1)** _____.
—No, yo **(2)** _____ serví a los de la mesa 3 y 2.
—Sí, pero tienes tres mesas.
—Bueno, pues, si insistes.

(continued)

(En la mesa)

—Buenas tardes, señores, ¿en qué puedo **(3)** servir_____?

—¿Podemos cenar a esta hora?

—Claro. La cena **(4)** _____ servimos a partir de las seis.

—¿Nos trae una botella de Marqués de Riscal, por favor?

—Bueno.

(Trae el vino.)

—Si le parece bien, abro ahora el vino y **(5)** _____ sirvo luego.

—No, no, **(6)** sírva_____ de inmediato.

Ejercicio 8.48   Traduzca.

1. Do not serve me so much rice, please.   **2.** How can I help you?   **3.** Dinner is usually served at eight. Tonight we will serve it at seven thirty.

24. Spend

Chapter 8.B.24, pages 307–308

Ejercicio 8.49   Llene el espacio en blanco con la expresión correcta: **desperdiciar, gastar, pasar.**

1. Me encanta _____ *(spend)* tiempo con mi abuela en el campo.   **2.** No quiero _____ *(spend)* mucho dinero esta vez.   **3.** ¿Quieres _____ *(spend)* un rato conmigo? **4.** Me molesta _____ *(waste)* el agua.   **5.** Sólo _____ *(I only spent)* unos minutos en la cocina.   **6.** No hay que _____ *(waste)* dinero: sólo se debe _____ *(spend)* para lo que se necesita.

Ejercicio 8.50   Traduzca.

1. You spend more money on your children than you do on yourself.   **2.** I spent three hours on this paper yesterday.   **3.** She spent some time in jail.   **4.** It is terrible to waste time and money.

25. Take

Chapter 8.B.25, pages 308–309

Ejercicio 8.51   Llene el espacio en blanco con la expresión más natural para el contexto. Use cada uno sólo una vez: **apuntar, bajar, llevar, llevarse, quitarse, sacar, subir, tener, tomar, traer.**

1. Tenemos que _____ la basura hoy.   **2.** Voy a _____ tu número de teléfono en este papelito.   **3.** No quiero _____ esta caja al sótano porque tengo miedo que se moje.   **4.** Quisiera _____ un vaso de agua, por favor.   **5.** Los hombres deben _____ el sombrero al entrar a la iglesia.   **6.** ¿Podrían _____ a mi hermanita cuando se vayan?   **7.** Durante el desayuno, el niño le dijo a su mamá: —La maestra nos dijo que teníamos que _____ el libro a clase todos los días.   **8.** En clase, la maestra le dijo a un niño al que se le había olvidado el libro: —¿No les dije que debían _____ su libro a clase todos los días?   **9.** El mensajero tenía que _____ el paquete hasta el quinto piso.   **10.** No sabemos cuándo va a _____ lugar ese evento.

Ejercicio 8.52   Traduzca.

1. What would you like to drink?   **2.** He took his beer to the table.   **3.** She took the pencil and left.   **4.** "Can we take you?" "No, thanks, I will take the bus."   **5.** This is taking too long.   **6.** Here. This is yours.   **7.** We took the camera to the store.   **8.** They took away our towels.   **9.** Let me take this down. (write)   **10.** Do you want me to take your books down?   **11.** They took the food up to the room.   **12.** We have to take the garbage out.   **13.** Do not take off your socks.   **14.** The exam will take place here.   **15.** Can I bring a friend to your party?   **16.** BYOB.

26. Time

Chapter 8.B.26, pages 309–310

Ejercicio 8.53   Llene el espacio en blanco con la expresión correcta: **tiempo, vez, hora, rato.**

1. ¿Qué _____ hace allá en invierno?   **2.** ¿Cuánto _____ nos queda?   **3.** Esta _____ no les voy a contar el final de la película.   **4.** Es _____ de cerrar la tienda.   **5.** Nos iremos dentro de un _____.   **6.** Es la primera _____ que oigo esa canción.

Ejercicio 8.54 Traduzca.

1. Do you have time to talk to me?   **2.** What was the weather like?   **3.** How many times do I have to tell you?   **4.** That time it was different.   **5.** He would not tell me what time it was.   **6.** I knew it was time to get up.   **7.** She will be here in a little while.   **8.** We had a good time.   **9.** We had good weather.

27. What

Chapter 8.B.27, pages 310–311

Ejercicio 8.55 Llene el espacio en blanco con la expresión correcta: **qué, lo que, cuál, cómo.**

1. No le importaba _____ yo pensaba de la situación.   **2.** —¿_____ es? —Es el de piedra.   **3.** —¿_____ es? —Es un animal.   **4.** El niño, que no había oído lo que su papá le había dicho, preguntó: —¿_____? Su padre rápidamente lo corrigió: —La gente bien educada no dice ¿_____? sino ¿_____?

Ejercicio 8.56 Traduzca. (*you* = tú)

1. What is cucurucho?   **2.** Which one is yours?   **3.** What countries did you visit?   **4.** Excuse me? (polite "What?")   **5.** What you do not know will not hurt you.

Review: Put, Realize, Serve, Spend, Take, Time, What

Chapter 8.B.21–8.27, pages 306–311

Ejercicio 8.57 Temas de ensayo y de práctica oral.

a. Ensayo

Prestando atención al uso correcto en español del léxico indicado, escriba un párrafo sobre uno de los temas que siguen. Refiérase a las páginas apropiadas del capítulo 8 para usar al máximo las expresiones que se deben practicar.

1. Describa las aventuras de verano de un joven que trabaja de mesero en un restaurante.
2. Describa un día en su vida, usando las expresiones indicadas.
3. Describa una lección cultural que usted haya aprendido en su vida.

b. Práctica oral

En grupos, cuenten oralmente una de las experiencias enumeradas arriba, bajo "Temas de ensayo".

Answer Key

 **Chapter 1**) **Overview**

A Sentence Components

Ejercicio 1.1

1. de: preposición; **en:** preposición; **se:** pronombre personal reflexivo   **2. Cuando:** adverbio;
clásica: adjetivo calificativo   **3. Ayer:** adverbio de tiempo; **a:** preposición; **amigos:** sustantivo o nombre
4. Mi: adjetivo posesivo; **por:** preposición; **las:** artículo definido   **5. Este:** adjetivo demostrativo;
ése: pronombre demostrativo   **6. tus:** adjetivo posesivo; **míos:** pronombre posesivo
7. Algunos: adjetivo indefinido; **otros:** pronombre indefinido   **8. que:** pronombre relativo;
mucho: adjetivo cuantitativo   **9. que:** conjunción de subordinación; **un:** artículo indefinido
10. y: conjunción de coordinación; **pero:** conjunción de coordinación

Ejercicio 1.2

1. Los: art. def., masc. pl., acompaña el sustantivo "niños"; **niños:** sustantivo común, masc. pl., sujeto
del verbo "cantaron"; **cantaron:** verbo "cantar", 3ª pers. plural del pretérito del indicativo; **una:** art.
indef., fem. sing., acompaña el sustantivo "canción"; **canción:** sustantivo común, fem. sing., objeto
directo de "cantaron"   **2. Marta:** sustantivo propio, sujeto del verbo "regaló"; **me:** pronombre personal,
1ª pers. sing., objeto indirecto del verbo "regaló"; **regaló:** verbo "regalar", 3ª pers. sing. del pretérito
del indicativo; **este:** adjetivo demostrativo, masc. sing., modifica el sustantivo "libro"; **libro:** sustantivo
común, masc. sing., objeto directo de "regaló"   **3. Estos:** adjetivo demostrativo, masc. pl., modifica el
sustantivo "ejercicios"; **ejercicios:** sustantivo común, masc. pl., sujeto del verbo "son"; **son:** verbo "ser",
3ª pers. pl. del presente del indicativo; **fáciles:** adjetivo calificativo, masc. pl., modifica el sustantivo
"ejercicios"

B Verb Structure

Ejercicio 1.3

Estábamos: INDICATIVO imperfecto; **preparando:** PARTICIPIO presente; **anunció:** INDICATIVO pretérito;
se había ganado: INDICATIVO pluscuamperfecto; **pensara:** SUBJUNTIVO imperfecto;
hacer: INFINITIVO presente; **gastaría:** INDICATIVO condicional; **preocupes:** IMPERATIVO;
daré: INDICATIVO futuro; **pongan:** SUBJUNTIVO presente; **necesito:** INDICATIVO presente

C Sentence Structure

Ejercicio 1.4

Para las vacaciones de Navidad, mi papá, mi hermana y yo <u>íbamos</u> a San Blas, y nos <u>quedábamos</u> en un
hotel en la playa. La noche de Navidad, cuando todos los demás <u>estaban celebrando</u> en el hotel, nos
<u>íbamos</u> a un lugar ya seleccionado en la playa oscura y <u>hacíamos</u> un fuego con leña que <u>habíamos</u>
<u>recogido</u> el día anterior. <u>Llevábamos</u> comida para cocinar en el fuego, y <u>pasábamos</u> la noche allí,
oyendo las olas del mar y mirando las estrellas.

Ejercicio 1.5

Necesito / que me ayudes a preparar la cena. (2)   Tendremos cinco invitados a cenar / y quiero / que
todo esté perfecto. (3)   ¿Podrías poner la mesa, por favor? (1)   Y cuando acabes con eso, / ven a la
cocina para ayudarme con la comida. (2)   Las verduras para la ensalada están lavadas; / sólo hay que
cortarlas y ponerlas en la ensaladera. (2)   Quiero prepararles la receta de pollo / que les gustó tanto la
última vez / que vinieron. (3)

Ejercicio 1.6

El invierno está casi terminado. Ya no hace frío, y <u>la nieve se ha transformado en lluvia</u>. Pronto tendremos que empezar a preparar el jardín para que podamos plantar las hortalizas. Estoy tan contento de que la primavera esté en camino porque me gusta el calor. <u>El invierno aquí es tan triste y gris</u>, y me canso de la ropa pesada que tengo que ponerme.

Ejercicio 1.7

El invierno está casi terminado. Ya no hace frío, y la nieve se ha transformado en lluvia. <u>Pronto tendremos que empezar a preparar el jardín</u> para que podamos plantar las hortalizas. Estoy tan contento de que la primavera esté en camino porque me gusta el calor. El invierno aquí es tan triste y gris, y <u>me canso de la ropa pesada</u> que tengo que ponerme.

Ejercicio 1.8

El invierno está casi terminado. Ya no hace frío, y la nieve se ha transformado en lluvia. Pronto tendremos que empezar a preparar el jardín <u>para que podamos plantar las hortalizas</u>. Estoy tan contento de <u>que la primavera esté en camino porque me gusta el calor</u>. El invierno aquí es tan triste y gris, y me canso de la ropa pesada <u>que tengo que ponerme</u>.

Ejercicio 1.9

1. Necesito un libro: cláusula principal; que describa la revolución mexicana: cláusula subordinada adjetiva, modifica el sustantivo "libro"   **2. Te prestaré dinero:** cláusula principal; a condición de que me pagues mañana: cláusula subordinada adverbial, modifica el verbo "prestaré"   **3. Sé:** cláusula principal; que no puedes hablar ahora: cláusula subordinada nominal, objeto directo del verbo "sé"

Ejercicio 1.10

Diagramas:

1. Quiero que veas el libro que conseguí sobre la revolución mexicana.

2. Es necesario que los norteamericanos comprendan que estas tierras les pertenecían a los mexicanos originalmente, y que antes eran de los indios que vivieron en ellas por siglos.

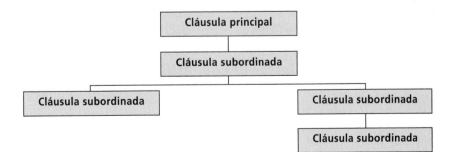

3. Me pidió que le comprara pan y le contesté que no tenía dinero.

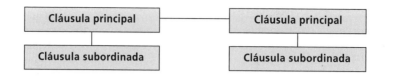

D Subject–Verb Agreement

Ejercicio 1.11
1. puedes, causas, domina 2. maúllan, hay 3. soy, dicen, somos, están o estáis 4. Soy, da 5. se va, van, dudamos 6. llueve 7. cuenta, son 8. comprendemos 9. saben o sabéis 10. encanta

Ejercicio 1.12
2. maullaban, había 4. era, daba o fui, dio 5. se fue, fueron, dudábamos

Ejercicio 1.13
1. estás listo 2. estás lista 3. estoy lista 4. no te ves muy emocionada

E Accents (Syllabification: Consonants)

Ejercicio 1.14
ra/za	me/ta	vi/sa	ca/llo	se/rra/no
fe/cha	ce/rro	ca/ba/llo	me/ti/che	

Ejercicio 1.15
cam/po	pan/te/ra	án/gu/lo	mus/go	re/fres/co
fan/to/che	man/ti/lla	mer/ca/do	sin/ce/ro	cen/ce/rro
vi/bra	ha/blo	au/to/gra/fiar	re/tra/to	a/dre/na/li/na
re/flo/re/cer	a/glo/me/rar	ne/gro	a/plas/tar	re/pri/mir
de/cli/ve				

Ejercicio 1.16
an/glo/sa/jón	em/pre/sa/rio	cons/tan/te	es/tre/cho	es/plén/di/do
ins/ti/tu/to	ins/pec/ción	ins/tru/men/to	em/bro/llo	trans/mi/tir
res/plan/dor	trans/cri/ bir			

Accents (Syllabification: Vowels)

Ejercicio 1.17
re/ca/er	cre/ar	cre/er	ve/o	se/a
ca/os	bo/a	co/ac/tar	co/e/xis/tir	gen/tí/o
frí/o	re/í	ves/tí/a	e/tí/o/pe	a/ta/úd
ra/íz	ví/a	mí/o	re/ú/nan	con/ti/nú/a
re/hú/sa				

Ejercicio 1.18

a/via/dor	ai/re	bie/nes/tar	de/lei/te	mio/pe
oi/ga	res/guar/do	cau/sa	fue/ron	en/deu/dar/se
fui/mos	diur/no	duo/de/no	/Dios/	hue/so
ca/riá/ti/de	re/cién	co/mió	a/guán/ta/te	a/cuér/den/se
can/táis	vol/véis	ói/gan/los	en/jáu/la/lo	

Ejercicio 1.19

ve/í/an	se/áis	ca/í/a/mos	es/quiáis	vi/ví/ais
tra/í/an	ca/e/rí/ais	o/í/ais	en/viéis	cre/í/as
ac/tuéis	ad/qui/rie/rais			

Ejercicio 1.20

a/ho/ra	re/ha/go	a/hí	re/hí/ce	pro/hí/ben
re/hú/sa	a/ho/gar	de/sa/ho/gar	ahu/ma/do	ca/ca/hue/te
al/ca/hue/te	co/he/te	re/hú/yen	so/brehu/ma/no	za/he/rir

Ejercicio 1.21

di/vi/da	/las/	si/guien/tes	pa/la/bras	/en/
sí/la/bas	lue/go	ve/a	cuan/do	ne/ce/si/tan
a/cen/tos	por/que	/rey/	rei/na	/voy/
boi/na	bue/no	/bien/		

Accents (Stress)

Ejercicio 1.22

1. camino **(llana)**   **2.** caminó **(aguda)**   **3.** caminaba **(llana)**   **4.** caminábamos **(esdrújula)**   **5.** caminad **(aguda)**   **6.** compra **(llana)**   **7.** compró **(aguda)**   **8.** compraba **(llana)**   **9.** comprábamos **(esdrújula)**
10. cómpralo **(esdrújula)**   **11.** cómpramelo **(sobresdrújula)**   **12.** español **(aguda)**   **13.** españoles **(llana)**
14. francés **(aguda)**   **15.** trances **(llana)**   **16.** encéstalo **(esdrújula)**

Ejercicio 1.23

1. prestó   **2.** enterrar   **3.** preparad   **4.** desperté   **5.** dividir   **6.** farol   **7.** piedad   **8.** pedí   **9.** peor
10. caimán   **11.** cocinar   **12.** imparcial   **13.** cajón   **14.** finlandés   **15.** trajín   **16.** temblor
17. cristal   **18.** riñón

Ejercicio 1.24

1. lápiz   **2.** llamas   **3.** llaman   **4.** pluma   **5.** hablaron   **6.** españoles   **7.** dioses   **8.** día   **9.** deme
10. españolita   **11.** peruano   **12.** consigo   **13.** traje   **14.** examen   **15.** carácter   **16.** lunes   **17.** labio
18. infértil

Ejercicio 1.25

1. mátalo   **2.** regálamelo   **3.** cállense   **4.** estúpido   **5.** párpado   **6.** capítulo   **7.** prójimo   **8.** bájame
9. ánimo   **10.** cáscara   **11.** década   **12.** éxito   **13.** pájaro   **14.** áspero   **15.** húngaro   **16.** vínculo
17. máquina   **18.** píldora

Ejercicio 1.26

1. rápidamente   **2.** fácilmente   **3.** lentamente   **4.** difícilmente   **5.** piadosamente   **6.** brillantemente
7. fríamente   **8.** despiadadamente   **9.** secamente   **10.** felizmente   **11.** fijamente   **12.** cálidamente
13. científicamente   **14.** misericordiosamente   **15.** solamente *(Notice that the adverb* solamente *is formed with the adjective* sola, *which has no accent. There is another adverb,* sólo *[only], synonymous with* solamente, *and not to be confused with the adjective* solo *[alone].)*   **16.** finalmente
17. gravemente   **18.** próximamente

Ejercicio 1.27

1. A él le va bien.   **2.** Di que el rey te lo dio.   **3.** Vio a Dios.   **4.** El té no me da tos.   **5.** No sé si se fue.
6. Tú no le des.   **7.** Tu voz se te va.   **8.** Sin ti no se lo da.   **9.** No le dé la fe.   **10.** Yo sí se la di.   **11.** A ti
te doy lo que hay.   **12.** No hay más miel por mí.

Ejercicio 1.28

1. Aun los ricos necesitan amor.   **2.** Los niños aún no han comido.   **3.** Estoy solo.   **4.** Sólo me siento
solo cuando ando mal acompañado.   **5.** Pásame esa llave, por favor.   **6.** No quiero esta fruta, prefiero
ésa. *(The accent on **ésa** is optional.)*   **7.** Por eso no quiso ir con nosotros.   **8.** Me gustaría comprarme
ese terreno.   **9.** ¡Qué buena suerte tienes!   **10.** ¡Cómo canta!

Ejercicio 1.29

1. Prefiero **que** no llueva.   **2.** ¿**Qué** dijiste?   **3.** No sé **qué** dije.   **4.** Creo **que** dije **que** preferiría **que** no
lloviera.   **5.** ¡**Qué** locura!   **6.** [2 posibilidades] Dime **qué** crees. *(Tell me what you believe.)* Dime **que**
crees. *(Tell me that you believe.)*   **7.** El día **que** no llueva aquí, no sabremos **qué** hacer.   **8.** Haremos lo
que ustedes quieran.   **9.** La última vez **que** vinieron, nos costó mucho decidir **qué** cuarto darles.
10. ¡**Que** duerman en el piso!

Ejercicio 1.30

1. Te llamé **porque** tengo noticias.   **2.** ¿**Por qué** no me llamaste antes?   **3.** No te puedo decir **por qué**:
¡es un secreto!   **4.** El asesino no pudo explicar **por qué** había matado al policía. *(The murderer was not
able to explain **why** he had killed the policeman.)*   **5.** El asesino no lo pudo explicar **porque** había
matado al policía. *(The murderer was not able to explain it **because** he had killed the policeman.)*
6. Yo creo que lo hizo **porque** tenía miedo.   **7.** ¿Tú matarías a alguien simplemente **porque** tienes
miedo?   **8.** ¿**Por qué** no?   **9.** ¡**Porque** no se debe matar a nadie!   **10.** No sé **por qué** se fue.   **11.** Se
fue **porque** no le hacías caso.

Ejercicio 1.31

1. **Como** no tengo hambre, no **como**.   **2.** ¿**Cómo** puedes decir eso?   **3.** Necesitas pensar **como** yo para
comprenderme.   **4.** Muéstrame **cómo** comes con palillos. *(Show me how you eat with chopsticks.)*
5. ¡**Cómo** comes! *(How you eat! Boy, do you ever eat!)*   **6.** ¿**Cómo como**? (How do I eat?)
7. **Como como como**. *(I eat the way I eat.)*   **8.** Ella se viste **como** yo.   **9.** Es un libro **como** los demás.
10. Si baila **como** canta, ha de ser una maravilla.

Ejercicio 1.32

1. ¿**Cuánto** cuesta este cuarto?   **2.** No sé **cuánto** cuesta.   **3.** ¿**Cuántos** hermanos tienes?   **4.** Me
pregunto **cuántos** años tiene esa mujer.   **5.** Nadie sabe **cuántas** veces se repetirá.   **6.** Le di **cuanto**
dinero tenía al ladrón.   **7.** No sabe **cuánto** me arrepentí de darle mi dinero.   **8.** La profesora le
dará **cuanta** información tenga.

Ejercicio 1.33

1. ¿**Dónde** vives?   **2.** Vivo **donde** viven mis padres.   **3.** No sé **dónde** vive mi amiga.   **4.** Me dijo **dónde**
vivía, pero se me olvidó.   **5.** Apunté su dirección en la libreta **donde** tengo todas las direcciones.
6. No sé **dónde** puse la libreta.   **7.** ¿No estará **donde** siempre la pones?

Ejercicio 1.34

1. Llegarán **cuando** estemos en la finca.   **2.** ¿**Cuándo** llegas?   **3.** No me dijo **cuándo** iban a llegar.
4. **Cuando** lleguen, les serviremos cerveza.   **5.** ¿Nos escondemos **cuando** los veamos llegar?
6. **Cuando** me gradúe, iré al Caribe.   **7.** ¿...**cuando** te gradúes? *(. . . when you graduate?)*
8. ¿**Cuándo** te gradúas? *(When do you graduate?)*

Ejercicio 1.35

1. ¿**Quién** se llevó mi paraguas?   **2.** No sé **quién** se lo llevó.   **3.** El amigo con **quien** vino Marieta tenía
paraguas.   **4.** ¿Te dijo **quién** era el chico con **quien** estaba?   **5.** No me dijo con **quién** había venido.
6. Dime con **quién** andas y te diré **quién** eres.

Accents (Review)

Ejercicio 1.36

ARMANDO: ¿Está Juan?
MIGUEL: Creo que fue al cine, y no sé cuándo va a regresar. ¿Para qué lo quieres?
ARMANDO: Quiero pedirle prestado un libro para mi clase de español.
MIGUEL: ¿Sabes qué libro es?
ARMANDO: Sí. Es uno que tiene la portada negra.
MIGUEL: Yo sé dónde lo tiene, pero no estoy seguro si te lo podría prestar.
ARMANDO: A mí me dijo que no lo necesitaba este semestre.
MIGUEL: Si tú te lo llevas, y él lo necesita, yo voy a sentirme muy mal. ¿Por qué no te tomas una taza de té, y esperas a que regrese Juan?
ARMANDO: Bueno. Mientras espero, préstame el libro para mirarlo, por favor.
MIGUEL: Voy a buscarlo. [...] ¿Es éste*, verdad?
ARMANDO: No, ése* no. Es el otro, el de gramática. Tiene casi la misma portada, pero un título diferente.
MIGUEL: A ver si lo encuentro; espérame. [...] Aquí lo tienes.
ARMANDO: Gracias.

* The accents on these demonstrative pronouns are optional.

Ejercicio 1.37

Temas de ensayo y de práctica oral.

Chapter 2) Nouns and Noun Determiners

A Nouns and Their Equivalents (Introduction)

Ejercicio 2.1

A noun is a part of a sentence (a word) that can be the subject of a verb. It can also be a direct or an indirect object, or an object of a preposition. Other words that behave this way are pronouns, infinitives, and any nominalized word. A nominalized word is one that is used as if it were a noun. For example, "red" is an adjective, but in the sentence, "The red of those flowers was astonishing," "red" is being used as a noun. In other words, it has been converted from an adjective to a noun, or nominalized.

Ejercicio 2.2

1. —¿Cuál de estos libros es el mío? —Ése es <u>el tuyo</u>.   2. Prefiero <u>caminar</u> en la mañana.   3. <u>Los altos y los rubios</u> siempre sobresalen aquí.   4. En el mundo hispano, <u>los mayores</u> viven con su familia.
5. <u>Los decentes</u> pierden a menudo.   6. <u>El bueno y el malo</u> en esta película se parecen.   7. <u>Lo bueno y lo malo</u> son enemigos.   8. <u>Lo extraño</u> es el color.   9. <u>Ese extranjero</u> habla español.   10. A veces <u>lo extranjero</u> asusta porque es diferente.   11. En esta foto, <u>el del traje gris</u> es mi padre, <u>el del sombrero</u> es mi hermano, <u>y los de arriba</u> son mis primos. (OR: las de arriba / primas)

Nouns and Their Equivalents
(Nouns: Gender and Number)

Ejercicio 2.3

el amanecer; el amor; la vida; la cena; la sal; la miel; el arroz; el poema; el metal; del barandal; el auto; el barro; el ataúd; los días; la cama; la casa; la mañana; el periódico; el crucigrama; los problemas; la capital; el carril; la catedral; la cárcel; el césped; las ramas; la costumbre; la propiedad; la televisión; los dramas; las tramas; las telenovelas; los programas; el hotel; los huéspedes; el español; el idioma; la foto; la cara; del juez; la libertad; al asesino; la mano; el papel; la imagen; la luz; la piel; la rabia; El lunes; la corte; el lápiz; del ruido; la señal; del radar; la corrupción; el sistema; la moto; el tranvía; el mapa; la ciudad; la distancia; el poder; del mal; la imposibilidad; la moral; la justicia; el viaje; los Pirineos

Ejercicio 2.4

el hombre—la mujer; el estudiante—la estudiante; el joven—la joven; el actor—la actriz; el modelo—la modelo; el turista—la turista; el rey—la reina; el policía—la policía, el comunista—la comunista; el toro—la vaca

Ejercicio 2.5

1. el policía / la policía: el masculino es el hombre o el individuo; el femenino es el departamento, o una mujer   **2. el papa / la papa:** el masculino es el de Roma; el femenino es lo que se come   **3. el guía / la guía:** el masculino es el hombre que lleva a los turistas de un lugar a otro y les habla de lo que ven; el femenino es un libro con información, o una mujer que hace el papel de dirigir e instruir a los turistas   **4. el cura / la cura:** el masculino es el de la iglesia; el femenino es la solución a una enfermedad

Nouns and Their Equivalents (Personal *A*)

Ejercicio 2.6

1. [ø]   **2.** a   **3.** a   **4.** A   **5.** [ø]   **6.** [ø]   **7.** [ø]   **8.** a   **9.** [ø]   **10.** a   **11.** A   **12.** a   **13.** a   **14.** [ø]

Ejercicio 2.7

1. Miro el libro, el jardín, a mi hermanito, tus ojos, la pizarra, la película, a los vecinos, el periódico, el espejo.   **2.** No oye el teléfono, a Juan, a mi gato, a nadie, la tarea, al profesor, la explosión, tu voz, a los niños en la calle, nada.   **3.** Jorge tiene un apartamento, un hermano, una computadora, dos coches, a su abuelo en un asilo de ancianos.   **4.** Quiero dinero, amigos, felicidad, amor, comida, a mis padres, a mi familia, vivir bien.   **5.** Espera mi llamada, la alarma, a Luis, su respuesta, a tus hermanos, a tu padre, a alguien, ¿A quién espera? ¿Qué espera?   **6.** Vio una casa, a una amiga, la pantalla, el reloj, a mi perro, la carta, a la gente que quería, gente.

Ejercicio 2.8

(Los objetos directos están en *bastardilla*.)
Miró el espejo y luego miró *a su novio* afuera en el jardín. Luego verificó *su maquillaje y su peinado* y admiró *su vestido*. Tenía *dos hermanas* que se habían casado antes que ella. Tenía *a su madre* esperando afuera mientras pasaba *un último momento* sola. Quería *a Rodolfo*. Nunca había conocido *a nadie* como él. Quería *esta boda*, pero tenía miedo. No quería perder *su juventud*. No quería perder *a su familia*. De repente, oyó *su nombre*. Oyó *a su madre*. Y recordó *a su madre* y *a su padre* y *su felicidad*. Y se sintió lista.

B Noun Determiners (Articles: Definite Articles)

Ejercicio 2.9

la avioneta, la atracción, la avenida, el agua, la alarma, el alma, el ama, el águila, la aguja, la autonomía, el aula, la avicultura, el ave, la habitación, la habichuela, el hacha, la hamburguesa, el hambre, la hartura, las aguas, las alarmas, las almas, las hambres

Ejercicio 2.10

1. La vida debe disfrutarse. **2. El** señor Ruiz dice que **el** chocolate es malo para **la** salud, pero [ø] doña Luisa sabe que él come [ø] chocolate todos los días. **3.** —[ø] Señorita Guzmán, ¿le gusta **el** chocolate? **4.** Ayer compramos [ø] verduras, pero no tenían **las** verduras que tú pediste. **5. El** inglés es más difícil que **el** español. **6.** Hablo [ø] español, pero sueño en [ø] inglés. **7.** Mi clase de [ø] español es la más divertida de todas. **8.** Aprendí [ø] **el** español cuando tenía seis años. **9.** A mi padre le costó trabajo aprender [ø] **el** español. **10.** Salieron temprano de **la** escuela y, como su padre había salido de **la** cárcel ese día, fueron a **la** iglesia a dar gracias. **11.** Salimos de [ø] clase y fuimos directamente a [ø] casa porque teníamos que vestirnos para llegar a [ø] misa a tiempo. **12. El** miércoles vamos a tener una prueba. **13.** ¡Hasta **el** jueves! **14.** Hoy es [ø] viernes.

Ejercicio 2.11

1. La felicidad se encuentra en el amor. **2. La** familia y los amigos son la base de una buena vida. **3.** Hablo español. Leo fácilmente el francés. **4.** Vamos a casa. **5.** ¡Hasta el lunes! **6. La** gente que necesita a la gente tiene suerte. **7.** Llegaba gente constantemente. **8. Las** noticias en los periódicos son sobre todo malas noticias. **9.** Profesor López, hoy llegaron noticias de su colega, el profesor Gómez. **10.** Me lavé las manos. **11.** Alzó la mano. **12.** Lo metieron en la cárcel. **13.** El viernes no hay clase. **14.** El pollo es para el martes.

Noun Determiners (Articles: Indefinite Articles)

Ejercicio 2.12

1. Jorge es [ø] arquitecto. **2.** Carlitos es [ø] argentino. **3.** Rafael es **un** hombre interesante. **4.** Es **un** cantante mexicano. **5.** Georgina es **una** protestante muy severa. **6.** ¡Qué [ø] dilema! **7.** ¡Qué [ø] lindo día! **8.** Esa viejita acaba de cumplir [ø] cien años. **9.** Vamos a discutir [ø] otro tema ahora. **10.** —Tomaría [ø] mil años corregir el daño que se ha hecho. —Lo dudo—yo creo que tomaría **un** millón. **11.** Dentro de [ø] media hora nos iremos. **12.** No tengo [ø] bicicleta. **13.** Ese pobre chico no tiene ni **un** amigo. **14.** Se fue sin [ø] chaqueta.

Ejercicio 2.13

Margarita era puertorriqueña. Era estudiante en la Universidad de Puerto Rico. Era una estudiante aplicada, y tenía cierto estilo en su manera de expresarse que sus profesores consideraban original. Una vez ganó un premio de cien dólares por un ensayo analítico. Escribió cien palabras sobre un tema y con tres páginas y media de referencias. Escribía sin computadora, ni siquiera tenía máquina de escribir. ¡Qué escritora! Nadie había visto tal cosa antes. No ha habido otro escritor de su calidad desde que se graduó.

Noun Determiners (Adjectives: Demonstrative Adjectives)

Ejercicio 2.14

1. ¿De quién es **este / ese / aquel** automóvil? **2.** ¿Para quién son **estos / esos / aquellos** mensajes? **3.** ¿Por qué viajan por **estas / esas / aquellas** carreteras? **4.** ¿Te acuerdas de **esta / esa / aquella** mañana? **5.** ¿Por qué no paramos en **esta / esa / aquella** gasolinera? **6. Este / Ese / Aquel** mapa no nos sirve para nada. **7.** ¿Ves **esas / aquellas** montañas? No paremos hasta llegar allá.

Ejercicio 2.15

1. ¿Son nuevos esos libros? **2.** Estas manzanas son para ti. **3.** Esa clase no cubre estos temas.
4. Estos estudiantes son buenísimos. **5.** Ese hombre es un amigo. **6.** Aquellos días son inolvidables.

Noun Determiners
(Adjectives: Possessive Adjectives)

Ejercicio 2.16

1. Ésa es **mi / tu / su / nuestra / vuestra** casa. **2.** **Tu / Su / Nuestro / Vuestro** coche es más económico que el mío. **3.** **Mis / Tus / Sus / Nuestros / Vuestros** problemas no se pueden resolver en un día.
4. **Tus / Sus / Vuestras** manos son más grandes que las mías. **5.** ¿Tienes las llaves **mías / tuyas / suyas / nuestras / vuestras** ahí? **6.** ¿Cuántos amigos **míos / tuyos / suyos / nuestros / vuestros** vienen?
7. Espero que **mi / tu / su / nuestra / vuestra** familia haya pasado un fin de semana fantástico.

Ejercicio 2.17

1. Hoy vienen mis primos. **2.** ¿Llamó tu hermano? **3.** Su brazo está hinchado. **4.** Sus libros están mojados. **5.** Me dio su anillo. **6.** Es una amiga mía. **7.** Esta pluma es mía.

Noun Determiners
(Adjectives: Forms of Descriptive Adjectives)

Ejercicio 2.18

1. la casa **verde** **2.** la casa **blanca** **3.** la casa **azul** **4.** el político **respetable** **5.** el político **izquierdista**
6. el político **prometedor** **7.** la profesora **severa** **8.** la maestra **comunista** **9.** los niños **felices**
10. los vecinos **gritones**

Noun Determiners
(Adjectives: Position of Descriptive Adjectives)

Ejercicio 2.19

1. La **primera** vez que fui a Madrid fue en 1992. **2.** ¡**Muchas** gracias! **3.** Luisito no tiene **tanto** dinero.
4. Somos **medios** hermanos. **5.** Tráeme **otro** cuchillo, por favor. *(Fíjese en la omisión obligatoria del artículo indefinido "un" por el uso de "otro".)*

1. The first time I went to Madrid was in 1992. **2.** Thank you very much! **3.** Luis doesn't have that much money. **4.** We are half-brothers. **5.** Bring me another knife, please.

Ejercicio 2.20

1. Ese hombre vende muebles **antiguos.** *[old, not previous]* **2.** La gente **pobre** no siempre es infeliz. *[penniless, not unfortunate—the context says so]* **3.** A esa **pobre** millonaria la persiguen los periodistas. *[unfortunate; she could not be penniless by definition]* **4.** Te presento a Guzmán, un **viejo** amigo; hoy es su cumpleaños—cumple dieciocho años. *[long-time friend; he couldn't be old at 18]*
5. Desde que construyeron el **nuevo** garaje / garaje **nuevo,** ya no usan el viejo. *[before the noun: recent, latest; after the noun, just constructed. In this sentence, either one could be accurate.]*
6. Te presento a mi **nuevo** vecino. *[newest, latest]* **7.** Mi **linda** esposa está de viaje. *[only one wife: no contrast]* **8.** Cornell es una **gran** universidad / universidad **grande.** *[before: great; after: large]*
9. Charlie Chaplin fue un **gran** actor. *[great, not large]* **10.** En esta tina, el agua **caliente** se abre aquí. *[contrast with the cold water]* **11.** Subimos a la **alta** torre / torre **alta** de la biblioteca. *[before: there is only one tower, and it is high—no contrast. after: there is more than one, and one of them is higher than the rest—contrast]* **12.** Está enamorado de tu **bella** hermana / hermana **bella.** *[before: there is*

only one sister, and she is beautiful—no contrast; after: there are other sisters, but only one beautiful one—contrast]   **13.** Cruzaron el **ancho** río Amazonas. *[there is only one, and it is wide—no contrast]*   **14.** Visitaron la **impresionante** catedral de Gaudí. *[only one—no contrast]*   **15.** Ésta es la **única** oportunidad que tendremos. *[only, not unique]*   **16.** Me gustan las casas **blancas**. *[contrast with the rest, restrictive]*   **17.** Las **blancas** nubes flotaban como algodón por el valle. *[no contrast; merely providing an inherent characteristic]*   **18.** Era un cielo extraño: abajo había nubes **blancas**, y arriba nubes **negras**. *[contrast]*   **19.** Esa película es de un director **español**. *[nationality always follows the noun it modifies]*   **20.** Se le veía un **cierto** aire de inseguridad. *[indeterminate]*   **21.** Sabían que eran acusaciones **ciertas**. *[true]*   **22.** Tenía la **rara** capacidad de hacer que todos se sintieran a gusto. *[rare]*   **23.** Era un sonido **raro** que nadie podía identificar. *[strange]*   **24.** Te voy a decir la **pura** verdad. *[fixed order]*   **25.** Es un disco de **alta** fidelidad. *[fixed order]*   **26.** Querían estar en Sevilla para la Semana **Santa**. *[fixed order]*   **27.** La mejor solución es usar nuestro sentido **común**. *[fixed order]*

Ejercicio 2.21

1. We went to different (several) places. We went to places that were different (original).   **2.** He is a good politician (professionally). He is an ethical politician.   **3.** That car caused me nothing but problems. He is searching for the pure life (virtuous, unsoiled).   **4.** We have rare (few and far between) moments of satisfaction. It's a strange dish.   **5.** It took me half an hour. That used to be done in the Middle Ages.   **6.** It's the only problem. It's a unique problem.

Noun Determiners (Adjectives: Comparisons)

Ejercicio 2.22

1. Beto come más ruidosamente **que** nadie.   **2.** Sabina es más lista **que** Raúl.   **3.** Elsa gana menos dinero **que** tú.   **4.** Hay más **de** veinte árboles aquí.   **5.** Me diste menos **de** la mitad.   **6.** Mi bicicleta es mejor **que** la tuya.   **7.** Hace más frío **de lo que** esperaba.   **8.** Llovió menos **de lo que** creíamos.   **9.** Nunca ganaré tanto dinero **como** Héctor.   **10.** Ese coche es **tan** bello como éste.   **11.** Esa niña grita más **que** las demás.   **12.** Había menos **de** cinco jugadores en la cancha.   **13.** Ese examen no fue tan fácil **como** los otros.   **14.** Compré más servilletas **de las que** necesitábamos.   **15.** Hay más servilletas **que** invitados.   **16.** Tengo menos trabajo **del que** esperaba.   **17.** Elvira trabaja **tanto** como su hermano, pero no gana **tanto** dinero como él. Y a mí me parece que él no es **tan** listo como ella.

Ejercicio 2.23

(Este ejercicio tiene una infinidad de respuestas posibles. Aquí les ofrecemos unos modelos.)

1.   España y México. España queda más lejos que México. Hay menos mexicanos en España que en México. En España se come tan bien como en México.

2.   Los Estados Unidos e Hispanoamérica. Los Estados Unidos son más poderosos que Hispanoamérica. Hay menos gente en los Estados Unidos que en Hispanoamérica. Hay tanto patriotismo en los Estados Unidos como en Hispanoamérica.

3.   Las culturas hispanas y las culturas anglosajonas. Las culturas hispanas son más expresivas que las anglosajonas. Hay menos fiestas en las culturas anglosajonas que en las hispanas. Hay tantas tradiciones en las culturas hispanas como en las anglosajonas.

4.   El amor y el odio. Si hubiera más amor que odio en el mundo tendríamos paz mundial. El amor puede durar menos que el odio. El amor es una emoción tan fuerte como el odio.

5.   La televisión y el cine. La televisión es más accesible que el cine. La televisión cuesta menos que el cine. Me gusta tanto la televisión como el cine.

6.   La escuela y la universidad. La escuela fue más fácil que la universidad. En la universidad tengo menos clases que en la escuela. Tengo tantos amigos en la universidad como en la escuela.

7.   Los niños y los adultos. Los niños pueden ser más listos que los adultos. Los adultos son menos flexibles que los niños. Los niños tienen tantos intereses como los adultos.

Chapter 2   Review

Ejercicio 2.24

Hace como veinte años yo fui a estudiar a **los** Estados Unidos para obtener **una** licenciatura en **una** universidad allá. **El** primer año lo pasé con muchísimos contratiempos causados por **el** inglés, idioma que en **aquel** entonces yo casi no hablaba y mucho menos comprendía. Tuve que tomar **un** examen para demostrar cuánto inglés sabía, y qué clases necesitaba tomar para poder comprender **las** conferencias y hacer todos **los** trabajos escritos durante **mis** futuros estudios en **esa / aquella** universidad. Se me hizo muy difícil comprender **aquellas** conferencias de biología, dadas en **un** enorme salón con otros cientos de estudiantes que, al igual que yo, estaban en **su** primer año. Recuerdo que casi no podíamos ver **al** profesor si no teníamos **la** suerte de sentarnos hacia **el** frente del salón, cosa que yo siempre trataba de hacer pues se me facilitaba así entender mejor lo que él decía.

Algunos de mis recuerdos más gratos de **ese primer año** fueron de **mis nuevos amigos** allá, por medio de los cuales pude comprender y aprender un poco sobre **la cultura de ese país** donde iba a vivir durante **tanto tiempo.** No es por nada, pero de verdad que la mía fue **una experiencia única** comparada con **la** de muchos que **estaban mejor preparados que yo.** Imagínate **ese tipo** de estudiante que se la pasa perdiendo el tiempo, yendo a fiestas cada semana, y dejando **su** trabajo para último minuto, **ese** mismo que se queja **más fuertemente que nadie.** En realidad puedo decir que aproveché **mi** tiempo en Estados Unidos. El último año ya **el inglés** era parte de **mi vida diaria,** podía hacer todos los trabajos **sin problema** y salí **tan bien como mis amigos** en todas las clases que tomé.

¿Qué fue **lo mejor** de haber estudiado allá? Creo que fue el haber conocido **otra cultura** y el haber compartido **la mía** con **muchos otros estudiantes extranjeros** cuyos intereses y experiencias eran a veces diferentes y otras similares a los míos. **Lo** bueno fue haber visto en persona **el gran crisol** de razas y culturas en un ámbito estudiantil y con todos nosotros llenos de esperanzas para **un mejor futuro internacional.** Por eso, hija mía, yo estoy contentísima de **tu** interés en estudiar **en el extranjero** y apoyo **tu** decisión.

Ejercicio 2.25

Temas de ensayo y de práctica oral.

Chapter 3   Pronouns

♠ Personal Pronouns (Definitions)

Ejercicio 3.1

A pronoun is a word that replaces a noun and has the same function as a noun (subject, direct object, object of preposition, indirect object). Its relationship to the noun is that it replaces it, usually to avoid repetition. There are different pronouns: personal, demonstrative, possessive, interrogative, indefinite, negative, and relative.

Personal Pronouns (Subject Pronouns)

Ejercicio 3.2

1. —¿Cuándo salieron? —Salimos a las siete.   **2.** —¿Quién está ahí? —Soy yo.   **3.** —¿Qué hacen? —Están comiendo.   **4.** Mis vecinos sacaron la basura, pero yo no me acordé.   **5.** ¿Tendrías tiempo de ayudarme?   **6.** —¿Por qué no está Luis? —Está enfermo.

Ejercicio 3.3

1. Compré un libro. 2. Está en el cuarto de José. 3. Vamos a estudiar juntos esta tarde. 4. Tienes que empezar tus tareas para mañana. 5. Son largas. 6. Sé que tú estudiaste, pero yo no he terminado todavía. 7. María está aquí; quiere hablar contigo.

Ejercicio 3.4

Mike y Luisa han sido novios desde hace ya cinco años. ~~Ellos~~ se quieren mucho y ~~ellos~~ se van a casar. **Él** tiene seis años más que ella, pero **ella** parece más madura que él. Desde niña **ella** había soñado en una boda maravillosa, con toda su familia y sus amigos presentes. Pero **él** no quiere lo mismo que ella: prefiere una boda muy privada, en que sólo estén ellos dos y dos testigos.

Personal Pronouns (Direct Object Pronouns)

Ejercicio 3.5

1. Tráigan**la**. 2. Quiero guardar**la**. **La** quiero guardar. 3. **La** he guardado. 4. Están cocinándo**la**. **La** están cocinando. 5. **La** compramos. 6. No **la** toques.

Ejercicio 3.6

1. **La** veo por esta ventana. 2. **Las** llevé al banco. 3. No **la** conocen. 4. Josefina es un poco extraña; nadie **la** entiende. 5. Los vecinos **la** miraban mientras barría la calle. 6. El vendedor **la** llamó. 7. **La** oían cantar. 8. **La** oían cantar**la**. 9. **La** buscaron. 10. **La** encontraron. 11. **La** invitaron al baile. 12. **La** extraño.

Ejercicio 3.7

(*The* lo *and* los *forms have been used only for direct objects; note that in* leísta *dialects in Spain,* le *would be used for human masculine direct objects.*)

1. **Lo** veo por esta ventana. 2. **Los** llevé al banco. 3. No **lo** conocen. 4. Roberto es un poco extraño; nadie **lo** entiende. 5. Los vecinos **lo** miraban mientras barría la calle. 6. El vendedor **lo** llamó. 7. **Lo** oían cantar. 8. **Lo** oían cantar**la**. 9. **Lo** buscaron. 10. **Lo** encontraron. 11. **Lo** invitaron al baile. 12. **Lo** extraño.

Ejercicio 3.8

Tengo la costumbre de observar a mis vecinos. Ayer **los** vi ~~a mis vecinos~~ llegar en su coche: habían comprado plantas nuevas; **las** sacaron ~~las plantas~~ del coche y **las** dejaron ~~las plantas~~ en la tierra cerca de la casa porque no podían ponerse de acuerdo sobre dónde poner**las** ~~las plantas~~. Ella quería meter**las** ~~las plantas~~ en la casa. Él le dijo que **las** prefería ~~las plantas~~ afuera. Ella dijo que el frío de la noche iba a matar**las** ~~las plantas~~, y él le contestó que era necesario acostumbrar**las** ~~las plantas~~ a los cambios de temperatura. La situación era típica, y terminó como siempre: ella **lo** miró mal ~~a su marido~~ y se fue, y él se encogió de hombros y siguió con lo que hacía como si nada. Después de una hora ella **lo** llamó ~~a su marido~~ para que entrara a cenar. Yo podía oír sus risas mientras platicaban durante la cena.

Personal Pronouns (Direct and Indirect Object Pronouns)

Ejercicio 3.9

1. Los turistas **los** miraban. 2. El policía **le** dijo que se tenía que ir. 3. **Se los** regaló. 4. **Se lo** mandaron. 5. El abuelo **se lo** contó. 6. **Se la** hicieron. 7. El padre **se la** quitó. 8. Mi amigo **se lo** pidió.

Ejercicio 3.10

1. **Le** gané. 2. **Lo** gané. 3. **Le** robaron. 4. **Lo** robaron. 5. **Le** creemos. 6. **Lo** creemos. 7. **Le** pegaron. 8. **Lo** pegaron. 9. **Le** pagué. 10. **La** pagué.

Ejercicio 3.11

1. Luisa es una amiga mía que va a estudiar a España durante un año. La conozco desde hace cuatro años. La vi ayer y le hablé de su año en el extranjero; le prometí que le escribiría durante su ausencia.
2. El hijo de la señora Ruiz no llegó a su casa en toda la noche. La señora Ruiz lo llamó a su teléfono celular y le preguntó por qué no le había hablado de sus planes; lo regañó por su irresponsabilidad; él le pidió que lo perdonara.
3. Su adorado perrito nuevo había desaparecido. Habían estado buscándolo desde hacía varias horas cuando por fin lo oyeron llorando, y lo encontraron medio enterrado en el barro; lo sacaron y lo llevaron a casa donde le dieron un baño.

Ejercicio 3.12

Conocí a Elena el primer día que llegué a la universidad, cuando **la** vi en el cuarto que íbamos a compartir como compañeras de cuarto. **La** saludé y **le** dije que estaba contenta de conocer**la.** Ella **me** abrazó y **me** contó con mucho entusiasmo sus planes para la universidad. Poco a poco llegué a conocer**la** y cada vez **la** encontraba más simpática. Hasta el día en que entró en nuestra vida Julio. Yo **lo** vi primero, un día de frío intenso, en la cafetería, y me enamoré a primera vista. **Le** conté **a ella** de mi experiencia, y lo único que ella quería era conocer**lo,** supuestamente por mi bien, para animarme más. Pues no fue así: cuando ella **lo** vio por primera vez, ella **lo** quiso también, y él parecía querer**la a ella** de la misma manera. Yo me quedé congelada, miránd**ola a ella** primero, luego **a él,** en unos segundos que parecieron durar una eternidad. Después, **le** dije **a ella** que yo **lo** había visto primero, y que ella no tenía el derecho de quitár**melo.** Como yo nunca **le** había dicho **a él** lo que sentía, sin embargo, y ellos dos evidentemente compartían el mismo sentimiento de amor, yo ya había perdido. Y lo sabía. Ahora, después de muchos años, **los** quiero a los dos, y **los** visito **a ellos** y a su familia cada vez que puedo: están casados y tienen cuatro hijos. Yo nunca me casé, y así me gusta.

Personal Pronouns (Required Repetitive Object Pronouns)

Ejercicio 3.13

1. ø **2.** lo **3.** ø **4.** lo **5.** ø **6.** ø **7.** ø **8.** lo **9.** ø **10.** los **11.** le **12.** le **13.** se lo **14.** nos **15.** ø

Personal Pronouns (Order of Object Pronouns When Combined)

Ejercicio 3.14

1. Sí, **me los** dio. **2.** Sí, **se la** enseñé. **3.** Sí, **me la** contó. **4.** Sí, **se lo** dije. **5.** Sí, **nos las** limpiamos. **6.** Sí, **nos la** enviaron.

Personal Pronouns (Position of Object Pronouns)

Ejercicio 3.15

1. Sí, **la** están preparando. OR: Sí, están preparándo**la.** **2.** Sí, **se la** pudieron vender. OR: Sí, pudieron vendér**sela.** **3.** Sí, **se los** va a hacer. OR: Sí, va a hacér**selos.** **4.** Sí, **se lo** he mandado. **5.** Sí, está pintada. OR: Sí, **lo** está. **6.** Sí, me gustó. **7.** Sí, **se las** dio. **8.** Sí, se habla.

Personal Pronouns (Prepositional Object Pronouns)

Ejercicio 3.16

1. Esto es para ti.   **2.** Según ella, estaba mal.   **3.** Lo estaban mirando. OR: Estaban mirándolo.   **4.** Lo estaban buscando. OR: Estaban buscándolo.   **5.** Esto es entre él y yo.   **6.** Sus hijos son como ella.
7. Estoy hablando de ti.   **8.** Canta conmigo.   **9.** Cantaré con él.   **10.** Se lo llevó consigo.

Personal Pronouns (Review 1)

Ejercicio 3.17

(Los pronombres excesivos están tachados, y los opcionales están entre paréntesis.)

Para Navidad (yo) siempre he querido ir a la playa, porque desde niña mi padre me acostumbró ~~a mí~~ a celebrar este día lejos de la sociedad materialista, en un rito de comunión con la naturaleza y el universo. Mi hermana, mi padre y yo, ~~nosotros~~ íbamos a quedarnos una semana en la playa, y desde el día en que ~~nosotros~~ llegábamos, ~~nosotros~~ empezábamos a juntar leña en un lugar que mi padre escogía en la playa, donde hubiera un enorme tronco para descansar. ~~Nosotros~~ Juntábamos leña por toda la playa cada día antes de la Nochebuena, y esa noche, cuando el resto de la gente en el hotel estaba celebrando con grandes banquetes y bailes, nosotros salíamos a escondidas por detrás, ~~nosotros~~ íbamos en la oscuridad a encontrar nuestro sitio escogido, y allí ~~nosotros~~ nos instalábamos para pasar la noche en la playa. ~~Nosotros~~ Encendíamos la hoguera con la leña que ~~nosotros~~ habíamos juntado, y ~~nosotros~~ nos recargábamos contra el tronco a mirar el cielo y el mar. En el cielo brillaban las estrellas, y en el mar se veían las luces que echaban unos pececitos minúsculos. Era un espectáculo realmente impresionante. Las olas producían un ritmo que nos calmaba ~~a nosotros~~. De vez en cuando mi padre rompía el silencio, y ~~él~~ nos contaba ~~a nosotros~~ de sus experiencias como vaquero, o ~~él~~ nos recitaba ~~a nosotros~~ uno de sus poemas, o ~~él~~ nos cantaba ~~a nosotros~~ una canción y ~~él~~ nos pedía ~~a nosotros~~ que nosotros cantáramos también. Son momentos que (yo) jamás olvidaré. Y por eso ahora que ya ~~yo~~ soy mayor y que mi padre ha muerto, cada vez que llega la época de Navidad, ~~yo~~ me dirijo hacia una playa.

Se (Reflexive Pronouns)

Ejercicio 3.18

1. Nos fijamos en su sonrisa.   **2.** Se enamoró de ella.   **3.** Nos preocupamos por ti.   **4.** Se enteraron del accidente al día siguiente.   **5.** Me quité la ropa.   **6.** Se quedó allí (ahí).   **7.** Nos quejamos (quejábamos) de la hora.   **8.** Se despidió de su familia.   **9.** Se dieron cuenta (de) que era tarde.   **10.** Nunca se acostumbraron al clima.   **11.** No se atreve a tocar a la puerta.   **12.** Se parecen a su madre.

Ejercicio 3.19

1. La conocemos a ella, pero nos conocemos a nosotros mismos mejor.   **2.** Los oyes a ellos, y te oyes a ti mismo al mismo tiempo.   **3.** Roberto los respeta a ellos y se respeta a sí mismo también.

Ejercicio 3.20

1. ø   **2.** estirarse   **3.** se   **4.** se   **5.** se   **6.** se   **7.** ø   **8.** se   **9.** se   **10.** ø   **11.** Se   **12.** ø   **13.** asegurarse
14. se   **15.** Se   **16.** ø   **17.** ø   **18.** la   **19.** la   **20.** ø   **21.** se   **22.** ø   **23.** ø   **24.** desilusionarla   **25.** se
26. se   **27.** la una a la otra.

Se (Se Me Construction: Accidental or Irresponsible Se)

Ejercicio 3.21

1. Se nos olvidó la cita.   **2.** Se me quemaron los plátanos.   **3.** Se nos perdieron las llaves.   **4.** Se les mojó el pelo.   **5.** Se te rompió la taza.

Ejercicio 3.22

1. Se le quedó el libro.   **2.** Se nos mojó la ropa.   **3.** Se me acabó el café.   **4.** Se te cayeron los papeles. **5.** Se le olvidaron los apuntes.   **6.** Se les rompieron los platos.

Ejercicio 3.23

1. le   **2.** nos   **3.** me   **4.** te   **5.** les

Ejercicio 3.24

1. olvidaron   **2.** olvidaron   **3.** bajaron   **4.** rompió   **5.** fue

Ejercicio 3.25

1. Se nos olvidó la cita.   **2.** Se te rompió el plato.   **3.** Se le quemó la cena.   **4.** Se me fue la luz. **5.** Se te ensuciaron los zapatos.   **6.** Se nos quedaron los guantes en casa.

Personal Pronouns (Review 2)

Ejercicio 3.26

(Yo) fui estudiante de intercambio hace unos años en México, y cuando ~~yo~~ estuve allá, ~~yo~~ viví con los Rodríguez, una familia muy simpática y generosa que ~~yo~~ nunca olvidaré. Un día cuando ~~yo~~ estaba viviendo con ellos, ~~ellos~~ (se) ganaron la lotería, y la vida se puso de repente más compleja. Cada uno de ellos quería algo diferente.

Don Carlos, el padre, ~~él~~ quería jubilarse porque ~~él~~ quería poder pasar más tiempo con la familia; ~~a él~~ se le había ocurrido también comprar un yate para que todos pudieran divertirse paseándose por el mundo.

Doña Julia, la madre, ~~ella~~ nunca había trabajado más que para su familia, y en realidad ~~ella~~ no tenía ambiciones. ~~Ella~~ Deseaba que no le faltara nada a ninguno de sus hijos, y ~~ella~~ esperaba que el dinero sirviera ese propósito. ~~Ella~~ Prefería no gastarlo en nada, sino más bien depositarlo en el banco. En realidad, ~~a ella~~ no le gustaba ~~el dinero~~, el dinero representaba para ella una maldición, y ~~ella~~ hasta le tenía un poco de miedo ~~al dinero~~.

Los hijos, Carlitos, Matilde y Rosita, ~~ellos~~ tenían cada uno de ellos un plan distinto.

Carlitos, el mayor, ~~él~~ ya se había graduado de la universidad, y ~~él~~ estaba buscando trabajo en diferentes bufetes de abogados, pero ~~él~~ no había conseguido nada aún. ~~Él~~ Seguía viviendo con la familia. ~~Él~~ Se imaginaba que el dinero le podría servir ~~a él~~ para abrir su propio bufete, y así ~~él~~ podría empezar a trabajar solo y ganar suficiente dinero para poder casarse.

Matilde estaba todavía en la universidad: ~~ella~~ estudiaba medicina. ~~Ella~~ Era modesta, y ~~ella~~ no tenía ningún plan personal para el dinero, sino que lo veía ~~el dinero~~ como un premio para sus padres. ~~Ella~~ esperaba que con ~~él~~ ellos pudieran vivir más a gusto. Ellos habían sacrificado tanto para ella y sus hermanos, que ahora ~~ellos~~ se merecían un descanso. Ella siempre había sido muy generosa, y ~~ella~~ pensaba en los problemas de otros en vez de los suyos. Por ejemplo, una vez, cuando ~~ella~~ trabajaba de voluntaria en una escuela de niños pobres, un niño no tenía bastante dinero para comprarse ~~a sí mismo~~ los zapatos del uniforme de la escuela, y entonces ella usó su propio dinero para comprárselos.

Rosita era la más ambiciosa de todos: para ella este dinero representaba la liberación posible de toda dependencia. (Ella) quería su parte del dinero para conseguirse ~~a sí misma~~ un apartamento y vivir lejos de la familia, independiente y libre. Yo conocía mejor a Rosita que a los demás, porque ~~ella~~ era compañera mía en el colegio y ~~nosotros~~ compartíamos la misma habitación en su casa. Ella me contaba ~~a mí~~ sus planes de manera muy emocional. Cuando yo la escuchaba ~~a ella~~, ~~yo~~ podía ver la pasión que la impulsaba.

Se (Impersonal Se)

Ejercicio 3.27

1. Se vendió la casa. ¿Cuándo se vendió? **2.** Uno se broncea fácilmente en el Caribe. **3.** Se despidió a los empleados. ¿Por qué se les despidió? **4.** No se les avisó. **5.** Eso no se dice en público.

Ejercicio 3.28

1. toma **2.** habla **3.** dijo **4.** mataba **5.** recibió **6.** mandó **7.** anunciaron **8.** venden **9.** aceptan **10.** dieron

Ejercicio 3.29

1. El ruido lo despertó. **2.** Se toma la siesta al mediodía. *(The singular of* siesta *is used because it is perceived as an activity that takes place once a day, like breakfast or dinner.)* **3.** Nos crió nuestra madre. **4.** Te rescató el salvavidas. **5.** El discurso me conmovió. **6.** La mandaron al hospital. **7.** El pan se hacía en casa en aquel entonces. **8.** El pasivo casi nunca se usa en español. **9.** Acaban de entregar la pizza. **10.** Alguien dejó un mensaje en la puerta.

Ejercicio 3.30

1. necesita **2.** prepara **3.** necesitan **4.** lavan **5.** secan **6.** cortan **7.** pone **8.** fríen **9.** puede **10.** separan **11.** ponen **12.** saca **13.** baten **14.** pone **15.** echan **16.** mueven **17.** ponen **18.** vierte **19.** mueve **20.** pega **21.** pone **22.** vuelca **23.** escurre **24.** ha **25.** vuelve **26.** sirve **27.** puede

Ejercicio 3.31

1. se puede **2.** Se obtienen (OR: se consiguen) **3.** se aceptan **4.** se encuentran **5.** Se encuentran **6.** se debe **7.** Se llama **8.** se renueva **9.** Se trae **10.** se le prepara **11.** se obtiene (OR: se consigue) **12.** Se solicita **13.** se debe (OR: se tiene que) **14.** No se firma **15.** se le avise (OR: se le informe) **16.** Se debe (OR: se tiene que) **17.** Se puede **18.** se renueva **19.** se le devuelve a uno **20.** se le da **21.** Se recomienda **22.** se averigua (OR: se entera uno del) **23.** Se llama **24.** se obtiene (OR: se consigue) **25.** Uno se pone **26.** se acaba **27.** Se le envían (OR: Se le mandan) **28.** Se debe (OR: Se tiene que)

Ejercicio 3.32

Temas de ensayo y de práctica oral.

C Demonstrative and Possessive Pronouns

Ejercicio 3.33

1. Esa casa era más cara que ésta*. **2.** —¿Qué casa prefieres? —Me gustó más ésa* (OR: aquélla*). **3.** —Dame eso. —¿Qué? ¿Esto? **4.** Mi hermana es tan valiente como la tuya. **5.** —Mis padres vienen para la graduación. ¿Y los tuyos? —Los míos no vienen. **6.** Esa medicina es suya. (OR: de él) **7.** —¿Cuál es tu toalla? —Ésta* es la mía, y ésa* es la tuya. **8.** —¿De quién son estas llaves? —Estas* son de usted, éstas* son de él y éstas* son de ella.

*All of these accentuated pronouns can also be written without the accent.

D Interrogatives

Ejercicio 3.34

1. ¿Cómo llegaron? **2.** ¿Cuánta azúcar usas? **3.** ¿Qué color te gusta? **4.** ¿Cuál quieres? **5.** ¿A qué distancia queda la tienda de aquí? **6.** ¿Cuál es tu nombre? **7.** ¿Cómo te llamas? **8.** ¿Cuántos libros compraste? **9.** ¿Con qué frecuencia vas?

Ejercicio 3.35

1. ¿**Qué** es? **2.** ¿**Quién** lo hizo? **3.** ¿**Cuántos** años tienes? **4.** ¿**Dónde** vives? **5.** ¿De **dónde** eres? **6.** ¿**Por qué** cerraste la ventana? **7.** ¿**A qué hora** llegaron? **8.** ¿**Cuál** es el tuyo? **9.** ¿**Cuál** es la diferencia entre las dos películas? **10.** ¿**Cómo** estás?

Ejercicio 3.36

1. Quieren saber de dónde son los aztecas. **2.** Me pregunto cuál es la religión. **3.** Les interesa saber dónde vivían los incas. **4.** Quieren averiguar cuánto dinero gana un arqueólogo. **5.** Se le olvidó cómo conoció Romeo a Julieta. **6.** No recordaba quién era el actor.

E Exclamatives

Ejercicio 3.37

1. ¡Qué trabajo! **2.** ¡Qué lindo(a)(os)(as)! *(Instead of* lindo, *other possibilities could be* bonito, precioso, hermoso, *etc.)* **3.** ¡Qué juego más (tan) divertido! **4.** ¡Qué buen café! (OR: ¡Qué café más [tan] bueno, rico, sabroso...!) **5.** ¡Qué rápido corres! **6.** ¡Cómo cantan los pájaros! **7.** ¡Cuánto la queríamos! **8.** ¡Cuánta hambre tengo! (OR: ¡Qué hambre tengo!) **9.** ¡Cuántos primos visitamos! **10.** ¡Quién pudiera volar como ellos!

Ejercicio 3.38

1. Qué **2.** Cómo (OR: Cuánto) **3.** Qué **4.** Qué **5.** Cuánto **6.** Cuántos **7.** Qué **8.** Qué **9.** Cómo (OR: Cuánto) **10.** Qué

F Indefinites and Negatives

Ejercicio 3.39

1. Algo se cayó. **2.** Alguien habló. **3.** No veo a nadie. **4.** ¿Necesitas algo? **5.** No quiero nada. **6.** —Quizá alguno (OR: uno) de los vecinos lo haya visto. —No, ninguno (de ellos) lo vio. **7.** —Ayer fui al cine. —Yo también. **8.** —Juan no podía ver. —Nosotros tampoco. **9.** —¿Has ido a Chile alguna vez? —No, nunca he ido. Algún día iré. Mi hermana fue una vez y le gustó. **10.** No puedo encontrar mis llaves en ninguna parte. Sé que están en alguna parte en este cuarto.

G Relative Pronouns

Ejercicio 3.40

1. que **2.** que **3.** que **4.** Lo que **5.** la que **6.** que (OR: la que, la cual) **7.** que **8.** que / lo que (OR: lo cual) **9.** que **10.** la cual (OR: la que) **11.** la cual **12.** cuyas **13.** Quien *(proverbio)* **14.** El que **15.** la que (OR: lo que)

Ejercicio 3.41

1. La persona que llamó preguntó por ti. (OR: El / La que llamó preguntó por ti). **2.** Lo que te dio era robado. **3.** No me gusta lo que hacen. **4.** Ése* es el autobús que esperaba. **5.** La que cantaba esa canción era Rose. (OR: La que cantó esa canción...)

*optional accent

Ejercicio 3.42

Un amigo mío que se llama Ernesto me llamó de Florida. Me contó de su perrito que había comprado hacía tres semanas y que estaba dormido a su lado. Ernesto me contó que Chico, el nombre que le dio al perrito, estaba destruyendo el apartamento que Ernesto había conseguido con tanta dificultad y en que había gastado todo su dinero. Pero Ernesto no quería deshacerse de este perrito que ahora era su mejor amigo. Por eso, Ernesto me pidió que le mandara el dinero que él me había prestado hacía más de un año.

Chapter 3   Review

Ejercicio 3.43

1. verlos **2.** recibirlos **3.** les **4.** ø **5.** les **6.** los **7.** les **8.** los **9.** les **10.** se **11.** que **12.** ø **13.** éstos les **14.** que **15.** que **16.** que **17.** Los **18.** nada **19.** les **20.** que **21.** que **22.** la suya **23.** dominarlos **24.** que **25.** suyo **26.** que **27.** se **28.** que **29.** que **30.** cuyo **31.** los **32.** que **33.** al que **34.** se **35.** que **36.** las que **37.** qué / quiénes **38.** algunos **39.** algunos **40.** que **41.** que

Ejercicio 3.44

Temas de ensayo y de práctica oral.

Chapter 4   Prepositions, Adverbs, Conjunctions and Transitions

A   Prepositions (Function of Prepositions)

Ejercicio 4.1

A preposition is a word that introduces a noun or its equivalent. Its name is derived from the Latin—pre- *(before)* position—and explains its function in a sentence: a preposition goes before a noun (or a pronoun), thus introducing it. A conjunction joins two parts of speech. Its name is also derived from the Latin—con- *(with)* -junction *(to join),* or to join together. Conjunctions of coordination join two equal parts of speech (and, or), whereas conjunctions of subordination join a subordinate (or dependent) clause to its main clause.

Prepositions (Individual Prepositions)

Ejercicio 4.2

1. a, en **2.** a **3.** a, con, en **4.** en, a **5.** en **6.** a **7.** en, de **8.** a, de **9.** a, en, a **10.** a, en, de, con

Ejercicio 4.3

1. a **2.** del, de **3.** de, en, de **4.** a, con **5.** a **6.** a, con **7.** a **8.** con, a **9.** a, de **10.** a, en (*or* a), en

Ejercicio 4.4

1. en, de **2.** a, en **3.** a, con **4.** a, del, en **5.** a **6.** a **7.** de, de **8.** En, a **9.** en **10.** con, a

Ejercicio 4.5

1. de, a **2.** a **3.** con, de **4.** de, con, con **5.** con **6.** ø, ø **7.** a, con **8.** a, de **9.** a, de **10.** a, en (either "en frente", or "enfrente")

Ejercicio 4.6

1. a **2.** A **3.** De, a **4.** De, a **5.** Con **6.** a **7.** ø, de **8.** a **9.** a, de **10.** en

Ejercicio 4.7

1. con **2.** De **3.** a **4.** en, a **5.** de **6.** de **7.** de **8.** a **9.** en **10.** A **11.** de **12.** a **13.** a **14.** en

Ejercicio 4.8

1. para **2.** por **3.** para **4.** por **5.** por **6.** para **7.** por **8.** por **9.** para, porque **10.** Por

Ejercicio 4.9

1. ø **2.** para **3.** para **4.** por **5.** por **6.** para **7.** ø **8.** por **9.** por **10.** para

Ejercicio 4.10

1. Por **2.** para **3.** Por **4.** Por **5.** por **6.** por **7.** por **8.** Para, por **9.** por **10.** por

Ejercicio 4.11

1. Se preocupan por ti. **2.** Se enamoró de ella. **3.** Consiste en dos secciones. **4.** La decisión depende de ti. **5.** Se rieron de él. **6.** Sueño contigo todas las noches. **7.** Se despidieron de mí. **8.** No quiero que mis ideas influyan en tu decisión. **9.** Se casó con mi hermano. **10.** Dejó de beber.

Ejercicio 4.12

1. Llegamos a Madrid a las dos. **2.** Se opone a todo lo que digo. **3.** Trato de ayudar. **4.** Me di cuenta de mi error. **5.** Me agradeció el favor. **6.** Subimos al autobús. **7.** Su casa está a cinco millas. **8.** Me encontré con mis amigos en el restaurante. **9.** Estudia en la universidad. **10.** Serán los primeros en irse.

Ejercicio 4.13

1. Pienso en mis padres todos los días. **2.** El libro de Luisa es interesante. **3.** Me fijé en el cambio. **4.** No puedo ayudarte en este momento. **5.** Se enojaron conmigo por mi error. **6.** Miramos el reloj. **7.** Vio a su hermana. **8.** Te pedí dinero, no consejo. **9.** Acabo de comer. **10.** Trabajan para mí.

Ejercicio 4.14

1. Lo envié por correo aéreo. **2.** Fueron a la tienda por pan. **3.** Me quedan dos trabajos por escribir. **4.** Habremos terminado para las diez. **5.** Para ser niño, sabe mucho. **6.** Salieron para Guatemala ayer. **7.** Están buscando sus llaves. **8.** Hablaron por tres horas. **9.** Se preocupa por ti. **10.** ¿Para qué es esto?

Ejercicio 4.15

1. a **2.** en **3.** a **4.** de **5.** de **6.** de **7.** en **8.** para **9.** Por **10.** a **11.** ø

Ejercicio 4.16

1. por lo general **2.** a veces **3.** a pie **4.** a pesar de **5.** en cambio **6.** a caballo **7.** A eso de **8.** a la vez **9.** en seguida **10.** Al menos **11.** de pie

Ejercicio 4.17

1. Con respecto a **2.** con tal de que **3.** de mala gana **4.** de esta manera **5.** de veras **6.** De vez en cuando **7.** de nuevo **8.** de modo que

Ejercicio 4.18

1. Por poco **2.** En vez de **3.** por eso **4.** Por otra parte **5.** por más que **6.** En cuanto a **7.** por supuesto **8.** en cuanto **9.** Por fin **10.** a tiempo **11.** en frente de (or: enfrente de) **12.** por lo menos **13.** para siempre

Ejercicio 4.19

1. de **2.** de **3.** a **4.** ø **5.** de **6.** a **7.** de **8.** de **9.** de **10.** de **11.** a **12.** con **13.** en **14.** en **15.** a **16.** ø **17.** a **18.** ø **19.** a

Ejercicio 4.20

1. de **2.** con **3.** de **4.** de **5.** a **6.** de **7.** con **8.** en **9.** con **10.** a **11.** de **12.** a **13.** ø **14.** por **15.** en **16.** en **17.** en **18.** ø **19.** a **20.** con **21.** a **22.** ø **23.** por **24.** a **25.** en

Ejercicio 4.21

1. de **2.** a **3.** de **4.** por **5.** por **6.** de **7.** a **8.** con **9.** de **10.** por **11.** ø **12.** de **13.** de **14.** a **15.** ø **16.** para **17.** de

B Adverbs (Adverbs Ending in *-mente,* Word Order, Multiple-Function Words)

Ejercicio 4.22

Antes me llevaba bien con mis vecinos, pero el otro día cambió nuestra relación. Vi que su hijo no estaba jugando limpio: cada vez que mi hija ganaba, él le pegaba, y le pegaba duro. Después de ver eso dos veces, decidí que tenía que hacer algo rápido. Fui derecho a la casa de mis vecinos y le dije a la madre lo que había visto. Ella respiró hondo y me miró raro. Me dijo que sabía esto: su hijo era bajo, pero altamente competitivo. No podía jugar igual que el resto: tenía que jugar distinto. Era natural.

Adverbs (Adverbs of Time)

Ejercicio 4.23

1. Siempre **2.** anteayer **3.** cuando **4.** cuándo **5.** ahora **6.** todavía no / aún no **7.** Entonces **8.** ya **9.** Ayer **10.** Mientras **11.** (nunca) jamás **12.** Pronto **13.** Anoche **14.** hoy **15.** ya **16.** Todavía no **17.** recién **18.** mañana **19.** luego / entonces **20.** ya no **21.** Tarde o temprano

Ejercicio 4.24

1. Todavía **2.** ya **3.** ya no **4.** todavía no

Adverbs (Adverbs of Manner)

Ejercicio 4.25

1. así **2.** bien **3.** bien **4.** cómo **5.** mal **6.** como **7.** Según **8.** bien **9.** bien

Adverbs (Adverbs of Quantity)

Ejercicio 4.26

1. bastante **2.** apenas **3.** bastante **4.** Casi **5.** mucho (OR: demasiado) **6.** tanto **7.** algo (OR: un poco) **8.** poco **9.** sólo **10.** medio **11.** más **12.** muy **13.** demasiado **14.** tanto **15.** Cuánto **16.** nada

Adverbs (Adverbs of Confirmation, Doubt, or Negation)

Ejercicio 4.27

—Tú vas a pagar nuestros boletos, ¿no?
—Sí, pero me falta un dólar. Beto, ¿acaso tienes un dólar que me puedas prestar?
—No, no tengo un dólar, pero sí tengo 75 centavos. ¿Los quieres?
—Bueno. Quizá Quique o Marisol tengan los otros 25 centavos. Quique, ¿tienes 25 centavos?
—No.
—¿Marisol?
—No, yo tampoco.
—Bueno, pues, tal vez no vayamos al cine después de todo. ¿Quieren pasearse por el parque?
—Ah, no, ¡eso sí que no!

Adverbs (Adverbial Phrases)

Ejercicio 4.28

1. a menudo (OR: por momentos, a cada rato) **2.** a gusto **3.** por poco **4.** a medias **5.** por cierto **6.** al final **7.** hasta **8.** En fin **9.** por fin **10.** en resumen (OR: al fin y al cabo) **11.** alguna vez **12.** en algún lugar

Adverbs (Adverbs of Place)

Ejercicio 4.29

1. abajo **2.** arriba **3.** adelante **4.** atrás **5.** Afuera **6.** Dónde **7.** aquí **8.** adentro **9.** Allí / Ahí **10.** acá **11.** allá **12.** Adónde **13.** lejos

Adverbs (Related Adverbs and Prepositions)

Ejercicio 4.30

1. abajo **2.** delante de **3.** afuera **4.** detrás de **5.** frente a **6.** dentro del **7.** debajo del **8.** tras **9.** bajo **10.** adentro

C Conjunctions (Usage, Conjunctions of Coordination)

Ejercicio 4.31

1. e **2.** y **3.** o **4.** sino también **5.** y **6.** u **7.** pero **8.** y / o **9.** sino **10.** ni **11.** sino **12.** ni **13.** ni **14.** sino

Ejercicio 4.32

1. Tenía miedo **pero** lo hice. **2.** No era azul, **sino** rojo. **3.** No era azul, **pero** lo compré de todas formas. **4.** No compré un coche rojo, **sino** azul. **5.** No quería un coche rojo, **pero** compré uno de todas maneras. **6.** Quería un coche rojo, **pero** en vez me compré uno azul. **7.** No compré el carro, **sino que** lo vendí.

Ejercicio 4.33

Norberto me llamó **y** me contó de su viaje a México y a Puerto Rico. Le gustó mucho México, **pero** se enfermó con la comida, **y** le encantó Puerto Rico, **pero** sufrió del calor. El lugar que más le gustó no fue México **sino** Puerto Rico, no sólo porque tiene muchas playas, **sino** también porque es una isla **y** pudo conocerla mejor en el poco tiempo que tenía.

Conjunctions (Conjunctions of Subordination)

Ejercicio 4.34

1. que   **2.** ø   **3.** que   **4.** que   **5.** ø   **6.** que   **7.** que   **8.** ø   **9.** que   **10.** que   **11.** ø   **12.** que

Ejercicio 4.35

Dijiste que ibas a la tienda a comprar leche. Te dije que no sólo necesitábamos leche, sino también pan. Veo que no compraste ni pan ni leche, sino que alquilaste un vídeo.

D   Transitions

Ejercicio 4.36

1. Por lo general   **2.** En primer lugar   **3.** porque   **4.** en segundo lugar   **5.** Sin embargo   **6.** De hecho   **7.** en realidad   **8.** quizá / tal vez / a lo mejor   **9.** Acaso   **10.** por desgracia   **11.** como consecuencia   **12.** a pesar de   **13.** tal vez / quizá / a lo mejor   **14.** Por otro lado   **15.** por suerte   **16.** sin embargo   **17.** Por lo que se refiere a / Con respecto a / En cuanto a / En lo tocante a   **18.** en gran parte   **19.** cada vez más   **20.** en todo caso   **21.** casi nunca   **22.** En fin de cuentas

Ejercicio 4.37

1. por eso   **2.** a pesar de   **3.** Según   **4.** porque   **5.** Por consiguiente   **6.** por lo tanto   **7.** Con respecto al   **8.** De hecho   **9.** por ejemplo   **10.** Además   **11.** ya que   **12.** Por otro lado   **13.** casi siempre   **14.** A fin de cuentas

Chapter 4   Review

Ejercicio 4.38

(Algunas respuestas tienen más de una posibilidad.)
1. y   **2.** a   **3.** de   **4.** en primer lugar   **5.** En segundo lugar   **6.** Con respecto a   **7.** Según   **8.** u   **9.** o   **10.** Sin embargo   **11.** en realidad sí   **12.** pero   **13.** para   **14.** por   **15.** para   **16.** de hecho   **17.** En lo tocante a / Por lo que se refiere a / Con respecto a / En cuanto a   **18.** ya   **19.** en   **20.** pero   **21.** muy   **22.** que   **23.** a   **24.** en   **25.** de   **26.** entonces   **27.** en realidad   **28.** ya   **29.** sino que   **30.** a la vez   **31.** también   **32.** por   **33.** a pesar de   **34.** ya   **35.** aún   **36.** En resumen   **37.** porque   **38.** sí   **39.** después de todo

Ejercicio 4.39

Temas de ensayo y de práctica oral.

Chapter 5 Verbs: Formation

A Indicative Mood (Present Indicative)

Ejercicio 5.1
1. amo **2.** canto **3.** como **4.** vivo **5.** hablo **6.** camino **7.** coso **8.** bebo **9.** abro **10.** imprimo

Ejercicio 5.2
1. miento **2.** sigo **3.** pido **4.** repito **5.** comento **6.** mezclo **7.** impido **8.** me defiendo **9.** quiero **10.** elijo **11.** consigo **12.** revelo **13.** sirvo **14.** me canso **15.** cierro **16.** siento **17.** comienzo **18.** pienso **19.** me pierdo

Ejercicio 5.3
1. piensa **2.** quiere **3.** hace **4.** recuerda **5.** corta **6.** poda **7.** duele **8.** vota **9.** es **10.** vuelve **11.** huele **12.** se acuesta **13.** va **14.** juega **15.** se levanta **16.** mira **17.** ve **18.** llueve **19.** domina **20.** cuenta **21.** interrumpe **22.** llora **23.** puede **24.** sale **25.** siente **26.** jura

Ejercicio 5.4
1. protejo **2.** sigo **3.** obedezco **4.** traduzco **5.** tuerzo **6.** recojo **7.** consigo **8.** agradezco **9.** produzco **10.** convenzo

Ejercicio 5.5
1. envías **2.** continúas **3.** confías **4.** reúnes **5.** crías **6.** te gradúas **7.** guías **8.** actúas **9.** concluyes **10.** huyes

Ejercicio 5.6
1. hago / hace / hacemos **2.** me pongo / se pone / nos ponemos **3.** traigo / trae / traemos **4.** vengo / viene / venimos **5.** digo / dice / decimos **6.** tengo / tiene / tenemos **7.** doy / da / damos **8.** voy / va / vamos **9.** soy / es / somos **10.** estoy / está / estamos **11.** He / ha / hemos **12.** oigo / oye / oímos **13.** sé / sabe / sabemos **14.** veo / ve / vemos

Ejercicio 5.7
1. camino **2.** actúas **3.** actuamos **4.** adquiero **5.** adquirimos **6.** andáis **7.** aprendemos **8.** toma **9.** avergüenzan **10.** avergonzamos **11.** averiguo **12.** digo **13.** Dice **14.** decimos **15.** buscan **16.** quepo **17.** cabe **18.** me caigo **19.** cae **20.** cierras **21.** cerráis **22.** escojo **23.** escogen **24.** comienzo **25.** comenzamos **26.** contribuye **27.** construimos **28.** Conduzco **29.** produces **30.** cuenta **31.** me sueno **32.** recordamos **33.** Creo **34.** poseen **35.** leemos **36.** cruzo **37.** almuerzas **38.** doy **39.** digo **40.** me contradigo **41.** elijo **42.** exiges **43.** sigo **44.** consigue **45.** perseguimos **46.** duermo **47.** dormís **48.** envían **49.** enviamos **50.** Escribo **51.** Estoy **52.** fuerzan **53.** Hago **54.** satisfacen **55.** Voy **56.** van **57.** juega **58.** llegan **59.** muere **60.** mueves **61.** niegan **62.** Oigo **63.** Oyes **64.** oímos **65.** Huelo **66.** huelen **67.** me parezco **68.** pido **69.** pide **70.** pierdes **71.** pueden **72.** pongo **73.** me río **74.** se sonríe **75.** reúnen **76.** ruega **77.** tengo **78.** Tienes **79.** tuerzo **80.** se retuerce **81.** Traigo **82.** valgo **83.** convenzo **84.** vengo **85.** intervienen **86.** vemos **87.** vive **88.** vuelve

Ejercicio 5.8
Temas de ensayo y de práctica oral.

Indicative Mood
(Aspects of the Past Indicative: Imperfect)

Ejercicio 5.9

1. hablaba **2.** comías **3.** vivía **4.** caminábamos **5.** Corríais **6.** tomaban **7.** comenzaba **8.** decías
9. veía **10.** Concluíamos

Ejercicio 5.10

1. iba / íbamos **2.** era / éramos **3.** veía / veíamos **4.** pedía / pedíamos **5.** cerraba / cerrábamos
6. me caía / nos caíamos **7.** andaba / andábamos **8.** cabía / cabíamos **9.** tenía / teníamos **10.** hacía /
hacíamos **11.** daba / dábamos **12.** dormía / dormíamos **13.** me reía / nos reíamos **14.** oía / oíamos

Ejercicio 5.11

1. tenía **2.** insistían **3.** caminaba **4.** preguntaba **5.** me avergonzaba **6.** sorprendían **7.** regañaban
8. evaluaban **9.** adquiríamos **10.** nos poníamos **11.** interrogaba **12.** hacíais **13.** hablabais
14. contestábamos **15.** hacíamos **16.** hablábamos **17.** creía **18.** se daba **19.** salíamos
20. pensábamos **21.** aprendíamos **22.** Buscábamos **23.** quería **24.** lográbamos **25.** era **26.** podía
27. avergonzaba **28.** decía **29.** nos portábamos **30.** enviaba **31.** era **32.** debía **33.** iba **34.** salía
35. tomaba **36.** se metía **37.** se quedaba **38.** se enteraba **39.** gustaba **40.** llegaban **41.** se caían
42. gritaban **43.** se sonrojaban **44.** lloraban **45.** nos reíamos **46.** Tenía **47.** detestaba
48. terminaba **49.** llevaba **50.** se ponía **51.** preguntaba **52.** esperaba **53.** insistía **54.** existía
55. creíamos **56.** éramos **57.** Nos sentíamos **58.** contradecíamos **59.** nos rehusábamos **60.** querían
61. odiábamos **62.** odiaban **63.** fingíamos **64.** sabíamos **65.** era **66.** reconocíamos
67. soportábamos **68.** nos rebelábamos

Ejercicio 5.12

Temas de ensayo y de práctica oral.

Indicative Mood
(Aspects of the Past Indicative: Preterite)

Ejercicio 5.13

1. Hablaste **2.** comimos **3.** vivieron **4.** caminé **5.** anduviste **6.** cupo **7.** estuvimos **8.** arrestamos
9. hubo **10.** supe **11.** Pudiste **12.** puso **13.** salisteis **14.** tuvieron **15.** hice **16.** quisiste **17.** vino

Ejercicio 5.14

1. dimos **2.** hizo **3.** fui **4.** fui **5.** dijisteis **6.** produjiste **7.** trajeron

Ejercicio 5.15

1. sentí / sintió **2.** pedí / pidió **3.** reí / rió **4.** dormí / durmió **5.** caí / cayó **6.** creí / creyó **7.** Leí /
leyó **8.** oí / oyó **9.** concluí / concluyó **10.** busqué / buscó **11.** llegué / llegó **12.** alcancé / alcanzó
13. expliqué / explicó **14.** almorcé / almorzó **15.** apagué / apagó **16.** saqué / sacó **17.** comencé /
comenzó **18.** colgué / colgó **19.** toqué / tocó **20.** empecé / empezó **21.** entregué / entregó
22. pagué / pagó

Ejercicio 5.16

1. fui **2.** fue **3.** hubo **4.** fue **5.** quedé **6.** vi **7.** nos acostamos **8.** entramos **9.** Cenamos
10. salimos **11.** se sintió **12.** regresamos **13.** Tuve **14.** vino **15.** vio **16.** dijo **17.** contó **18.** trajo
19. recomendó **20.** pude **21.** Me fijé **22.** sufrió **23.** volvió **24.** se encerró **25.** hizo **26.** estuve
27. me pasé **28.** escribí **29.** me quemé **30.** fui **31.** me miré **32.** pegué **33.** pedí **34.** decidimos
35. Fuimos **36.** alquilamos **37.** tuve **38.** Estuvimos **39.** llegamos **40.** ocurrió **41.** Nos sentamos
42. bebimos **43.** miramos **44.** se acercó **45.** ofreció **46.** hablé **47.** averigüé **48.** pude **49.** corrigió
50. dijo **51.** cayó **52.** se ofendió **53.** pareció **54.** di **55.** aceptamos **56.** nos fuimos **57.** vimos
58. pudimos **59.** condujimos **60.** se rió **61.** me reí **62.** seguimos **63.** fue

Ejercicio 5.17

Temas de ensayo y de práctica oral.

Indicative Mood
(Aspects of the Past Indicative: Present Perfect)

Ejercicio 5.18

1. he caminado   2. Has hecho   3. ha devuelto   4. Hemos andado   5. habéis aprendido   6. han tomado   7. he traído   8. Has averiguado   9. ha buscado   10. hemos cabido   11. Habéis cerrado   12. han recogido

Indicative Mood
(Aspects of the Past Indicative: Pluperfect)

Ejercicio 5.19

1. había corrido   2. habías graduado   3. había ido   4. habíamos dicho   5. Habíais visto   6. habían vuelto   7. había escrito   8. habías puesto   9. había resuelto   10. habíamos abierto   11. Habíais cerrado   12. se habían tapado

Indicative Mood (Future: Simple Future)

Ejercicio 5.20

1. amaré   2. vivirás   3. entenderá   4. comeremos   5. graduaréis   6. Tomarán   7. despediré   8. averiguarás   9. buscará   10. cantaremos   11. calentaréis   12. escogerán

Ejercicio 5.21

1. cabré   2. dirás   3. habrá   4. haremos   5. podréis   6. pondrán   7. querré   8. sabrás   9. saldrá   10. Tendremos   11. valdrá   12. Vendréis

Ejercicio 5.22

Temas de ensayo y de práctica oral.

Indicative Mood (Future: Future Perfect)

Ejercicio 5.23

1. Habré dicho   2. habrás visto   3. habrá cubierto   4. habremos vuelto   5. habréis hecho   6. Habrán tomado   7. habré puesto   8. Habrás experimentado   9. Habrá buscado   10. habremos cantado   11. Habréis envejecido   12. habrán escrito   13. habré ido   14. habrás gastado   15. habrá graduado

Conditional Mood (Present Conditional)

Ejercicio 5.24

1. secaría **2.** preocuparías **3.** viviría **4.** llovería **5.** pronunciaríais **6.** pagarían **7.** organizaría **8.** atestiguarías **9.** Leería **10.** quejaríamos **11.** sonreiríais **12.** tutearía

Ejercicio 5.25

1. cabría **2.** dirías **3.** habría **4.** haríamos **5.** Podríais **6.** pondrían **7.** querría **8.** sabrías **9.** costaría **10.** Tendría **11.** valdría **12.** vendrían

Conditional Mood (Conditional Perfect)

Ejercicio 5.26

1. habría hablado **2.** habrías comido **3.** habría vivido **4.** habríamos abierto **5.** habrían dicho **6.** habrías hecho **7.** habríais resuelto **8.** habría vuelto

Ejercicio 5.27

Temas de ensayo y de práctica oral.

C Subjunctive Mood (Present Subjunctive)

Ejercicio 5.28

1. camine **2.** hables **3.** estudie **4.** bailemos **5.** reméis **6.** preparen **7.** tolere **8.** tarareen

Ejercicio 5.29

1. coma **2.** leas **3.** vea **4.** viva **5.** tosamos **6.** cosáis **7.** corran **8.** compartan **9.** beba **10.** se escriban

Ejercicio 5.30

1. cierre / cerremos **2.** pierda / perdamos **3.** cuente / contemos **4.** vuelva / volvamos **5.** sienta / sintamos **6.** duerma / durmamos **7.** envíe / enviemos **8.** evalúe / evaluemos

Ejercicio 5.31

1. pida **2.** diga **3.** oiga **4.** tenga **5.** concluya **6.** parezca **7.** conduzca **8.** quepa **9.** caiga **10.** haga **11.** se ponga **12.** salga **13.** traiga **14.** valga **15.** venga

Ejercicio 5.32

1. dé **2.** estés **3.** haya **4.** nos vayamos **5.** sepáis **6.** sean **7.** escoja **8.** dirijas **9.** distingan **10.** convenzamos **11.** busquéis **12.** llegue **13.** alcances

Ejercicio 5.33

1. domine **2.** tema **3.** defiendas **4.** demos **5.** estéis **6.** haya **7.** vaya **8.** sepas **9.** sea **10.** recojamos **11.** corrijas **12.** sigáis **13.** venza **14.** rasque **15.** ruegues **16.** rece **17.** entienda **18.** encuentre **19.** devuelvan **20.** envolvamos **21.** confíe **22.** criemos **23.** continúes **24.** graduemos **25.** crean **26.** vea **27.** suba **28.** hagan **29.** dividan **30.** investigue **31.** analicen **32.** discutas **33.** pelee **34.** llegue **35.** queramos **36.** entréis **37.** salgan **38.** repitan **39.** oiga **40.** vuelvan

Subjunctive Mood (Imperfect Subjunctive)

Ejercicio 5.34

1. caminara 2. hablaras 3. estudiara 4. cantara 5. bailáramos 6. escucharais 7. amaran
8. prepararan 9. tolerara 10. tararearan 11. comiera 12. leyeras 13. viera 14. viviera
15. tosiéramos 16. cosierais 17. corrieran 18. compartieran 19. bebiera 20. escribieran
21. cerrara 22. perdieras 23. contara 24. volviéramos 25. sintieran 26. durmieran 27. enviara
28. graduaras

Ejercicio 5.35

1. anduviera 2. cupieras 3. cayera 4. concluyera 5. condujera 6. diéramos 7. dijerais 8. se
durmieran 9. estuvieran 10. hubiera 11. me fuera 12. leyeras 13. oyera 14. pidiera
15. pudiera 16. pusiéramos 17. poseyerais 18. prefirieran 19. dirigieran 20. quisieran
21. me riera 22. supieras 23. siguiera 24. sintiera 25. fuera 26. fuéramos 27. tuvierais
28. trajeran 29. vinieran

Subjunctive Mood (Present Perfect Subjunctive)

Ejercicio 5.36

1. haya ganado 2. te hayas graduado 3. haya conseguido 4. hayamos andado 5. hayáis aprendido
6. hayan tomado 7. haya avergonzado 8. hayas averiguado 9. haya buscado 10. hayamos
cantado 11. hayáis cerrado 12. hayan recogido 13. haya cabido 14. hayas podido 15. haya
vendido 16. hayamos viajado 17. hayáis salido 18. hayan tenido 19. hayan costado
20. haya venido

Subjunctive Mood (Pluperfect Subjunctive)

Ejercicio 5.37

1. hubiera escrito 2. hubieran dicho 3. hubieran visto 4. hubiéramos llegado 5. hubieran tratado
6. hubiera oído 7. hubiera hecho 8. hubieran limpiado 9. hubieras llamado 10. se hubieran
enterado 11. hubieras considerado 12. hubierais lavado 13. hubieran vuelto 14. hubiera
resuelto 15. te hubieras puesto 16. se hubiera muerto 17. hubiéramos abierto 18. hubiera
comido 19. hubiéramos confesado 20. hubieran terminado

Ejercicio 5.38

Temas de ensayo y de práctica oral.

D Imperative Mood (Direct Commands: *Tú*)

Ejercicio 5.39

1. Habla 2. Come 3. Vive 4. Cierra 5. Abre 6. Salta 7. Escucha 8. Vuelve 9. Pide
10. Consigue 11. Repite 12. Miente 13. Comienza 14. Comenta 15. Defiende 16. Sigue
17. Piensa 18. Sirve 19. Elige 20. Vota 21. Envuelve 22. Cuenta 23. Corta 24. Apuesta
25. Poda 26. Llora 27. Recuerda 28. Recorta 29. Huele 30. Juega 31. Jura 32. Protege
33. Sigue 34. Obedece 35. Traduce 36. Produce 37. Envía 38. Continúa 39. Confía
40. Reúne 41. Cría 42. Evalúa 43. Concluye 44. Huye 45. Calla 46. Trae 47. Da 48. Oye

Ejercicio 5.40

1. Di 2. Haz 3. Ve 4. Pon 5. Sal 6. Sé 7. Ten 8. Ven

Ejercicio 5.41

1. Canta, pero **no bailes. 2. Estudia,** pero **no hables** en voz alta. **3. Bebe** mucho jugo, y **no comas** nada artificial. **4. Lee** el artículo, pero **no creas** todo lo que dice. **5. Vuelve** a casa, pero **no corras. 6. Descose** el bolsillo, y **no cosas** la bastilla. **7. Escribe** una carta, pero **no describas** lo que pasó. **8. Cuenta** lo que debes, y **no descuentes** nada. **9. Duerme** al bebé, pero **no te duermas** tú. **10. Pide** favores, y **no impidas** que te ayuden. **11. Regala** tu amistad, y **no prestes** nada. **12. Busca** el ungüento, y **no te rasques** la picada. **13. Escoge** la película que quieras ver, pero por favor **no escojas** una en inglés.

Ejercicio 5.42

1. Di la verdad, y **no digas** mentiras. **2. Haz** la lectura para mañana, pero **no hagas** la tarea. **3. Ve** a la tienda, pero **no vayas** al correo. **4. Pon** tu abrigo aquí, y **no pongas** tus zapatos en la mesa. **5. Sal** a recoger el periódico, pero **no salgas** por esa puerta. **6. Sé** bueno, pero **no seas** tonto. **7. Ten** hijos, pero **no tengas** tantos como ella. **8. Ven** a casa, pero **no vengas** temprano.

Imperative Mood (Direct Commands: *Usted/Ustedes*)

Ejercicio 5.43

1. Camine **2.** No hable **3.** Estudie **4.** No cante **5.** Baile **6.** Tararee **7.** Coma **8.** No lea **9.** Viva **10.** No tosa **11.** Corra **12.** No beba **13.** Escriba **14.** Cierre **15.** No pierda **16.** Cuente **17.** No vuelva **18.** Duerma **19.** No pida **20.** Diga **21.** Oiga **22.** No tenga **23.** Conduzca **24.** No caiga **25.** Haga **26.** Ponga **27.** No salga **28.** Traiga **29.** Venga **30.** No dé **31.** Vaya **32.** No sea **33.** Dirija **34.** Busque **35.** No llegue

Imperative Mood (Direct Commands: *Vosotros*)

Ejercicio 5.44

1. Hablad **2.** Comed **3.** Exprimid **4.** Cerrad **5.** Abrid **6.** Saltad **7.** Escuchad **8.** Volved **9.** Pedid **10.** Conseguid **11.** Repetid **12.** Mentid **13.** Comenzad **14.** Comentad **15.** Defended **16.** Seguid **17.** Pensad **18.** Servid **19.** Elegid **20.** Votad **21.** Decid **22.** Haced **23.** Id **24.** Poned **25.** Salid **26.** Sed **27.** Tened **28.** Venid

Ejercicio 5.45

1. Despertaos **2.** Levantaos **3.** Lavaos **4.** Marchaos **5.** Acostaos **6.** Dormíos **7.** Idos **8.** Despedíos **9.** Callaos

Ejercicio 5.46

1. Cantad, pero **no bailéis. 2. Estudiad,** pero **no habléis** en voz alta. **3. Bebed** mucho jugo, y **no comáis** nada artificial. **4. Leed** el artículo, pero **no creáis** todo lo que dice. **5. Volved** a casa, pero **no corráis. 6. Descosed** el bolsillo, y **no cosáis** la bastilla. **7. Escribid** una carta, pero **no describáis** lo que pasó. **8. Contad** lo que debéis, y **no descontéis** nada. **9. Dormid** al bebé, pero **no os durmáis** vosotros. **10. Pedid** favores, y **no impidáis** que os ayuden. **11. Regalad** vuestra amistad, y **no prestéis** nada. **12. Buscad** el ungüento, y **no os rasquéis** la picada. **13. Escoged** la película que queréis ver, pero por favor **no escojáis** una en inglés.

Ejercicio 5.47

1. Decid la verdad, y **no digáis** mentiras. **2. Haced** la lectura para mañana, pero **no hagáis** la tarea. **3. Id** a la tienda, pero **no vayáis** al correo. **4. Poned** vuestro abrigo aquí, y **no pongáis** vuestros zapatos en la mesa. **5. Salid** a recoger el periódico, pero **no salgáis** por esa puerta. **6. Sed** buenos, pero **no seáis** tontos. **7. Tened** hijos, pero **no tengáis** tantos como ellos. **8. Venid** a casa, pero **no vengáis** temprano.

Imperative Mood (Direct Commands: *Nosotros*)

Ejercicio 5.48

1. Caminemos **2.** No hablemos **3.** Estudiemos **4.** No cantemos **5.** Bailemos **6.** Tarareemos
7. Comamos **8.** No leamos **9.** Vivamos **10.** No tosamos **11.** Corramos **12.** No bebamos
13. Escribamos **14.** Cerremos **15.** No perdamos **16.** Contemos **17.** No volvamos **18.** Durmamos
19. Hagamos **20.** Pongamos **21.** No salgamos **22.** No demos **23.** Vamos **24.** No seamos
25. Dirijamos **26.** Busquemos **27.** No lleguemos

Ejercicio 5.49

1. Despertémoslas **2.** No nos levantemos **3.** Lavémoslo **4.** Marchémonos **5.** No nos acostemos
6. Durmámonos **7.** Vámonos **8.** No nos vayamos

Imperative Mood (Indirect Commands)

Ejercicio 5.50

1. No quiero cocinar; que cocinen ellos hoy. **2.** Que me llame el gerente. **3.** Si no tienes el dinero, que pague Mirta. **4.** Que me lo manden.

Imperative Mood (Review)

Ejercicio 5.51

1. Sí, díselo. No, no se lo digas. (OR: dínoslo, no nos lo digas) **2.** Sí, hazlos. No, no los hagas. **3.** Sí, véndeselos. No, no se los vendas. (OR: véndemelos, no me los vendas) **4.** Sí, ve. No, no vayas. **5.** Sí, pónselos. No, no se los pongas.

Ejercicio 5.52

1. Sí, cántenla. No, no la canten. **2.** Sí, dígaselo. No, no se lo diga. (OR: dígamelo, no me lo diga) **3.** Sí, envíenselas. No, no se las envíen. (OR: envíennoslas, no nos las envíen) **4.** Sí, vayan. No, no vayan. **5.** Sí, quíteselos. No, no se los quite.

Ejercicio 5.53

1. Sí, cantémoslas juntos. No, no las cantemos juntos. **2.** Sí, vamos. No, no vayamos. **3.** Sí, démoselo. No, no se lo demos. **4.** Sí, vámonos ahora. No, no nos vayamos ahora. **5.** Sí, pongámonoslo. No, no nos lo pongamos.

Ejercicio 5.54

1. Que lo preparen. **2.** Yo no quiero hacerlo. **Que lo haga Guillermo. 3.** Que venga a verme. **4.** Que me llamen. **5.** Si tienen hambre, **que coman.**

Ejercicio 5.55

Temas de ensayo y de práctica oral.

F Participle (Present Participle)

Ejercicio 5.56

1. hablando **2.** comiendo **3.** viviendo **4.** sintiendo **5.** pidiendo **6.** durmiéndote (OR: te estás durmiendo) **7.** concluyendo **8.** cayendo **9.** leyendo **10.** oyendo **11.** diciendo **12.** yendo
13. Viniendo **14.** pudiendo

Ejercicio 5.57

1. caminando **2.** actuando **3.** andando **4.** aprendiendo **5.** diciendo **6.** buscando **7.** Siendo
8. cerrando **9.** construyendo **10.** conduciendo **11.** produciendo **12.** recordando **13.** Creyendo
14. almorzando **15.** dando **16.** eligiendo **17.** siguiendo

Ejercicio 5.58

1. llegando **2.** muriéndose (OR: se estaban muriendo) **3.** moviendo **4.** negando **5.** sonriéndoos
(OR: os estabais sonriendo) **6.** oliendo **7.** despidiendo **8.** poniendo **9.** reuniendo **10.** Teniendo
11. trayendo **12.** interviniendo **13.** viendo **14.** volviendo

Participle (Past Participle)

Ejercicio 5.59

1. hablado **2.** comido **3.** vivido **4.** caminado **5.** sentado **6.** aprendido **7.** conducido **8.** almorzado
9. dado **10.** movido **11.** olido **12.** venido

Ejercicio 5.60

1. abierto **2.** cubierto **3.** dicho **4.** escrito **5.** hecho **6.** se han muerto **7.** nos habíamos puesto
8. resuelto **9.** vuelto **10.** descubierto **11.** devuelto **12.** supuesto

Ejercicio 5.61

1. Ésta* es agua bendita. **2.** Han bendecido la comida. **3.** Quiero papas fritas. (OR: patatas [in Spain])
4. Él había freído las papas. **5.** ¡Maldita suerte! **6.** Nunca he maldecido a nadie. **7.** Llevaba el pelo
suelto. **8.** Han soltado a los toros. **9.** La palabra impresa es muy importante. **10.** ¿Has imprimido tu
trabajo?

*optional accent

Chapter 6 Verbs: Usage

A Present Indicative

Ejercicio 6.1

1. viven **2.** habla (OR: habla usted) **3.** vendo **4.** llueve / tenemos que **5.** trae / traes **6.** acabo
7. salimos

Ejercicio 6.2–6.3

Temas de ensayo y de práctica oral.

B   Aspects of the Indicative Past Tense: Preterite vs. Imperfect

Ejercicio 6.4

1. se levantó, se bañó, bajó **2.** era, tenía, estaba **3.** salía, volvía **4.** vi; gustó **5.** estábamos; empezó; corrimos, nos sentamos; estuvimos. **6.** dijo; venía **7.** era, creía, tenía; descubrí; era; molestó; fue **8.** entré, vi; comían, hablaban, trataban **9.** parecía; decidían, hacía, decían; quería **10.** podía; mordió; se puso; interrumpió

Ejercicio 6.5

Vivía, Tenía, encantaba, gustaba, hacíamos, Ganábamos, ahorrábamos, íbamos

Ejercicio 6.6

1. se fueron **2.** nos quedamos **3.** planeamos **4.** pensábamos **5.** regañaban **6.** invitábamos **7.** gustaba **8.** invitamos **9.** vinieron **10.** fue **11.** bebían **12.** bailaban **13.** oía **14.** Había **15.** parecía **16.** iba **17.** eran **18.** sabíamos **19.** estaban **20.** entré **21.** vi **22.** bebían **23.** saltaban **24.** bailaban **25.** encantó **26.** fue **27.** se enteraron

Ejercicio 6.7

Temas de ensayo y de práctica oral.

Ejercicio 6.8

1. Luisa dijo que al día siguiente comíamos en el restaurante mexicano. **2.** Luisa dijo que esa noche bailaba tango. **3.** Luisa dijo que después de esa canción, bailaba. **4.** Luisa dijo que el mes entrante su familia iba a Argentina. **5.** Luisa dijo que sus vecinos se mudaban pronto. **6.** Luisa dijo que al día siguiente llovía. **7.** Luisa dijo que esa noche terminaba de leer su novela.

Ejercicio 6.9

1. [AC] me desperté, me levanté, me bañé, me vestí **2.** [AS] cantaban, brillaba, olía, preparaban **3.** [AS] comían, corrían, se meneaban, cantaban **4.** [AC] entró, anunció, empezó

Ejercicio 6.10

1. me sentaba [acto habitual] **2.** me senté [acto único] **3.** iba [acto interrumpido] **4.** fui [acto único] **5.** iba [acto habitual] **6.** comía, buscaba, corría [actos simultáneos, fotográficos] **7.** comí, busqué, corrí [actos consecutivos]

Ejercicio 6.11

1. decía **2.** diría **3.** no dirías **4.** no quiso decir **5.** no decía

Ejercicio 6.12

1. conocí **2.** nos conocimos **3.** conocía **4.** podías **5.** quería, sabía **6.** quise, no pude **7.** no quiso **8.** no quería **9.** supiste

Ejercicio 6.13

1. tenían, habían visto **2.** comí, había cenado **3.** dolían, había bailado

Ejercicio 6.14

1. pasábamos (OR pasamos) **2.** tenía **3.** había **4.** alumbraba **5.** íbamos **6.** Cocinábamos **7.** era **8.** nos levantábamos **9.** salía **10.** preparaba **11.** Terminábamos **12.** ensillábamos **13.** nos íbamos **14.** llegábamos **15.** estaba **16.** había salido

Ejercicio 6.15

1. Estábamos 2. oyeron 3. venían 4. había 5. Nos vestimos 6. fuimos 7. veía 8. formamos
9. empezó 10. duró 11. Agarrábamos 12. Logramos 13. contaron 14. habían provocado

Ejercicio 6.16

1. éramos 2. caían 3. teníamos 4. respetaban 5. cambió 6. Estábamos 7. empezamos
8. imaginamos (OR: imaginábamos) 9. buscamos 10. encontramos 11. Era 12. parecía 13. Era
14. tenía 15. Estaba 16. podía 17. Parecía 18. había abandonado 19. sabía 20. tomó
21. ofrecíamos 22. se acostumbró 23. adoptó

Ejercicio 6.17–6.19

Temas de ensayo y de práctica oral.

C Compound Tenses

Ejercicio 6.20

1. Estoy escribiendo una carta. 2. Han estado trabajando allí desde la semana pasada. 3. Estaba
comiendo cuando llegaste. 4. Había estado en el sol por tres horas. 5. Había estado llamando por
dos días. 6. Hemos comido. 7. Habremos comido para entonces. 8. Ayer estuve trabajando en la
computadora todo el día. 9. Dijo que habría terminado. 10. Pensé que estaría lloviendo para ahora.

Ejercicio 6.21

Temas de ensayo y de práctica oral.

D Ways of Expressing the Future

Ejercicio 6.22

1. Mañana comeremos (vamos a comer / comemos) en un restaurante. 2. Esta noche iremos (vamos a
ir / vamos) al cine. 3. Te llamaré (voy a llamar / llamo) esta tarde. 4. ¿Qué harás (vas a hacer / haces)
esta noche?

Ejercicio 6.23

Temas de ensayo y de práctica oral.

E Conditional

Ejercicio 6.24

1. ¿Podrías ayudarme con esto? 2. ¿Tendrías tiempo para ayudarme? 3. No deberías hacer eso.
4. Quisiera que vinieras. [NOTE: Quisiera *is not the conditional. Why not?*]

Ejercicio 6.25

1. Pensaba que llegarían a tiempo. 2. Creía que lo terminarían pronto. 3. Dijo que lo haría. 4. Sabía
que cumpliría con su promesa.

Ejercicio 6.26

Temas de ensayo y de práctica oral.

F Probability

Ejercicio 6.27

1. No estudiarás lo suficiente. **2.** Sería marciano. Estaría enfermo. Algo lo habría asustado. **3.** Estará en el sótano. Habrá ido a la tienda.

Ejercicio 6.28

Temas de ensayo y de práctica oral.

G Subjunctive (Nominal Clauses)

Ejercicio 6.29

1. trabaje **2.** tienes **3.** pagues **4.** salgamos **5.** sirvamos **6.** vaya **7.** aprendan **8.** vemos **9.** comes **10.** lleve **11.** puedan **12.** caigan bien **13.** quiera **14.** puede **15.** dejen **16.** sea **17.** lleve **18.** sorprendan **19.** escuches **20.** se quede

Ejercicio 6.30

1. debemos **2.** se levanten **3.** gane **4.** lleve **5.** sea **6.** llueva **7.** quieran **8.** quiere **9.** griten **10.** llegue **11.** controlen **12.** vea **13.** va **14.** haga **15.** lleve **16.** se callen **17.** salga **18.** denuncie **19.** sabe **20.** pague

Ejercicio 6.31

1. quiere **2.** quiera **3.** se levantaba **4.** se levante **5.** duermas **6.** vayas **7.** puedan **8.** hagas **9.** seas **10.** griten **11.** está **12.** esté **13.** sepan **14.** llame **15.** tomes

Ejercicio 6.32

1. (Ella) me deja manejar. **2.** Espero poder hacerlo. (OR: Ojalá que pueda hacerlo.) **3.** Espero que puedas hacerlo. (OR: Ojalá que puedas hacerlo.) **4.** Siento que va a llover. **5.** Siento que vaya a llover. (OR: Lamento que vaya a llover.) **6.** Siento no poder hacerlo. (OR: Lamento no poder hacerlo.)

Ejercicio 6.33–6.37

Temas de ensayo y de práctica oral.

Subjunctive (Adjectival Clauses)

Ejercicio 6.38

1. calcula **2.** sepa **3.** pueda **4.** puede **5.** pueda **6.** puede **7.** dije **8.** digan **9.** digan

Ejercicio 6.39

Temas de ensayo y de práctica oral.

Subjunctive (Adverbial Clauses)

Ejercicio 6.40

1. salimos **2.** tengas **3.** puedas **4.** llueva **5.** se vaya **6.** se arrepienta **7.** se acuesten **8.** pudo **9.** pueda **10.** paguen **11.** quieras **12.** tenía **13.** llueve **14.** vean **15.** digas

Ejercicio 6.41

1. Ella no irá a menos que vayamos nosotros.   **2.** Lo haré con tal (de) que no se lo digas a nadie.   **3.** Nos iremos tan pronto como te vistas.   **4.** Él insistirá hasta que ella acepte.   **5.** No conozco a nadie que pueda hacer eso sin que tú le expliques cómo.

Ejercicio 6.42

Temas de ensayo y de práctica oral.

Subjunctive (Sequence of Tenses)

Ejercicio 6.43

1. No creo que nuestros amigos lleguen mañana.   **2.** Parece increíble que Raúl viva en Suiza.   **3.** Me sorprende que los vecinos ya hayan visto esa película.   **4.** Dudo que ayer hiciera calor.   **5.** Me sorprende que se haya levantado (OR: se levantara) a las cinco.   **6.** Parece dudoso que ya hayan terminado a esa hora.   **7.** Lamento que mi abuelo ya hubiera muerto cuando llegué.   **8.** Mi padre dudaba que pronto estuviera lista la cena.   **9.** Mi tía se quejaba de que siempre hiciera frío en el monte.   **10.** Era imposible que tú bailaras el tango a los cinco años.   **11.** Temían que los perros se hubieran escapado.   **12.** A Roberto le molestaba que Luisa nunca les hubiera dicho el secreto a sus hijos.   **13.** Me sorprendería mucho que hubieran regresado para la medianoche.   **14.** Yo tenía miedo que Miguel ya hubiera leído esa novela.

Ejercicio 6.44

1. pudieran   **2.** hiciera   **3.** gustara   **4.** fuera   **5.** tuviera   **6.** quisieras   **7.** abrieras   **8.** fuera

Ejercicio 6.45

1. Me parecía increíble que cantaran bien.   **2.** Dudo que ellos caminaran. (OR: hayan caminado; hubieran caminado)   **3.** Ellos no creyeron que yo hubiera caminado.   **4.** Ella se quejó de que yo perdiera las llaves. (OR: hubiera perdido)   **5.** Me alegro de que por fin pudiéramos ver la película. (OR: hayamos podido)   **6.** A Pedro le sorprendió que los perros no hubieran ladrado en toda la noche.

Ejercicio 6.46

1. llamaran   **2.** fueran   **3.** explicara   **4.** pudiera   **5.** fueran   **6.** pudieras   **7.** se callaran / despertaran   **8.** se hubiera cortado

Ejercicio 6.47–6.51

Temas de ensayo y de práctica oral.

Subjunctive (If [*Si*] Clauses)

Ejercicio 6.52

1. hubiera habido (OR: hubiera)   **2.** se compraría   **3.** fuera   **4.** habríamos tenido (OR: hubiéramos tenido)   **5.** ayudaría   **6.** se hubieran visto   **7.** fuera

Ejercicio 6.53–6.54

Temas de ensayo y de práctica oral.

Subjunctive (*Ojalá*)

Ejercicio 6.55

1. Ojalá que no hubiéramos ido.   **2.** Ojalá que me hubieras escuchado.   **3.** Ojalá que comas hoy.
4. Ojalá que me pudiera ver ahora.   **5.** Ojalá que no lo hayan hecho.   **6.** Ojalá que lleguemos allá a tiempo.   **7.** Ojalá que hayan terminado.   **8.** Ojalá que le guste.   **9.** Ojalá que lo hayan comprado.
10. Ojalá que me pudiera oír.

Ejercicio 6.56

Respuestas personales.

Subjunctive (Expressions of Leave-Taking)

Ejercicio 6.57

1. Que te mejores. (OR: Que te alivies.)   **2.** Que tengas (OR: pases) un buen fin de semana.   **3.** Que pasen (OR: tengan) buen día.   **4.** Que se divierta.

Ejercicio 6.58

1. Que te vaya bien.   **2.** Que le vaya bien.   **3.** Que les vaya bien.   **4.** Que os vaya bien.

Ejercicio 6.59

1. Que lo pases bien.   **2.** Que lo pase bien.   **3.** Que lo pasen bien.   **4.** Que lo paséis bien.

Ejercicio 6.60

Respuestas individualizadas.

II Infinitives and Present Participles

Ejercicio 6.61

1. Beber   **2.** cantar   **3.** viajar   **4.** decir   **5.** hablar   **6.** correr   **7.** salir   **8.** fumar

Ejercicio 6.62

1. Ese idioma es difícil de aprender.   **2.** Es difícil aprender ese idioma.   **3.** Esa receta es fácil de preparar.   **4.** Es fácil decir la verdad.   **5.** Es posible vivir más de noventa años.   **6.** Algunas cosas son imposibles de cambiar.

Ejercicio 6.63

Ninguna de las frases del 6.63 usaría el participio presente en español.

Ejercicio 6.64

(Puede haber variación.)
1. Ése es uno de los problemas mundiales **que está aumentando**.   **2.** ¡Qué persona más **interesante**!
3. Es una de las expertas **más importantes** en esa materia.   **4.** Necesito comprar papel **para escribir**.
5. Ese sicólogo dice que todos los problemas de la adolescencia surgen de los dolores **de crecimiento**.
6. Tienen agua **corriente**.   **7.** Toma una foto del jarro **con** líquido azul.   **8.** La corte quería una cantidad de objetos **de ella** (OR: **que le pertenecían a ella, que le pertenecieran a ella**)   **9.** Ahí estaba, **parado** en medio del cuarto.   **10.** La película fue **aburrida**.   **11.** Es un juego **divertido**.   **12.** Encontré al gato **acostado** en la cama.   **13.** Estaba **sentada** frente a mí en el cine.   **14.** Este ejercicio es **entretenido**.   **15.** ¿Tiene agua **potable**?

Ejercicio 6.65

(Todas las frases del 6.65 podrían usar el participio presente, porque se trata de verbos en el progresivo y de adverbios.)
1. Mira: están **aumentando** el peso.   **2.** Estaban **dirigiendo** el tráfico para el lado.   **3.** Se fueron **corriendo.**   **4.** El conferenciante nos estaba **aburriendo** a todos.   **5.** Estaban apenas **sentándose** cuando se acabó la película.   **6.** Estábamos **entreteniendo** a los invitados.

Ejercicio 6.66

1a. *Increasing* es un adjetivo. **1b.** *Increasing* es parte del verbo progresivo. **2a.** *Boring* es un adjetivo. **2b.** *Boring* es parte del verbo progresivo. **3a.** *Sitting* es parte del verbo progresivo. **3b.** *Sitting* es un adjetivo.

1a. Me preocupa mi peso que aumenta. **1b.** Nos van a aumentar los impuestos. *(NOTE: This progressive in English indicates future, which cannot be translated with the progressive in Spanish.)* **2a.** Esa clase es aburrida. **2b.** ¿Te estoy aburriendo? **3a.** Me estaba sentando cuando sonó el teléfono. **3b.** Tengo noticias graves: estás sentado (o sentada)?

Ejercicio 6.67

1. Deben de haber comido.   **2.** Tiene que comer más.   **3.** Pensaban ir a la playa.   **4.** No tengo nada que ponerme.   **5.** Ponte el abrigo antes de salir.   **6.** Para ver esos efectos, hay que ponerse lentes especiales.   **7.** Estaba contento de verla.   **8.** Al entrar, se quitaron los zapatos.   **9.** Mi hermano hizo venir al veterinario.   **10.** Esas semillas son difíciles de plantar.   **11.** Ese libro es fácil de leer.   **12.** Es fácil leer ese libro.   **13.** Ver es creer. (OR: Ver para creer.)   **14.** Me prohíbe manejar.   **15.** A los niños les encanta jugar en el agua.   **16.** Se fue sin decir nada.   **17.** Se arrepintieron después de colgar el teléfono.   **18.** Se separaron sin realmente haber llegado a conocerse.   **19.** No me impidas moverme (OR: mudarme).   **20.** Me duele la espalda de haber trabajado tanto en el jardín.

Ejercicio 6.68–6.69

Temas de ensayo y de práctica oral.

ℹ️ Verbs Like *Gustar*

Ejercicio 6.70

(Lo que está entre paréntesis no es obligatorio, pero no es incorrecto.)
1. (Tú) le caes bien (a él).   **2.** (Ellos) me caen bien (a mí).   **3.** (Nosotros) le caemos bien (a ella).   **4.** (Ella) les cae bien (a ellos).   **5.** (El) nos cae bien (a nosotros).   **6.** (Ellos) te caen bien (a ti).

Ejercicio 6.71

1. No le caes bien a nadie. Le caigo bien **a él.**   **2.** Sí, pero no le caes bien **a ella.**   **3. Ella** te cae bien **a ti,** pero **tú** no le caes bien **a ella.**

Ejercicio 6.72

1. A mí. (*Who is interested in magic? Me.* OR: *I am.*)   **2.** A mí. (*Whose turn is it to pay the bill? Mine.*)
3. A mí. (*Who liked dinner? Me.* OR: *I did.*)   **4.** Yo. (*Who ate more? Me.* OR: *I did.*)

Ejercicio 6.73

1. Lo quiero.   **2.** Me encantan mis clases.   **3.** Me gusta tu casa.   **4.** Me caen bien mis vecinos.

Ejercicio 6.74

1. Les hace falta comida.   **2.** Les quedan dos días.   **3.** Nos sobró tiempo.   **4.** Me haces falta.
5. Le faltan veinte centavos.

Ejercicio 6.75

Temas de ensayo y de práctica oral.

J Reflexive Verbs

Ejercicio 6.76

1. Nos aburrimos en la fiesta. **2.** ¿Te acordaste de las llaves? **3.** Se acostumbró a él muy pronto. **4.** Me alegro de verte. **5.** Se avergonzó de su mentira. **6.** Me bajé del autobús (camión, guagua, bus, ómnibus…) en la tercera parada. **7.** Los otros niños siempre se burlaban de mí. **8.** Vas a tener que enfrentarte (OR: encararte) a ese problema algún día. **9.** Se dio cuenta de que tenía que despedirse de mí. **10.** Todos debemos esforzarnos por mantener limpio el medio ambiente. **11.** ¿Cómo se enteró de eso? **12.** No te fíes de nadie. **13.** Fíjate en sus ojos cuando bailan (OR: bailen). **14.** ¿Dónde nos vamos a encontrar con él para almorzar? **15.** ¿Por qué se mudaron tus padres? **16.** ¿Cómo se llama? **17.** Por favor, no te vayas ahora. **18.** No debes meterte con esos niños. **19.** Se quedaron con nosotros durante el verano. **20.** Se peleó con su padre. **21.** Te pareces a mí. **22.** Ahora va a ponerse a ladrar. **23.** Me siento triste hoy. **24.** Me siento aquí. **25.** Me sentí triste ayer. **26.** Me senté aquí ayer. **27.** Me sentía triste cuando oía esa canción. **28.** Me sentaba aquí. **29.** Se quedó con mi libro. **30.** Sécate bien.

Ejercicio 6.77

1. de **2.** con **3.** de **4.** de **5.** por **6.** a **7.** por **8.** en **9.** de **10.** por **11.** en **12.** a **13.** a / a **14.** en **15.** de **16.** de **17.** ø **18.** con **19.** de **20.** de

Ejercicio 6.78

Temas de ensayo y de práctica oral.

K Indirect Discourse

Ejercicio 6.79

1a. Dice que iremos al cine esta noche. **1b.** Ayer dijo que iríamos al cine anoche. **1c.** Esta mañana dijo que iríamos al cine esta noche. **2a.** Ella supone que yo sé hacerlo. **2b.** Ella suponía que yo sabía hacerlo. **2c.** Ella supuso que yo sabía hacerlo. **3a.** Te digo que yo hice tu trabajo. **3b.** Le dije que yo había hecho su trabajo. **3c.** Me dijo que él (ella) había hecho mi trabajo. **4a.** Te pido que te levantes. **4b.** Me pidió que me levantara. **4c.** Le pedí que se levantara. **5a.** Dice que si pudiera ir ahora, lo haría. **5b.** Dijo que si pudiera ir entonces, lo haría. **6a.** Me preguntó esta mañana si quería que fuéramos la semana entrante. **6b.** Me preguntó el mes pasado si quería que fuéramos la próxima semana. **6c.** Sé que me preguntará si quiero que vayamos la semana entrante. **7a.** Me respondió que si quería comer, que comiera. **7b.** Te estoy diciendo que si quieres comer, que comas. **8a.** Te ruego que te vayas. **8b.** Me suplicó que me fuera. **8c.** Insistieron en que me fuera. **9a.** Siempre me pregunta si sé qué hora es, y yo siempre le contesto que no. **9b.** Me preguntó si sabía qué hora era, y yo le contesté que no.

Ejercicio 6.80

Temas de ensayo y de práctica oral.

Chapter 6   Review

Ejercicio 6.81

1. era **2.** íbamos **3.** presenciábamos **4.** era **5.** recuerdo **6.** he visto **7.** mezclado **8.** quedan **9.** tocaban **10.** desfilaban **11.** se presentaba **12.** lanzaba **13.** salía **14.** parecía **15.** gritaba **16.** indicaba **17.** acercaba **18.** dejaba **19.** cortaban **20.** daba **21.** limpiaban **22.** entrara **23.** dejó (OR: ha dejado) **24.** fue **25.** vino **26.** era **27.** se había hecho **28.** pensaban **29.** era **30.** iba **31.** fue **32.** se quitó **33.** gritó **34.** se rió **35.** tenía **36.** sería **37.** acababan **38.** tuviera **39.** tapara **40.** hubiera considerado (OR: consideraba) **41.** fue **42.** dejó **43.** se paró **44.** sacó **45.** se peinó **46.** se moría **47.** pasaba **48.** fue **49.** llegué **50.** me mudé **51.** ocurrió **52.** contenían

53. fui **54.** pensé **55.** Fueron **56.** hicieron **57.** sabía **58.** pasaba **59.** entrara **60.** había pensado **61.** se trataba **62.** tenía **63.** matara **64.** hiriera **65.** gustaba **66.** hicieran **67.** molestaba **68.** dejé **69.** afectara **70.** hubiera reaccionado **71.** hubiera habido **72.** hubiera sido **73.** se haya muerto **74.** podría **75.** interesaría **76.** daría **77.** matar **78.** dudo **79.** pueda **80.** lastime **81.** tengo **82.** me avergüenzo **83.** haber asistido **84.** haber pensado **85.** tuviera **86.** preferiría **87.** representan **88.** pienso **89.** es **90.** reconozcamos **91.** seamos **92.** es **93.** crían **94.** participar **95.** estoy **96.** seguirá **97.** logren **98.** prohíban **99.** ocurra **100.** será

Ejercicio 6.82

Temas de ensayo y de práctica oral.

Chapter 7) Ser, Estar, Haber, Hacer, and Tener

B Ser vs. Estar

Ejercicio 7.1

1. es **2.** es **3.** es **4.** es **5.** es **6.** es **7.** es **8.** está **9.** es **10.** es **11.** está **12.** es **13.** es **14.** está **15.** está

Ejercicio 7.2

1. Soy **2.** soy **3.** Estoy **4.** Estoy **5.** Soy **6.** Soy *(boring)* OR: Estoy *(bored)* **7.** Soy *(good)* OR: Estoy *[best avoided because of its sexual implications in some dialects; but it can mean "in good health" in other dialects]* **8.** Estoy **9.** Estoy *(I am sick)* OR: Soy *(I am a sick person or a patient [For example, if someone in a hospital mistakes a patient for a nurse, the patient might say:* No soy enfermera, soy enfermera.*])* **10.** Soy **11.** Estoy **12.** Soy **13.** Estoy **14.** Estoy **15.** Estoy **16.** Estoy

Ejercicio 7.3

1. Estoy de regreso. OR: Estoy de vuelta. OR: Regresé. **2.** Soy ciego(a). *[permanent]* Estoy ciego(a). *[as in "blinded" by something temporarily]* **3.** Estoy aburrido(a). *(I am bored.)* **4.** Soy aburrido(a). *(I am a boring person.)* **5.** Soy listo(a). **6.** Tengo calor. **7.** Estoy cómodo(a). **8.** Terminé. OR: He terminado. OR: Ya acabé. **9.** Estoy emocionado(a). **10.** Soy gordo(a). *[by nature]* Estoy gordo(a). *[current condition]* **11.** Estoy harto(a). **12.** Terminé. OR: He terminado. OR: Ya acabé. **13.** Soy de Ithaca. **14.** Me alegro. **15.** Soy bueno(a). **16.** Estoy contento(a). *[in reaction to something]* Soy feliz. *[My life is perfect.]* **17.** Estoy aquí. **18.** Estoy muerto(a). OR: Estoy agotado(a). **19.** Tengo hambre. **20.** Estoy en la universidad. **21.** Me interesa. **22.** Llegué tarde. **23.** Soy maduro(a). **24.** Estoy bien. **25.** Soy callado(a). *[by nature]* Estoy callado(a). *[I am not speaking now.]* **26.** Estoy listo(a). **27.** Soy rico(a). **28.** Me apena oír eso. OR: Me da pena oír eso. **29.** Estoy enfermo(a). **30.** Estoy sentado(a). **31.** Lo siento. **32.** Estoy de pie. **33.** Soy bajo(a). *[not tall]* No tengo suficiente dinero. *[short of funds]* **34.** Soy yo el (la) que te dio las flores. **35.** Estoy trabajando. **36.** Nací.

Ejercicio 7.4

1. Está bien que llegues temprano. **2.** Era (Fue) bueno estar allí. **3.** "Ser o no ser", he ahí el problema (OR: ése es el problema / el dilema OR: ésa es la cuestión.). **4.** Es hora de irse. **5.** Estábamos cómodos porque estábamos sentados. **6.** Era (Fue) interesante ver que siempre llegaban tarde. **7.** Estaba claro que no estaba funcionando bien. **8.** Estaba contento que yo hubiera terminado. **9.** Lo siento pero no tengo hambre. **10.** Me alegro de que estés de acuerdo conmigo.

Ejercicio 7.5

1. es **2.** Es **3.** está **4.** Está **5.** es **6.** es **7.** Es **8.** Son **9.** Está **10.** son **11.** están **12.** está **13.** es **14.** es **15.** es **16.** están **17.** está **18.** estamos **19.** está **20.** es **21.** es **22.** está **23.** fue **24.** están **25.** está

Ejercicio 7.6

1. está **2.** son **3.** es **4.** es **5.** está **6.** está **7.** está **8.** está **9.** está **10.** está **11.** Estás, estoy, estoy **12.** es **13.** es, está **14.** es **15.** es, Están

Ejercicio 7.7

1. estás **2.** es **3.** Estoy **4.** seas **5.** es **6.** Es **7.** es **8.** está **9.** Son **10.** estás **11.** estar **12.** Estoy **13.** esté **14.** sea **15.** estar **16.** estar **17.** esté / sea *[I would be safe / it would be safe]* **18.** estoy **19.** Estás **20.** estás **21.** estás **22.** estás **23.** es **24.** estoy **25.** era **26.** es **27.** estás **28.** estar **29.** Estoy **30.** es **31.** esté **32.** es **33.** son **34.** soy **35.** ser **36.** ser **37.** Estás **38.** Es **39.** está **40.** son **41.** estoy **42.** es **43.** Eres **44.** es **45.** Estaré **46.** es **47.** está **48.** Está

Ejercicio 7.8

Preguntas de respuesta variada.

Ser vs. Estar (With Past Participles: Passive Voice and Resultant Condition)

Ejercicio 7.9

1. Le dieron el coche. [sujeto tácito: sus padres] Se le dio el coche.   **2.** El dueño construyó la casa. **3.** Se venden libros allí.   **4.** ¿Por qué no me dijeron? [ustedes o ellos—sujeto tácito] ¿Por qué no se me dijo?   **5.** A ella no la invitaron. [sujeto tácito: los que dieron la fiesta] No se le invitó.   **6.** La luz me despertó.   **7.** Lo llevaron al aeropuerto. [sujeto tácito: sus amigos, sus padres, etc.] Se le llevó al aeropuerto.   **8.** El león atacó al cazador y lo mató.   **9.** Se prohíbe fumar aquí.   **10.** Al hombre no le leyeron sus derechos. (OR: Al hombre no se le leyeron sus derechos.)

Ejercicio 7.10

1. está hecho **2.** están empacados **3.** está empacada **4.** está puesta **5.** está recogido **6.** Guardados **7.** Escondido **8.** Sentada **9.** está cerrada **10.** Está abierto

Ejercicio 7.11

Existen muchas respuestas posibles.

C Estar vs. Haber

Ejercicio 7.12

1. Hay **2.** están **3.** Hay **4.** están **5.** Hay **6.** hay **7.** hay **8.** están **9.** hay **10.** hay

D Expressions with Estar and Tener

Ejercicio 7.13

1. estaba, estaba, tenían, estaban **2.** tenía, tenía **3.** está, tener, tiene **4.** estuve, tenía, tengo **5.** estamos, Estamos, estaremos **6.** tienes, estoy, tengo, tengo, tengo, tengo **7.** están, tengan **8.** están, estarán

Ejercicio 7.14

1. Parecen estar de prisa.   **2.** ¡Apúrate, Jimmy!   **3.** Lo siento por llegar tarde.   **4.** Estoy contento(a).
5. Yo estaba de pie y tú estabas sentado.   **6.** ¡Siéntate, Luisita!   **7.** Tú tienes razón y yo estoy
equivocado(a).   **8.** Tenía sueño, me dormí y tuve un sueño rarísimo.

Ser, *Estar*, *Tener*, *Haber*, and *Hacer* (Review)

Ejercicio 7.15

1. He estado de rodillas demasiado tiempo.   **2.** ¿Hace frío en el invierno aquí?   **3.** Los niños tenían
sed.   **4.** No sé por qué estoy triste.   **5.** No es que la fiesta sea aburrida, es que la gente está aburrida.
6. ¿Estaba lloviendo?   **7.** ¿Cuántos cuartos hay en ese edificio?   **8.** ¿De dónde eres?   **9.** ¿La
conferencia es en este edificio?

Ejercicio 7.16

1. está   **2.** son   **3.** he   **4.** tengo

Ejercicio 7.17

Temas de ensayo y de práctica oral.

Time Expressions

Ejercicio 7.18

1. Hace una hora que estoy aquí. Llevo una hora aquí.   **2.** Hacía veinte minutos que trabajaban
cuando ella entró. Llevaban veinte minutos trabajando cuando ella entró.   **3.** Hace una semana que lo
llamamos. [No se puede usar **llevar** aquí.]   **4.** Hacía muchos años que no se cortaba el pelo. Llevaba
muchos años sin cortarse el pelo.   **5.** Hace tres años que mi sobrina aprende el ballet. Mi sobrina lleva
tres años aprendiendo ballet.   **6.** Hace dos meses que vino a visitarnos. [No se puede usar **llevar** aquí.]
7. ¿Cuánto tiempo hace que esperamos? ¿Cuánto tiempo llevamos esperando?

Ejercicio 7.19

Temas de ensayo y de práctica oral.

Chapter 7   Review

Ejercicio 7.20

1. estamos   **2.** Es   **3.** hay   **4.** están   **5.** está   **6.** tenía   **7.** es   **8.** tienen   **9.** es   **10.** hay   **11.** Estamos
12. hace   **13.** hay   **14.** estamos   **15.** tener   **16.** somos   **17.** están   **18.** esté   **19.** fue   **20.** tiene
21. estaremos   **22.** tengo   **23.** es

Ejercicio 7.21

Temas de ensayo y de práctica oral.

Chapter 8 Lexical Variations

B Terms and Expressions

1. Acabar

Ejercicio 8.1
1. acabo de **2.** acababa de **3.** acabé de **4.** se me acabó **5.** acabé **6.** acababa, acabo

Ejercicio 8.2
1. Acabé mi trabajo. **2.** Acabaron de reparar el puente en octubre. **3.** Habrá acabado con la construcción para las tres de la tarde. **4.** Acabo de levantarme. **5.** Cuando llegué, acababan de comer. **6.** El examen se acabó a las diez. **7.** Nos acabamos el pan. **8.** Se nos acabó el pan.

2. Apply

Ejercicio 8.3
1. solicitar **2.** aplicar **3.** solicitar **4.** solicitar **5.** aplicación **6.** solicitud

Ejercicio 8.4
1. Solicitó una beca. **2.** El doctor aplicó presión a la herida para parar el sangrado. **3.** Aplique este ungüento tres veces al día. **4.** Solicitaremos un préstamo en el banco. **5.** El puesto que solicitaste ya no existe. **6.** Envié mi solicitud para el empleo (trabajo, puesto) ayer.

3. Ask

Ejercicio 8.5
1. preguntó **2.** pedí **3.** pedí **4.** preguntó **5.** hicieron **6.** cuestión **7.** pregunta **8.** pedido

Ejercicio 8.6
1. Te quiero pedir un favor. **2.** Le hice una pregunta. **3.** Me pidió que la llevara al pueblo. **4.** Me preguntó: —¿De veras tienes dieciséis años? **5.** Le preguntamos si había comido. **6.** Nos preguntaron por qué habíamos llamado. **7.** No me hagas tantas preguntas. **8.** Pensé que era una cuestión de ética.

4. At

Ejercicio 8.7
1. en **2.** en **3.** a, en **4.** en **5.** a **6.** a **7.** en **8.** a

Ejercicio 8.8
1. En este momento, no puedo ir. **2.** Mi primera clase es a las ocho. **3.** Estamos en la universidad. **4.** No estaban en casa. **5.** Vamos a sentarnos a la mesa. **6.** En México me quedaba a veces en la casa de mi tío.

5. Attend

Ejercicio 8.9

1. atiéndanme (OR: atendedme)   **2.** atenderla   **3.** asistí   **4.** atendió   **5.** asistió   **6.** asistencia
7. atento   **8.** asistencia

Ejercicio 8.10

1. Asistimos a la conferencia por la tarde.   **2.** No asistió a clase porque estaba enferma.   **3.** ¿Puedo atenderlo? (OR: ¿Puedo atenderte?, ¿Puedo atenderlos?, ¿Puedo atenderos? ¿Puedo atenderla? ¿Puedo atenderlas?)   **4.** Atiende a los invitados (OR: las invitadas), por favor.   **5.** ¿Tuviste buena asistencia?   **6.** Algunos políticos quieren eliminar la asistencia social.   **7.** Los jóvenes hoy en día son más atentos con sus mayores que en la generación anterior.

6. Because

Ejercicio 8.11

1. por, a causa de   **2.** porque   **3.** por, a causa del frío   **4.** por, a causa de   **5.** gracias a, por, a causa de
6. por   **7.** Por, A causa de (Gracias a—*only if the speaker did not want to go to the movies*)

Ejercicio 8.12

1. Fui a casa a causa de (por) la enfermedad de mi hermano.   **2.** Tuvieron que cancelar el proceso por las noticias.   **3.** Tuvieron que dejarlo ir por eso.   **4.** Perdió la voz por gritar tanto.   **5.** No salieron porque estaba nevando.   **6.** Es gracias a tu amistad que logré llegar donde estoy.

7. Become or Get

Ejercicio 8.13

1. se hizo/llegó a ser   **2.** se puso   **3.** se convirtió en   **4.** se puso   **5.** llegó a ser

Ejercicio 8.14

1. Me alegro de que sea viernes.   **2.** Los niños se callaron.   **3.** Se calmó después de eso.   **4.** Se cansaron de caminar.   **5.** Me enfermé durante las vacaciones.   **6.** Se enojaron porque no escribí.   **7.** Se envejece rápido en este trabajo.   **8.** El caballo se tranquilizó después de la inyección.   **9.** Me fijé que se había puesto pálida.   **10.** Se hizo médico.   **11.** Quería llegar a ser una ciudadana respetada.   **12.** La flor se había convertido en fruta.

Acabar, Apply, Ask, At, Attend, Because, Become (Review)

Ejercicio 8.15

Temas de ensayo y de práctica oral.

8. But

Ejercicio 8.16

1. pero   **2.** sino   **3.** sino   **4.** pero   **5.** sino que   **6.** pero

9. Come and Go

Ejercicio 8.17

1. ven   **2.** voy   **3.** voy   **4.** llegar (OR: venir)   **5.** vine   **6.** ir

Ejercicio 8.18

1. ¿Cuándo vienen a vernos tus padres?   **2.** Fue al cine.   **3.** Voy al cine.   **4.** ¿Puedo ir contigo?
5. —¡Ven acá, Juanita! —¡Voy!   **6.** Siempre llegan tarde.   **7.** No llegues tarde.   **8.** Lo siento por llegar tarde (OR: Lamento haber llegado tarde. / Lamento llegar tarde.)   **9.** ¿Cuándo llegaste?

10. Despedir

Ejercicio 8.19

1. nos despidieron   **2.** despidieron   **3.** nos despedimos   **4.** los despedimos

Ejercicio 8.20

1. Me despidieron ayer.   **2.** Me despedí de mis amigos.   **3.** Lo despedí.   **4.** Me despedí de ella.   **5.** Nos despedimos en la puerta.

11. Exit and Success

Ejercicio 8.21

1. sucesos   **2.** salidas   **3.** éxitos

Ejercicio 8.22

1. Si trabajamos mucho, tendremos éxito.   **2.** Nuestro éxito depende de nuestro esfuerzo.   **3.** La salida está a la derecha.   **4.** A mi abuela le gustaba hablar de los terribles sucesos de la Primera Guerra Mundial.

12. Go and Leave

Ejercicio 8.23

1. salieron   **2.** ir   **3.** salir   **4.** irse   **5.** habían ido   **6.** habían salido   **7.** dejó de   **8.** dejó   **9.** dejaron
10. dejó

Ejercicio 8.24

1. Vamos a la escuela.   **2.** Se fue hace una hora.   **3.** El gato salió.   **4.** Van a salir esta noche.   **5.** La enfermera salió a almorzar.   **6.** Estábamos jugando afuera en el parque, y Luisito se enojó y se fue.
7. ¿A qué hora sale tu vuelo?   **8.** ¿Podría dejarme en la esquina, por favor?   **9.** No me dejas hacer nada.   **10.** Dejaron de gritar.

13. Guide

Ejercicio 8.25

1. la   **2.** la   **3.** el

Ejercicio 8.26

1. Nuestro guía en el museo era un anciano.   **2.** El guía/La guía era de Venezuela.   **3.** Encontrará las reglas en la guía.

But, Come and Go, *Despedir,* Exit and Success, Go and Leave, Guide (Review)

Ejercicio 8.27

Temas de ensayo y de práctica oral.

14. Know

Ejercicio 8.28

1. sé **2.** conocen **3.** saben **4.** conocen **5.** sabe **6.** sabe **7.** sabe **8.** sé **9.** saber

Ejercicio 8.29

1. Te conozco. **2.** Conoció a su nueva esposa en México. **3.** No conoce la región. **4.** Sabe mi número de teléfono. **5.** Saben patinar. **6.** Sabíamos que hacía frío. **7.** No sabían qué decir. **8.** ¿Sabes qué hora es? **9.** ¿Conoces ese hotel? **10.** No sabía nadar.

15. Learn

Ejercicio 8.30

1. aprender **2.** averiguar, enterarse de *(find out);* saber *(know);* aprender *(learn)* **3.** averiguó **4.** supe

Ejercicio 8.31

1. Aprendió a bailar. **2.** Se enteraron de nuestro secreto. (OR: Averiguaron nuestro secreto.) **3.** Cuando supe (OR: me enteré [de]) que estabas aquí, vine en seguida.

16. Meet

Ejercicio 8.32

1. conocí **2.** encontrarnos **3.** conocer **4.** tropezar con (OR: toparme con, encontrarme con)
5. encontrarme con **6.** encuentro

Ejercicio 8.33

1. La conoció en la oficina. **2.** Entonces decidieron encontrarse por la tarde para discutir el trabajo.
3. Adivina con quién me topé *(ran into)* en camino a la biblioteca. (OR: Advina a quién conocí *[was introduced to]* en camino a la biblioteca.)

17. Order

Ejercicio 8.34

1. el **2.** la **3.** el **4.** la

Ejercicio 8.35

1. Todo se tenía que colocar en un orden específico (OR: tenía que colocarse). **2.** Lo hice porque recibí la orden de arriba. **3.** —Hola, me llamo Julia Ruiz. —Hola, Victoria Vargas, a tus órdenes (OR: a sus órdenes).

18. Pensar

Ejercicio 8.36

1. en   **2.** ø   **3.** en   **4.** de

Ejercicio 8.37

1. No puedo dejar de pensar en ti.   **2.** ¿En qué pensabas?   **3.** ¿Qué piensas de mí?   **4.** No quiso decirme lo que pensó del taller.   **5.** Pensamos visitar a nuestros amigos la semana que viene.

19. People vs. Machines

Ejercicio 8.38

1. funciona   **2.** apagó   **3.** arranca   **4.** andaba   **5.** se nos acabó el

Ejercicio 8.39

1. Los niños corrían.   **2.** Ese motor dejó de andar (OR: funcionar).   **3.** Trabajan de nueve a cinco. **4.** No funciona así.   **5.** ¿Cuándo empezó la película?   **6.** Voy a arrancar el coche para que se caliente. **7.** Las luces se apagaron después de las diez.   **8.** Hace ejercicio todos los días.   **9.** Podemos resolverlo. **10.** Salí corriendo.   **11.** Se tropezó con su primo en el museo.   **12.** Las baterías se descargaron. **13.** A mi reloj se le acabó la cuerda (OR: la batería [la pila]).   **14.** Bajó las escaleras corriendo.   **15.** Se encontraron con sus amigos en el bar.   **16.** Chocó con la pared.   **17.** Apaga las luces. **18.** Todo salió bien.

20. Play

Ejercicio 8.40

1. partida   **2.** jugada, partido (OR: juego)   **3.** tocar, jugar   **4.** obra, partido (OR: juego)   **5.** juego **6.** toco

Ejercicio 8.41

1. Jugaron al tenis toda la tarde.   **2.** ¿A qué juegas? (OR: ¿Qué tocas?)   **3.** ¿Tocas la guitarra?   **4.** No juegues con el violín de tu hermana.   **5.** Esta noche va a tocar el violín.

Know, Learn, Meet, Order, *Pensar,* People vs. Machines, Play (Review)

Ejercicio 8.42

Temas de ensayo y de práctica oral.

21. Put

Ejercicio 8.43

1. se puso   **2.** aguantaba / soportaba   **3.** aguantaba / soportaba   **4.** mantener   **5.** apoyó (OR: había apoyado)

Ejercicio 8.44

1. Me puso la mano en el hombro.   **2.** Me puse las botas.   **3.** Metió la mano en su chaqueta.
4. Ayúdame a poner la mesa, por favor.   **5.** La cara se le puso verde.   **6.** No le metas el dedo en el ojo
a tu hermano.   **7.** No aguanto/soporto tu actitud.   **8.** Mi madre mantiene a la familia con dos trabajos
(OR: empleos, puestos).   **9.** Mi hermano me apoya en lo que sea que yo quiera hacer.   **10.** ¿Por qué
aguantas / soportas semejante estupidez?

22. Realize

Ejercicio 8.45

1. realizar   **2.** darse cuenta de   **3.** realizar

Ejercicio 8.46

1. Me doy cuenta de que no puedo realizar tus sueños en un instante.   **2.** Si realizas todos tus deberes
con responsabilidad, te puedes quedar.   **3.** Se dio cuenta de que era infeliz.   **4.** Se dio cuenta de que
sus sueños eran imposibles.

23. Serve

Ejercicio 8.47

1. servirles   **2.** les   **3.** servirles   **4.** la   **5.** lo   **6.** sírvalo

Ejercicio 8.48

1. No me sirvas (OR: No me sirva [usted]) tanto arroz, por favor.   **2.** ¿Cómo puedo servirle?   **3.** La cena
se sirve por lo general a las ocho. Esta noche la serviremos a las siete y media.

24. Spend

Ejercicio 8.49

1. pasar   **2.** gastar   **3.** pasar   **4.** desperdiciar   **5.** pasé   **6.** desperdiciar, gastar

Ejercicio 8.50

1. Gastas más dinero en tus hijos que en ti (mismo[a]).   **2.** Pasé tres horas en (OR: Me pasé tres horas
con) este trabajo ayer.   **3.** Pasó un tiempo en la cárcel.   **4.** Es terrible desperdiciar el tiempo y el dinero.

25. Take

Ejercicio 8.51

1. sacar   **2.** apuntar   **3.** bajar   **4.** tomar   **5.** quitarse   **6.** llevarse   **7.** llevar   **8.** traer   **9.** subir
10. tener

Ejercicio 8.52

1. ¿Qué te gustaría tomar?   **2.** Llevó su cerveza a la mesa.   **3.** Tomó el lápiz y se fue.   **4.** —¿Te podemos
llevar? —No, gracias, tomaré el autobús.   **5.** Esto está tomando demasiado tiempo.   **6.** Toma. Esto es
tuyo.   **7.** Llevamos la cámara a la tienda.   **8.** Se llevaron nuestras toallas.   **9.** Déjame apuntar esto.
10. ¿Quieres que te baje los libros?   **11.** Subieron la comida al cuarto.   **12.** Tenemos que sacar la
basura.   **13.** No te quites los calcetines.   **14.** El examen tendrá lugar aquí.   **15.** ¿Puedo llevar a un
amigo a tu fiesta?   **16.** Trae tu propia bebida.

26. Time

Ejercicio 8.53

1. tiempo   **2.** tiempo   **3.** vez   **4.** hora   **5.** rato   **6.** vez

Ejercicio 8.54

1. ¿Tienes tiempo para hablar conmigo?   **2.** ¿Qué tiempo hacía? (OR: ¿Cómo estuvo el tiempo?)
3. ¿Cuántas veces te lo tengo que decir?   **4.** Esa vez fue diferente.   **5.** No me quiso decir qué hora era.
6. Sabía (OR: Supe) que era hora de levantarme.   **7.** Estará aquí dentro de un ratito.   **8.** Nos
divertimos.   **9.** Tuvimos buen tiempo.

27. What

Ejercicio 8.55

1. lo que *(To use* qué, *you would have to invert the verb and the subject:* No le importaba qué pensaba
yo...)   **2.** Cuál   **3.** Qué   **4.** Qué, Qué, Cómo

Ejercicio 8.56

1. ¿Qué es un "cucurucho"?   **2.** ¿Cuál es el tuyo?   **3.** ¿Qué países visitaste?   **4.** ¿Cómo?   **5.** Lo que no
sabes no te hará daño.

Put, Realize, Serve, Spend, Take, Time, What (Review)

Ejercicio 8.57

Temas de ensayo y de práctica oral.

Verb Tables

Lista de verbos conjugados

1. actuar
2. adquirir
3. andar
4. aprender
5. avergonzar
6. averiguar
7. buscar
8. caber
9. caer
10. caminar
11. cerrar
12. cocer
13. coger
14. comenzar
15. concluir

16. conducir
17. contar
18. creer
19. cruzar
20. dar
21. decir
22. dirigir
23. discernir
24. distinguir
25. dormir
26. enviar
27. errar
28. esparcir
29. estar
30. forzar

31. haber
32. hacer
33. ir
34. jugar
35. llegar
36. lucir
37. morir
38. mover
39. negar
40. oír
41. oler
42. parecer
43. pedir
44. perder
45. poder

46. podrir
47. poner
48. prohibir
49. querer
50. regir
51. reír
52. reunir
53. rogar
54. saber
55. salir
56. seguir
57. sentir
58. ser
59. soler
60. tener

61. teñir
62. traer
63. valer
64. vencer
65. venir
66. ver
67. vivir
68. volcar
69. volver
70. yacer
71. zambullir

Mini-índice de verbos

*(El número de la derecha de cada verbo es el que corresponde al verbo modelo de conjugación. Vea la "Lista de verbos conjugados" para la referencia. NOTE: Los verbos con -se al final son reflexivos. Es necesario usarlos con los pronombres reflexivos: "yo **me** abstengo", por ejemplo).*

abandonar...........10	abortar...............10	acallar...............10	achocar...............7	acorralar.............10
abanicar...............7	abotonar...........10	acalorar.............10	acinturar............10	acorrer...............4
abaratar.............10	abrasar...............10	acampar.............10	aclamar...............10	acortar.............10
abarcar...............7	abrazar...............19	acaparar.............10	aclarar...............10	acosar...............10
abarrotar.............10	abreviar.............10	acaramelar.........10	aclimatar.............10	acostar.............17
abastecer.............42	abrigar.............35	acariciar.............10	acobardar.............10	acostumbrar........10
abatir...............67	abrillantar...........10	acarrear.............10	acobijar.............10	acrecentar.............11
abdicar...............7	abrir...............67	acceder...............4	acodar.............10	acreditar.............10
aberrar...............27	abrochar.............10	accidentar.............10	acoger.............13	acribillar.............10
abjurar.............10	abrogar.............35	acechar.............10	acojinar.............10	activar.............10
ablandar.............10	abrumar.............10	aceitar.............10	acolchonar.............10	actualizar.............19
ablandecer..........42	absolver...........69	acelerar.............10	acomedirse.........43	actuar...............1
abnegar.............39	absorber...............4	acentuar...............1	acometer...............4	acuchillar.............10
abobar.............10	abstenerse...........60	acepillar.............10	acomodar.............10	acuclillarse.........10
abocar...............7	abstraer...........62	aceptar.............10	acompañar.............10	acudir...............67
abochornar.........10	abultar.............10	acequiar.............10	acompasar.............10	acurrucarse...........7
abofetear.............10	abundar.............10	acercar...............7	acomplejar.............10	acusar...............10
abogar.............35	aburguesarse.......10	acertar...............11	aconchabarse......10	adaptar.............10
abombar.............10	aburrir...............67	achacar.............10	acondicionar.............10	adelantar.............10
abominar.............10	abusar.............10	achaparrarse.........10	acongojar.............10	adelgazar.............19
abonar.............10	acabar.............10	achatar.............10	aconsejar.............10	adentrar.............10
abordar.............10	acaecer.............42	achicar...............7	acontecer.............42	aderezar.............19
aborrecer.............42	acalambrarse.......10	achicharrar..........10	acordar.............17	adeudar.............10

VERB TABLES

arrastrar 10	atajar 10	avivar.................10	burocratizar 19	castrar 10
arrear 10	atapuzar 19	ayudar 10	buscar.................7	catalogar 35
arrebatar 10	atar 10	ayunar 10		catapultar 10
arreglar 10	atarantar.............10	azorar 10	cabalgar............35	catar 10
arrellanarse 10	atardecer 42	azotar 10	cabecear 10	causar 10
arremangar 35	atarear 10	azucarar 10	caber 8	cauterizar 19
arremedar 10	atascar 7	azuzar 19	cablegrafiar 26	cautivar 10
arremeter 4	atemorizar...........19		cabrear 10	cavar 10
arremolinar.........10	atender 44	babear 10	cacarear 10	cazar 19
arrempujar 10	atenerse..............60	babosear 10	cachetear 10	cazcalear 10
arrendar 11	atentar 10	bailar 10	caducar 7	cebar 10
arrepentirse........57	atenuar 1	bajar 10	caer 9	cecear 10
arrestar 10	aterrar 11	balancear............10	cagar 35	ceder 4
arriar 26	aterrizar 19	balbucear 10	calar 10	cegar 39
arribar 10	aterrorizar...........19	barnizar 19	calcar 7	cejar 10
arriesgar 35	atesorar 10	barrenar 10	calcificar 7	celar 10
arrimar 10	atestar 10	barrer 4	calcinar 10	celebrar 10
arrinconar 10	atestiguar 6	basar 10	calcografiar 26	cementar 10
arrojar 10	atinar 10	bastar 10	calcular 10	cenar 10
arropar 10	atolondrar 10	batallar 10	calentar 11	censurar 10
arrugar 35	atomizar 19	batir 67	calibrar 10	centralizar 19
arruinar 10	atontar 10	bautizar 19	calificar 7	centrar 10
arrullar 10	atorar 10	beatificar 7	caligrafiar 26	ceñir 61
articular 10	atormentar 10	beber 4	callar 10	cepillar 10
asaltar 10	atornillar 10	beneficiar 10	calmar 10	cercar 7
asar 10	atraer 62	berrear 10	calumniar 10	cerciorar 10
ascender 44	atragantarse 10	besar 10	calzar 19	cernir 23
asear 10	atrancar 7	bienquerer 49	cambiar 10	cerrar 11
asechar 10	atrapar 10	bifurcarse 7	caminar 10	certificar 7
asediar 10	atrasar 10	blanquear 10	camuflar 10	cesar 10
asegurar 10	atravesar 11	blanquecer 42	canalizar 19	chantajear 10
asemejar 10	atribuir 15	blindar 10	cancelar 10	chapotear 10
asentar...............11	atrofiar 10	bloquear 10	canjear 10	charlar................10
asentir 57	atronar 17	bofetear 10	canonizar 19	chequear 10
aserrar 11	atropellar 10	boicotear 10	cansar 10	checar 7
asesinar 10	aturdir 67	bombardear 10	cantar 10	chicanear 10
asesorar 10	augurar 10	bordear 10	capacitar 10	chiflar 10
asestar 10	aumentar 10	borrar 10	capar 10	chillar 10
asfaltar 10	auscultar..............10	borronear 10	capitalizar 19	chinear 10
asfixiar 10	ausentar 10	bosquejar 10	capitular 10	chingar................35
asignar................10	auspiciar..............10	bostezar 19	captar 10	chirriar 26
asimilar 10	autenticar 7	botar 10	capturar 10	chismear 10
asistir..................67	autentificar............7	boxear 10	caracolear............10	chismorrear 10
asociar 10	autografiar 26	bramar 10	caracterizar 19	chismotear 10
asolear 10	automatizar.........19	bregar.................35	caramelizar 19	chispear 10
asomar 10	autorizar 19	brillar 10	carbonizar 19	chistar 10
asombrar.............10	avanzar 19	brincar 7	carcomer 4	chocar 7
aspirar 10	aventajar 10	brindar 10	cardar 10	chocarrear 10
asquear...............10	aventar 11	bromear 10	carecer 42	chorrear 10
astillar 10	aventurar.............10	broncear 10	cargar 35	chotear 10
asumir 67	avergonzar 5	brotar 10	caricaturizar........19	chupar 10
asustar 10	averiguar 6	brutalizar 19	casar 10	chutear 10
atacar 7	avisar..................10	bucear 10	castigar................35	cicatrizar 19

VERB TABLES

dedicar 7	derretir...............43	descarrillar 10	desempeñar.........10	deshidratar..........10
deducir 16	derribar 10	descartar 10	desemperezar......19	deshilachar..........10
defender.............44	derrocar 7	descender...........44	desempolvar........10	deshinchar 10
deferir 57	derrochar 10	descentralizar......19	desencadenar 10	deshojar 10
definir 67	derrotar...............10	descentrar 10	desencajar 10	deshonrar 10
deforestar...........10	derrumbar............10	descifrar 10	desencarcelar 10	deshuesar 10
deformar 10	desabotonar 10	desclasificar...........7	desencerrar 11	deshumanizar......19
defraudar 10	desabrigar 35	descoagular 10	desenchufar.........10	designar 10
degenerar............10	desabrochar 10	descobijar............10	desenfadar 10	desigualar............10
deglutir 67	desacomodar.......10	descocar 7	desenfilar 10	desilusionar.........10
degollar..............17	desacordar...........17	descocer 12	desenfocar.............7	desinfectar 10
degradar.............10	desacreditar 10	descolgar.............53	desenfrenar 10	desinflar 10
degustar 10	desactivar 10	descompaginar....10	desenfundar 10	desintegrar 10
deificar 7	desaferrar 11	descomponer 47	desenfurecer 42	desintoxicar...........7
dejar 10	desafiar................26	desconcertar 11	desenganchar 10	desistir 67
delatar 10	desafilar...............10	desconchinflar 10	desengañar 10	desmaquillar 10
delegar 35	desafinar 10	desconectar 10	desenlazar 19	desmarañar 10
deleitar 10	desagradar...........10	desconfiar 26	desenlodar 10	desmayar 10
deletrear.............10	desagradecer 42	descongelar 10	desenmarañar 10	desmejorar 10
deliberar.............10	desaguar................6	descongestionar...10	desenmascarar 10	desmentir............57
delimitar 10	desahogar............35	desconocer..........42	desenmohecer.....42	desmenuzar.........19
delinear 10	desajustar 10	descontaminar 10	desenredar 10	desmitificar 7
delirar 10	desalentar 11	descontar 17	desenrollar 10	desmontar 10
deludir 67	desalojar 10	descontinuar 1	desenroscar 7	desmoralizar 19
demandar 10	desamarrar 10	descoser 4	desensamblar 10	desmoronar..........10
demarcar 7	desamontonar 10	descotar 10	desensartar 10	desnivelar 10
democratizar.......19	desamparar 10	descoyuntar 10	desensillar 10	desnudar 10
demorar 10	desanimar 10	descrecer.............42	desenterrar..........11	desobedecer........42
demostrar...........17	desaparecer 42	descreer...............18	desentonar 10	desocupar............10
denegar 39	desapegar 35	describir 67	desentrenar 10	desodorizar 19
denigrar 10	desapreciar..........10	descruzar 19	desentumecer.....42	desorbitar............10
denominar 10	desapretar 11	descuartizar.........19	desentumir..........67	desordenar 10
denotar...............10	desaprobar 17	descubrir 67	desenvainar 10	desorganizar 19
densificar 7	desapropiar 10	descuidar.............10	desenvolver 69	desorientar 10
dentar.................11	desarmar 10	desdentar 11	desequilibrar 10	despabilar............10
denunciar...........10	desarmonizar 19	desdeñar..............10	desertar 10	despachar 10
deparar 10	desarreglar 10	desdibujar 10	desesperar 10	desparramar........10
departir 67	desarrollar............10	desdoblar 10	desestabilizar 19	despedazar 19
depender.............4	desarropar 10	desdorar 10	desestancar...........7	despedir 43
depilar 10	desarrugar...........35	desear..................10	desfallecer 42	despegar 35
deplorar 10	desatar................10	desecar 7	desfavorecer........42	despeinar 10
deponer..............47	desatinar 10	desechar 10	desfigurar 10	despejar 10
deportar 10	desatornillar........10	desembalar..........10	desfilar 10	despellejar 10
depositar 10	desayunar 10	desembarazar......19	desfondar 10	desperdiciar 10
depravar 10	desbarajustar.......10	desembarcar..........7	desgajar 10	despertar 11
deprecar 7	desbaratar 10	desembarrar.........10	desgarrar 10	despilfarrar 10
depreciar 10	desbordar 10	desembocar...........7	desgastar 10	despintar 10
deprimir..............67	desboronar 10	desemejar.............10	desgraciar 10	despiojar 10
depurar 10	desbridar 10	desempacar...........7	desgreñar 10	despistar 10
derivar 10	descalcar 7	desempañar.........10	deshacer 32	desplegar 39
derogar 35	descalificar 7	desempaquetar....10	deshebrar 10	desplomar 10
derramar 10	descansar.............10	desemparejar......10	deshelar 11	despoblar 17
derrengar 39	descargar.............35	desempatar..........10	desheredar 10	despojar 10

VERB TABLES

engendrar 10	entristecer 42	espatarrarse........10	excarcelar 10	fascinar..............10
engordar 10	entrometer..........4	especializar 19	excavar 10	fastidiar 10
engrasar 10	entumecer..........42	especificar 7	exceder 4	favorecer 42
enharinar 10	entumirse............67	especular 10	excepcionar..........10	fechar 10
enjabonar 10	entusiasmar........10	esperar 10	exceptuar 1	felicitar................10
enjaular 10	enumerar 10	espesar 10	excitar 10	fermentar............10
enjuagar 35	enunciar 10	espiar......................26	exclamar 10	festejar 10
enlatar 10	envasar 10	espolvorear 10	excluir 15	fiar.........................26
enlazar 19	envejecer.............42	espulgar 35	excomulgar 35	fichar 10
enlodar 10	envenenar 10	esquiar.................26	excretar 10	figurar 10
enloquecer 42	enverdecer 42	esquivar 10	exculpar 10	fijar......................10
enlutar.................10	enviar 26	estabilizar............19	excusar 10	filar......................10
enmarcar 7	envidiar 10	establecer 42	exentar 10	filmar...................10
enmascarar..........10	envigorizar 19	estacionar............10	exhalar 10	filtrar...................10
enmendar............11	enviudar 10	estafar 10	exhibir..................67	finalizar 19
enmudecer 42	envolver 69	estallar 10	exigir 22	financiar 10
enmugrar 10	enyesar 10	estancar 7	exiliar 10	fincar......................7
ennegrecer 42	equilibrar 10	estandardizar 19	eximir 67	fingir 22
enojar 10	equipar 10	estandarizar 19	existir 67	firmar 10
enorgullecer........42	equiparar 10	estar 29	exonerar 10	fiscalizar 19
enredar 10	equivaler 63	estereotipar.........10	exorcizar 19	florear 10
enriquecer...........42	equivocar 7	esterilizar 19	expandir 67	florecer 42
enrojecer 42	erigir 22	estigmatizar 19	expatriarse...........26	flotar 10
enrollar 10	erizar 19	estimar 10	expectorar 10	fluctuar 1
enroscar 7	erosionar 10	estimular 10	experimentar.......10	fluir 15
ensamblar 10	erradicar................7	estipular 10	expiar 26	fomentar 10
ensanchar 10	errar 27	estirar 10	explicar 7	forjar 10
ensangrentar.......11	eructar 10	estorbar 10	explorar 10	formalizar 19
ensayar 10	escalar 10	estornudar 10	explotar 10	formar 10
enseñar................10	escalofriar 26	estrangular 10	exponer 47	formular 10
ensillar 10	escandalizar 19	estratificar............7	expresar 10	forrar 10
ensimismarse 10	escapar 10	estrellar 10	exprimir 67	forzar 30
ensordecer 42	escarbar 10	estremecer 42	expulsar 10	fosilizarse 19
ensuciar...............10	escasear 10	estrenar 10	expurgar 35	fotocopiar 10
entablar...............10	escavar 10	estreñir.................61	extasiarse..............26	fotografiar...........26
entender..............44	escenificar 7	estribar 10	extender 44	fracasar 10
enterar 10	esclavizar 19	estropear 10	extenuar 1	fracturar 10
enternecer 42	escoger 13	estructurar 10	exterior izar 19	fragmentar 10
enterrar 11	esconder................4	estrujar 10	exterminar 10	fraternizar 19
entibiar 10	escribir..................67	estudiar 10	extinguir 24	frecuentar 10
entiesar 10	escuchar 10	eternizar 19	extirpar 10	fregar 39
entiznar 10	escudriñar 10	etiquetar 10	extraer..................62	freír 51
entonar 10	esculcar 7	evacuar 10	extrañar 10	frenar 10
entornar 10	esculpir 67	evadir 67	extrapolar 10	frotar 10
entorpecer 42	escupir 67	evaluar 1	extraviar 26	fruncir..................28
entrar 10	escurrir.................67	evaporar 10		frustrar 10
entreabrir............67	esforzar 30	evitar....................10	fabricar...................7	fugarse 35
entrecerrar..........11	esfumar 10	evocar.....................7	facilitar................10	fumar 10
entregar 35	esmaltar 10	evolucionar 10	facturar 10	fumigar 35
entrenar 10	esmerar 10	exacerbar 10	fallar....................10	funcionar 10
entretejer 4	espandir 67	exagerar 10	fallecer 42	fundar 10
entretener............60	espantar 10	exaltar 10	falsificar 7	fundir 67
entrever...............66	esparcir 28	examinar 10	faltar 10	fusilar 10
entrevistar...........10	esparramar 10	exasperar 10	familiarizar..........19	fusionar 10

legalizar 19	magnetizar 19	mencionar 10	morir 37	obseder 4
legar 35	magnificar 7	mendigar 35	mortificar 7	obsequiar 10
legislar 10	magullar 10	menear 10	mostrar 17	observar 10
legitimar 10	majar 10	menguar 6	motivar 10	obsesionar 10
lesionar 10	malcriar 26	menospreciar 10	motorizar 19	obstaculizar 19
levantar 10	malentender 44	menstruar 1	mover 38	obstar 10
liar 26	malgastar 10	mensualizar 19	movilizar 19	obstinarse 10
liberalizar 19	maliciar 10	mentar 11	mudar 10	obstruir 15
liberar 10	mallugar 35	mentir 57	mugir 22	obtemperar 10
libertar 10	malograr 10	mercantilizar 19	multar 10	obtener 60
librar 10	maltratar 10	mercerizar 19	multicopiar 10	obturar 10
licenciar 10	mamar 10	merecer 42	multiplicar 7	obviar 10
licuar 1	manar 10	merendar 11	municipalizar 19	ocasionar 10
lidiar 10	manchar 10	mermar 10	murmurar 10	occidentalizar 19
ligar 35	mandar 10	merodear 10	musitar 10	ocluir 15
lijar 10	manejar 10	mestizar 19	mutilar 10	ocultar 10
limar 10	manifestar 11	metaforizar 19		ocupar 10
limitar 10	maniobrar 10	metalizar 19	nacer 42	ocurrir 67
limosnear 10	manipular 10	metamorfosear 10	nacionalizar 19	odiar 10
limpiar 10	manosear 10	meter 4	nadar 10	ofender 4
lindar 10	mantener 60	metodizar 19	narrar 10	oficializar 19
liquidar 10	manufacturar 10	mexicanizar 19	nasalizar 19	oficiar 10
lisiar 10	maquinar 10	mezclar 10	naturalizar 19	ofrecer 42
lisonjear 10	maravillar 10	militar 10	naufragar 35	ofuscar 7
litigar 35	marcar 7	militarizar 19	nausear 10	oír 40
lividecer 42	marchar 10	mimar 10	navegar 35	ojear 10
llamar 10	marchitar 10	mimeografiar 26	necesitar 10	oler 41
llegar 35	marear 10	minar 10	negar 39	olfatear 10
llenar 10	marginar 10	mineralizar 19	negociar 10	olvidar 10
llevar 10	martillear 10	miniaturizar 19	neutralizar 19	omitir 67
llorar 10	martirizar 19	minimizar 19	nevar 11	ondear 10
lloriquear 10	mascar 7	mirar 10	neviscar 7	ondular 10
llover 38	masculinizar 19	mistificar 7	nidificar 7	opacar 7
lloviznar 10	mascullar 10	mitigar 35	nivelar 10	opalizar 19
loar 10	masticar 7	mitotear 10	noctambular 10	operar 10
localizar 19	matar 10	mochar 10	nombrar 10	opinar 10
lograr 10	materializar 19	modelar 10	nominar 10	oponer 47
lubricar 7	matizar 19	moderar 10	noquear 10	oprimir 67
lubrificar 7	matraquear 10	modernizar 19	normalizar 19	optar 10
luchar 10	matricular 10	modificar 7	normar 10	optimar 10
lucir 36	maximizar 19	mofar 10	notar 10	optimizar 19
lucrar 10	mecanizar 19	mojar 10	notificar 7	orar 10
lucubrar 10	mecanografiar 26	moldear 10	nublar 10	ordenar 10
lustrar 10	mecer 64	moler 38	numerar 10	ordeñar 10
	mediar 10	molestar 10	nutrir 67	organizar 19
macanear 10	medicamentar 10	molificar 7	ñangotarse 10	orientalizar 19
macerar 10	medir 43	mondar 10		orientar 10
machacar 7	meditar 10	monologar 35	obedecer 42	originalizarse 19
machetear 10	mejorar 10	monopolizar 19	objetar 10	originar 10
machucar 7	melancolizar 19	montar 10	objetivar 10	orillar 10
macizar 19	melcochar 10	moralizar 19	obligar 35	orinar 10
madrugar 35	mellar 10	morar 10	obliterar 10	ornamentar 10
madurar 10	memorar 10	morder 38	obrar 10	ornar 10
madurecer 42	memorizar 19	mordisquear 10	obscurecer 42	ornear 10

orquestar............10	patinar................10	personificar...........7	pordiosear...........10	presuponer..........47
ortografiar 26	patrocinar 10	perspirar 10	porfiar................26	presupuestar 10
osar 10	patrullar 10	persuadir 67	portar 10	pretender 4
oscilar.................10	pausar 10	pervertir 57	posar 10	pretextar 10
oscurecer............42	pautar 10	pesar 10	poseer 18	prevalecer 42
osificar 7	pavonear 10	pescar 7	posesionar...........10	prevaler...............63
ostentar 10	payasear 10	pespuntar 10	posfechar 10	prevaricar.............7
otorgar 35	pealar 10	pespuntear 10	posibilitar............10	prevenir 65
ovalar 10	pecar 7	pestañear 10	posponer..............47	prever..................66
oxidar 10	pedalear 10	petardear 10	postergar 35	privar 10
oxigenar 10	pedir 43	petrificar 7	postrar.................10	privilegiar 10
	pedorrear 10	piafar 10	postular...............10	probar 17
pacer 42	pegar 35	pialar 10	potenciar.............10	proceder................4
pacificar 7	peinar 10	piar 26	practicar................7	procesar 10
pactar 10	pelar 10	picanear 10	precaver 4	proclamar 10
padecer 42	pelear 10	picar 7	preceder 4	procrastinar 10
paganizar 19	peligrar 10	picardear 10	preciar 10	procrear 10
pagar 35	pellizcar 7	picotear 10	precipitar 10	procurar 10
paginar................10	pelotear 10	pigmentar 10	precisar 10	prodigar 35
palear 10	penalizar 19	pimentar 10	preconcebir........43	producir 16
palidecer 42	penar 10	pincelar 10	preconizar...........19	profanar 10
palmear 10	pender...................4	pinchar 10	predefinir 67	proferir 57
palpar 10	penetrar 10	pintar 10	predeterminar.....10	profesar 10
palpitar 10	penitenciar 10	piropear 10	predicar.................7	profesionalizar 19
parafrasear 10	pensar 11	pisar 10	predisponer........47	profetizar 19
paralelar 10	pensionar 10	pisotear 10	predominar 10	profundar 10
paralizar 19	percatar 10	pitar 10	preestablecer......42	profundizar 19
parapetar..............10	perchonar 10	pizcar 7	preexistir.............67	programar 10
parar....................10	percibir 67	plagar 35	prefabricar 7	progresar 10
parcelar 10	percudir 67	plagiar 10	preferir 57	prohibir................48
parchear 10	percutir 67	planchar 10	prefigurar 10	proletarizar 19
parcializar 19	perder 44	planear 10	prefijar 10	proliferar 10
parear...................10	perdonar 10	planificar................7	pregonar 10	prologar 35
parecer 42	perdurar 10	plantar 10	preguntar 10	prolongar 35
parir 67	perecer 42	plantear 10	premeditar 10	promediar 10
parodiar 10	peregrinar 10	plantificar..............7	premiar 10	prometer................4
parpadear............10	perfeccionar.......10	plasmar 10	prender 4	promover.............38
parquear...............10	perfilar 10	plastificar 7	prensar 10	promulgar 35
parrafear 10	perforar 10	platicar 7	preñar 10	pronosticar............7
parrandear 10	perfumar 10	plebiscitar 10	preocupar 10	pronunciar 10
partear.................10	perjudicar.............7	plisar 10	preparar 10	propagar 35
participar 10	permanecer 42	pluralizar 19	preponer..............47	propasar 10
particularizar 19	permitir................67	poblar...................17	presagiar 10	propiciar 10
partir....................67	permutar 10	podar 10	prescindir 67	proponer..............47
pasar 10	pernoctar 10	poder....................45	prescribir 67	proporcionar.......10
pasear 10	perorar 10	podrir...................46	presenciar 10	propulsar 10
pasmar 10	perpetrar 10	poetizar 19	presentar 10	prorrogar 35
pastar 10	perpetuar 1	polarizar 19	presentir 57	prorrumpir...........67
pasteurizar 19	perquirir 2	polemizar 19	preservar 10	proscribir 67
pastorear 10	perseguir 56	politizar 19	presidiar 10	proseguir 56
patalear 10	perseverar 10	ponderar 10	presidir................67	prosificar................7
patear 10	persignar 10	poner....................47	presionar.............10	prospectar 10
patentar...............10	persistir................67	pontificar...............7	prestar 10	prosperar 10
patentizar............19	personalizar 19	popularizar...........19	presumir 67	prosternarse 10

substraer 62
subtitular.............10
subvencionar......10
subyugar 35
suceder................4
sucumbir.............67
sudar 10
sufrir 67
sugerir.................57
sugestionar..........10
suicidarse 10
sujetar 10
sumar 10
sumergir...............22
suministrar..........10
superar 10
superponer...........47
supervisar............10
supervivir 67
suplantar 10
suplicar 7
suplir...................67
suponer................47
suprimir 67
supurar 10
surcar 7
surgir...................22
suscitar 10
suscribir 67
suspender.............4
suspirar 10
sustanciar 10
sustantivar 10
sustentar 10
sustituir...............15
sustraer 62
susurrar...............10
suturar.................10

tachar 10
taconear 10
tajar.....................10
taladrar................10
talar.....................10
tallar....................10
tambalear 10
tamizar.................19
tantear.................10
tapar....................10
tapizar..................19
tararear 10
tardar 10
tarifar 10
tartamudear 10

tatuar....................1
tejer 4
telefonear 10
telegrafiar 26
televisar................10
temblar 11
temer....................4
templar 10
tender...................44
tener.....................60
tentar 11
teñir 61
teorizar 19
terminar...............10
testificar 7
tintinear 10
tipificar 7
tiranizar 19
tirar 10
tiritar 10
tironear 10
tirotear 10
titubear 10
titular 10
tiznar....................10
tocar 7
tolerar 10
tomar 10
tonsurar 10
topar 10
torcer 12
torear 10
tormentar.............10
tornar...................10
tornear 10
torpedear 10
toser 4
tostar 17
totalizar...............19
trabajar 10
trabar 10
traducir................16
traer 62
traficar 7
tragar 35
traicionar 10
trajinar 10
tramar 10
tramitar 10
trancar 7
tranquilizar 19
transcender 44
transcribir 67
transcurrir...........67

transferir 57
transformar.........10
transitar 10
translucirse 36
transmitir 67
transparentarse ...10
transpirar 10
transplantar.........10
traquetear 10
trascender 44
trascribir 67
trascurrir.............67
trasladar 10
traslucir................36
traslumbrar 10
trasmitir...............67
trasnochar 10
traspasar..............10
traspirar 10
trasplantar...........10
trasponer.............47
trasquilar.............10
trastear.................10
trastornar 10
tratar 10
traumatizar 19
trazar 19
trenzar 19
trepar 10
trepidar 10
triar 26
trillar....................10
trinar....................10
trincar 7
trinchar 10
triplicar 7
triturar 10
triunfar................10
trocar....................68
trompetear 10
tronar...................17
tropezar 14
trotar....................10
tumbar 10
turbar...................10
tutear 10

ubicar 7
ufanarse...............10
ulcerar..................10
ultrajar 10
ulular....................10
uncir.....................28
undular 10

unificar...................7
uniformar............10
uniformizar..........19
unir 67
universalizar........19
untar 10
urbanizar..............19
urgir 22
usar 10
usurpar 10
utilizar..................19

vaciar....................26
vacilar...................10
vacunar 10
vagabundear........10
vagar 35
vaguear.................10
valer 63
validar 10
valorar 10
valorizar 19
valuar 1
vanagloriarse.......10
vaporizar 19
variar 26
vaticinar 10
vedar 10
vegetar 10
velar 10
vencer 64
vendar 10
vender 4
vendimiar.............10
venerar 10
vengar 35
venir 65
ventilar 10
ver 66
veranear 10
verdecer 42
verificar 7
versificar 7
verter 44
vestir 43
vetar 10
viajar 10
vibrar....................10
viciar 10
victimar................10
vigilar 10
vigorizar...............19
vincular 10
vindicar 7

violar 10
violentar...............10
virar 10
virilizar.................19
visar 10
visitar 10
vislumbrar............10
visualizar 19
vitalizar 19
vivaquear..............10
vivificar 7
vivir 67
vocalizar...............19
vocear...................10
vociferar...............10
volar 17
volatilizar 19
volatizar 19
volcanizar.............19
volcar 68
voltear 10
volver 69
vomitar.................10
vosear...................10
votar.....................10
vulgarizar............19

xerocopiar...........10

yacer....................70
yuxtaponer.........47

zabordar...............10
zafar 10
zaherir..................57
zahoriar................10
zalear....................10
zambullir.............71
zampar.................10
zanjar....................10
zorrear..................10
zangolotear 10
zapatear................10
zarandear 10
zarpar...................10
zigzaguear...........10
zonificar.................7
zozobrar...............10
zumbar.................10
zurcir....................28
zurrar 10

1. ACTUAR
(to act)

Verbo en -AR con cambio de *u* → *ú*
(Como **acentuar, continuar, evaluar, graduar, insinuar**)

Participio presente: actuando | **Participio pasado:** actuado

Imperativo: actúa (no actúes), actúe Ud., actuemos, actuad (no actuéis), actúen Uds.

Indicativo				Condicional	Subjuntivo	
Presente	**Imperfecto**	**Pretérito**	**Futuro**	**Presente**	**Presente**	**Imperfecto**
actúo	actuaba	actué	actuaré	actuaría	actúe	actuara
actúas	actuabas	actuaste	actuarás	actuarías	actúes	actuaras
actúa	actuaba	actuó	actuará	actuaría	actúe	actuara
actuamos	actuábamos	actuamos	actuaremos	actuaríamos	actuemos	actuáramos
actuáis	actuabais	actuasteis	actuaréis	actuaríais	actuéis	actuarais
actúan	actuaban	actuaron	actuarán	actuarían	actúen	actuaran
Pres. perfecto	**Pluscuamperf.**		**Futuro perfecto**	**Perfecto**	**Pres. perfecto**	**Pluscuamperf.**
he actuado	había actuado		habré actuado	habría actuado	haya actuado	hubiera actuado

2. ADQUIRIR
(to acquire)

Verbo en -IR con cambio de *i* → *ie*
(Como **coadquirir, inquirir, perquirir**)

Participio presente: adquiriendo | **Participio pasado:** adquirido

Imperativo: adquiere (no adquieras), adquiera Ud., adquiramos, adquirid (no adquiráis), adquieran Uds.

Indicativo				Condicional	Subjuntivo	
Presente	**Imperfecto**	**Pretérito**	**Futuro**	**Presente**	**Presente**	**Imperfecto**
adquiero	adquiría	adquirí	adquiriré	adquiriría	adquiera	adquiriera
adquieres	adquirías	adquiriste	adquirirás	adquirirías	adquieras	adquirieras
adquiere	adquiría	adquirió	adquirirá	adquiriría	adquiera	adquiriera
adquirimos	adquiríamos	adquirimos	adquiriremos	adquiriríamos	adquiramos	adquiriéramos
adquirís	adquiríais	adquiristeis	adquiriréis	adquiriríais	adquiráis	adquirierais
adquieren	adquirían	adquirieron	adquirirán	adquirirían	adquieran	adquirieran
Pres. perfecto	**Pluscuamperf.**		**Futuro perfecto**	**Perfecto**	**Pres. perfecto**	**Pluscuamperf.**
he adquirido	había adquirido		habré adquirido	habría adquirido	haya adquirido	hubiera adquirido

3. ANDAR
(to go)

Verbo irregular

Participio presente: andando | **Participio pasado:** andado

Imperativo: anda (no andes), ande Ud., andemos, andad (no andéis), anden Uds.

Indicativo				Condicional	Subjuntivo	
Presente	**Imperfecto**	**Pretérito**	**Futuro**	**Presente**	**Presente**	**Imperfecto**
ando	andaba	anduve	andaré	andaría	ande	anduviera
andas	andabas	anduviste	andarás	andarías	andes	anduvieras
anda	andaba	anduvo	andará	andaría	ande	anduviera
andamos	andábamos	anduvimos	andaremos	andaríamos	andemos	anduviéramos
andáis	andabais	anduvisteis	andaréis	andaríais	andéis	anduvierais
andan	andaban	anduvieron	andarán	andarían	anden	anduvieran
Pres. perfecto	**Pluscuamperf.**		**Futuro perfecto**	**Perfecto**	**Pres. perfecto**	**Pluscuamperf.**
he andado	había andado		habré andado	habría andado	haya andado	hubiera andado

VERB TABLES

4. APRENDER
(to learn)
Verbo regular 2ª conjugación
(Como **depender, emprender, meter, prender, responder**)

Participio presente: aprendiendo | **Participio pasado:** aprendido

Imperativo: aprende (no aprendas), aprenda Ud., aprendamos, aprended (no aprendáis), aprendan Uds.

Indicativo				Condicional	Subjuntivo	
Presente	**Imperfecto**	**Pretérito**	**Futuro**	**Presente**	**Presente**	**Imperfecto**
aprendo	aprendía	aprendí	aprenderé	aprendería	aprenda	aprendiera
aprendes	aprendías	aprendiste	aprenderás	aprenderías	aprendas	aprendieras
aprende	aprendía	aprendió	aprenderá	aprendería	aprenda	aprendiera
aprendemos	aprendíamos	aprendimos	aprenderemos	aprenderíamos	aprendamos	aprendiéramos
aprendéis	aprendíais	aprendisteis	aprenderéis	aprenderíais	aprendáis	aprendierais
aprenden	aprendían	aprendieron	aprenderán	aprenderían	aprendan	aprendieran
Pres. perfecto	**Pluscuamperf.**		**Futuro perfecto**	**Perfecto**	**Pres. perfecto**	**Pluscuamperf.**
he aprendido	había aprendido		habré aprendido	habría aprendido	haya aprendido	hubiera aprendido

5. AVERGONZAR
(to shame)
Verbo en -AR con cambio de $u \rightarrow ü$ frente a E; $z \rightarrow c$ frente a E
(Como **desvergonzarse**)

Participio presente: avergonzando | **Participio pasado:** avergonzado

Imperativo: avergüenza (no avergüences), avergüence Ud., avergoncemos, avergonzad (no avergoncéis), avergüencen Uds.

Indicativo				Condicional	Subjuntivo	
Presente	**Imperfecto**	**Pretérito**	**Futuro**	**Presente**	**Presente**	**Imperfecto**
avergüenzo	avergonzaba	avergoncé	avergonzaré	avergonzaría	avergüence	avergonzara
avergüenzas	avergonzabas	avergonzaste	avergonzarás	avergonzarías	avergüences	avergonzaras
avergüenza	avergonzaba	avergonzó	avergonzará	avergonzaría	avergüence	avergonzara
avergonzamos	avergonzábamos	avergonzamos	avergonzaremos	avergonzaríamos	avergoncemos	avergonzáramos
avergonzáis	avergonzabais	avergonzasteis	avergonzaréis	avergonzaríais	avergoncéis	avergonzarais
avergüenzan	avergonzaban	avergonzaron	avergonzarán	avergonzarían	avergüencen	avergonzaran
Pres. perfecto	**Pluscuamperf.**		**Futuro perfecto**	**Perfecto**	**Pres. perfecto**	**Pluscuamperf.**
he avergonzado	había avergonzado		habré avergonzado	habría avergonzado	haya avergonzado	hubiera avergonzado

6. AVERIGUAR
(to ascertain)
Verbo en -AR con cambio de $u \rightarrow ü$ frente a E
(Como **aguar, amortiguar, apaciguar, atestiguar, santiguar**)

Participio presente: averiguando | **Participio pasado:** averiguado

Imperativo: averigua (no averigües), averigüe Ud., averigüemos, averiguad (no averigüéis), averigüen Uds.

Indicativo				Condicional	Subjuntivo	
Presente	**Imperfecto**	**Pretérito**	**Futuro**	**Presente**	**Presente**	**Imperfecto**
averiguo	averiguaba	averigüé	averiguaré	averiguaría	averigüe	averiguara
averiguas	averiguabas	averiguaste	averiguarás	averiguarías	averigües	averiguaras
averigua	averiguaba	averiguó	averiguará	averiguaría	averigüe	averiguara
averiguamos	averiguábamos	averiguamos	averiguaremos	averiguaríamos	averigüemos	averiguáramos
averiguáis	averiguabais	averiguasteis	averiguaréis	averiguaríais	averigüéis	averiguarais
averiguan	averiguaban	averiguaron	averiguarán	averiguarían	averigüen	averiguaran
Pres. perfecto	**Pluscuamperf.**		**Futuro perfecto**	**Perfecto**	**Pres. perfecto**	**Pluscuamperf.**
he averiguado	había averiguado		habré averiguado	habría averiguado	haya averiguado	hubiera averiguado

7. BUSCAR — (to look for)
Verbo en -AR con cambio de *c* → *qu* frente a E
(Como acercar, explicar, justificar, sacar, significar)

Participio presente: buscando | **Participio pasado:** buscado

Imperativo: busca (no busques), busque Ud., busquemos, buscad (no busquéis), busquen Uds.

Indicativo				Condicional	Subjuntivo	
Presente	Imperfecto	Pretérito	Futuro	Presente	Presente	Imperfecto
busco	buscaba	busqué	buscaré	buscaría	busque	buscara
buscas	buscabas	buscaste	buscarás	buscarías	busques	buscaras
busca	buscaba	buscó	buscará	buscaría	busque	buscara
buscamos	buscábamos	buscamos	buscaremos	buscaríamos	busquemos	buscáramos
buscáis	buscabais	buscasteis	buscaréis	buscaríais	busquéis	buscarais
buscan	buscaban	buscaron	buscarán	buscarían	busquen	buscaran
Pres. perfecto	**Pluscuamperf.**		**Futuro perfecto**	**Perfecto**	**Pres. perfecto**	**Pluscuamperf.**
he buscado	había buscado		habré buscado	habría buscado	haya buscado	hubiera buscado

8. CABER — (to fit)
Verbo irregular

Participio presente: cabiendo | **Participio pasado:** cabido

Imperativo: cabe (no quepas), quepa Ud., quepamos, cabed (no quepáis), quepan Uds.

Indicativo				Condicional	Subjuntivo	
Presente	Imperfecto	Pretérito	Futuro	Presente	Presente	Imperfecto
quepo	cabía	cupe	cabré	cabría	quepa	cupiera
cabes	cabías	cupiste	cabrás	cabrías	quepas	cupieras
cabe	cabía	cupo	cabrá	cabría	quepa	cupiera
cabemos	cabíamos	cupimos	cabremos	cabríamos	quepamos	cupiéramos
cabéis	cabíais	cupisteis	cabréis	cabríais	quepáis	cupierais
caben	cabían	cupieron	cabrán	cabrían	quepan	cupieran
Pres. perfecto	**Pluscuamperf.**		**Futuro perfecto**	**Perfecto**	**Pres. perfecto**	**Pluscuamperf.**
he cabido	había cabido		habré cabido	habría cabido	haya cabido	hubiera cabido

9. CAER — (to fall)
Verbo irregular
(Como decaer, recaer)

Participio presente: cayendo | **Participio pasado:** caído

Imperativo: cae (no caigas), caiga Ud., caigamos, caed (no caigáis), caigan Uds.

Indicativo				Condicional	Subjuntivo	
Presente	Imperfecto	Pretérito	Futuro	Presente	Presente	Imperfecto
caigo	caía	caí	caeré	caería	caiga	cayera
caes	caías	caíste	caerás	caerías	caigas	cayeras
cae	caía	cayó	caerá	caería	caiga	cayera
caemos	caíamos	caímos	caeremos	caeríamos	caigamos	cayéramos
caéis	caíais	caísteis	caeréis	caeríais	caigáis	cayerais
caen	caían	cayeron	caerán	caerían	caigan	cayeran
Pres. perfecto	**Pluscuamperf.**		**Futuro perfecto**	**Perfecto**	**Pres. perfecto**	**Pluscuamperf.**
he caído	había caído		habré caído	habría caído	haya caído	hubiera caído

10. CAMINAR
(to walk)

Verbo regular 1ª conjugación
(Como **acabar, comentar, enamorar, interesar, tardar**)

Participio presente: caminando | **Participio pasado:** caminado

Imperativo: camina (no camines), camine Ud., caminemos, caminad (no caminéis), caminen Uds.

Indicativo				Condicional	Subjuntivo	
Presente	**Imperfecto**	**Pretérito**	**Futuro**	**Presente**	**Presente**	**Imperfecto**
camino	caminaba	caminé	caminaré	caminaría	camine	caminara
caminas	caminabas	caminaste	caminarás	caminarías	camines	caminaras
camina	caminaba	caminó	caminará	caminaría	camine	caminara
caminamos	caminábamos	caminamos	caminaremos	caminaríamos	caminemos	camináramos
camináis	caminabais	caminasteis	caminaréis	caminaríais	caminéis	caminarais
caminan	caminaban	caminaron	caminarán	caminarían	caminen	caminaran
Pres. perfecto	**Pluscuamperf.**		**Futuro perfecto**	**Perfecto**	**Pres. perfecto**	**Pluscuamperf.**
he caminado	había caminado		habré caminado	habría caminado	haya caminado	hubiera caminado

11. CERRAR
(to close)

Verbo en -AR con cambio de e → ie
(Como **acertar, calentar, despertar, quebrar, sentar**)

Participio presente: cerrando | **Participio pasado:** cerrado

Imperativo: cierra (no cierres), cierre Ud., cerremos, cerrad (no cerréis), cierren Uds.

Indicativo				Condicional	Subjuntivo	
Presente	**Imperfecto**	**Pretérito**	**Futuro**	**Presente**	**Presente**	**Imperfecto**
cierro	cerraba	cerré	cerraré	cerraría	cierre	cerrara
cierras	cerrabas	cerraste	cerrarás	cerrarías	cierres	cerraras
cierra	cerraba	cerró	cerrará	cerraría	cierre	cerrara
cerramos	cerrábamos	cerramos	cerraremos	cerraríamos	cerremos	cerráramos
cerráis	cerrabais	cerrasteis	cerraréis	cerraríais	cerréis	cerrarais
cierran	cerraban	cerraron	cerrarán	cerrarían	cierren	cerraran
Pres. perfecto	**Pluscuamperf.**		**Futuro perfecto**	**Perfecto**	**Pres. perfecto**	**Pluscuamperf.**
he cerrado	había cerrado		habré cerrado	habría cerrado	haya cerrado	hubiera cerrado

12. COCER
(to cook)

Verbo en -ER con cambio de o → ue; c → z frente a A y O
(Como **descocer, destorcer, retorcer, torcer**)

Participio presente: cociendo | **Participio pasado:** cocido

Imperativo: cuece (no cuezas), cueza Ud., cozamos, coced (no cozáis), cuezan Uds.

Indicativo				Condicional	Subjuntivo	
Presente	**Imperfecto**	**Pretérito**	**Futuro**	**Presente**	**Presente**	**Imperfecto**
cuezo	cocía	cocí	coceré	cocería	cueza	cociera
cueces	cocías	cociste	cocerás	cocerías	cuezas	cocieras
cuece	cocía	coció	cocerá	cocería	cueza	cociera
cocemos	cocíamos	cocimos	coceremos	coceríamos	cozamos	cociéramos
cocéis	cocíais	cocisteis	coceréis	coceríais	cozáis	cocierais
cuecen	cocían	cocieron	cocerán	cocerían	cuezan	cocieran
Pres. perfecto	**Pluscuamperf.**		**Futuro perfecto**	**Perfecto**	**Pres. perfecto**	**Pluscuamperf.**
he cocido	había cocido		habré cocido	habría cocido	haya cocido	hubiera cocido

13. COGER
(to take hold of)

Verbo en -ER con cambio de $g \rightarrow j$ frente a A y O
(Como **acoger, encoger, escoger, proteger, recoger**)

Participio presente: cogiendo | **Participio pasado:** cogido

Imperativo: coge (no cojas), coja Ud., cojamos, coged (no cojáis), cojan Uds.

Indicativo				Condicional	Subjuntivo	
Presente	**Imperfecto**	**Pretérito**	**Futuro**	**Presente**	**Presente**	**Imperfecto**
cojo	cogía	cogí	cogeré	cogería	coja	cogiera
coges	cogías	cogiste	cogerás	cogerías	cojas	cogieras
coge	cogía	cogió	cogerá	cogería	coja	cogiera
cogemos	cogíamos	cogimos	cogeremos	cogeríamos	cojamos	cogiéramos
cogéis	cogíais	cogisteis	cogeréis	cogeríais	cojáis	cogierais
cogen	cogían	cogieron	cogerán	cogerían	cojan	cogieran
Pres. perfecto	**Pluscuamperf.**		**Futuro perfecto**	**Perfecto**	**Pres. perfecto**	**Pluscuamperf.**
he cogido	había cogido		habré cogido	habría cogido	haya cogido	hubiera cogido

14. COMENZAR
(to begin)

Verbo en -AR con cambio de $e \rightarrow ie$; $z \rightarrow c$ frente a E
(Como **empezar, recomenzar, tropezar**)

Participio presente: comenzando | **Participio pasado:** comenzado

Imperativo: comienza (no comiences), comience Ud., comencemos, comenzad (no comencéis), comiencen Uds.

Indicativo				Condicional	Subjuntivo	
Presente	**Imperfecto**	**Pretérito**	**Futuro**	**Presente**	**Presente**	**Imperfecto**
comienzo	comenzaba	comencé	comenzaré	comenzaría	comience	comenzara
comienzas	comenzabas	comenzaste	comenzarás	comenzarías	comiences	comenzaras
comienza	comenzaba	comenzó	comenzará	comenzaría	comience	comenzara
comenzamos	comenzábamos	comenzamos	comenzaremos	comenzaríamos	comencemos	comenzáramos
comenzáis	comenzabais	comenzasteis	comenzaréis	comenzaríais	comencéis	comenzarais
comienzan	comenzaban	comenzaron	comenzarán	comenzarían	comiencen	comenzaran
Pres. perfecto	**Pluscuamperf.**		**Futuro perfecto**	**Perfecto**	**Pres. perfecto**	**Pluscuamperf.**
he comenzado	había comenzado		habré comenzado	habría comenzado	haya comenzado	hubiera comenzado

15. CONCLUIR
(to conclude)

Verbo en -IR con cambio de $i \rightarrow y$
(Como **atribuir, construir, distribuir, excluir, huir**)

Participio presente: concluyendo | **Participio pasado:** concluido

Imperativo: concluye (no concluyas), concluya Ud., concluyamos, concluid (no concluyáis), concluyan Uds.

Indicativo				Condicional	Subjuntivo	
Presente	**Imperfecto**	**Pretérito**	**Futuro**	**Presente**	**Presente**	**Imperfecto**
concluyo	concluía	concluí	concluiré	concluiría	concluya	concluyera
concluyes	concluías	concluiste	concluirás	concluirías	concluyas	concluyeras
concluye	concluía	concluyó	concluirá	concluiría	concluya	concluyera
concluimos	concluíamos	concluimos	concluiremos	concluiríamos	concluyamos	concluyéramos
concluís	concluíais	concluisteis	concluiréis	concluiríais	concluyáis	concluyerais
concluyen	concluían	concluyeron	concluirán	concluirían	concluyan	concluyeran
Pres. perfecto	**Pluscuamperf.**		**Futuro perfecto**	**Perfecto**	**Pres. perfecto**	**Pluscuamperf.**
he concluido	había concluido		habré concluido	habría concluido	haya concluido	hubiera concluido

16. CONDUCIR
(to conduct)

Verbo en -IR con cambio de *c* → *zc* frente a A y O; *c* → *j*
(Como **deducir, introducir, producir, reducir, traducir**)

Participio presente: conduciendo				Participio pasado: conducido		

Imperativo: conduce (no conduzcas), conduzca Ud., conduzcamos, conducid (no conduzcáis), conduzcan Uds.

Indicativo				Condicional	Subjuntivo	
Presente	**Imperfecto**	**Pretérito**	**Futuro**	**Presente**	**Presente**	**Imperfecto**
conduzco	conducía	conduje	conduciré	conduciría	conduzca	condujera
conduces	conducías	condujiste	conducirás	conducirías	conduzcas	condujeras
conduce	conducía	condujo	conducirá	conduciría	conduzca	condujera
conducimos	conducíamos	condujimos	conduciremos	conduciríamos	conduzcamos	condujéramos
conducís	conducíais	condujisteis	conduciréis	conduciríais	conduzcáis	condujerais
conducen	conducían	condujeron	conducirán	conducirían	conduzcan	condujeran
Pres. perfecto	**Pluscuamperf.**		**Futuro perfecto**	**Perfecto**	**Pres. perfecto**	**Pluscuamperf.**
he conducido	había conducido		habré conducido	habría conducido	haya conducido	hubiera conducido

17. CONTAR
(to tell, to count)

Verbo en -AR con cambio de *o* → *ue*
(Como **acostar, costar, encontrar, mostrar, probar**)

Participio presente: contando				Participio pasado: contado		

Imperativo: cuenta (no cuentes), cuente Ud., contemos, contad (no contéis), cuenten Uds.

Indicativo				Condicional	Subjuntivo	
Presente	**Imperfecto**	**Pretérito**	**Futuro**	**Presente**	**Presente**	**Imperfecto**
cuento	contaba	conté	contaré	contaría	cuente	contara
cuentas	contabas	contaste	contarás	contarías	cuentes	contaras
cuenta	contaba	contó	contará	contaría	cuente	contara
contamos	contábamos	contamos	contaremos	contaríamos	contemos	contáramos
contáis	contabais	contasteis	contaréis	contaríais	contéis	contarais
cuentan	contaban	contaron	contarán	contarían	cuenten	contaran
Pres. perfecto	**Pluscuamperf.**		**Futuro perfecto**	**Perfecto**	**Pres. perfecto**	**Pluscuamperf.**
he contado	había contado		habré contado	habría contado	haya contado	hubiera contado

18. CREER
(to believe)

Verbo irregular
(Como **descreer, leer, poseer, proveer, releer**)

Participio presente: creyendo				Participio pasado: creído		

Imperativo: cree (no creas), crea Ud., creamos, creed (no creáis), crean Uds.

Indicativo				Condicional	Subjuntivo	
Presente	**Imperfecto**	**Pretérito**	**Futuro**	**Presente**	**Presente**	**Imperfecto**
creo	creía	creí	creeré	creería	crea	creyera
crees	creías	creíste	creerás	creerías	creas	creyeras
cree	creía	creyó	creerá	creería	crea	creyera
creemos	creíamos	creímos	creeremos	creeríamos	creamos	creyéramos
creéis	creíais	creísteis	creeréis	creeríais	creáis	creyerais
creen	creían	creyeron	creerán	creerían	crean	creyeran
Pres. perfecto	**Pluscuamperf.**		**Futuro perfecto**	**Perfecto**	**Pres. perfecto**	**Pluscuamperf.**
he creído	había creído		habré creído	habría creído	haya creído	hubiera creído

19. CRUZAR
(to cross)

Verbo en -AR con cambio de *z* → *c* frente a E
(Como **abrazar, bostezar, especializar, lanzar, reemplazar**)

Participio presente: cruzando | **Participio pasado:** cruzado

Imperativo: cruza (no cruces), cruce Ud., crucemos, cruzad (no crucéis), crucen Uds.

Indicativo				Condicional	Subjuntivo	
Presente	Imperfecto	Pretérito	Futuro	Presente	Presente	Imperfecto
cruzo	cruzaba	crucé	cruzaré	cruzaría	cruce	cruzara
cruzas	cruzabas	cruzaste	cruzarás	cruzarías	cruces	cruzaras
cruza	cruzaba	cruzó	cruzará	cruzaría	cruce	cruzara
cruzamos	cruzábamos	cruzamos	cruzaremos	cruzaríamos	crucemos	cruzáramos
cruzáis	cruzabais	cruzasteis	cruzaréis	cruzaríais	crucéis	cruzarais
cruzan	cruzaban	cruzaron	cruzarán	cruzarían	crucen	cruzaran
Pres. perfecto	**Pluscuamperf.**		**Futuro perfecto**	**Perfecto**	**Pres. perfecto**	**Pluscuamperf.**
he cruzado	había cruzado		habré cruzado	habría cruzado	haya cruzado	hubiera cruzado

20. DAR
(to give)

Verbo irregular

Participio presente: dando | **Participio pasado:** dado

Imperativo: da (no des), dé Ud., demos, dad (no deis), den Uds.

Indicativo				Condicional	Subjuntivo	
Presente	Imperfecto	Pretérito	Futuro	Presente	Presente	Imperfecto
doy	daba	di	daré	daría	dé	diera
das	dabas	diste	darás	darías	des	dieras
da	daba	dio	dará	daría	dé	diera
damos	dábamos	dimos	daremos	daríamos	demos	diéramos
dais	dabais	disteis	daréis	daríais	deis	dierais
dan	daban	dieron	darán	darían	den	dieran
Pres. perfecto	**Pluscuamperf.**		**Futuro perfecto**	**Perfecto**	**Pres. perfecto**	**Pluscuamperf.**
he dado	había dado		habré dado	habría dado	haya dado	hubiera dado

21. DECIR
(to say)

Verbo irregular

Participio presente: diciendo | **Participio pasado:** dicho

Imperativo: di (no digas), diga Ud., digamos, decid (no digáis), digan Uds.

Indicativo				Condicional	Subjuntivo	
Presente	Imperfecto	Pretérito	Futuro	Presente	Presente	Imperfecto
digo	decía	dije	diré	diría	diga	dijera
dices	decías	dijiste	dirás	dirías	digas	dijeras
dice	decía	dijo	dirá	diría	diga	dijera
decimos	decíamos	dijimos	diremos	diríamos	digamos	dijéramos
decís	decíais	dijisteis	diréis	diríais	digáis	dijerais
dicen	decían	dijeron	dirán	dirían	digan	dijeran
Pres. perfecto	**Pluscuamperf.**		**Futuro perfecto**	**Perfecto**	**Pres. perfecto**	**Pluscuamperf.**
he dicho	había dicho		habré dicho	habría dicho	haya dicho	hubiera dicho

22. DIRIGIR
(to direct)

Verbo en -IR con cambio de *g → j* frente a A y O
(Como **afligir, exigir, fingir, surgir, urgir**)

Participio presente: dirigiendo | **Participio pasado:** dirigido

Imperativo: dirige (no dirijas), dirija Ud., dirijamos, dirigid (no dirijáis), dirijan Uds.

Indicativo				Condicional	Subjuntivo	
Presente	**Imperfecto**	**Pretérito**	**Futuro**	**Presente**	**Presente**	**Imperfecto**
dirijo	dirigía	dirigí	dirigiré	dirigiría	dirija	dirigiera
diriges	dirigías	dirigiste	dirigirás	dirigirías	dirijas	dirigieras
dirige	dirigía	dirigió	dirigirá	dirigiría	dirija	dirigiera
dirigimos	dirigíamos	dirigimos	dirigiremos	dirigiríamos	dirijamos	dirigiéramos
dirigís	dirigíais	dirigisteis	dirigiréis	dirigiríais	dirijáis	dirigierais
dirigen	dirigían	dirigieron	dirigirán	dirigirían	dirijan	dirigieran
Pres. perfecto	**Pluscuamperf.**		**Futuro perfecto**	**Perfecto**	**Pres. perfecto**	**Pluscuamperf.**
he dirigido	había dirigido		habré dirigido	habría dirigido	haya dirigido	hubiera dirigido

23. DISCERNIR
(to discern)

Verbo en -IR con cambio de *e → ie*
(Como **cernir, concernir**)

Participio presente: discerniendo | **Participio pasado:** discernido

Imperativo: discierne (no disciernas), discierna Ud., discernamos, discernid (no discernáis), disciernan Uds.

Indicativo				Condicional	Subjuntivo	
Presente	**Imperfecto**	**Pretérito**	**Futuro**	**Presente**	**Presente**	**Imperfecto**
discierno	discernía	discerní	discerniré	discerniría	discierna	discerniera
disciernes	discernías	discerniste	discernirás	discernirías	disciernas	discernieras
discierne	discernía	discernió	discernirá	discerniría	discierna	discerniera
discernimos	discerníamos	discernimos	discerniremos	discerniríamos	discernamos	discerniéramos
discernís	discerníais	discernisteis	discerniréis	discerniríais	discernáis	discernierais
disciernen	discernían	discernieron	discernirán	discernirían	disciernan	discernieran
Pres. perfecto	**Pluscuamperf.**		**Futuro perfecto**	**Perfecto**	**Pres. perfecto**	**Pluscuamperf.**
he discernido	había discernido		habré discernido	habría discernido	haya discernido	hubiera discernido

24. DISTINGUIR
(to distinguish)

Verbo en -IR con cambio de *gu → g* frente a A y O
(Como **extinguir**)

Participio presente: distinguiendo | **Participio pasado:** distinguido

Imperativo: distingue (no distingas), distinga Ud., distingamos, distinguid (no distingáis), distingan Uds.

Indicativo				Condicional	Subjuntivo	
Presente	**Imperfecto**	**Pretérito**	**Futuro**	**Presente**	**Presente**	**Imperfecto**
distingo	distinguía	distinguí	distinguiré	distinguiría	distinga	distinguiera
distingues	distinguías	distinguiste	distinguirás	distinguirías	distingas	distinguieras
distingue	distinguía	distinguió	distinguirá	distinguiría	distinga	distinguiera
distinguimos	distinguíamos	distinguimos	distinguiremos	distinguiríamos	distingamos	distinguiéramos
distinguís	distinguíais	distinguisteis	distinguiréis	distinguiríais	distingáis	distinguierais
distinguen	distinguían	distinguieron	distinguirán	distinguirían	distingan	distinguieran
Pres. perfecto	**Pluscuamperf.**		**Futuro perfecto**	**Perfecto**	**Pres. perfecto**	**Pluscuamperf.**
he distinguido	había distinguido		habré distinguido	habría distinguido	haya distinguido	hubiera distinguido

25. DORMIR
(to sleep)   Verbo en -IR con cambio de *o → ue* y *o → u*

Participio presente: durmiendo	Participio pasado: dormido

Imperativo: duerme (no duermas), duerma Ud., durmamos, dormid (no durmáis), duerman Uds.

Indicativo				Condicional	Subjuntivo	
Presente	Imperfecto	Pretérito	Futuro	Presente	Presente	Imperfecto
duermo	dormía	dormí	dormiré	dormiría	duerma	durmiera
duermes	dormías	dormiste	dormirás	dormirías	duermas	durmieras
duerme	dormía	durmió	dormirá	dormiría	duerma	durmiera
dormimos	dormíamos	dormimos	dormiremos	dormiríamos	durmamos	durmiéramos
dormís	dormíais	dormisteis	dormiréis	dormiríais	durmáis	durmierais
duermen	dormían	durmieron	dormirán	dormirían	duerman	durmieran
Pres. perfecto	**Pluscuamperf.**		**Futuro perfecto**	**Perfecto**	**Pres. perfecto**	**Pluscuamperf.**
he dormido	había dormido		habré dormido	habría dormido	haya dormido	hubiera dormido

26. ENVIAR
(to send)   Verbo en -AR con cambio de *i → í*
(Como **ampliar, confiar, enfriar, rociar, vaciar, variar**)

Participio presente: enviando	Participio pasado: enviado

Imperativo: envía (no envíes), envíe Ud., enviemos, enviad (no enviéis), envíen Uds.

Indicativo				Condicional	Subjuntivo	
Presente	Imperfecto	Pretérito	Futuro	Presente	Presente	Imperfecto
envío	enviaba	envié	enviaré	enviaría	envíe	enviara
envías	enviabas	enviaste	enviarás	enviarías	envíes	enviaras
envía	enviaba	envió	enviará	enviaría	envíe	enviara
enviamos	enviábamos	enviamos	enviaremos	enviaríamos	enviemos	enviáramos
enviáis	enviabais	enviasteis	enviaréis	enviaríais	enviéis	enviarais
envían	enviaban	enviaron	enviarán	enviarían	envíen	enviaran
Pres. perfecto	**Pluscuamperf.**		**Futuro perfecto**	**Perfecto**	**Pres. perfecto**	**Pluscuamperf.**
he enviado	había enviado		habré enviado	habría enviado	haya enviado	hubiera enviado

27. ERRAR
(to wander)   Verbo en -AR con cambio de *e → ye*
(Como **aberrar**)

Participio presente: errando	Participio pasado: errado

Imperativo: yerra (no yerres), yerre Ud., erremos, errad (no erréis), yerren Uds.

Indicativo				Condicional	Subjuntivo	
Presente	Imperfecto	Pretérito	Futuro	Presente	Presente	Imperfecto
yerro	erraba	erré	erraré	erraría	yerre	errara
yerras	errabas	erraste	errarás	errarías	yerres	erraras
yerra	erraba	erró	errará	erraría	yerre	errara
erramos	errábamos	erramos	erraremos	erraríamos	erremos	erráramos
erráis	errabais	errasteis	erraréis	erraríais	erréis	errarais
yerran	erraban	erraron	errarán	errarían	yerren	erraran
Pres. perfecto	**Pluscuamperf.**		**Futuro perfecto**	**Perfecto**	**Pres. perfecto**	**Pluscuamperf.**
he errado	había errado		habré errado	habría errado	haya errado	hubiera errado

28. ESPARCIR
(to scatter)

Verbo en -IR con cambio de $c \rightarrow z$ frente a A y O
(Como **fruncir, uncir, zurcir**)

Participio presente: esparciendo   **Participio pasado:** esparcido

Imperativo: esparce (no esparzas), esparza Ud., esparzamos, esparcid (no esparzáis), esparzan Uds.

Indicativo				Condicional	Subjuntivo	
Presente	**Imperfecto**	**Pretérito**	**Futuro**	**Presente**	**Presente**	**Imperfecto**
esparzo	esparcía	esparcí	esparciré	esparciría	esparza	esparciera
esparces	esparcías	esparciste	esparcirás	esparcirías	esparzas	esparcieras
esparce	esparcía	esparció	esparcirá	esparciría	esparza	esparciera
esparcimos	esparcíamos	esparcimos	esparciremos	esparciríamos	esparzamos	esparciéramos
esparcís	esparcíais	esparcisteis	esparciréis	esparciríais	esparzáis	esparcierais
esparcen	esparcían	esparcieron	esparcirán	esparcirían	esparzan	esparcieran
Pres. perfecto	**Pluscuamperf.**		**Futuro perfecto**	**Perfecto**	**Pres. perfecto**	**Pluscuamperf.**
he esparcido	había esparcido		habré esparcido	habría esparcido	haya esparcido	hubiera esparcido

29. ESTAR
(to be)

Verbo irregular

Participio presente: estando   **Participio pasado:** estado

Imperativo: está (no estés), esté Ud., estemos, estad (no estéis), estén Uds.

Indicativo				Condicional	Subjuntivo	
Presente	**Imperfecto**	**Pretérito**	**Futuro**	**Presente**	**Presente**	**Imperfecto**
estoy	estaba	estuve	estaré	estaría	esté	estuviera
estás	estabas	estuviste	estarás	estarías	estés	estuvieras
está	estaba	estuvo	estará	estaría	esté	estuviera
estamos	estábamos	estuvimos	estaremos	estaríamos	estemos	estuviéramos
estáis	estabais	estuvisteis	estaréis	estaríais	estéis	estuvierais
están	estaban	estuvieron	estarán	estarían	estén	estuvieran
Pres. perfecto	**Pluscuamperf.**		**Futuro perfecto**	**Perfecto**	**Pres. perfecto**	**Pluscuamperf.**
he estado	había estado		habré estado	habría estado	haya estado	hubiera estado

30. FORZAR
(to force)

Verbo en -AR con cambio de $o \rightarrow ue$; $z \rightarrow c$ frente a E
(Como **almorzar, esforzar, reforzar**)

Participio presente: forzando   **Participio pasado:** forzado

Imperativo: fuerza (no fuerces), fuerce Ud., forcemos, forzad (no forcéis), fuercen Uds.

Indicativo				Condicional	Subjuntivo	
Presente	**Imperfecto**	**Pretérito**	**Futuro**	**Presente**	**Presente**	**Imperfecto**
fuerzo	forzaba	forcé	forzaré	forzaría	fuerce	forzara
fuerzas	forzabas	forzaste	forzarás	forzarías	fuerces	forzaras
fuerza	forzaba	forzó	forzará	forzaría	fuerce	forzara
forzamos	forzábamos	forzamos	forzaremos	forzaríamos	forcemos	forzáramos
forzáis	forzabais	forzasteis	forzaréis	forzaríais	forcéis	forzarais
fuerzan	forzaban	forzaron	forzarán	forzarían	fuercen	forzaran
Pres. perfecto	**Pluscuamperf.**		**Futuro perfecto**	**Perfecto**	**Pres. perfecto**	**Pluscuamperf.**
he forzado	había forzado		habré forzado	habría forzado	haya forzado	hubiera forzado

31. HABER — Verbo irregular
(to have)

Participio presente: habiendo	Participio pasado: habido

Imperativo: he (no hayas), haya Ud., hayamos, habed (no hayáis), hayan Uds.

Indicativo				Condicional	Subjuntivo	
Presente	**Imperfecto**	**Pretérito**	**Futuro**	**Presente**	**Presente**	**Imperfecto**
he	había	hube	habré	habría	haya	hubiera
has	habías	hubiste	habrás	habrías	hayas	hubieras
ha(hay*)	había*	hubo*	habrá*	habría*	haya*	hubiera*
hemos	habíamos	hubimos	habremos	habríamos	hayamos	hubiéramos
habéis	habíais	hubisteis	habréis	habríais	hayáis	hubierais
han	habían	hubieron	habrán	habrían	hayan	hubieran
Pres. perfecto	**Pluscuamperf.**		**Futuro perfecto**	**Perfecto**	**Pres. perfecto**	**Pluscuamperf.**
he habido	había habido		habré habido	habría habido	haya habido	hubiera habido

(*Para la conjugación del uso impersonal, vea la 3ª persona de cada tiempo excepto el presente del indicativo, que es "hay".)

32. HACER — Verbo irregular
(to do) — (Como **deshacer, rehacer, satisfacer**)

Participio presente: haciendo	Participio pasado: hecho

Imperativo: haz (no hagas), haga Ud., hagamos, haced (no hagáis), hagan Uds.

Indicativo				Condicional	Subjuntivo	
Presente	**Imperfecto**	**Pretérito**	**Futuro**	**Presente**	**Presente**	**Imperfecto**
hago	hacía	hice	haré	haría	haga	hiciera
haces	hacías	hiciste	harás	harías	hagas	hicieras
hace	hacía	hizo	hará	haría	haga	hiciera
hacemos	hacíamos	hicimos	haremos	haríamos	hagamos	hiciéramos
hacéis	hacíais	hicisteis	haréis	haríais	hagáis	hicierais
hacen	hacían	hicieron	harán	harían	hagan	hicieran
Pres. perfecto	**Pluscuamperf.**		**Futuro perfecto**	**Perfecto**	**Pres. perfecto**	**Pluscuamperf.**
he hecho	había hecho		habré hecho	habría hecho	haya hecho	hubiera hecho

33. IR — Verbo irregular
(to go)

Participio presente: yendo	Participio pasado: ido

Imperativo: ve (no vayas), vaya Ud., vamos (no vayamos), id (no vayáis), vayan Uds.

Indicativo				Condicional	Subjuntivo	
Presente	**Imperfecto**	**Pretérito**	**Futuro**	**Presente**	**Presente**	**Imperfecto**
voy	iba	fui	iré	iría	vaya	fuera
vas	ibas	fuiste	irás	irías	vayas	fueras
va	iba	fue	irá	iría	vaya	fuera
vamos	íbamos	fuimos	iremos	iríamos	vayamos	fuéramos
vais	ibais	fuisteis	iréis	iríais	vayáis	fuerais
van	iban	fueron	irán	irían	vayan	fueran
Pres. perfecto	**Pluscuamperf.**		**Futuro perfecto**	**Perfecto**	**Pres. perfecto**	**Pluscuamperf.**
he ido	había ido		habré ido	habría ido	haya ido	hubiera ido

34. JUGAR
(to play)
Verbo en -AR con cambio de *u* → *ue*; *g* → *gu* frente a E

Participio presente: jugando | **Participio pasado:** jugado

Imperativo: jue**g**a (no jue**g**ues), jue**g**ue Ud., ju**g**uemos, jugad (no ju**g**uéis), jue**g**uen Uds.

Indicativo				Condicional	Subjuntivo	
Presente	**Imperfecto**	**Pretérito**	**Futuro**	**Presente**	**Presente**	**Imperfecto**
juego	jugaba	jugué	jugaré	jugaría	juegue	jugara
juegas	jugabas	jugaste	jugarás	jugarías	juegues	jugaras
juega	jugaba	jugó	jugará	jugaría	juegue	jugara
jugamos	jugábamos	jugamos	jugaremos	jugaríamos	juguemos	jugáramos
jugáis	jugabais	jugasteis	jugaréis	jugaríais	juguéis	jugarais
juegan	jugaban	jugaron	jugarán	jugarían	jueguen	jugaran
Pres. perfecto	**Pluscuamperf.**		**Futuro perfecto**	**Perfecto**	**Pres. perfecto**	**Pluscuamperf.**
he jugado	había jugado		habré jugado	habría jugado	haya jugado	hubiera jugado

35. LLEGAR
(to arrive)
Verbo en -AR con cambio de *g* → *gu* frente a E
(Como abrigar, cargar, entregar, obligar, pagar)

Participio presente: llegando | **Participio pasado:** llegado

Imperativo: llega (no lle**g**ues), lle**g**ue Ud., lle**g**uemos, llegad (no lle**g**uéis), lle**g**uen Uds.

Indicativo				Condicional	Subjuntivo	
Presente	**Imperfecto**	**Pretérito**	**Futuro**	**Presente**	**Presente**	**Imperfecto**
llego	llegaba	llegué	llegaré	llegaría	llegue	llegara
llegas	llegabas	llegaste	llegarás	llegarías	llegues	llegaras
llega	llegaba	llegó	llegará	llegaría	llegue	llegara
llegamos	llegábamos	llegamos	llegaremos	llegaríamos	lleguemos	llegáramos
llegáis	llegabais	llegasteis	llegaréis	llegaríais	lleguéis	llegarais
llegan	llegaban	llegaron	llegarán	llegarían	lleguen	llegaran
Pres. perfecto	**Pluscuamperf.**		**Futuro perfecto**	**Perfecto**	**Pres. perfecto**	**Pluscuamperf.**
he llegado	había llegado		habré llegado	habría llegado	haya llegado	hubiera llegado

36. LUCIR
(to shine)
Verbo en -IR con cambio de *c* → *zc* frente a A y O
(Como relucir, traslucirse, traslucir)

Participio presente: luciendo | **Participio pasado:** lucido

Imperativo: luce (no lu**zc**as), lu**zc**a Ud., lu**zc**amos, lucid (no lu**zc**áis), lu**zc**an Uds.

Indicativo				Condicional	Subjuntivo	
Presente	**Imperfecto**	**Pretérito**	**Futuro**	**Presente**	**Presente**	**Imperfecto**
luzco	lucía	lucí	luciré	luciría	luzca	luciera
luces	lucías	luciste	lucirás	lucirías	luzcas	lucieras
luce	lucía	lució	lucirá	luciría	luzca	luciera
lucimos	lucíamos	lucimos	luciremos	luciríamos	luzcamos	luciéramos
lucís	lucíais	lucisteis	luciréis	luciríais	luzcáis	lucierais
lucen	lucían	lucieron	lucirán	lucirían	luzcan	lucieran
Pres. perfecto	**Pluscuamperf.**		**Futuro perfecto**	**Perfecto**	**Pres. perfecto**	**Pluscuamperf.**
he lucido	había lucido		habré lucido	habría lucido	haya lucido	hubiera lucido

37. MORIR
(to die)

Verbo en -IR con cambio de o → ue; participio pasado irregular

Participio presente: muriendo				Participio pasado: muerto		

Imperativo: muere (no mueras), muera Ud., muramos, morid (no muráis), mueran Uds.

Indicativo				Condicional	Subjuntivo	
Presente	**Imperfecto**	**Pretérito**	**Futuro**	**Presente**	**Presente**	**Imperfecto**
muero	moría	morí	moriré	moriría	muera	muriera
mueres	morías	moriste	morirás	morirías	mueras	murieras
muere	moría	murió	morirá	moriría	muera	muriera
morimos	moríamos	morimos	moriremos	moriríamos	muramos	muriéramos
morís	moríais	moristeis	moriréis	moriríais	muráis	murierais
mueren	morían	murieron	morirán	morirían	mueran	murieran
Pres. perfecto	**Pluscuamperf.**		**Futuro perfecto**	**Perfecto**	**Pres. perfecto**	**Pluscuamperf.**
he muerto	había muerto		habré muerto	habría muerto	haya muerto	hubiera muerto

38. MOVER
(to move)

Verbo en -ER con cambio de o → ue
(Como doler, llover, morder, promover, remorder)

Participio presente: moviendo				Participio pasado: movido		

Imperativo: mueve (no muevas), mueva Ud., movamos, moved (no mováis), muevan Uds.

Indicativo				Condicional	Subjuntivo	
Presente	**Imperfecto**	**Pretérito**	**Futuro**	**Presente**	**Presente**	**Imperfecto**
muevo	movía	moví	moveré	movería	mueva	moviera
mueves	movías	moviste	moverás	moverías	muevas	movieras
mueve	movía	movió	moverá	movería	mueva	moviera
movemos	movíamos	movimos	moveremos	moveríamos	movamos	moviéramos
movéis	movíais	movisteis	moveréis	moveríais	mováis	movierais
mueven	movían	movieron	moverán	moverían	muevan	movieran
Pres. perfecto	**Pluscuamperf.**		**Futuro perfecto**	**Perfecto**	**Pres. perfecto**	**Pluscuamperf.**
he movido	había movido		habré movido	habría movido	haya movido	hubiera movido

39. NEGAR
(to deny)

Verbo en -AR con cambio de e → ie; g → gu frente a E
(Como cegar, fregar, regar, renegar, restregar)

Participio presente: negando				Participio pasado: negado		

Imperativo: niega (no niegues), niegue Ud., neguemos, negad (no neguéis), nieguen Uds.

Indicativo				Condicional	Subjuntivo	
Presente	**Imperfecto**	**Pretérito**	**Futuro**	**Presente**	**Presente**	**Imperfecto**
niego	negaba	negué	negaré	negaría	niegue	negara
niegas	negabas	negaste	negarás	negarías	niegues	negaras
niega	negaba	negó	negará	negaría	niegue	negara
negamos	negábamos	negamos	negaremos	negaríamos	neguemos	negáramos
negáis	negabais	negasteis	negaréis	negaríais	neguéis	negarais
niegan	negaban	negaron	negarán	negarían	nieguen	negaran
Pres. perfecto	**Pluscuamperf.**		**Futuro perfecto**	**Perfecto**	**Pres. perfecto**	**Pluscuamperf.**
he negado	había negado		habré negado	habría negado	haya negado	hubiera negado

40. OÍR — Verbo irregular
(to hear)

Participio presente: oyendo	Participio pasado: oído

Imperativo: oye (no oigas), oiga Ud., oigamos, oíd (no oigáis), oigan Uds.

Indicativo				Condicional	Subjuntivo	
Presente	Imperfecto	Pretérito	Futuro	Presente	Presente	Imperfecto
oigo	oía	oí	oiré	oiría	oiga	oyera
oyes	oías	oíste	oirás	oirías	oigas	oyeras
oye	oía	oyó	oirá	oiría	oiga	oyera
oímos	oíamos	oímos	oiremos	oiríamos	oigamos	oyéramos
oís	oíais	oísteis	oiréis	oiríais	oigáis	oyerais
oyen	oían	oyeron	oirán	oirían	oigan	oyeran

Pres. perfecto	Pluscuamperf.		Futuro perfecto	Perfecto	Pres. perfecto	Pluscuamperf.
he oído	había oído		habré oído	habría oído	haya oído	hubiera oído

41. OLER — Verbo en -ER con cambio de o → hue
(to smell)

Participio presente: oliendo	Participio pasado: olido

Imperativo: huele (no huelas), huela Ud., olamos, oled (no oláis), huelan Uds.

Indicativo				Condicional	Subjuntivo	
Presente	Imperfecto	Pretérito	Futuro	Presente	Presente	Imperfecto
huelo	olía	olí	oleré	olería	huela	oliera
hueles	olías	oliste	olerás	olerías	huelas	olieras
huele	olía	olió	olerá	olería	huela	oliera
olemos	olíamos	olimos	oleremos	oleríamos	olamos	oliéramos
oléis	olíais	olisteis	oleréis	oleríais	oláis	olierais
huelen	olían	olieron	olerán	olerían	huelan	olieran

Pres. perfecto	Pluscuamperf.		Futuro perfecto	Perfecto	Pres. perfecto	Pluscuamperf.
he olido	había olido		habré olido	habría olido	haya olido	hubiera olido

42. PARECER — Verbo en -ER con cambio de c → zc frente a A y O
(to seem) (Como **agradecer, conocer, crecer, merecer, nacer**)

Participio presente: pareciendo	Participio pasado: parecido

Imperativo: parece (no parezcas), parezca Ud., parezcamos, pareced (no parezcáis), parezcan Uds.

Indicativo				Condicional	Subjuntivo	
Presente	Imperfecto	Pretérito	Futuro	Presente	Presente	Imperfecto
parezco	parecía	parecí	pareceré	parecería	parezca	pareciera
pareces	parecías	pareciste	parecerás	parecerías	parezcas	parecieras
parece	parecía	pareció	parecerá	parecería	parezca	pareciera
parecemos	parecíamos	parecimos	pareceremos	pareceríamos	parezcamos	pareciéramos
parecéis	parecíais	parecisteis	pareceréis	pareceríais	parezcáis	parecierais
parecen	parecían	parecieron	parecerán	parecerían	parezcan	parecieran

Pres. perfecto	Pluscuamperf.		Futuro perfecto	Perfecto	Pres. perfecto	Pluscuamperf.
he parecido	había parecido		habré parecido	habría parecido	haya parecido	hubiera parecido

43. PEDIR
(to ask for)

Verbo en -IR con cambio de *e → i*
(Como **competir, despedir, medir, repetir, servir**)

Participio presente: pidiendo	Participio pasado: pedido

Imperativo: pide (no pidas), pida Ud., pidamos, pedid (no pidáis), pidan Uds.

Indicativo				Condicional	Subjuntivo	
Presente	Imperfecto	Pretérito	Futuro	Presente	Presente	Imperfecto
pido	pedía	pedí	pediré	pediría	pida	pidiera
pides	pedías	pediste	pedirás	pedirías	pidas	pidieras
pide	pedía	pidió	pedirá	pediría	pida	pidiera
pedimos	pedíamos	pedimos	pediremos	pediríamos	pidamos	pidiéramos
pedís	pedíais	pedisteis	pediréis	pediríais	pidáis	pidierais
piden	pedían	pidieron	pedirán	pedirían	pidan	pidieran
Pres. perfecto	**Pluscuamperf.**		**Futuro perfecto**	**Perfecto**	**Pres. perfecto**	**Pluscuamperf.**
he pedido	había pedido		habré pedido	habría pedido	haya pedido	hubiera pedido

44. PERDER
(to lose)

Verbo en -ER con cambio de *e → ie*
(Como **atender, defender, encender, entender, tender**)

Participio presente: perdiendo	Participio pasado: perdido

Imperativo: pierde (no pierdas), pierda Ud., perdamos, perded (no perdáis), pierdan Uds.

Indicativo				Condicional	Subjuntivo	
Presente	Imperfecto	Pretérito	Futuro	Presente	Presente	Imperfecto
pierdo	perdía	perdí	perderé	perdería	pierda	perdiera
pierdes	perdías	perdiste	perderás	perderías	pierdas	perdieras
pierde	perdía	perdió	perderá	perdería	pierda	perdiera
perdemos	perdíamos	perdimos	perderemos	perderíamos	perdamos	perdiéramos
perdéis	perdíais	perdisteis	perderéis	perderíais	perdáis	perdierais
pierden	perdían	perdieron	perderán	perderían	pierdan	perdieran
Pres. perfecto	**Pluscuamperf.**		**Futuro perfecto**	**Perfecto**	**Pres. perfecto**	**Pluscuamperf.**
he perdido	había perdido		habré perdido	habría perdido	haya perdido	hubiera perdido

45. PODER
(to be able)

Verbo irregular

Participio presente: pudiendo	Participio pasado: podido

Imperativo: puede (no puedas), pueda Ud., podamos, poded (no podáis), puedan Uds.

Indicativo				Condicional	Subjuntivo	
Presente	Imperfecto	Pretérito	Futuro	Presente	Presente	Imperfecto
puedo	podía	pude	podré	podría	pueda	pudiera
puedes	podías	pudiste	podrás	podrías	puedas	pudieras
puede	podía	pudo	podrá	podría	pueda	pudiera
podemos	podíamos	pudimos	podremos	podríamos	podamos	pudiéramos
podéis	podíais	pudisteis	podréis	podríais	podáis	pudierais
pueden	podían	pudieron	podrán	podrían	puedan	pudieran
Pres. perfecto	**Pluscuamperf.**		**Futuro perfecto**	**Perfecto**	**Pres. perfecto**	**Pluscuamperf.**
he podido	había podido		habré podido	habría podido	haya podido	hubiera podido

46. PODRIR o PUDRIR *(to rot)* — Verbo irregular

Participio presente: pudriendo			Participio pasado: podrido			
Imperativo: pudre (no pudras), pudra Ud., pudramos, pudrid (no pudráis), pudran Uds.						

Indicativo				Condicional	Subjuntivo	
Presente	**Imperfecto**	**Pretérito**	**Futuro**	**Presente**	**Presente**	**Imperfecto**
pudro	pudría	pudrí; podrí	pudriré; podriré	pudriría	pudra	pudriera
pudres	pudrías	pudriste	pudrirás	pudrirías	pudras	pudrieras
pudre	pudría	pudrió	pudrirá	pudriría	pudra	pudriera
pudrimos	pudríamos	pudrimos	pudriremos	pudriríamos	pudramos	pudriéramos
pudrís	pudríais	pudristeis	pudriréis	pudriríais	pudráis	pudrierais
pudren	pudrían	pudrieron	pudrirán	pudrirían	pudran	pudrieran

Pres. perfecto	**Pluscuamperf.**		**Futuro perfecto**	**Perfecto**	**Pres. perfecto**	**Pluscuamperf.**
he podrido	había podrido		habré podrido	habría podrido	haya podrido	hubiera podrido

47. PONER *(to put)* — Verbo irregular (Como **componer, disponer, oponer, proponer, suponer**)

Participio presente: poniendo			Participio pasado: puesto			
Imperativo: pon (no pongas), ponga Ud., pongamos, poned (no pongáis), pongan Uds.						

Indicativo				Condicional	Subjuntivo	
Presente	**Imperfecto**	**Pretérito**	**Futuro**	**Presente**	**Presente**	**Imperfecto**
pongo	ponía	puse	pondré	pondría	ponga	pusiera
pones	ponías	pusiste	pondrás	pondrías	pongas	pusieras
pone	ponía	puso	pondrá	pondría	ponga	pusiera
ponemos	poníamos	pusimos	pondremos	pondríamos	pongamos	pusiéramos
ponéis	poníais	pusisteis	pondréis	pondríais	pongáis	pusierais
ponen	ponían	pusieron	pondrán	pondrían	pongan	pusieran

Pres. perfecto	**Pluscuamperf.**		**Futuro perfecto**	**Perfecto**	**Pres. perfecto**	**Pluscuamperf.**
he puesto	había puesto		habré puesto	habría puesto	haya puesto	hubiera puesto

48. PROHIBIR *(to prohibit)* — Verbo en -IR con cambio de *i → í* (Como **cohibir**)

Participio presente: prohibiendo			Participio pasado: prohibido			
Imperativo: prohíbe (no prohíbas), prohíba Ud., prohibamos, prohibid (no prohibáis), prohíban Uds.						

Indicativo				Condicional	Subjuntivo	
Presente	**Imperfecto**	**Pretérito**	**Futuro**	**Presente**	**Presente**	**Imperfecto**
prohíbo	prohibía	prohibí	prohibiré	prohibiría	prohíba	prohibiera
prohíbes	prohibías	prohibiste	prohibirás	prohibirías	prohíbas	prohibieras
prohíbe	prohibía	prohibió	prohibirá	prohibiría	prohíba	prohibiera
prohibimos	prohibíamos	prohibimos	prohibiremos	prohibiríamos	prohibamos	prohibiéramos
prohibís	prohibíais	prohibisteis	prohibiréis	prohibiríais	prohibáis	prohibierais
prohíben	prohibían	prohibieron	prohibirán	prohibirían	prohíban	prohibieran

Pres. perfecto	**Pluscuamperf.**		**Futuro perfecto**	**Perfecto**	**Pres. perfecto**	**Pluscuamperf.**
he prohibido	había prohibido		habré prohibido	habría prohibido	haya prohibido	hubiera prohibido

49. QUERER
(to want)

Verbo irregular
(Como **bienquerer**)

Participio presente: queriendo | **Participio pasado:** querido

Imperativo: quiere (no quieras), quiera Ud., queramos, quered (no queráis), quieran Uds.

Indicativo				Condicional	Subjuntivo	
Presente	**Imperfecto**	**Pretérito**	**Futuro**	**Presente**	**Presente**	**Imperfecto**
quiero	quería	quise	querré	querría	quiera	quisiera
quieres	querías	quisiste	querrás	querrías	quieras	quisieras
quiere	quería	quiso	querrá	querría	quiera	quisiera
queremos	queríamos	quisimos	querremos	querríamos	queramos	quisiéramos
queréis	queríais	quisisteis	querréis	querríais	queráis	quisierais
quieren	querían	quisieron	querrán	querrían	quieran	quisieran
Pres. perfecto	**Pluscuamperf.**		**Futuro perfecto**	**Perfecto**	**Pres. perfecto**	**Pluscuamperf.**
he querido	había querido		habré querido	habría querido	haya querido	hubiera querido

50. REGIR
(to rule)

Verbo en -IR con cambio de $e \rightarrow i$; $g \rightarrow j$ frente a A y O
(Como **colegir, corregir, elegir, reelegir**)

Participio presente: rigiendo | **Participio pasado:** regido

Imperativo: rige (no rijas), rija Ud., rijamos, regid (no rijáis), rijan Uds.

Indicativo				Condicional	Subjuntivo	
Presente	**Imperfecto**	**Pretérito**	**Futuro**	**Presente**	**Presente**	**Imperfecto**
rijo	regía	regí	regiré	regiría	rija	rigiera
riges	regías	registe	regirás	regirías	rijas	rigieras
rige	regía	rigió	regirá	regiría	rija	rigiera
regimos	regíamos	regimos	regiremos	regiríamos	rijamos	rigiéramos
regís	regíais	registeis	regiréis	regiríais	rijáis	rigierais
rigen	regían	rigieron	regirán	regirían	rijan	rigieran
Pres. perfecto	**Pluscuamperf.**		**Futuro perfecto**	**Perfecto**	**Pres. perfecto**	**Pluscuamperf.**
he regido	había regido		habré regido	habría regido	haya regido	hubiera regido

51. REÍR
(to laugh)

Verbo irregular
(Como **freír, refreír, sofreír, sonreír**)

Participio presente: riendo | **Participio pasado:** reído

Imperativo: ríe (no rías), ría Ud., riamos, reíd (no riáis), rían Uds.

Indicativo				Condicional	Subjuntivo	
Presente	**Imperfecto**	**Pretérito**	**Futuro**	**Presente**	**Presente**	**Imperfecto**
río	reía	reí	reiré	reiría	ría	riera
ríes	reías	reíste	reirás	reirías	rías	rieras
ríe	reía	rió	reirá	reiría	ría	riera
reímos	reíamos	reímos	reiremos	reiríamos	riamos	riéramos
reís	reíais	reísteis	reiréis	reiríais	riáis	rierais
ríen	reían	rieron	reirán	reirían	rían	rieran
Pres. perfecto	**Pluscuamperf.**		**Futuro perfecto**	**Perfecto**	**Pres. perfecto**	**Pluscuamperf.**
he reído	había reído		habré reído	habría reído	haya reído	hubiera reído

52. REUNIR
Verbo en -IR con cambio de $u \rightarrow ú$
(to assemble)

Participio presente: reuniendo				Participio pasado: reunido		

Imperativo: reúne (no reúnas), reúna Ud., reunamos, reunid (no reunáis), reúnan Uds.

Indicativo				Condicional	Subjuntivo	
Presente	Imperfecto	Pretérito	Futuro	Presente	Presente	Imperfecto
reúno	reunía	reuní	reuniré	reuniría	reúna	reuniera
reúnes	reunías	reuniste	reunirás	reunirías	reúnas	reunieras
reúne	reunía	reunió	reunirá	reuniría	reúna	reuniera
reunimos	reuníamos	reunimos	reuniremos	reuniríamos	reunamos	reuniéramos
reunís	reuníais	reunisteis	reuniréis	reuniríais	reunáis	reunierais
reúnen	reunían	reunieron	reunirán	reunirían	reúnan	reunieran

Pres. perfecto	Pluscuamperf.		Futuro perfecto	Perfecto	Pres. perfecto	Pluscuamperf.
he reunido	había reunido		habré reunido	habría reunido	haya reunido	hubiera reunido

53. ROGAR
Verbo en -AR con cambio de $o \rightarrow ue$; $g \rightarrow gu$ frente a E
(to beg)
(Como **colgar, descolgar**)

Participio presente: rogando				Participio pasado: rogado		

Imperativo: **ru**ega (no **ru**egues), **ru**egue Ud., roguemos, rogad (no roguéis), **ru**eguen Uds.

Indicativo				Condicional	Subjuntivo	
Presente	Imperfecto	Pretérito	Futuro	Presente	Presente	Imperfecto
ruego	rogaba	rogué	rogaré	rogaría	ruegue	rogara
ruegas	rogabas	rogaste	rogarás	rogarías	ruegues	rogaras
ruega	rogaba	rogó	rogará	rogaría	ruegue	rogara
rogamos	rogábamos	rogamos	rogaremos	rogaríamos	roguemos	rogáramos
rogáis	rogabais	rogasteis	rogaréis	rogaríais	roguéis	rogarais
ruegan	rogaban	rogaron	rogarán	rogarían	rueguen	rogaran

Pres. perfecto	Pluscuamperf.		Futuro perfecto	Perfecto	Pres. perfecto	Pluscuamperf.
he rogado	había rogado		habré rogado	habría rogado	haya rogado	hubiera rogado

54. SABER
Verbo irregular
(to know)

Participio presente: sabiendo				Participio pasado: sabido		

Imperativo: sabe (no **sep**as), **sep**a Ud., **sep**amos, sabed (no **sep**áis), **sep**an Uds.

Indicativo				Condicional	Subjuntivo	
Presente	Imperfecto	Pretérito	Futuro	Presente	Presente	Imperfecto
sé	sabía	supe	sabré	sabría	sepa	supiera
sabes	sabías	supiste	sabrás	sabrías	sepas	supieras
sabe	sabía	supo	sabrá	sabría	sepa	supiera
sabemos	sabíamos	supimos	sabremos	sabríamos	sepamos	supiéramos
sabéis	sabíais	supisteis	sabréis	sabríais	sepáis	supierais
saben	sabían	supieron	sabrán	sabrían	sepan	supieran

Pres. perfecto	Pluscuamperf.		Futuro perfecto	Perfecto	Pres. perfecto	Pluscuamperf.
he sabido	había sabido		habré sabido	habría sabido	haya sabido	hubiera sabido

55. SALIR
(to go out)

Verbo irregular
(Como sobresalir)

Participio presente: saliendo	Participio pasado: salido

Imperativo: sal (no salgas), salga Ud., salgamos, salid (no salgáis), salgan Uds.

Indicativo				Condicional	Subjuntivo	
Presente	Imperfecto	Pretérito	Futuro	Presente	Presente	Imperfecto
salgo	salía	salí	saldré	saldría	salga	saliera
sales	salías	saliste	saldrás	saldrías	salgas	salieras
sale	salía	salió	saldrá	saldría	salga	saliera
salimos	salíamos	salimos	saldremos	saldríamos	salgamos	saliéramos
salís	salíais	salisteis	saldréis	saldríais	salgáis	salierais
salen	salían	salieron	saldrán	saldrían	salgan	salieran
Pres. perfecto	**Pluscuamperf.**		**Futuro perfecto**	**Perfecto**	**Pres. perfecto**	**Pluscuamperf.**
he salido	había salido		habré salido	habría salido	haya salido	hubiera salido

56. SEGUIR
(to follow)

Verbo en -IR con cambio de *gu* → *g* frente a A y O; *e* → *i*
(Como conseguir, perseguir, proseguir)

Participio presente: siguiendo	Participio pasado: seguido

Imperativo: sigue (no sigas), siga Ud., sigamos, seguid (no sigáis), sigan Uds.

Indicativo				Condicional	Subjuntivo	
Presente	Imperfecto	Pretérito	Futuro	Presente	Presente	Imperfecto
sigo	seguía	seguí	seguiré	seguiría	siga	siguiera
sigues	seguías	seguiste	seguirás	seguirías	sigas	siguieras
sigue	seguía	siguió	seguirá	seguiría	siga	siguiera
seguimos	seguíamos	seguimos	seguiremos	seguiríamos	sigamos	siguiéramos
seguís	seguíais	seguisteis	seguiréis	seguiríais	sigáis	siguierais
siguen	seguían	siguieron	seguirán	seguirían	sigan	siguieran
Pres. perfecto	**Pluscuamperf.**		**Futuro perfecto**	**Perfecto**	**Pres. perfecto**	**Pluscuamperf.**
he seguido	había seguido		habré seguido	habría seguido	haya seguido	hubiera seguido

57. SENTIR
(to feel)

Verbo en -IR con cambio de *e* → *ie*; *e* → *i*
(Como arrepentirse, divertir, mentir, preferir, sugerir)

Participio presente: sintiendo	Participio pasado: sentido

Imperativo: siente (no sientas), sienta Ud., sintamos, sentid (no sintáis), sientan Uds.

Indicativo				Condicional	Subjuntivo	
Presente	Imperfecto	Pretérito	Futuro	Presente	Presente	Imperfecto
siento	sentía	sentí	sentiré	sentiría	sienta	sintiera
sientes	sentías	sentiste	sentirás	sentirías	sientas	sintieras
siente	sentía	sintió	sentirá	sentiría	sienta	sintiera
sentimos	sentíamos	sentimos	sentiremos	sentiríamos	sintamos	sintiéramos
sentís	sentíais	sentisteis	sentiréis	sentiríais	sintáis	sintierais
sienten	sentían	sintieron	sentirán	sentirían	sientan	sintieran
Pres. perfecto	**Pluscuamperf.**		**Futuro perfecto**	**Perfecto**	**Pres. perfecto**	**Pluscuamperf.**
he sentido	había sentido		habré sentido	habría sentido	haya sentido	hubiera sentido

VERB TABLES

58. SER   Verbo irregular
(to be)

Participio presente: siendo				Participio pasado: sido		

Imperativo: sé (no seas), sea Ud., seamos, sed (no seáis), sean Uds.

Indicativo				Condicional	Subjuntivo	
Presente	**Imperfecto**	**Pretérito**	**Futuro**	**Presente**	**Presente**	**Imperfecto**
soy	era	**fui**	seré	sería	sea	fuera
eres	eras	**fui**ste	serás	serías	seas	fueras
es	era	**fue**	será	sería	sea	fuera
somos	éramos	**fui**mos	seremos	seríamos	seamos	fuéramos
sois	erais	**fui**steis	seréis	seríais	seáis	fuerais
son	eran	**fue**ron	serán	serían	sean	fueran
Pres. perfecto	**Pluscuamperf.**		**Futuro perfecto**	**Perfecto**	**Pres. perfecto**	**Pluscuamperf.**
he sido	había sido		habré sido	habría sido	haya sido	hubiera sido

59. SOLER   Verbo irregular (defectivo—*this means some tenses are not used*)
(to accustom)

Participio presente: soliendo				Participio pasado: solido		

Imperativo:

Indicativo				Condicional	Subjuntivo	
Presente	**Imperfecto**	**Pretérito**	**Futuro**	**Presente**	**Presente**	**Imperfecto**
suelo	solía	solí			suela	soliera
sueles	solías	soliste			suelas	solieras
suele	solía	solió			suela	soliera
solemos	solíamos	solimos			solamos	soliéramos
soléis	solíais	solisteis			soláis	solierais
suelen	solían	solieron			suelan	solieran
Pres. perfecto	**Pluscuamperf.**		**Futuro perfecto**	**Perfecto**	**Pres. perfecto**	**Pluscuamperf.**
he solido	había solido		habré solido	habría solido	haya solido	hubiera solido

60. TENER   Verbo irregular
(to have)   (Como **atenerse, contener, detener, mantener, obtener, retener, sostener**)

Participio presente: teniendo				Participio pasado: tenido		

Imperativo: ten (no tengas), tenga Ud., tengamos, tened (no tengáis), tengan Uds.

Indicativo				Condicional	Subjuntivo	
Presente	**Imperfecto**	**Pretérito**	**Futuro**	**Presente**	**Presente**	**Imperfecto**
tengo	tenía	tuve	tendré	tendría	tenga	tuviera
tienes	tenías	tuviste	tendrás	tendrías	tengas	tuvieras
tiene	tenía	tuvo	tendrá	tendría	tenga	tuviera
tenemos	teníamos	tuvimos	tendremos	tendríamos	tengamos	tuviéramos
tenéis	teníais	tuvisteis	tendréis	tendríais	tengáis	tuvierais
tienen	tenían	tuvieron	tendrán	tendrían	tengan	tuvieran
Pres. perfecto	**Pluscuamperf.**		**Futuro perfecto**	**Perfecto**	**Pres. perfecto**	**Pluscuamperf.**
he tenido	había tenido		habré tenido	habría tenido	haya tenido	hubiera tenido

61. TEÑIR
(to dye)

Verbo en -IR con cambio de *e → i*; pierde la *i* átona de la terminación (Como ceñir, desteñir, estreñir, reñir)

Participio presente: tiñendo | **Participio pasado:** teñido

Imperativo: tiñe (no tiñas), tiña Ud., tiñamos, teñid (no tiñáis), tiñan Uds.

Indicativo				Condicional	Subjuntivo	
Presente	**Imperfecto**	**Pretérito**	**Futuro**	**Presente**	**Presente**	**Imperfecto**
tiño	teñía	teñí	teñiré	teñiría	tiña	tiñera
tiñes	teñías	teñiste	teñirás	teñirías	tiñas	tiñeras
tiñe	teñía	tiñó	teñirá	teñiría	tiña	tiñera
teñimos	teñíamos	teñimos	teñiremos	teñiríamos	tiñamos	tiñeramos
teñís	teñíais	teñisteis	teñiréis	teñiríais	tiñáis	tiñerais
tiñen	teñían	tiñeron	teñirán	teñirían	tiñan	tiñeran

Pres. perfecto	**Pluscuamperf.**		**Futuro perfecto**	**Perfecto**	**Pres. perfecto**	**Pluscuamperf.**
he teñido	había teñido		habré teñido	habría teñido	haya teñido	hubiera teñido

62. TRAER
(to bring)

Verbo irregular (Como atraer, contraer, detraer, distraer, extraer)

Participio presente: trayendo | **Participio pasado:** traído

Imperativo: trae (no traigas), traiga Ud., traigamos, traed (no traigáis), traigan Uds.

Indicativo				Condicional	Subjuntivo	
Presente	**Imperfecto**	**Pretérito**	**Futuro**	**Presente**	**Presente**	**Imperfecto**
traigo	traía	traje	traeré	traería	traiga	trajera
traes	traías	trajiste	traerás	traerías	traigas	trajeras
trae	traía	trajo	traerá	traería	traiga	trajera
traemos	traíamos	trajimos	traeremos	traeríamos	traigamos	trajéramos
traéis	traíais	trajisteis	traeréis	traeríais	traigáis	trajerais
traen	traían	trajeron	traerán	traerían	traigan	trajeran

Pres. perfecto	**Pluscuamperf.**		**Futuro perfecto**	**Perfecto**	**Pres. perfecto**	**Pluscuamperf.**
he traído	había traído		habré traído	habría traído	haya traído	hubiera traído

63. VALER
(to be worth)

Verbo irregular (Como equivaler, prevaler)

Participio presente: valiendo | **Participio pasado:** valido

Imperativo: vale (no valgas), valga Ud., valgamos, valed (no valgáis), valgan Uds.

Indicativo				Condicional	Subjuntivo	
Presente	**Imperfecto**	**Pretérito**	**Futuro**	**Presente**	**Presente**	**Imperfecto**
valgo	valía	valí	valdré	valdría	valga	valiera
vales	valías	valiste	valdrás	valdrías	valgas	valieras
vale	valía	valió	valdrá	valdría	valga	valiera
valemos	valíamos	valimos	valdremos	valdríamos	valgamos	valiéramos
valéis	valíais	valisteis	valdréis	valdríais	valgáis	valierais
valen	valían	valieron	valdrán	valdrían	valgan	valieran

Pres. perfecto	**Pluscuamperf.**		**Futuro perfecto**	**Perfecto**	**Pres. perfecto**	**Pluscuamperf.**
he valido	había valido		habré valido	habría valido	haya valido	hubiera valido

64. VENCER
(to conquer)

Verbo en -ER con cambio de *c → z* frente a A y O
(Como **coercer, convencer, ejercer, mecer**)

Participio presente: venciendo	Participio pasado: vencido

Imperativo: vence (no venzas), venza Ud., venzamos, venced (no venzáis), venzan Uds.

Indicativo				Condicional	Subjuntivo	
Presente	Imperfecto	Pretérito	Futuro	Presente	Presente	Imperfecto
venzo	vencía	vencí	venceré	vencería	venza	venciera
vences	vencías	venciste	vencerás	vencerías	venzas	vencieras
vence	vencía	venció	vencerá	vencería	venza	venciera
vencemos	vencíamos	vencimos	venceremos	venceríamos	venzamos	venciéramos
vencéis	vencíais	vencisteis	venceréis	venceríais	venzáis	vencierais
vencen	vencían	vencieron	vencerán	vencerían	venzan	vencieran

Pres. perfecto	Pluscuamperf.		Futuro perfecto	Perfecto	Pres. perfecto	Pluscuamperf.
he vencido	había vencido		habré vencido	habría vencido	haya vencido	hubiera vencido

65. VENIR
(to come)

Verbo irregular
(Como **convenir, intervenir, prevenir, provenir, reconvenir**)

Participio presente: viniendo	Participio pasado: venido

Imperativo: ven (no vengas), venga Ud., vengamos, venid (no vengáis), vengan Uds.

Indicativo				Condicional	Subjuntivo	
Presente	Imperfecto	Pretérito	Futuro	Presente	Presente	Imperfecto
vengo	venía	vine	vendré	vendría	venga	viniera
vienes	venías	viniste	vendrás	vendrías	vengas	vinieras
viene	venía	vino	vendrá	vendría	venga	viniera
venimos	veníamos	vinimos	vendremos	vendríamos	vengamos	viniéramos
venís	veníais	vinisteis	vendréis	vendríais	vengáis	vinierais
vienen	venían	vinieron	vendrán	vendrían	vengan	vinieran

Pres. perfecto	Pluscuamperf.		Futuro perfecto	Perfecto	Pres. perfecto	Pluscuamperf.
he venido	había venido		habré venido	habría venido	haya venido	hubiera venido

66. VER
(to see)

Verbo irregular (Como **entrever, prever**; Note: 3ª pers. sing. pres.
y el imperativo de **entrever y prever** tienen acento: **entrevé, prevé,** etc.)

Participio presente: viendo	Participio pasado: visto

Imperativo: ve (no veas), vea Ud., veamos, ved (no veáis), vean Uds.

Indicativo				Condicional	Subjuntivo	
Presente	Imperfecto	Pretérito	Futuro	Presente	Presente	Imperfecto
veo	veía	vi	veré	vería	vea	viera
ves	veías	viste	verás	verías	veas	vieras
ve	veía	vio	verá	vería	vea	viera
vemos	veíamos	vimos	veremos	veríamos	veamos	viéramos
veis	veíais	visteis	veréis	veríais	veáis	vierais
ven	veían	vieron	verán	verían	vean	vieran

Pres. perfecto	Pluscuamperf.		Futuro perfecto	Perfecto	Pres. perfecto	Pluscuamperf.
he visto	había visto		habré visto	habría visto	haya visto	hubiera visto

67. VIVIR
(to live)

Verbo regular 3ª conjugación
(Como **compartir, decidir, emitir, permitir, resumir**)

Participio presente: viviendo			Participio pasado: vivido				

Imperativo: vive (no vivas), viva Ud., vivamos, vivid (no viváis), vivan Uds.

Indicativo				Condicional	Subjuntivo	
Presente	**Imperfecto**	**Pretérito**	**Futuro**	**Presente**	**Presente**	**Imperfecto**
vivo	vivía	viví	viviré	viviría	viva	viviera
vives	vivías	viviste	vivirás	vivirías	vivas	vivieras
vive	vivía	vivió	vivirá	viviría	viva	viviera
vivimos	vivíamos	vivimos	viviremos	viviríamos	vivamos	viviéramos
vivís	vivíais	vivisteis	viviréis	viviríais	viváis	vivierais
viven	vivían	vivieron	vivirán	vivirían	vivan	vivieran
Pres. perfecto	**Pluscuamperf.**		**Futuro perfecto**	**Perfecto**	**Pres. perfecto**	**Pluscuamperf.**
he vivido	había vivido		habré vivido	habría vivido	haya vivido	hubiera vivido

68. VOLCAR
(to tip over)

Verbo en -AR con cambio de *o → ue*; *c → qu* frente a E
(Como **revolcar, trocar**)

Participio presente: volcando			Participio pasado: volcado				

Imperativo: vuelca (no vuelques), vuelque Ud., volquemos, volcad (no volquéis), vuelquen Uds.

Indicativo				Condicional	Subjuntivo	
Presente	**Imperfecto**	**Pretérito**	**Futuro**	**Presente**	**Presente**	**Imperfecto**
vuelco	volcaba	volqué	volcaré	volcaría	vuelque	volcara
vuelcas	volcabas	volcaste	volcarás	volcarías	vuelques	volcaras
vuelca	volcaba	volcó	volcará	volcaría	vuelque	volcara
volcamos	volcábamos	volcamos	volcaremos	volcaríamos	volquemos	volcáramos
volcáis	volcabais	volcasteis	volcaréis	volcaríais	volquéis	volcarais
vuelcan	volcaban	volcaron	volcarán	volcarían	vuelquen	volcaran
Pres. perfecto	**Pluscuamperf.**		**Futuro perfecto**	**Perfecto**	**Pres. perfecto**	**Pluscuamperf.**
he volcado	había volcado		habré volcado	habría volcado	haya volcado	hubiera volcado

69. VOLVER
(to return)

Verbo en -ER con cambio de *o → ue*; participio pasado irregular
(Como **devolver, disolver, envolver, resolver, revolver**)

Participio presente: volviendo			Participio pasado: vuelto				

Imperativo: vuelve (no vuelvas), vuelva Ud., volvamos, volved (no volváis), vuelvan Uds.

Indicativo				Condicional	Subjuntivo	
Presente	**Imperfecto**	**Pretérito**	**Futuro**	**Presente**	**Presente**	**Imperfecto**
vuelvo	volvía	volví	volveré	volvería	vuelva	volviera
vuelves	volvías	volviste	volverás	volverías	vuelvas	volvieras
vuelve	volvía	volvió	volverá	volvería	vuelva	volviera
volvemos	volvíamos	volvimos	volveremos	volveríamos	volvamos	volviéramos
volvéis	volvíais	volvisteis	volveréis	volveríais	volváis	volvierais
vuelven	volvían	volvieron	volverán	volverían	vuelvan	volvieran
Pres. perfecto	**Pluscuamperf.**		**Futuro perfecto**	**Perfecto**	**Pres. perfecto**	**Pluscuamperf.**
he vuelto	había vuelto		habré vuelto	habría vuelto	haya vuelto	hubiera vuelto

70. YACER   Verbo irregular
(to lie [usually dead])

Participio presente: yaciendo   **Participio pasado:** yacido

Imperativo: yace o yaz (no yagas, yazcas o yazgas); yaga, yazca, o yazga Ud.; yagamos, yazcamos o yazgamos; yaced (no yagáis, yazcáis o yazgáis); yagan, yazcan o yazgan Uds.

Indicativo				Condicional	Subjuntivo	
Presente	**Imperfecto**	**Pretérito**	**Futuro**	**Presente**	**Presente**	**Imperfecto**
yazco; yazgo; yago	yacía	yací	yaceré	yacería	yazca; yazga; yaga	yaciera
yaces	yacías	yaciste	yacerás	yacerías	yazcas; yazgas; yagas	yacieras
yace	yacía	yació	yacerá	yacería	yazca; yazga; yaga	yaciera
yacemos	yacíamos	yacimos	yaceremos	yaceríamos	yazcamos; yazgamos; yagamos	yaciéramos
yacéis	yacíais	yacisteis	yaceréis	yaceríais	yazcáis; yazgáis; yagáis	yacierais
yacen	yacían	yacieron	yacerán	yacerían	yazcan; yazgan; yagan	yacieran
Pres. perfecto	**Pluscuamperf.**		**Futuro perfecto**	**Perfecto**	**Pres. perfecto**	**Pluscuamperf.**
he yacido	había yacido		habré yacido	habría yacido	haya yacido	hubiera yacido

71. ZAMBULLIR   Verbo irregular
(to submerge)

Participio presente: zambullendo   **Participio pasado:** zambullido

Imperativo: zambulle (no zambullas); zambulla Ud.; zambullamos; zambullid (no zambulláis); zambullan Uds.

Indicativo				Condicional	Subjuntivo	
Presente	**Imperfecto**	**Pretérito**	**Futuro**	**Presente**	**Presente**	**Imperfecto**
zambullo	zambullía	zambullí	zambulliré	zambulliría	zambulla	zambullera
zambulles	zambullías	zambulliste	zambullirás	zambullirías	zambullas	zambulleras
zambulle	zambullía	zambulló	zambullirá	zambulliría	zambulla	zambullera
zambullemos	zambullíamos	zambullimos	zambulliremos	zambulliríamos	zambullamos	zambulléramos
zambulléis	zambullíais	zambullisteis	zambulliréis	zambulliríais	zambulláis	zambullerais
zambullen	zambullían	zambulleron	zambullirán	zambullirían	zambullan	zambulleran
Pres. perfecto	**Pluscuamperf.**		**Futuro perfecto**	**Perfecto**	**Pres. perfecto**	**Pluscuamperf.**
he zambullido	había zambullido		habré zambullido	habría zambullido	haya zambullido	hubiera zambullido

Index

A

a
  expressions with, 116–117
  following verbs, 117–118, 260
  personal, 36–38, 115
a causa de, 116
abajo, 145–147, 149
acá / allá, 145–146
acabar (de), 188, 195, 288–289
acabarse, 289, 304
acaso, 142
accents, 2–4, 17–27, 74
  for *at*, 291
  adjectives into adverbs, 134
  adverbs ending in **-mente**, 21
  aquel vs. **aquél**, 24
  aun vs. **aún**, 23, 134
  change with plurals, 36
  cuanto vs. **cuánto**, 27
  de vs. **dé**, 175
  demonstrative adjectives, 24, 45, 46, 54
  demonstrative pronouns, 24, 45, 46, 54
  direct vs. indirect discourse, 25–26
  donde vs. **dónde**, 26
  ese vs. **ése**, 23
  eso vs. **esto** vs. **aquello**, 24
  este vs. **éste**, 23
  exclamatives, 24
  homonyms, 22–23
  on imperatives, 179
  interrogatives, 24–27, 107
  monosyllables, 22
  and pronouns after infinitives, 74
  pronouns vs. adjectives, 89
  quien vs. **quíen**, 26
  rules for written, 20–22
  solo vs. **sólo**, 23
  and stressed syllables, 20, 74, 88
  syllabification, 17–19
  weak and strong vowels, 18–19
actuar (conjugation), A-15
adelante, 145, 148, 149
adentro, 145, 147, 149
adjectival clauses, 6–9, 103, 222–223
adjectives
  demonstrative, 45–46
  descriptive, 47–48, 48–49, 49–53
  exclamative, 24–27

  function, 2, 4
  indefinite, 99–102
  interrogative, 24–27
  with **lo**, 31
  nominalized, 30–32
  as noun companion, 32
  possessive, 46–47
admitir, 309
adonde/adónde, 145–146
adquirir (conjugation), A-15
adverbial clauses, 224–227, 277
adverbial phrases, 144–145
adverbs
  adverbials, 6, 100–101
  of confirmation, doubt, or negation, 142
  definition, 134
  ending in **-mente**, 134–135
  exclamative, 24–27
  function, 2, 4
  interrogative, 24–27
  of manner, 139–140
  of place, 144–145, 277
  of quantity, 141–142
  and related prepositions, 148–149
  of time, 137–139, 277
  and word order, 135
afuera, 145, 147, 149
aguantar, 306
ahora, 137
ahorrar, 306
al + infinitive, 244
algo, 141
allí (ahí), 145–147
alrededor, 149
andar , 189, A-15
anoche, 137
anteayer, 137
antes, 137
apagar, 304
apenas, 141
aplicar vs. **solicitar**, 289
apoyar, 306
apply, 289–290
aprender, 300, A-16
apuntar, 308
aquí, 145–146
aquí / allí, 145–146
arriba, 145–147

INDEX